Karte II

DAS LAND ISRAEL ZUR ZEIT JESU

Bis auf wenige Ausnahmen finden sich hier nur Ortsnamen, die im Neuen Testament vorkommen.

D

Wege des Glaubens

Religion – Sekundarstufe I
Unterrichtswerk
für den katholischen
Religionsunterricht
der Jahrgangsstufen 7/8

von
Werner Trutwin
Klaus Breuning
Roman Mensing

*Bodenlabyrinth
der Schöffenkapelle.
Rathaus von Gent,
12 × 14 m, 1528.*

Patmos Verlag Düsseldorf

Inhalt

Liebe Schülerinnen und Schüler,

heute morgen habt Ihr Euch auf den Schulweg gemacht: zu Fuß, mit dem Rad, im Bus. Und nach der Schule geht jeder von Euch seine eigenen Wege. Manche treten sofort ihren Heimweg an, andere machen Umwege.

Überall, wo Menschen leben, haben sie Wege angelegt, Wege, die sie miteinander verbinden, Wege, die Neuland erschließen. Wer einen Weg betritt, folgt einer Spur, die andere vor ihm gegangen sind. Er ist unterwegs.

Überall sind Menschen unterwegs – jeder auf seinem Lebensweg.

Es gibt auch Wege, die Sackgassen sind, irgendwo ziellos enden. Manchmal machen wir selbst Umwege oder betreten Irrwege. Denn oft sind es unbekannte Wege, die wir gehen müssen. Darum ist es wichtig zu wissen, wem wir auf dem Weg folgen. Es gibt »Rattenfänger«, die uns auf falsche Wege locken wollen. Es gibt »Lotsen«, die uns den richtigen Weg weisen.

Es gibt einen, der von sich gesagt hat: »Ich bin der Weg« – Jesus Christus.

Christen sind Menschen, die sich an Jesus orientieren. Um das zu können, muß man wissen, wer Jesus ist, was er gesagt und getan hat, welchen Weg er gegangen ist, welche Wege er uns weist: WEGE DES GLAUBENS.

Wer sich entschließt, diese Wege zu gehen, wird dort guten Freunden begegnen. Er wird wichtige Aufgaben finden, die seinem Leben Sinn geben. Auf den Wegen des Glaubens können Menschen glücklich werden.
Aber nicht immer sind diese Wege leicht zu gehen. Sie verlangen – auch schon von Euch – Mut und Ausdauer. Oft muß man auf diesen Wegen anders handeln als viele, die die Wege des Glaubens nicht gehen.

Die Wege des Glaubens sind keine Sackgassen und enden nicht irgendwo im Dunkel. Sie führen zu einem Ziel, das schöner und größer ist als alles, was Menschen sonst auf ihren Wegen suchen: die unvergängliche Freude der Menschen und die Vollendung der Welt bei Gott.

Dieses Buch haben wir geschrieben, um Euch einzuladen, zusammen mit Euren Klassenkameraden und Religionslehrern, Eltern, Geschwistern und Freunden und mit vielen anderen Christen nach den Wegen des Glaubens in Eurem Leben zu suchen.

Wenn Euch etwas in dem Buch nicht gefällt, laßt es uns wissen. Am besten erreicht Ihr uns über die Adresse des Verlags: Patmos Verlag, Postfach 6213, 4000 Düsseldorf.

Ostern 1988 *Werner Trutwin, Klaus Breuning, Roman Mensing*

Vincent van Gogh, einer der berühmtesten Maler des 19. Jahrhunderts, kam aus einem reformierten (→ S. 231) Elternhaus in Holland. Er wollte ursprünglich Pfarrer werden, doch wurde er zu diesem Dienst nicht zugelassen. Als Maler hat er ungewöhnlich intensiv gearbeitet. Meistens war er sehr einsam. Er mußte viele Schicksalsschläge hinnehmen. So wurde er in seinem Glauben erschüttert. Mit 37 Jahren nahm er sich selbst das Leben.

Nur gelegentlich hat Vincent biblische Themen gemalt. Er scheute davor zurück, weil er meinte, die alten Künstler hätten die biblischen Themen besser dargestellt, als er es selbst könnte. Darum hat er sich auch bei dem Bild »Der gute Samariter« an eine Vorlage des französischen Malers Eugène Delacroix (1798–1863) gehalten, den er sehr schätzte. Liebevoll hat er dessen Werk kopiert. Aber aus dem Bild Delacroix' ist doch ein Bild van Goghs geworden. Es weist alle die Merkmale auf, die für ihn typisch sind, z. B. kräftige einzelne Pinselstriche und leuchtende Farben.

Van Gogh hatte früher einmal gesagt: »In einem Bild will ich etwas ausdrükken, das so tröstlich ist wie Musik. Ich möchte Mann und Frau mit jenem Etwas des Ewigen ausstatten, das durch den Heiligenschein symbolisiert wurde und das wir nun durch das Strahlen und Vibrieren unserer Farben wiederzugeben versuchen.«

Vielleicht hat sich der Künstler in dem biblischen Gleichnis selbst wiedergefunden. Auch er fühlte sich oft wie ein Geschlagener, an dem die anderen vorübergehen. Er sehnte sich nach einem, der ihm half und ihn rettete. So entstand dieses Bild ungefähr zwei Monate vor seinem Tod.

Vincent van Gogh (1853–1890):
Der gute Samariter.
Öl, 73 × 60 cm, Mai 1890.

---

1. Lest das Gleichnis vom barmherzigen Samariter Lk 10,30–35 (→ S. 170).

2. Welchen Moment des Gleichnisses hat van Gogh hier gemalt? Beschreibt die vier Personen, die auf dem Bild vorkommen. Wie wirkt das Bild auf euch aufgrund seines Aufbaus, der Farben und der Maltechnik?

3. Was hat das Bild mit dem Titel des Buches »Wege des Glaubens« zu tun? Schreibt dazu ein paar Sätze auf.

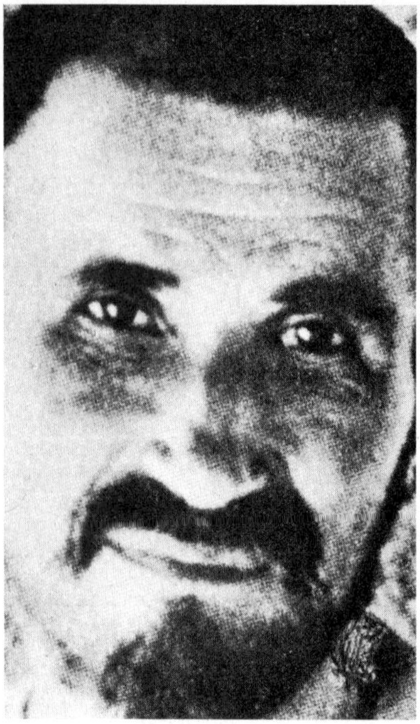

Abenteurer Gottes

1. *Vorbilder von gestern?*

Viele Kirchen, Heime, Straßen, Vereine tragen ihre Namen. Wir benutzen sie wie ein Etikett und denken kaum daran, daß wir dabei von besonderen Menschen reden. Die meisten Christen sind auf den Namen eines Heiligen getauft, aber nur wenige wissen etwas von ihrem Namenspatron. In manchen Familien wird zwar noch der Namenstag gefeiert, aber was diese Menschen vor anderen ausgezeichnet hat, ist wenigen bewußt.
In der frühen Zeit der Kirche (→ S. 52 ff) nannte man alle Getauften und Gefirmten (→ S. 118 ff) »Heilige«. Paulus schrieb z. B. Briefe an »die Heiligen« in Korinth, Ephesus, Philippi und »an alle Heiligen in ganz Achaia« (2 Kor 1,1). Später wurde den Christen deutlich, daß Taufe und Firmung uns zwar in die »Gemeinschaft der Heiligen« aufnehmen, aber aus uns noch keine fertigen »Heiligen« machen. Darum nennt die Kirche heute nur noch solche Christen »Heilige«, die ein beispielhaftes Leben geführt haben und darum Vorbilder für andere sein können.
Manche dieser Frauen und Männer haben außergewöhnliche Dinge getan, über die wir nur staunen können. Alle aber haben – oft im stillen – für das Reich Gottes und für ihre Mitmenschen alles eingesetzt, vieles gewagt – und dies häufig mit ihrem Leben bezahlt.
Es gibt viele Versuche, genauer zu beschreiben, was eigentlich ein Heiliger ist, z. B.

- Heilige sind Menschen, die wirklich geliebt haben.
- Heilige sind Menschen, die es anderen leichter machen, an Gott zu glauben.
- Heilige sind Menschen, die Gott ganz ernst genommen haben.
- Heilige sind Geschenke Gottes für die anderen Menschen.
- Heilige sind Menschen mit Ausstrahlungskraft.
- Heilige sind besonders aufgeschlossene Sünder.
- Heilige sind Abenteurer Gottes, weil sie ihr Leben ganz für Gottes Reich gewagt haben.

Manche mögen uns als Vorbilder von gestern erscheinen, weil sie in einer anderen Welt lebten als wir. Aber diese(r) oder jene(r) von ihnen kann uns doch zeigen, wie Christen leben sollen, denn wir haben dieselbe »Berufung« wie sie. Auch unter uns gibt es kleine Abenteurer Gottes.

Vinzenz von Paul (1581–1660; → S. 62)

Bernadette Soubirous (1844–1879) schaute 1858 Maria in einer Grotte bei Lourdes (Südfrankreich) in 18 Visionen. In ihnen wurde die Errichtung einer Kirche gefordert und eine kurz darauf entspringende Quelle angekündigt. Der Leichnam der späteren Ordensschwester ist bis heute unverwest.

Charles de Foucauld (1858–1916) lebte 16 Jahre als Einsiedler in der Sahara bei den Tuaregs (→ S. 20); 1916 wurde er von einem Banditen ermordet.

Maksymiljan Kolbe (1894–1941; → S. 18 f)

---

1. Was wißt ihr über euren (eure) Namenspatron(in)? Erkundigt euch bei euren Eltern, warum sie euch diesen Namen gegeben haben.

2. Von welchen anderen Heiligen habt ihr schon Näheres gehört? Versucht herauszufinden, warum die Kirche diese Menschen heiliggesprochen hat (d. h. ihre öffentliche Verehrung gestattet).

2. *Stars und Idole von heute*

Jeder hat Menschen, die er verehrt und die er nicht vergessen möchte. Dahinter steckt oft der Wunsch: »Ich möchte sein wie . . .«
Viele Jungen und Mädchen haben ihre Stars (wörtlich: Sterne). Ihre Poster hängen an Wänden und Schränken. Die jungen Leute wissen genau, was ihr Star tut und sagt. Sie kaufen alles, was es von ihm gibt. Stars werden oft zu Idolen (deutsch: Götzenbilder). »Ich möchte sein wie . . .«
Es gibt auch Menschen, die man nicht als »Stars« bezeichnen kann, von denen aber manche Jugendliche und Erwachsene im stillen denken: »Ich möchte sein wie . . .«

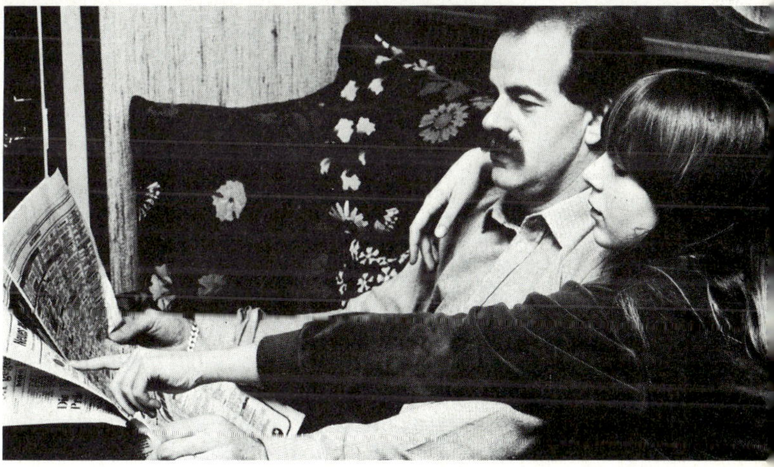

1. Tragt zusammen,
- welche Stars ihr kennt,
- was ihr von ihnen wißt,
- wer auf diesen Bildern zu sehen ist,
- wessen Bild ihr am liebsten auf den leeren Platz setzen möchtet.
- Fertigt eine Bildcollage an, auf der eure wichtigsten Stars zusammengestellt sind.

2. Überlegt, woran man einen Fan (Kurzform von Fanatiker = leidenschaftlicher Anhänger) erkennt. Wie beurteilt ihr die Verhaltensweisen von Fans?

3. Auf diesen beiden Seiten und in diesem Kapitel findet ihr auch Bilder von Menschen, die keine »Stars« sind. Berichtet, was ihr von ihnen wißt.

4. Welche Menschen von heute kennt ihr, die für Jugendliche oder Erwachsene Vorbilder sind, ohne »Stars« zu sein? Sucht Gründe dafür, warum viele diese Menschen beispielhaft finden.

3. *Menschen für Christus gewinnen*

Unter den vielen deutschen Heiligen, die von Christen als Vorbilder verehrt werden, gibt es Könige und Bettler, Mütter und Ordensfrauen, Bischöfe und Lehrerinnen. Sie alle waren auf ihre Weise »Abenteurer Gottes«. Einer von ihnen trägt den Ehrentitel »Apostel der Deutschen«: Bonifatius (673–754), ein Mönch, Bischof und Missionar. An seinem Grab in Fulda versammeln sich oft die deutschen Bischöfe, weil sie sich seinem Lebenswerk verpflichtet wissen. Wer war dieser Mann?

Eigentlich hieß er Winfried, war Sohn eines angelsächsischen Edelmanns aus Wessex und in der Klosterschule der Benediktiner (→ S. 24 f) großgeworden. Aber das beschauliche, weltabgewandte Leben der Mönche befriedigte ihn nicht. Schon als Vierzehnjähriger hatte er den kühnen Traum, seinen germanischen Schwestern und Brüdern auf dem Festland, die noch Heiden waren, die Botschaft des Evangeliums zu bringen. Sein Vater hatte zwar ganz andere Pläne mit ihm, aber Winfried ließ sich nicht beirren. Er wurde Mönch und empfing die Priesterweihe. 715 gelang es ihm, unterstützt von seiner Klostergemeinschaft, zusammen mit zwei anderen Mönchen nach Friesland überzusetzen und seine Lebensaufgabe zu beginnen. Der erste Versuch schlug völlig fehl, aber Winfried gab nicht auf. Langsam wurde ihm deutlich, daß er nicht »auf eigene Faust« missionieren konnte, wie es vor ihm irische und schottische Missionare versucht hatten. Als die Mönche von Essex ihn zum Abt ihres Klosters wählen wollten, lehnte er dieses hohe Amt ab. Er wußte, daß er eine andere Lebensaufgabe hatte.

718 brach er wieder zum Festland auf, suchte aber jetzt bewußt seine Mission durch den Papst bestätigen zu lassen. Er war überzeugt, daß die Christianisierung der germanischen Stämme nur dann Bestand hätte, wenn sie in enger Verbindung mit dem Petrus-Amt (→ S. 246) und damit mit der Gesamtkirche bliebe. Der Papst verstand ihn, weihte ihn zum Missionsbischof, gab ihm einen programmatischen neuen Namen (Bonifatius: lat. = Wohltäter) und sandte ihn, mit Beglaubigungsschreiben ausgerüstet, zu den Franken und Sachsen.

In Hessen und im Thüringer Land konnte er viele Germanen zum Glauben an Christus bekehren und taufen. Entscheidend für seinen Erfolg war, daß er es gewagt hatte, die den Germanen heilige Eiche in Geismar zu fällen und aus dem Holz eine Kapelle zu erbauen. Die Germanen verstanden: Sein Gott hatte sich als der stärkere erwiesen. Planmäßig begann nun Winfried-Bonifatius seine Missionszellen auszubauen. Er gründete Klöster und Schulen als Stützpunkte seiner Arbeit und sorgte in enger Verbindung mit dem Papst dafür, daß neue Bistümer eingerichtet wurden. Seine 17jährige Arbeit in diesem Gebiet hatte auch deshalb Bestand, weil er ständig durch Briefe und Boten mit seiner angelsächsischen Heimat verbunden blieb. Etliche Klöster und Gemeinden auf der Insel unterstützten mit ihrem Gebet und vielen Gaben die Arbeit ihres Missionars; eine Reihe von Mönchen und Nonnen folgte ihm, unter ihnen seine Verwandte und Vertraute Lioba, die die erste Äbtissin des neugegründeten Frauenklosters Tauberbischofsheim im Frankenland wurde.

738 ist Bonifatius wieder in Rom. Nunmehr zum päpstlichen Legaten ernannt, folgt er der Bitte des Bayernherzogs, die bayerische Kirche zu erneuern. Eine aufreibende und weitgestreckte kirchlich-organisatorische Arbeit beginnt: Gründung und Neuordnung der Bistümer Passau, Regensburg, Salzburg, Freising, Eichstätt, Büraburg, Würzburg

Echternacher Codex Aureus: Bonifatius. Getriebenes Relief vom Deckel, um 1000.

S BONI
FAC

und Erfurt. Wie notwendig diese Neuordnung war, zeigt die Tatsache, daß er zwar vier Bischöfe antraf, aber nur einer von ihnen die Bischofsweihe empfangen hatte.
Wenige Jahre später rief ihn Pippin, der »Herzog und Fürst der Franken«, nach Westfranken. Hier sah es schlimm in der Kirche aus. Die Grafen und Herzöge beherrschten die Kirche; ein Bischof scheute sich nicht, hinterlistige Blutrache zu üben; Priester trugen Waffen und hingen heidnischen Bräuchen an. Es war eine dornenvolle Aufgabe, aber mit Geduld und der ihm eigenen Zähigkeit reformierte Bonifatius nach und nach die ganze fränkische Kirche. Er zögerte nicht, Unwürdige abzusetzen; er predigte und mahnte unermüdlich. Zwei Punkte waren ihm besonders wichtig: Alle Klöster mußten die Regel des hl. Benedikt (→ S. 24) übernehmen, alle Bischöfe sich zur Treue gegenüber dem Papst verpflichten. 744 gründete Bonifatius Fulda, das sein Lieblingskloster wurde. Höhepunkte seiner Reform bildeten die beiden von ihm geleiteten Synoden (Kirchenversammlungen) der gesamten fränkischen Kirche von 745 und 747.

Dort wurde z. B. beschlossen:

Wir haben festgesetzt, daß gemäß dem Kirchenrecht jeder Bischof in seiner Gemeinde mit Hilfe des Grafen, der der Beschützer der Kirche ist, sich darum kümmern soll, daß das Volk Gottes nichts Heidnisches mehr tue, sondern alle Ungehörigkeiten des Heidentums ablege und verwerfe, seien es Wahrsagereien, Götzenopfer oder Amulette, Weissagen oder Zauber oder Opfer, welche törichte Menschen neben den Kirchen nach heidnischen Bräuchen einführen unter dem Namen heiliger Märtyrer . . .[1]

751 salbt Bonifatius den »Hausmeier« Pippin, der inzwischen das ganze West- und Ostfrankenreich politisch geeint hat, zum König der Franken.
Die Liebe zur Mission läßt den fast Achtzigjährigen noch nicht zur Ruhe kommen. Sein Wunsch, die heidnischen Friesen zum christlichen Glauben zu bekehren, den er schon als junger Mönch gehabt hat, ist noch nicht in Erfüllung gegangen. Darum übergibt er 753 einem seiner Schüler die Verwaltung des Bistums Mainz, dem er als Erzbischof in den letzten Jahren vorstand, und beginnt von Utrecht aus, den Friesen das Evangelium zu predigen. Dort sieht ihn ein junger Friese, der spätere hl. Ludger und erste Bischof von Münster. Viele Jahre später berichtet er begeistert von dieser Begegnung mit Bonifatius,

Der Ragyndrudis-Codex, mit dem Bonifatius die Schwerthiebe bei seinem Tod aufzufangen versuchte.

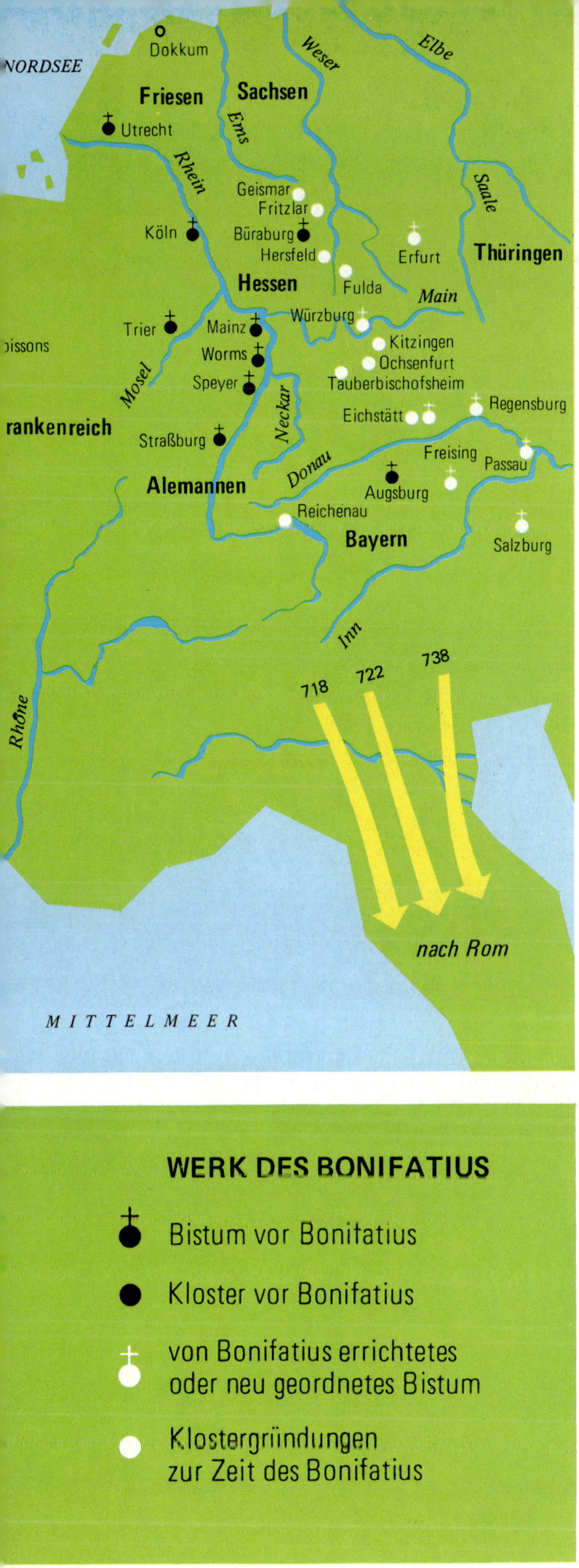

»dessen Haar silberweiß, dessen Körper abgezehrt und vom Alter gebeugt« gewesen sei. — Im Frühjahr 754 zieht Bonifatius zum Pfingstfest nach Dokkum, um Neubekehrten die Firmung zu spenden.

Einer seiner Schüler, der Angelsachse Willibald, berichtet:

Bonifatius ließ auf freiem Felde Zelte aufschlagen und erwartete betend die Neugetauften. Aber statt ihrer stürzte ein Haufen wilder Friesen mit Lanzen und Beilen bewaffnet aus dem Walde hervor und drang in das Lager. Die Christen wollten sich verteidigen, doch Bonifatius verwehrte es ihnen. Mit dem Evangelienbuch in der Hand trat der greise Erzbischof aus seinem Zelt und sprach: »Kinder, lasset ab vom Kampfe und denkt an das Wort der Schrift, Böses mit Gutem zu vergelten. Nach diesem Tage habe ich mich schon lange gesehnt, jetzt ist die Stunde meiner Befreiung gekommen . . .« Ergeben in Gottes Willen erwartete er die wütenden Heiden und empfing, das Evangelienbuch über seinen Kopf haltend, den Todesstreich. Mit ihm starben alle seine Gefährten den Martertod. Das geschah am 5. Juni 754. Nachdem der Mord vollbracht war, stürzten die Heiden zu den Zelten, um zu plündern. Aber statt des Goldes, das sie zu finden hofften, fanden sie nur Bücher. Voll Zorn darüber gerieten sie in Streit und töteten einander. Die Christen aber fanden den blutigen Leichnam des Heiligen und daneben sein Evangelienbuch, durch das das Schwert gedrungen war, ohne jedoch ein Wort der heiligen Texte zu verletzen. Dieses Buch kam mit dem Leichnam nach Fulda, wo man es heute noch sehen kann. Das Pergament zeigt deutliche Spuren des scharfen Schwerthiebes.[1]

4. *Sein Leben wegschenken*

Auschwitz bei Krakau (Polen), berüchtigtes Konzentrationslager (KZ), in dem die Nazis innerhalb von drei Jahren zwei Millionen Menschen umbrachten: Juden, Polen, Russen, Zigeuner, Zeugen Jehovas (→ S. 212 f) u. a. Es ist der 31. Juli 1941. Zehn Männer werden nackt in eine enge unterirdische Dunkelzelle gesperrt. Sie erhalten nichts mehr zu essen und zu trinken, werden aber gezwungen, unter den Augen ihrer Bewacher Morgengymnastik zu machen. Alle im KZ wissen, daß keiner mehr lebend aus diesem Keller herauskommt. Immer, wenn sich in diesen dunklen Löchern Gefangene befinden, hört man ihr Geheul, Schreie, Flüche. Aber diesmal singen die Männer im Bunker. Ein Priester ist unter ihnen. Am 14. August leben noch vier. Sie erhalten eine tödliche Spritze, weil man die Zelle für die nächsten braucht. Als letzter stirbt Häftling Nr. 16670. Er war für einen anderen in die Todeszelle gegangen.

Franz Gajowniczek, ein Überlebender des KZ Auschwitz, berichtet, wie es dazu kam:

An jenem Abend antwortete einer von uns beim Appell nicht auf seinen Aufruf. Sofort wurde im ganzen Lager Alarm gegeben. Wir vom Block 14 mußten drei Stunden »stillgestanden« bleiben, dann ließen sie uns wegtreten. Aber zur Strafe bekamen wir kein Abendessen; unsere Rationen wurden in den Kanal geschüttet. Am nächsten Tag wurden wir nicht an die Arbeit geschickt. Bis etwa drei Uhr mußten wir auf dem Appellplatz stehen. Die Sonne stach, und viele wurden ohnmächtig und fielen um, einer über den anderen. Schließlich gaben sie uns etwas zu essen. Nach dem Abendappell dann das Drama. Oberst Fritsch, der Lagerkommandant, kam in Begleitung des Offiziers Palitsch und ließ uns strammstehen. Ich erinnere mich noch genau an seine Worte: »Da der Gefangene, der gestern geflohen ist, nicht gefunden wurde, werden zehn von euch sterben.« Er schritt vor uns vorbei und schaute einen nach dem andern genau an. Hin und wieder nannte er eine Nummer. Als er vor mir stehenblieb, begriff ich, daß es nun auch für mich aus sein würde. Er sagte nur: 5659. Ich stand in derselben Reihe wie Maksymiljan. Ich glaube, ich war der letzte, der ausgesondert wurde. Einige Sekunden vergingen – alles schien zu Ende. Da trat plötzlich die Nummer 16670 aus der Reihe. Er stand vor dem Lagerkommandanten stramm und nahm die Mütze ab. Ich hörte ihn auf deutsch flüstern.

Doktor Wlodarski, der ganz nahe dabeistand, hat mir später das Gespräch erzählt. »Was will dieses Polenschwein?« hatte Fritsch irritiert gefragt. »Ich bin ein katholischer Priester«, hatte Kolbe geantwortet, »und ich bin ziemlich alt. Ich möchte seinen Platz einnehmen« – und dabei zeigte er auf mich – »er hat Frau und Kinder.« Der Oberst wußte zunächst nicht, was er antworten sollte. »Er ist ein Pfaffe«, sagte er zu dem Offizier an seiner Seite und fügte dann kurz hinzu: »Akzeptiert.« Ich wurde in die Reihe zurückgescheucht, ohne auch nur Zeit für ein einziges Wort an Maksymiljan gefunden zu haben . . . Lange Zeit habe ich beim Gedanken an Maksymiljan Gewissensbisse gehabt. Als ich die Rettung annahm, besiegelte ich gleichzeitig sein Todesurteil. Aber heute haben die Jahre Abstand geschaffen, und ich bin mir klargeworden darüber, daß ein Mann wie er nicht anders hätte handeln können. Vielleicht hat er als Priester auch daran gedacht, daß er bei den Verurteilten sein müsse, um mit seinem Beistand die Tragik der Verzweiflung von ihnen fernzuhalten.[1]

Erst nachdem die zehn Männer in der Todeszelle umgebracht worden waren, erfuhr Franz Gajowniczek Näheres darüber, wer dieser Häftling gewesen war, dem er sein Überleben verdankte.

Rajmund Kolbe stammt aus einer armen Arbeiterfamilie in der Nähe von Lodz (Ostpolen), wo er 1894 geboren wurde. Mit 16 Jahren trat er als Frater (Bruder) Maksymiljan in den Franziskanerorden ein. Schon bald nach seiner Priesterweihe fing er an, eine weltweite Bewegung in der Kirche aufzubauen, die nicht nur die Rechte der Kirche verteidigte, sondern sich vor allem um die Menschen kümmerte. Mit erbetteltem Geld gründete er eine religiöse Zeitschrift, deren Auflagenhöhe ständig wuchs. Viele Polen fühlten sich von ihr angesprochen. Pater Maksymiljan fand immer wieder reiche Leute, die seine Mission finanzierten. 1927 gründete er eine eigene Baracken-Stadt mit Verlag, Druckerei, Werkstätten, einem Kloster und einem Gymnasium. Er selbst lebte bewußt arm und verpflichtete auch seine Mitarbeiter, Studenten und Schüler zu einfacher Lebensführung; für seine Mission jedoch waren ihm die modernsten Maschinen und Einrichtungen gerade gut genug. Seine Stadt wurde zum größten Kloster und Pressezentrum Polens. 1930–1936 war er mit vier Brüdern in Japan und versuchte auch dort, seine Mission weiterzutragen. Seine Zeitschrift erreichte vor dem 2. Weltkrieg eine Auflage von 1 Million Exemplaren. Der Einmarsch der deutschen Truppen 1939 zerschlug sein großes Werk. Alle Brüder wurden aus der Stadt vertrieben. Maksymiljan Kolbe öffnete sein Kloster für Menschen, die vor den Nazis fliehen mußten. Als die Gestapo Anfang 1941 entdeckte, daß Kolbe im weiten Gelände seiner Stadt 2000 Juden versteckt hatte, wurde er verhaftet und nach üblen Mißhandlungen durch SS-Leute in das KZ Auschwitz transportiert. Dort war er nur noch der Häftling 16670 (→ S. 10).
Die wenigen Monate, die Maksymiljan Kolbe noch verblieben, machen besonders deutlich, was diesen Mann sein Leben lang bewegt hat. In dieser Hölle des Hasses und der Bosheit war er ein Zeuge dafür, daß Jesus in seinem Tod und seiner Auferstehung auch hier gegenwärtig war.

Ein evangelischer Arzt erklärte unter Eid:

Ich kannte ihn als einen sehr ausgeglichenen Menschen. Immer war er ruhig und gelassen. Er war immer für andere da . . . Tuberkulose zehrte an ihm, hohes Fieber setzte ihm zu, aber nie wollte er sich vordrängen, immer wartete er, bis die 200, 500 oder gar 1000 Patienten vor ihm behandelt waren . . . Ich sagte ihm, ich könne nicht mehr an Gott glauben. Er versuchte, mich zu überzeugen, daß Gott auch hier gegenwärtig sei. In Gesprächen zeigte er nie Ärger oder Haß gegenüber dem Feind . . . Im ganzen Lager Auschwitz gab es keinen ihm vergleichbaren Menschen. Dabei bin ich doch Hunderten von Gefangenen begegnet, unter ihnen Priestern, Ordensleuten, Professoren, führenden Männern, Künstlern, Menschen aus allen sozialen Bereichen und Schichten.[1]

Sein freiwilliger Tod in der unterirdischen Dunkelzelle besiegelte das, wofür er gelebt hatte.
Tausende von Polen und Deutschen waren am 10. Oktober 1982 im Petersdom, als Pater Maksymiljan Kolbe heiliggesprochen wurde. Auch der 81jährige Rentner Franz Gajowniczek.

---

1. Man kann den Opfertod Kolbes nicht richtig verstehen, wenn man nicht bedenkt, daß diese Tat durch ein langes Leben vorbereitet worden ist. Versucht, das an Einzelheiten zu zeigen.

2. Jesus Christus lebt weiter in seinen Heiligen. Erläutert diesen Satz am Beispiel Kolbes. Lest dazu Joh 15,13 und überlegt, was dieser Satz über Jesus und über Maksymiljan Kolbe sagt.

3. Welche Bedeutung hatte es für die neun anderen Häftlinge, daß Pater Maksymiljan freiwillig mit ihnen in den Tod ging?

4. Pater Kolbe ist ein Märtyrer, d. h. ein Zeuge.
- Was hat er be-zeugt?
- Warum kann man ihn einen »Märtyrer der Versöhnung« nennen?

5. Überlegt, warum Pater Kolbe nicht nur von seinen polnischen Landsleuten, sondern auch von Deutschen besonders verehrt wird.

5. Im stillen für andere da sein

Sie hat studiert und gehört doch freiwillig zur untersten Lohngruppe der Arbeiterinnen in der Fabrik. Sie sortiert Krabben und trägt über ihrem Kittel ein schlichtes Holzkreuz. Sie ist Arbeiterin und Ordensfrau. Aber sie wohnt nicht in einem Kloster, sondern in einer Hütte – wie alle anderen auch. Was will Francis in einer Fischfabrik der großen Hafenstadt Colombo (Sri Lanka, südöstlich von Indien)?

Um 7.45 Uhr beginnen die Frauen und Mädchen ihren eintönigen Arbeitstag: acht Stunden lang Krabben waschen, sortieren und die Taschenkrebse für den Versand nach Japan in Blechkanister verpacken. Überall Nässe: auf dem Boden, den blechbedeckten Tischen, an den Händen, die zwischen den Meerestieren wühlen. An der Decke ein Ventilator, der träge die verbrauchte Luft rührt. An der Wand ein riesiger Kühlschrank, dem man die Eisstückchen entnimmt, die zwischen die Delikatessen gepackt werden. 44 Stunden pro Woche immer die gleichen Handgriffe.

Die eine der Arbeiterinnen, jung und hübsch, trägt ein blaues Kopftuch und ein Kreuz über dem Kittel. Das ist das einzige, was sie äußerlich von den anderen unterscheidet. In der Mittagspause sitzt das Mädchen mit den Kolleginnen in einem engen Raum. Es wird geplaudert und gelacht, aber manchmal wird es auch ernst. Dann geht es um ihre Sorgen, um Anitas Ehekrach, um Lathas krankes Baby oder den Tod von Marys Mutter. »Hör mal, Francis . . .« heißt es dann. Die Frauen und Mädchen wollen ihren Rat, ihr Urteil, ihre Hilfe. Schließlich hat sie eine höhere Schule besucht und ein Kindergärtnerinnen-Examen gemacht. Daß sie als einfache Arbeiterin in der Fischfabrik gelandet ist, war nicht Pech oder Unfähigkeit, sondern ihre freie Entscheidung.

Wenn sie wieder einmal gefragt wird, warum sie nicht heiratet und Kinder bekommt oder wenigstens als Lehrerin arbeitet und dann doch erheblich mehr als 60 DM im Monat verdienen würde, erzählt Francis manchmal, warum sie in der Fischfabrik diese eintönige Arbeit tut.

Sie erzählt von einem Franzosen, der vor mehr als 70 Jahren den Adelsstand mit dem Arbeiterstand vertauscht hat, um wie der Sohn des Zimmermanns aus Nazaret zu leben: Charles de Foucauld (→ S. 10). Nach einer verkorksten Militärkarriere und dem gelangweilten Leben eines Playboys hatte er zu Gott zurückgefunden und den Ruf vernommen, Jesus ganz und gar zu folgen. Jesus hatte den allerniedrigsten Platz eingenommen. Er war nicht in einem Palast, sondern in einem Stall geboren worden und hatte aus Liebe zu den Armen und Zukurzgekommenen ihr Leben geteilt. Und genau das beschloß Foucauld zu tun: mitten in der Sahara lebte und arbeitete er unter den Tuaregs, einem islamischen Wüstenstamm, als »Bruder aller«. Francis erzählt, daß es heute an vielen Orten in der Welt, z. B. Paris, Berlin, Kalkutta, Dortmund, Hamburg, New York, Köln, junge Männer und Frauen gibt, die sich die »kleinen Brüder« und »kleinen Schwestern Jesu« nennen und das Beispiel des Charles de Foucauld weiterleben wollen.

Für sie gilt, was der Franzose 1905 in einer Oase in sein Tagebuch schrieb:

Nimm dir immer und in allem das Leben von Nazaret zum Vorbild . . . nicht weniger als acht Stunden täglicher Arbeit, möglichst viel Handarbeit – wie Jesus von Nazaret. Bete wie Jesus, so viel wie Jesus . . .[1]

Francis lebt mit zwei anderen »kleinen Schwestern« zusammen in einer bescheidenen Hütte. Eine macht die Hausarbeit, die andere arbeitet wie sie in einem Betrieb. Ihr Wohnraum, in dem sich auch die Kinder der Nachbarschaft wohl fühlen, ist nur 10 qm groß, außerdem gibt es eine Kochnische, einen kleinen Schlafraum und gegenüber dem Eingang eine durch einen Vorhang verhüllte Türöffnung, darüber ein Jesus-Bild. In den kahlen Raum dahinter – geflochtene Matten am Boden und ein Tabernakel an der Wand – ziehen sich die drei morgens und abends je eine Stunde zurück, um schweigend mit dem zu sprechen, dessen Evangelium sie leben wollen.[1]

Wie Charles de Foucauld will auch Francis nicht mit Worten predigen. Sie möchte einfach da-sein, mitten unter denen, für die sonst niemand da-ist. Und darum spricht sie auch kaum von sich und ihrer Aufgabe, höchstens, wenn die Kolleginnen bohrend fragen. Aber für die anderen ist sie immer zu sprechen. Und sie hilft, wo sie gebraucht wird. Als wäre es das Selbstverständlichste auf der Welt . . .

Irgend etwas hat sich verändert in der Fischfabrik, seit Francis dort arbeitet, solidarisch mit den anderen. Die Frauen und Mädchen spüren das. Ursprünglich hatten sie Angst, die »Neue« sei gekommen, um zu predigen und sie zu bekehren. Die meisten von ihnen sind Buddhistinnen. Wollte das Mädchen mit dem Kreuz sie zu Christen machen? Aber diese Sorge hat sich längst gelegt. Sie wundern sich über Francis. Sie bewundern sie auch ein wenig. Aber vor allem möchten sie, daß sie bleibt. Sie kennen das Jesus-Wort nicht, an das Francis oft denken muß: »Wenn das Weizenkorn nicht in die Erde fällt und stirbt, bleibt es allein; wenn es aber stirbt, bringt es viele Frucht« (Joh 12,24).

1. Haltet ihr es für sinnvoll, daß Francis ihr Leben in der Fischfabrik verbringt? Begründet eure Antwort.

2. Warum spricht Francis so wenig über sich? Warum versucht sie nicht, den Mädchen und Frauen häufig von Jesus zu erzählen?

3. Was ist in dem Wort vom Weizenkorn mit »in die Erde fallen und sterben« gemeint

- im wörtlichen Sinn
- im bildlichen Sinn?
- Warum ist das nicht nur ein Wort von Jesus, sondern auch über Jesus?
- Überlegt, ob dieses Jesus-Wort auch als Überschrift über das Leben des Charles de Foucauld und das Leben von Francis paßt.

6. Wie Christen heute leben

Aus einem Lebenslauf

... Zwei Wochen nach meiner Geburt wurde ich getauft. Die Urkunde darüber steht in unserem Familienstammbuch. Meine Mutter hat mir später erzählt, daß ich dabei ziemlich viel geschrien hätte und der Pastor gesagt habe, ich würde sicher einmal ein tüchtiger Sänger im Kirchenchor. Aber das war eine voreilige Bemerkung...

Ich erinnere mich noch genau daran, daß meine Eltern mich mit vier Jahren in den katholischen Kindergarten brachten und daß uns die Schwester dort viel von Jesus und den Heiligen erzählt hat. Damals habe ich auch einige Gebete gelernt, die ich heute noch immer gerne spreche, vor allem, wenn ich Sorgen habe...

Als ich im dritten Schuljahr war, bereitete uns der Pastor auf die erste Beichte vor. Ich weiß noch, daß ich ziemlich viel Angst hatte und meine Sünden auf einen Zettel schrieb. Später war das überflüssig, weil ich fast immer die gleichen Sünden beichten konnte. Meine Erstkommunion war ein großes Familienfest, und ich bekam viel mehr Geschenke als zu Weihnachten. Mit zwölf Jahren wurde ich gefirmt. Ich habe das nicht vergessen, weil mir damals der Herr Erzbischof selbst den Backenstreich gab und uns sagte, wir seien jetzt „Kämpfer für Christus". Mit meinen Eltern ging ich sonntags fast immer zur Messe, weil sie es verlangten. Später nahm ich diese Pflicht nicht mehr so genau, weil wir sonntags oft Sportveranstaltungen hatten...

Nach meiner Schulzeit arbeitete ich bei der Stadtsparkasse. Mit 20 Jahren lernte ich meine Frau kennen; vier Jahre später haben wir geheiratet. Mutter war zunächst gegen diese Verbindung, weil Susanne evangelisch ist. Aber ich habe ihr dann klargemacht, daß wir ja alle an denselben Gott glauben. Selbstverständlich haben wir uns kirchlich trauen lassen; darauf wollten wir beide allein schon wegen der Feierlichkeit nicht verzichten. Wir haben auch unsere beiden Kinder katholisch taufen lassen, dazu hatten wir uns ja verpflichtet. Wir haben sie auch christlich erzogen: Vor und nach dem Essen wurde bei uns immer gebetet, sonntags gingen wir zur Messe, und einige Male haben wir sogar eine große Wallfahrt mitgemacht. Mich ärgerte es zwar oft, daß ich so viel Kirchensteuer bezahlen mußte, obwohl die Kirche doch genug Geld hat. Aber ich habe nie daran gedacht, deswegen aus der Kirche auszutreten wie manche meiner Kollegen... Inzwischen sind unsere Kinder längst erwachsen und ich genieße den Ruhestand. Mein Kreislauf macht Schwierigkeiten; ich weiß, daß ich nicht mehr lange leben werde. Für den Todesfall hab' ich alles gewissenhaft geregelt. Meine Frau weiß, daß sie einen Priester rufen soll, wenn es zu Ende geht. In meinem Testament steht, daß ich eine feierliche kirchliche Beerdigung und eine Totenmesse in unserer Pfarrkirche möchte. Auf meiner Todesanzeige soll nichts Besonderes stehen, nur: daß ich nach einem christlichen Leben zu Gott heimgegangen bin.

1. Was haltet ihr von diesem Lebenslauf eines Christen?

2. Dieser Lebenslauf ist erdacht. Schreibt einen anderen, der deutlich macht, wie nach eurer Meinung Christen leben sollten.

In Gemeinschaft anders leben

Pater Ludger schreibt an seinen Neffen: . . . Du wolltest wissen, wie der Tagesablauf eines Benediktinermönches aussieht. Ich habe ihn Dir genau aufgeschrieben:

4.40	Aufstehen	13.00	Freizeit
5.00	Morgenlob (Chorgebet)	14.00	Vesper (Chorgebet)
5.45	Eucharistiefeier	14.30	Nachmittagskaffee
6.30	Meditation	15.00	Arbeitszeit
7.00	Frühstück und Arbeit	17.30	Geistliche Lesung
8.00	Chorgebet	18.00	Abendlob (Chorgebet)
8.30	Arbeitszeit	19.00	Abendessen, Freizeit
12.05	Chorgebet	20.30	Nachtgebet (Chorgebet)
12.20	Mittagessen	21.00	Tagesschluß

Du kannst daran erkennen, daß unser Tagesablauf genau an dem Grundsatz unseres Ordensgründers Benedikt ausgerichtet ist: »Bete und arbeite«. Das Gebet und der Gottesdienst stehen an erster Stelle. Sechsmal am Tag versammeln sich alle Mönche zum Chorgebet. Das Gebet verbindet uns mit Gott, untereinander und mit allen Menschen. Aber im Kloster wird auch hart gearbeitet. Unsere Brüder betreiben eine große Landwirtschaft und eigene Werkstätten. Wir Patres haben vor allem priesterliche Aufgaben zu erfüllen: Zwei sind verantwortlich für die Pfarrei, die zu unserem Kloster gehört. Ich arbeite zusammen mit 15 anderen Mönchen als Lehrer an unserer Klosterschule. Andere betreiben wissenschaftliche Studien oder halten Einkehrtage und Vorträge in unserem großen Gästehaus, das immer voll ausgebucht ist. Viele Menschen aus der Stadt suchen für einige Tage die Stille und Sammlung unseres Klosters.
Du fragst, warum ich vor zehn Jahren hier eingetreten bin. Ich hatte mir das lange überlegt. Aber ich suchte eine enge Lebensgemeinschaft mit Gleichgesinnten, und ich spürte in mir die Berufung, mein Leben ganz nach dem Evangelium auszurichten. Unsere drei Ordensgelübde – Armut, Ehelosigkeit und Gehorsam – darfst du nicht nur als Verzicht ansehen. Sie machen uns frei von vielen Dingen, die uns hindern können, ungeteilt für das Reich Gottes und ganz für die Menschen zu leben . . .

Aus der Geschichte der Orden:

- Schon in den ersten Jahrhunderten n. Chr. gab es Christen, die arm und ehelos lebten, meistens in der Wüste als Einsiedler. Später schlossen sich viele zu Gemeinschaften zusammen und verpflichteten sich zu Gehorsam unter einem Vorsteher.
- Im 6. Jahrhundert gründete Benedikt das Kloster Monte Cassino (Mittelitalien) und verfaßte seine berühmte Regel, die zur Richtschnur fast aller späteren Ordensgründungen wurde. Die Benediktiner erwarben sich große Verdienste bei der Germanenmission (→ S. 14 ff) und beim Aufbau der europäischen Kultur. Heute gibt es in der Welt 9350 Benediktinermönche.
- Im 13. Jahrhundert entstanden die großen »Bettelorden«: die Franziskaner und die Dominikaner. In einer Zeit, in der die Kirche sehr reich war, wollten sie ganz arm leben. Ihre Klöster gründeten sie vor allem in den Städten; ihre Hauptaufgabe war Verkündigung und Seelsorge. Heutige Mitgliederzahlen: 20000 Franziskaner, 6800 Dominikaner.
- Im 16. Jahrhundert entwarf Ignatius von Loyola eine neue Art des Ordenslebens: eine straff organisierte Gemeinschaft von Priestern und Laienbrüdern, die sich »Gesellschaft Jesu« nannte. Sie verzichteten auf das gemeinsame Chorgebet und auf das Leben in Klöstern, um verfügbar für alle Aufgaben zu sein, die der Papst ihnen gab (vor allem Mission, Schulen, Seelsorge, Wissenschaft). 1988 gab es in der Welt rund 26200 Jesuiten.
- Zwischen dem 17. und dem 19. Jahrhundert entstanden viele neue Kongregationen (lat. = Vereinigungen) für Männer und für Frauen, die sich zu den drei Ordensgelübden verpflichteten und ihr ganzes Leben bestimmten kirchlichen und sozialen Aufgaben zur Verfügung stellten: Mission, Krankenpflege, Schule, Fürsorge. Heute leben allein in der Bundesrepublik rund 70000 Ordensschwestern.[1]

Hinter den Namen von Ordensleuten findet ihr oft Abkürzungen: z. B. OSB = Ordo Sancti Benedicti (Benediktiner), OFM = Ordo Fratrum Minorum (Mindere Brüder, Franziskaner), OP = Ordo Praedicatorum (Predigerorden, Dominikaner), SJ = Societas Jesu (Gesellschaft Jesu, Jesuiten).

Mehr als 4000 Männer und Frauen in der Bundesrepublik gehören Säkularinstituten (von lat. saeculum = Welt) an. Diese neue Form christlichen Lebens in der Welt hat sich in den letzten vierzig Jahren entwickelt. Ihre Mitglieder stellen ihr ganzes Leben in den Dienst des Reiches Gottes und verpflichten sich zu Armut, Ehelosigkeit und Gehorsam. Sie leben jedoch nicht in einer klösterlichen Gemeinschaft, sondern mitten in der Welt und üben dort ihren Beruf aus – in kleinen Gruppen oder ganz auf sich gestellt. Sie tragen keine Ordenstracht und behalten auch ihren bürgerlichen Namen. Sie stellen ihr Einkommen bis auf einen kleinen Betrag für Kleidung und Lebensunterhalt für die Aufgaben ihrer Gemeinschaft zur Verfügung.
Zu dem Institut St. Bonifatius in Heidenoldendorf bei Detmold gehören z. B. rund 200 Frauen. Mehrere kleine Gruppen von ihnen arbeiten in der Entwicklungshilfe. Edeltraut G. hat z. B. in den letzten Jahren vielen Frauen in Rwanda (Afrika) gezeigt und mit ihnen geübt, wie man aus ganz einfachen Früchten des armen Landes auf drei Steinen oder auf einem selbstgebauten Backsteinherd ein gesundes Essen kochen kann. Unterernährung und Vitaminmangel sind Ursachen vieler Krankheiten in Afrika. Eva R., die Ärztin eines Teams, sorgt zusammen mit einigen Mitarbeiterinnen neben der Krankenbehandlung für bessere hygienische Verhältnisse unter den Rwandesen. Nur so kann es auf die Dauer gelingen, die zahllosen Wurmerkrankungen, Malaria und andere Infektionskrankheiten auszurotten. Gleichzeitig werden die Rwandesen aktiviert: Die Frauen bringen Brennholz, Regenwasser oder Früchte mit; die Männer helfen beim Anbau von Soja und Erdnüssen auf den Feldern der Sozialstation.

Katechisten wie Stephanos Jebela aus Magore (Äthiopien)[1]

- arbeiten in Afrika, Asien, Ozeanien und Südamerika in priesterlosen Gemeinden, sind mit ihren Familien deren Motor und Mittelpunkt;
- sind Lehrer, Berater, Helfer in allen Lebenslagen;
- halten – oft auf sich gestellt – den Glauben wach;
- geben Beispiele christlichen Lebens, sind oft ärmer als die Menschen ihrer Umgebung;
- werden manchmal angefeindet, häufig auch bedrängt und verfolgt;
- sind die Stützen der Kirche in der Zukunft.

Sitzung des Gemeinderates der Landgemeinde D. Es geht um die Verkaufsgenehmigung für einen Bauernhof mit 15 ha Land, den ein gemeinnütziger Verein aus der nahe gelegenen Großstadt erwerben will. Er möchte an dieser Stelle ein Zentrum für geistig und körperlich schwerstbehinderte Kinder und Jugendliche aufbauen. Bürgermeister, Gemeindedirektor und die meisten Abgeordneten sind sich einig, die Genehmigung nicht zu erteilen. Sie begrüßten zwar die Arbeit des Vereins, aber das Behinderten-Zentrum sollte lieber weiter außerhalb des Ortes errichtet werden. Man könne andere Grundstücke anbieten. Außerdem sei bekannt, daß die chemische Fabrik in A sich für das Grundstück interessiere, und das bedeute neue Arbeitsplätze und zusätzliche Steuereinnahmen.

Der Bauer H protestiert: »Ich finde es unerhört, daß unsere Gemeinde, die zu 95 % aus Christen besteht, die Behinderten möglichst weit von sich fernhalten will. Bei Jesus waren es die Aussätzigen, mit denen die frommen Leute nichts zu tun haben wollten. Bei uns sind es die Behinderten oder die Gastarbeiter. Für unsere Kinder und Jugendlichen ist es gut, wenn sie lernen, mit solchen Menschen umzugehen. Neue Arbeitsplätze kann das Zentrum auch anbieten, wenn auch nicht so gut bezahlte wie die Fabrik. Und sollte der Gemeinderat wegen höherer Steuereinnahmen dieses Projekt ablehnen, werde ich als Christ mein Mandat niederlegen und dies durch ein Flugblatt in der ganzen Gemeinde bekanntgeben.«

Dieter (13) ist als einziger aus seiner Klasse Meßdiener. Er selbst hat es so gewollt, nicht sein Vater, mit dem er allein zusammenlebt, seit seine Mutter mit einem anderen Mann in Australien wohnt. Sein Vater geht selten zur Kirche. Aber Dieter nimmt sein Meßdieneramt ganz ernst; er hilft der Gemeindereferentin dabei, unter den Jüngeren für Nachwuchs zu sorgen und die »Neuen« anzuleiten. Neuerdings darf er auch schon manchmal Küsterdienste übernehmen. Von seinen Klassenkameraden wird er häufig ausgelacht: »Was kriegst du eigentlich dafür?« »Weißt du nichts Besseres in deiner Freizeit anzufangen?« »Immer schön fromm sein!« und ähnliches bekommt er dann zu hören. Dieter ist oft traurig darüber, daß er in der Klasse keine Freunde mehr hat, aber der Dienst in der Gemeinde ist ihm wichtiger. Er macht auch die Schlägereien nicht mehr mit, in die ihn einige Klassenkameraden immer wieder hineinziehen wollen, auch wenn sie ihm »Waschlappen« oder »Feigling« nachrufen . . .

Frau P. ist seit vielen Jahren bettlägerig und völlig auf die Hilfe anderer angewiesen. Sie kann nicht einmal selbst essen. Obwohl sie ständig starke Schmerzen hat, klagt sie nicht. Ihre Tochter pflegt sie, morgens, bevor sie zur Arbeit geht, abends, wenn sie zurückkommt. In der übrigen Zeit wechseln sich drei Frauen aus der Nachbarschaft ab. Sie kochen für Frau P., sitzen bei ihr, erzählen, lesen aus der Zeitung vor und sorgen für alles, was nötig ist. Auch einige Kinder aus der Nachbarschaft kommen öfter zu Besuch. Das ist immer eine große Freude für die Kranke. Sie kommen gern, weil Frau P. so gut zuhören kann – und auch, weil sie immer etwas Süßes für sie hat.

Jugendgottesdienst in der Nähe von Rio de Janeiro. Etwa 300 Jungen und Mädchen füllen den Raum, eine Mehrzweckhalle zum Theaterspielen, zum Turnen und zur Meßfeier der großen Gemeinde. Eine Siebzehnjährige hält die Predigt, ganz frei, ohne Vorlage. Jungen und Mädchen hören gespannt zu. Manchmal hört man zustimmende Zwischenrufe. Der Priester, der die Messe feiert, erzählt dem Besucher von dem Mädchen: Im amerikanischen Shop steht die Siebzehnjährige acht Stunden hinter dem Ladentisch. Mit dem mageren Gehalt ernährt sie ihre Mutter und ihre jüngeren Geschwister. Der Vater hat die Familie im Stich gelassen. Nun trägt sie die Verantwortung. Sie hat einen Kurs für Katecheten mitgemacht. Seitdem liest sie abends spät, wenn die anderen schlafen, regelmäßig die Bibel. Am nächsten Morgen ist sie wieder für alle da, die sie brauchen. Selbst die älteren Leute in der Gemeinde fangen an, auf sie zu hören – auf die siebzehnjährige Christin, die weiß, worauf es ankommt . . .

Salvador Dali (geb. 1904): Jona. 1964.
Aus dem blutroten Meer taucht ein dunkler Fisch auf, dessen Inneres wie ein Gefängnis ist – schwarz wie der Tod und rot wie das Blut. Schon hat er die konturlose Gestalt des Jona am Bein geschnappt. Jona scheint sich an einer gewaltigen Gestalt, die wie ein Meeresgott aussieht, festhalten zu wollen. Diese Gestalt trägt ein rätselhaftes Gebilde in der Hand, das oben in zwei Flügeln ausläuft. Die dunklen Stellen sind zweimal von weißen Flecken unterbrochen (Blitz und Donner, Gut und Böse?). Niemand kann dieser Gestalt entfliehen, weder Jona noch der Fisch, auch die beiden Schattengestalten am oberen linken Rand nicht, die wohl zum selben Schiff gehören, in dem sich Jona befand. Aber zunächst muß Jona von dem Untier verschlungen werden. Erst danach wird er wieder das Licht sehen und sich an seinem Leben freuen.

Die Geschichte von Jona

1. ». . . ganz schön geflunkert.«

Lieber Gott,

bei uns in der Schule ist jetzt Jona und der Walfisch dran. Wie er ihn mit Haut und Haaren verschluckt. Das ist die beste Geschichte, die ich je gehört habe. Da passiert was, man kriegt richtig Angst. Kati aber sagt, da wird ganz schön geflunkert. Glaubst Du, daß das nur ein Witz ist?

Dein Daniel

Wer die Erzählung von Jona nicht genau kennt, wird sie vielleicht für ein Märchen oder für geflunkert halten. Wer sich aber näher damit befaßt, kann entdecken, daß sie nicht nur spannend, sondern für den Glauben und das Leben wichtig ist. Erst wenn man weiß, in welcher Situation die Erzählung entstanden ist, kann man erkennen, was sie sagen will.

2. Eine Erzählung entsteht

Seit es Menschen gibt, machen sie sich Bilder von ihren Göttern. Sie haben von ihnen Figuren in Holz oder Stein geschaffen und Zeichnungen oder Malereien in Höhlen, auf Felsen oder an Tempelwänden angebracht. Manche Gottesbilder sind erhaben, andere erschreckend. Es gibt Gottesbilder, die die Gestalt von Tieren oder Dämonen haben, auf anderen sind die Götter wie Menschen dargestellt.
Aber es gibt nicht nur Gottesbilder, die man anfassen und sehen kann. Die Menschen machen sich auch in ihren Vorstellungen und in ihrem Denken Bilder von Gott. Die einen sehen in ihm einen strengen Richter oder gerechten König, der jedem nach seinen Taten vergilt. Andere verehren in ihm den Herrn, der über alles wacht und in jeder Not helfen kann. Manche Völker meinen, Gott sei nur für sie da. Auch Christen und Juden machen sich oft Vorstellungen von Gott, die seiner Größe nicht entsprechen. So war es manchmal in biblischer Zeit, so ist es oft noch heute. Wünsche und Ängste, Hoffnungen und Interessen gehen in die Gottesbilder ein. Weil aber alle Gottesbilder Gott nicht so fassen, wie er wirklich ist, heißt es in den Zehn Geboten (→ S. 66 ff):

Du sollst dir kein Gottesbild machen.

(Ex 20,4)

Gottesbilder aus Assyrien und Ägypten

Die Juden wußten, daß sie sich durch das erste Gebot von den meisten anderen Völkern unterschieden. Diese machten sich viele Bilder von ihren Göttern. Aber manchmal beanspruchten die Juden Gott nur für sich und machten aus ihm einen Nationalgott Israels. Auch das war ein unerlaubtes »Gottesbild«.
Gegen diesen Glauben erhob sich in Israel selbst Protest. Ein Schriftgelehrter, dessen Namen wir nicht kennen, dachte sich um 400 v. Chr. eine Geschichte aus, in der sich die Juden wie in einem Spiegel selbst erkennen sollten.

Wir stellen uns vor, wie er in Jerusalem mit Jochanan, einem Schüler, über sein Vorhaben spricht.

Jochanan (J): Meister, haben dir die Worte des Rabbi Elieser heute in der Synagoge auch so gut gefallen? Ich fand es großartig, wie er ganz klar herausstellte: Gott ist nur für Israel da. Er liebt nur die Kinder Israels, während ihm die anderen Völker wenig bedeuten. Am Ende werden allein die Juden erlöst und die anderen Völker für ihre bösen Taten bestraft.

Schriftgelehrter (Sch): Jochanan, diese Worte waren nicht gut. Was Rabbi Elieser gesagt hat und wofür er soviel Beifall erhielt, das ist engstirnig und entspricht nicht den heiligen Schriften Israels.

J.: Wieso?

Sch.: Diese lehren von der ersten Seite an, daß Gott mehr ist als nur der Herrr Israels. Er hat alle Völker geschaffen und liebt alle Menschen.

J.: Ja, Meister, da hast du recht. Das haben wir in dieser schweren Zeit ganz vergessen. Wer könnte uns wieder einmal klarmachen, wie falsch unsere Vorstellungen von Gott doch geworden sind?

Sch.: Ich will es versuchen.

J.: Du? Wie denn?

Sch.: Ich will eine Erzählung schreiben, die den alten Glauben neu und anschaulich ausdrücken wird. Sie soll den Titel »Jona« tragen.

J.: Jona? War das nicht ein Prophet, der vor langer Zeit lebte?

Sch.: Richtig. Von ihm ist nur einmal in unseren Schriften die Rede (2 Kön 14,25). Man weiß sonst nichts mehr von ihm. So kann ich an ihn gut anknüpfen.

J.: Und wo soll die Geschichte spielen? In Jerusalem?

Sch.: Nein, an drei Orten: in unserem Land – auf dem Meer – in Ninive.

J.: In der gottlosen und verkommenen Hauptstadt der Assyrer? Der Name Ninive allein genügt ja schon, um noch heute jeden Israeliten furchtbar zu erschrecken, obwohl die Stadt schon lange zerstört ist.

Sch.: Ja, das weiß ich.

J.: Die Assyrer waren doch die grausamsten Feinde, die wir früher hatten. Wohin sie auch kamen, verbreiteten sie mit ihren Streitwagen und Folterwerkzeugen große Angst. Noch heute erzählt man sich, wie sie vor 400 Jahren unsere Städte geplündert und viele Israeliten getötet oder in ihr Land verschleppt haben. Ich fürchte, deine Erzählung wird schlimm.

Sch.: Keineswegs. Warte erst einmal ab, wie ich die Bewohner von Ninive schildere. Damit das Ganze auch spannend und ein bißchen lustig wird, soll auch etwas von alten Märchen und Sagen hereinkommen. Kennst du die Geschichte von dem Fisch, der einen Menschen verschlungen und nach einigen Tagen wieder ausgespuckt hat?

J.: Kenne ich. Aber das ist doch Seemannsgarn.

Sch.: Ich mache eine Symbolgeschichte mit einer tieferen Bedeutung daraus.

J.: Jetzt bin ich aber auf deine Erzählung gespannt.

Sch.: Ich hoffe, daß sie bald fertig ist und euch manches zu denken gibt.

---

1. Wißt ihr, was Symbolgeschichten (→ S. 77 ff, 161 ff) sind?

2. Zum jüdischen Glauben an Gott, Auserwählung u. a.: → S. 249 ff.

3. Überlegt, ob manche Christen heute auch so engherzig von Gott sprechen wie die Juden, gegen die sich der Schriftgelehrte wandte.

Bilder, die Schülerinnen und Schüler im Religionsunterricht gemalt haben.

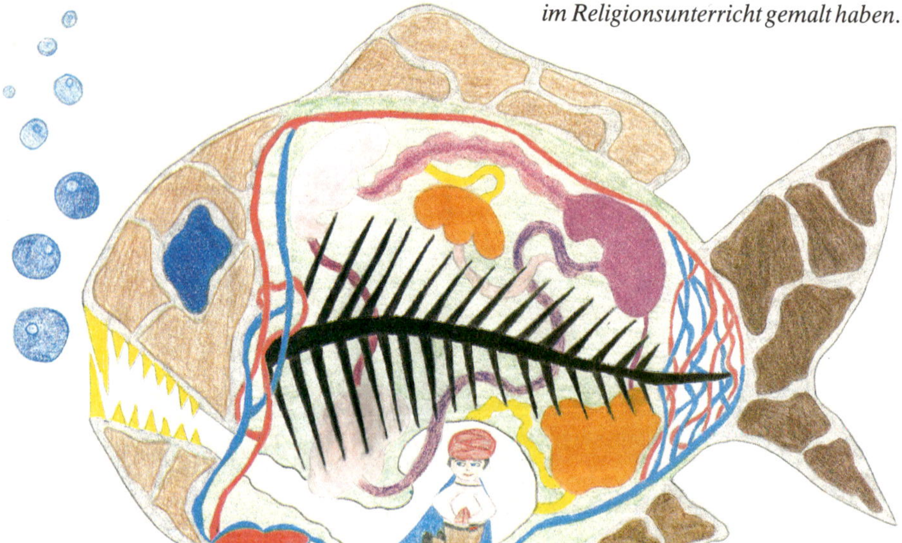

3. *Gott ist größer als unser Herz*

Die Geschichte, die der Weisheitslehrer verfaßte, ist übersichtlich gegliedert.

Im Schiff und Fisch (1–2): Der erste Auftrag

Die Erzählung setzt gleich mit der Handlung ein. Von Jona erfahren wir zuerst so gut wie nichts. Gott beauftragt ihn, im weit entfernten, im Osten gelegenen Ninive zu predigen. Doch Jona geht in die Hafenstadt Jafo, um von da in die entgegengesetzte Richtung nach Tarschisch (Spanien) im Westen zu fliehen. Es wird eine abenteuerliche Flucht, auf der er in große Bedrängnis gerät. Er macht dabei die Erfahrung, daß man vor Gott nicht weglaufen kann. Am Ende erscheint es ihm wie ein Wunder, daß er wieder Land sieht.

Vor Ninive (3–4): Der erneuerte Auftrag

Zum zweitenmal erhält Jona den gleichen Auftrag. Nun kann er sich nicht mehr entziehen, aber auch diesmal erfüllt er seinen Auftrag nur verständnislos und widerspenstig. Dabei zeigt die Erzählung bisweilen in heiterem Ton den Gegensatz zwischen Offenheit und Größe Gottes und der Engstirnigkeit seines Propheten.

Die Geschichte wäre falsch verstanden, wenn man nur auf Jona im Bauch des Fisches achtete. Viel wichtiger ist das, was von Gott und seinem Propheten, von Israel und den Heiden erzählt wird. Hier erfahren wir: Gott ist barmherzig mit allen Menschen. Gott ist anders, als wir ihn denken. Er ist größer als unser Herz.

1. Lest Jon 1,1–2,2.11: *Flucht und Rettung*
- Beschreibt den Auftrag und den Weg des Jona.
- Wie wird der Prophet, wie werden die heidnischen Seeleute geschildert?

2. Lest Jon 2,3–10: *Das Gebet des Jona*
- Wie beginnt, wie endet das Gebet?
- Kann man es auch sonst sprechen?

3. Lest Jon 3,1–10: *Jona in Ninive*
- Was und wie predigt Jona?
- Welches Bild von Gott zeichnet der Schriftgelehrte?

4. Lest Jon 4,1–11: *Die Belehrung des Propheten*
- Wie ist das Verhältnis des Jona zu seinem Gott?
- Warum endet das ganze Buch mit einer Frage?

4. *Jedermann ist Jona – Überall ist Ninive*

Die Geschichte, die der unbekannte jüdische Gelehrte vor langer Zeit verfaßte, hat auch einen Sinn für spätere Zeiten. Jedermann ist Jona, der vor den wichtigen Aufgaben seines Lebens wegzulaufen versucht. Engstirnige Propheten gibt es immer wieder, die Gott für ihre Gruppe (Volk, Religion) allein in Anspruch nehmen. Ninive ist überall da, wo sich auch heute große Mächte von Gott abwenden. – Jesus hat sich mehrmals auf die Jonaerzählung berufen. Die Rettung des Jona aus dem Abgrund ist für ihn ein Hinweis darauf, daß Gott auch Macht über den Tod hat. So wird die Geschichte bei ihm zu einem Symbol der Auferstehung (→ Mt 12,38–41).

JONA

schon immer
fühlte
ich mich verwandt
dem jona,
als hätten wir
dieselbe haut und
oft
das ängstliche herz.

fliehen
wollte auch ich
in mancher zeit,
den kopf nicht
hinhalten,
die hände in die taschen
stecken,
vielleicht ein liedchen
pfeifen –
oder nur in die sonne
blinzeln.

und
dann ging ich doch,
dachte an jona
und
zum schluß pfiff ich
ein liedchen –
aber
aus dankbarkeit.

Joachim Lehmann[1]

Jonas Geschichte – unsere Geschichte

Jona: ich will euch meine
lebensgeschichte erzählen
wie ich bis hierhin kam
das ist auch eure geschichte
die ich jetzt erzählt habe
und alle und jeder dachte
das bin ich ja
der erzählt ja mein leben
nur die ganz jungen
verstanden das noch nicht so
denn so weit waren sie noch nicht
und am ende sah jona
wie einer nach dem anderen
still wegging

Wilhelm Willms[2]

---

1. Es gibt Ausdrücke und Redensarten, die ähnliche Vorstellungen enthalten, wie sie im Jona-Buch vorkommen, etwa:
- da ging es stürmisch her;
- ins Bodenlose fallen;
- im Elend versinken;
- ich sehe wieder Land.

Sammelt ähnliche Ausdrücke. Warum werden sie gebraucht? Welchen Sinn haben sie?

2. Im Bauch des Fisches sein – aus ihm wieder heil herauskommen; das sind Symbole für wichtige Situationen unseres Lebens. Könnt ihr dafür Beispiele finden?

3. Versucht, Szenen des Jona-Buches zu zeichnen, zu malen, nachzuerzählen oder nachzudichten.

Die 9. Klasse des Heinrich-Hertz-Gymnasiums in Bonn-Bad Godesberg hat ein Puppenspiel mit dem Titel »Jona« einstudiert. Die Schülerinnen und Schüler haben den Bau des Schaukastens mit den Kulissenbildern selbst hergestellt. Die Puppen wurden aus Styropor angefertigt, ihre Kleider aus Stoffresten geschneidert.[1]

1. Szene

Vorhang auf, versteppte Berglandschaft, Jona mit dem Rücken zum Publikum, Flöte, ein Lichtpunkt erscheint, Jona erschrickt.

Gottes Stimme: Jona, hörst du mich? Du sollst mein Bote sein. Geh nach Ninive, in die große Stadt, sie ertrinkt in ihrer Schlechtigkeit, sie platzt vor Gewalt. Sage ihr, daß ich ihr Gott bin. Nur noch einige Zeit werde ich tatenlos zusehen.

Lichtpunkt verschwindet.

Jona: Ich nach Ninive? Ob ich überhaupt aus diesem Sumpfloch wieder herauskomme? Die machen mich doch fertig, einen Fremden mit dem Auftrag.

Pause, Jona dreht sich um.

Ich muß weg. Jedoch nicht nach Ninive, nein, genau in die andere Richtung ans Ende der Welt. Da bin ich sicher, sicher vor Gott und sicher vor dem Heidenpack, diesem gottlosen Volk. Ich verstehe gar nicht, wie Gott sich mit diesen Unmenschen abgeben kann. Sie sind und bleiben boshaft. Soll einer sagen, daß man die ändern kann. Gottlose Halunken sind das!

Pause, Jona bewegt sich über die Bühne.

Am besten, ich nehme ein Schiff nach Tarschisch. Dort findet mich niemand. Ich werde in Jafo an Bord gehen und mich in Sicherheit bringen.

Vorhang zu, Musik.

2. Szene

Vorhang auf, Kajüte eines Schiffes, Bullauge, zeitweise Erschütterungen der Kulisse. Jona liegt auf der Spielleiste und schläft tief, belebte stürmische Musik, die langsam leiser wird. Kapitän betritt die Szene.

Kapitän: Ah! Wo kommt nur so plötzlich der Sturm her! Unser alter Kahn bricht auseinander. Gott des Meeres. Laß uns nicht absaufen! Ah! Gott des Sturmes, ich werde dir opfern.

Zwei Seemänner kommen erschöpft herein.

Seemann 1: Befehl ausgeführt. Wir haben die ganze Ladung ins Meer geworfen, der Pott ist zwar leichter, wir werden aber trotzdem verrecken.

Seemann 2: Die Götter schlafen. Nun sagt doch was, Käpt'n. Ihr seid doch ein alter Hase. Was sollen wir tun? Das Ruder ist nicht zu halten.

Er entdeckt Jona.

Was sehen meine entzundeten Augen? Ich glaube, ich träume, hier pennt einer! Also so etwas hat der Sohn meiner Mutter noch nicht gesehen: Wir versaufen bald, und der schläft! He, du, aufwachen! Los, aber schnell!

Szene wird erneut erschüttert, Jona schlaftrunken, wird gestoßen.

Jona: Wa . . . was ist los? Weshalb wackelt hier alles?

Das Licht wird gelegentlich heller und dunkler.

Kapitän: Ein Unwetter. Wir sind verloren, wenn sich der Sturm nicht bald legt. Bist du nicht ein Hebräer? Rufe deinen Gott an, vielleicht hilft der uns.

Jona schweigt, Kapitän heftiger.

Kapitän: Nun los, wird's bald!

Jona: Nein, ich mache einen anderen Vorschlag, wir werfen Lose.

Seemann 1: Weshalb das denn?

Jona: Einer wird schuld sein an dem Unwetter, das Los wird ihn entdecken.

Am Ende der Szene wird Jona ins Meer geworfen.

Das Puppenspiel enthält noch vier weitere Szenen.

Überlegt, ob ihr auch das Puppenspiel »Jona« einüben könnt – vielleicht mit diesen beiden Szenen. Entwerft euch für die anderen Szenen selbst einen Text.

Rembrandt (1606–1669): Die Heimkehr des verlorenen Sohnes. Radierung, 15,6 × 13,6 cm, 1636.

Schuld und Vergebung

1. *»Was ist denn schon dabei . . .?«*

In unserer Gesellschaft tun viele Erwachsene und Jugendliche Dinge, die sie für völlig normal halten, obwohl sie dadurch schuldig werden.

- Franz (14) und Heino (13) sind Freunde, die meist knapp bei Kasse sind. Eines Tages schlägt Franz vor, in ein Kaufhaus zu gehen und dort ein paar Sachen zu klauen. Als Heino zögert, sagt er: »Das ist völlig ohne Risiko, wenn man es nur richtig anstellt. Um teure Sachen geht es ja nicht. Bloß eine Cassette oder Taschenlampe. Das merken die gar nicht. Und außerdem haben die das sowieso auf den Preis aufgeschlagen. Was ist schon dabei . . .?« Heino ist etwas unschlüssig.
- Helga (13) hat für einen Tag die Schule geschwänzt. Sie möchte nicht, daß die Eltern etwas davon erfahren. Darum tippt sie auf einem Briefbogen der Mutter eine Entschuldigung und setzt den Namen der Mutter darunter, den sie gut nachahmen kann. Als sie die Entschuldigung abgibt, hat sie arges Herzklopfen. Die Lehrerin merkt die Sache und stellt Helga zur Rede. Ihr erster Gedanke: »Pech gehabt.«
- Micha (15) hat bei einer Fete drei Flaschen Bier und drei Schnäpse getrunken. Er spürt die Wirkung des Alkohols ganz deutlich. Trotzdem will er mit seinem Moped nach Hause fahren. Als ihn Ralf (15) daran hindern will, sagt er nur: »Das geht dich gar nichts an. Das ist meine Sache.«
- In einer 8. Klasse geht es in der letzten Zeit wild zu. Einige ältere Schüler setzen sich ständig in Szene, um den anderen zu imponieren. Da werden Stühle angesägt, Elektroschalter herausgerissen, Schränke demoliert, Tapeten angesengt. Die Klassenlehrerin ist empört. Sie weist auf die möglichen Gefahren hin und erklärt, daß man Schuleigentum nicht beschädigen dürfe. In der Pause danach tönt Axel: »Schuleigentum? Das gehört doch keinem. Und was soll da schon passieren?«

---

1. Sammelt aus Zeitungen Nachrichten, in denen über Fehlverhalten von Menschen berichtet wird, und untersucht es anhand folgender Fragen:
- Was ist geschehen?
- Wie ist es dazu gekommen?‘
- Wie beurteilt ihr das Verhalten der beteiligten Personen?
- Wer ist schuldig, mitschuldig, unschuldig am Geschehen?

2. Sucht Gründe dafür, warum viele Jugendliche und Erwachsene von Schuld nicht viel wissen wollen.

3. Was haltet ihr von folgendem Grundsatz: »Egal, was du tust, du darfst dich nur nicht erwischen lassen.«

4. Beschreibt Situationen, in denen folgende Redensarten gebraucht werden:
- Was geht mich das an?
- Das ist dein Problem.
- Da kann ja jeder kommen!
- Das kann man von mir nicht verlangen.
- Na, und . . .?
- Wo steht das geschrieben?
- Mir hilft auch keiner.

2. Persönliche Verantwortung

Schuldig werden

• Richard (24) hält nichts von den Verkehrsgesetzen. Er meint, daß sie ihm nur seine Freiheit nehmen. Die geht ihm über alles. Er rast lieber so, wie es ihm Spaß macht. Als er eines Tages mit Tempo 80 durch eine kleine Ortschaft fährt, kann er nicht mehr rechtzeitig bremsen. Er überfährt ein kleines Mädchen und wird selbst schwer verletzt. Am Auto entsteht Totalschaden.

• Ein Arzt verschreibt einem Patienten, der zum ersten Mal zu ihm kommt, gegen sein Herzleiden β-(Beta-)Blocker. Auf seine Frage nach weiteren Krankheiten bekommt er keine klare Antwort. Er erfährt jedenfalls nicht, daß der Patient auch Asthma hat. β-Blocker aber sind für Asthmatiker lebensgefährlich. So kommt es, daß der Patient nach Einnahme der Medizin stirbt.

• Familie Meier verreist über die Weihnachtstage. Als sie am Urlaubsort sind, beginnt es zu schneien. Herr Meier versucht, telefonisch einen Nachbarn zu finden, der den Schnee vor dem Haus wegkehrt. Aber er kann niemanden erreichen. So kommt es, daß eine alte Frau ausrutscht, sich eine Gehirnblutung zuzieht und an den Folgen stirbt.

• Frau Seger (verwitwet, 50) bekommt, einen Tag bevor ihre Tochter Barbara (23) in Ferien fahren will, eine schwere Lungenentzündung. Die Kranke hat niemanden, der sie pflegen könnte. Trotzdem reist Barbara ab.

Schuld hat viele Gesichter. Darum ist es schwer, eine knappe Definition von Schuld zu geben. Einen ersten Zugang finden wir, wenn wir die Frage beantworten: Wann wird man schuldig? Wann ist man für Böses persönlich verantwortlich?
Dazu müssen drei Bedingungen erfüllt sein:

Schaden: Der Handelnde richtet Schaden an oder läßt Schaden dadurch zu, daß er ein Gebot (Gesetz, Weisung) übertritt, eine Pflicht nicht erfüllt, seinem Gewissen nicht folgt, Liebe verweigert.

Erkenntnis: Der Täter muß wissen oder voraussehen können, was er anrichtet.

Freiheit: Der Handelnde muß die Tat ausdrücklich wollen oder zulassen und in der Lage sein, auch anders handeln zu können.

Nicht jede Schuld ist gleich groß. Das Ausmaß der persönlichen Verantwortung hängt davon ab, wie groß der angerichtete **Schaden** ist, wie klar die **Erkenntnis** und die uneingeschränkte **Freiheit** des Täters sind. Es ist ein Unterschied, ob jemand Hautabschürfungen erleidet oder ein Auge verliert. Es ist ein Unterschied, ob ich die gesundheitlichen Folgen des Rauchens oder des Drogenkonsums kenne oder nicht. Es ist ein Unterschied, ob ich aus großer Angst oder aus Gewinnsucht lüge.

Haften müssen

- Herr Schulze geht mit seiner Frau im Wald spazieren, wirft gedankenlos eine brennende Zigarette weg und . . .
- Der Angestellte Schmitz schließt nach Feierabend die Bürotür nicht ab. Nachts . . .
- Abgelenkt durch eine persönliche Auseinandersetzung mit einem Angestellten übersieht der aufsichtführende Betriebsleiter eines großen Chemiewerkes auf dem Kontrollbildschirm eine wichtige Anzeige. Kurz darauf . . .

Viel Schaden entsteht in der Welt, ohne daß Menschen Schaden anrichten wollen. Gedankenlosigkeit, Unaufmerksamkeit, Leichtsinn haben oft eine schlimme Wirkung. Auch für den Schaden, der durch »menschliches Versagen« entsteht, müssen wir haften, d. h., wir müssen ihn so weit wiedergutmachen, wie wir können. Es ist darum wichtig, daß wir bei unserem Tun die möglichen Folgen vor Augen haben.
Wenn wir den ungewollten Schaden überhaupt nicht voraussehen konnten, braucht uns unser Gewissen nicht zu belasten.

Rembrandt (1606–1669): Der verlorene Sohn unter den Dirnen. Federzeichnung, 17,7 × 21 cm, um 1634.

---

1. Prüft bei den Fallbeispielen auf S. 37 f
- wie schlimm ihr den Tatbestand findet
- wieweit der Täter wußte, was er anrichtet
- wieweit er die Tat frei gewollt hat.

2. Wie wird der Tatbestand in diesen Fällen beurteilt von
- eurem Gewissen
- einem Richter/Gericht
- dem Täter
- den Geschädigten
- Gott?

3. Über den Begriff »persönliche Verantwortung« könnt ihr mehr finden auf S. 147.

4. Auch die Kirche unterscheidet zwischen leichter und schwerer Schuld (Sünde).
- Versucht, an einem Beispiel klarzumachen, was damit gemeint ist.
- Warum ist es für Menschen kaum möglich, exakt die Grenze zwischen beidem anzugeben?

3. *Unheilvolle Verstrickung*

• Lena (14) denkt sich nichts dabei, daß fast alle in ihrer Klasse den neuen Schüler Harald reizen, nur weil er anders ist als die übrigen. Er könnte sich ja auch etwas mehr daran beteiligen, die Lehrer zu ärgern, die üblichen Reden zu schwingen, mit in die Disco gehen. Als Harald wieder einmal von einigen gehänselt wird, stürzt er sich plötzlich wütend auf einen kleineren Schüler, der eine besonders große Lippe riskiert hatte, und verprügelt ihn so, daß dieser einen Schaden am Ohr davonträgt. Jetzt sind erst recht alle über Harald empört. Aber Lena hat für sich ein ungutes Gefühl.

• Herr K. ist Facharbeiter in einer Zigarettenfabrik. Er verdient ganz gut und kann sich und seiner Familie viel leisten. Aber je länger er in seiner Firma tätig ist, um so mehr stellt sich ihm die Frage, ob er nicht für die gesundheitlichen Schäden mitverantwortlich ist, die durch das Rauchen entstehen (→ S. 150 f).

• Robert (14) ist ganz nachdenklich geworden über das, was er neulich von seinem Großvater erfuhr. Dieser war im 2. Weltkrieg (1939–1945) für einige Zeit als Soldat bei einer Truppeneinheit in der Ukraine. Als dort zwei deutsche Soldaten von russischen Widerstandskämpfern aus dem Hinterhalt erschossen worden waren, befahl der deutsche Regimentskommandeur, zwanzig Leute des Dorfes – Männer, Frauen und Kinder – wahllos sofort zu erschießen. Einige Soldaten, unter ihnen zwei Achtzehnjährige, mußten den Befehl ausführen. Auch Roberts Großvater gehörte dazu. Noch jetzt war ihm der Schrecken anzumerken, als er sagte: »Ich weiß nicht, warum ich das damals tat. Ich hatte so große Angst. Und wir waren wütend über den Verlust unserer Leute. Aber die Frauen und Kinder, die wir erschießen mußten, haben mir auch sehr leid getan. Bis heute läßt mir diese Tat keine Ruhe.«

1. Geht die Fallbeispiele durch und erörtert dabei folgende Fragen:
• Wieweit sind die beteiligten Personen unfreiwillig in eine unheilvolle Situation verstrickt?
• Wieweit sind sie persönlich für den angerichteten Schaden verantwortlich?

2. Wir leben in vielen Situationen, in denen wir mit Schuld zu tun bekommen, ohne daß wir es zunächst merken oder wollen, z. B.
• wenn wir Schokolade und Bananen essen, die bei uns billig zu kaufen sind, während die Leute in Afrika oder Südamerika nur einen Hungerlohn dafür bekommen
• wenn wir aus Eitelkeit allerlei Sprays gebrauchen, die die Luft verunreinigen und die Atmosphäre gefährden
• wenn wir mit dem Motorrad oder Auto fahren, wodurch unsere Wälder krank werden
• wenn wir bei jeder Gelegenheit vor dem Fernseher sitzen und dabei versäumen, unsere geistigen Fähigkeiten zu entwickeln.
Ergänzt die Reihe und zeigt den Zusammenhang von unheilvoller Verstrickung und persönlicher Verantwortung auf.

3. Wiederholt, was ihr von der Erbsünde gelernt habt (→ »Zeit der Freude«, S. 255).

Oskar Schlemmer (1888–1943): Inmitten der Koordinaten – Figur und Raumlineatur. Grafik.

• Seitdem Sabina (15) den Film über die Tierhaltung in der Europäischen Gemeinschaft gesehen hat, schmeckt ihr das Schnitzel zum Mittagessen nicht mehr. Sie weiß nun, daß die Rinder, Schweine und Hühner auf allerengstem Raum zusammengepfercht aufwachsen. Nie können sich die Tiere in der freien Natur bewegen. Sie werden nur gemästet, bis sie ihr erforderliches Gewicht haben. Dann werden sie scharenweise geschlachtet. Sabina ist über diese organisierte Form der Tierquälerei empört. Sie sagt zu ihren Eltern: »Wir werden alle mitschuldig, wenn wir das billige Fleisch solch geschundener Tiere essen. – Tiere sind doch auch Geschöpfe Gottes. Sie haben doch auch ein Recht auf ihr Leben.«
Noch schlimmer wird die Sache für sie dadurch, daß auf diese Weise eine Überproduktion an Fleisch entsteht. Das nicht verkaufte Fleisch muß in großen Lagerhäusern gekühlt werden. Die Kosten dafür betragen jährlich viele Milliarden Mark, die der Steuerzahler aufbringen muß und die für andere, wichtigere Dinge fehlen. Zur gleichen Zeit verhungern auf der Welt immer noch viele Millionen Menschen jährlich.

Schuld entsteht nicht nur da, wo Menschen mit Wissen und Wollen Schaden anrichten. Wir können auch mit Schuld zu tun bekommen, weil wir zu einer Gesellschaft gehören, in der es Brutalität und Habsucht, Ungerechtigkeit und Gewalt gibt. Die Schuld einer Familie, einer Klasse, einer Firma, einer Partei, eines Volkes und sogar der Kirche belastet uns, auch wenn wir im Einzelfall für die bösen Taten nicht selbst verantwortlich sind.
Zwar gibt es keine ***Kollektivschuld.*** Niemand wird vor Gott oder seinem Gewissen für Taten schuldig, die er nicht selbst begangen hat. Die Schuld anderer macht uns nicht schuldig. Aber oft sind wir in unheilvolle Situationen verstrickt, denen wir nicht oder nur schwer entkommen können. Wir geraten so in den Sog des Bösen, daß wir ihm verfallen oder zu wenig tun, um es zu verhindern. Weil die Welt, in der wir leben, nicht in Ordnung ist, sind wir auch selbst nicht in Ordnung. Wir werden leicht böse, weil die anderen böse sind. Wenn wir selbst schuldig geworden sind, verstärken wir die ganze unheilvolle Situation und ziehen auch andere neu in die Schuld hinein. Dies ist ein wahrer Teufelskreis.
Schon wenn wir geboren werden, erben wir, ob wir es wollen oder nicht, einen Teil der Schuld, der von Anfang an bis heute auf der Geschichte der Menschheit liegt. Diese Erblast ist keine persönliche Schuld. Aber sie führt leicht dazu, daß wir auch persönlich schuldig werden. Unseren Anteil an diesem großen Unheil nennen wir ***»Erbsünde«.***

4. Der dreifache Schaden

Das Böse schadet mir

Christa (14) denkt darüber nach, was sie alles bei sich angerichtet hat, als sie ihre beste Freundin in einer wichtigen Sache belogen hat.

- Sie schämt sich und mag sich selbst nicht mehr leiden.
- Sie fürchtet, sie könnte ihre Freundin verlieren.
- Sie weiß, daß ihre Glaubwürdigkeit gemindert ist.
- Sie wird von ihrem Gewissen gemahnt.
- . . .

Meistens bemerken wir leichter an anderen als an uns selbst, wie Schuld einen Menschen schädigt und unerträglich macht. Aber wenn wir uns nach einer bösen Tat selbst betrachten und auf unsere innere Stimme hören, erkennen wir auch den Schaden, den wir bei uns selbst angerichtet haben. Lügen und Stehlen, Ungerechtigkeit und Gewaltanwendung belasten meine Beziehungen zu anderen und bringen mir oft große Nachteile. Solche Taten mindern das Zutrauen zu mir und können mich in die Isolation führen.

Aber der Schaden, den das Böse bei mir anrichtet, geht noch tiefer. Das Böse beschädigt mich selbst. Es trifft den inneren Kern meiner Person. Es ist wie eine Krankheit, die mein Inneres befällt und gefährdet. Früher sagte man: Das Böse verunreinigt die Seele. Indem ich Böses tue, werde ich selber böse. Ich verliere an Wert, den ich als Mensch habe. Kein Vorteil wiegt diesen Schaden auf.

Schuld nimmt anderen Lebenschancen

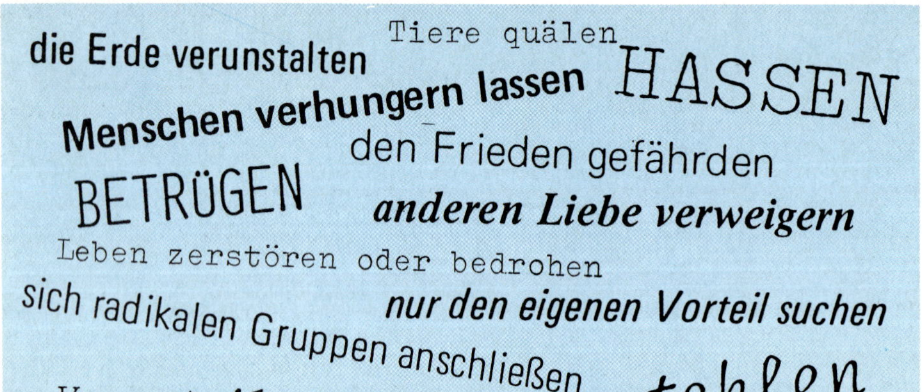

Schuld schadet anderen. Sie mindert oft die Qualität ihres Lebens. In besonders schlimmen Fällen kann sie die Bedingungen jeden Lebens zerstören.

Der Schaden ist nicht immer gleich groß. Er kann beim *einzelnen* von einem kleinen Sachschaden bis zur Vernichtung der Existenz reichen. Er kann sich bei unserer *Erde* von einer leichten Verschmutzung der Straße bis zur bedrohlichen Verunreinigung unseres Bodens, unseres Wassers, unserer Luft erstrecken. Schuld gefährdet auch persönliche Beziehungen und *Gemeinschaften*. Sie kann die Atmosphäre einer Familie für kurze Zeit belasten und ganze Völker bedrohen.

Sünde trennt von Gott

Mahatma Gandhi (geb. 1869) war ein großer indischer Staatsmann und Politiker. Durch gewaltlosen Widerstand befreite er sein Land von der englischen Kolonialherrschaft. 1948 fiel er einem Attentat zum Opfer (→ S. 144). Im Alter von 15 Jahren beging Gandhi einen Diebstahl. Weil sein älterer Bruder bei ihm Schulden hatte, die er nicht bezahlen konnte, schnitt er einfach ein Stück von dessen goldenem Armband ab. Als sein Vater, den er hoch verehrte, von dem Diebstahl erfuhr, war er zutiefst betroffen. Was darauf in dem jungen Gandhi vorging, hat er in seinen Lebenserinnerungen aufgeschrieben:

Das war mehr, als ich tragen konnte. Ich beschloß, nie wieder zu stehlen. Ich bereitete mich auch darauf vor, meinem Vater zu beichten. Doch ich wagte nicht zu sprechen. Nicht, daß ich gefürchtet hätte, mein Vater werde mich schlagen. Ich kann mich nicht erinnern, daß er je einen von uns geschlagen hätte. Was ich fürchtete, war, ihm Kummer machen zu müssen. Doch ich fühlte, es müsse riskiert werden, es konnte keine Klärung geben ohne klares Geständnis. Schließlich beschloß ich, das Geständnis niederzuschreiben, es meinem Vater zu geben und ihn um Verzeihung zu bitten. Ich schrieb es auf einen Bogen Papier und überreichte es ihm selber. In dieser Niederschrift bekannte ich nicht nur meine Schuld, sondern erbat für mich angemessene Bestrafung . . . Zugleich versprach ich, in Zukunft nie mehr zu stehlen.

Ich zitterte, als ich dieses Geständnis meinem Vater aushändigte. Er war damals krank und ans Bett gefesselt . . . Ich händigte ihm die Niederschrift aus und setzte mich dem Bett gegenüber.

Er las sie durch, und Tränen liefen über seine Wangen und benetzten das Papier. Einen Augenblick schloß er die Augen im Nachdenken, und dann zerriß er die Notiz. Er hatte sich, um sie lesen zu können, aufgesetzt. Nun legte er sich wieder. Auch ich weinte. Ich konnte meines Vaters Qual sehen. Wäre ich ein Maler, so könnte ich noch heute die ganze Szene malen, so lebendig ist sie mir noch im Gedächtnis.

Diese Tränen der Liebe reinigten mein Herz und tilgten meine Sünde. Nur wer solche Liebe erfahren hat, weiß, was sie ist . . . Ich hatte gedacht, er werde sich ärgern, schimpfen und sich vor die Stirn schlagen. Doch er war so wunderbar ruhig, und ich glaube, das war die Folge meines offenen Geständnisses.[1]

Wer über den Bericht des jungen Gandhi nachdenkt, wird verstehen, warum Schuld gegenüber anderen Menschen zugleich Sünde vor Gott ist.

- Christen glauben daran, daß Gott der Vater aller Menschen ist. Sie beten zu ihm »Vater unser«. In diesem Glauben sind alle Menschen unsere Schwestern und Brüder. Wer sich oder anderen Menschen Schaden zufügt, versündigt sich gegen Gott.
- Christen glauben, daß Gott die Welt geschaffen hat, damit die Menschen darin friedlich und glücklich leben können. Wer die Erde verunstaltet, den Frieden gefährdet, die Rechte anderer zerstört, wird vor Gott schuldig.
- Christen glauben, daß Gott uns alle liebt. Darum müssen wir auch einander lieben. Wer aber dem anderen nicht geben will, was ihm zusteht oder was er braucht, verweigert die Liebe. Er »sündigt«, d. h. wörtlich: er sondert sich ab. Schuld trennt uns nicht nur von unseren Mitmenschen. Sie trennt uns auch von Gott.

---

1. Zeigt an einem aktuellen Beispiel den dreifachen Schaden auf, den eine böse Tat anrichtet.
2. Worin könnte man einen Unterschied zwischen Schuld und Sünde sehen?
3. Der griechische Philosoph Sokrates hat gesagt: »Unrecht erleiden ist besser als Unrecht tun.« Was haltet ihr von diesem Satz?
4. Gebete der Schuld: Ps 51, 1–7; 130.

5. *Befreiender Kampf*

Kampf mit sich selbst

Eine Clique von Jugendlichen – alle etwa 13 bis 14 Jahre alt – hat sich gegenseitig angestiftet, in einem Kaufhaus zu stehlen. Dies soll eine Mutprobe sein. Tatsächlich können die Jungen allerlei mitgehen lassen, ohne dabei aufzufallen. Die Reaktion nach der Tat ist unterschiedlich.

Helmut freut sich über die Cassette und erzählt stolz anderen von seiner Geschicklichkeit.

Hans möchte am liebsten mit keinem darüber sprechen, den Vierfarbstift wegwerfen und die Sache möglichst rasch vergessen.

Alex bekommt es mit der Angst zu tun und sieht nicht, wie er aus der Angelegenheit herauskommen kann. Er traut sich nicht, das Buch zurückzubringen.

Kurt findet an der Sache nichts Besonderes, weil er klaut, wo immer er kann. Er meint, daß er gegen das »Klauen-Müssen« nichts tun kann.

Peter sagt sich immer wieder, daß man eine Cola-Dose nicht überbewerten soll.

Hermi schämt sich und denkt daran, die Taschenlampe in den nächsten Tagen unauffällig wieder an ihren Platz zurückzubringen.

Es ist nicht leicht, den Schaden gutzumachen, den wir durch Schuld angerichtet haben. In uns selbst gibt es viele Widerstände, die uns daran hindern. Die Macht des Bösen ist in uns stark. Nur wenn wir das erkennen und energisch dagegen angehen, können wir von der Schuld befreit werden. Solche Widerstände sind:

BAGATELLISIERUNG **EGOISMUS**
Eitelkeit *Leugnung der Schuld*
ANGST HABSUCHT *STOLZ*
ANGEBEREI
NEID VERANLAGUNG *Verdrängung*
Schwäche

1. Sprecht darüber, wie die Jungen mit der Schuld umgehen. Welche Widerstände regen sich in ihnen gegen eine Wiedergutmachung?

2. Angst und Schuld – was haben beide miteinander zu tun?

3. Warum braucht man so viel Energie und Mut, um von Schuld befreit zu werden?

Kampf gegen das Böse in der Welt

Das Böse in der Welt und in uns ist eine furchtbare Macht (→ S. 182 f). Es richtet überall großen Schaden an. Immer haben sich die Menschen davor gefürchtet, wie sehr sie ihm auch verfallen sind. Viele sind ratlos oder verzweifelt, weil sie meinen, gegen das Böse nichts tun zu können. Aber eine solche Haltung ist gefährlich. Sie kann den Einfluß des Bösen noch vergrößern.
Wir müssen nicht nur gegen das Böse in uns vorgehen. Wir müssen auch gegen das Böse in der Welt kämpfen, in das wir verstrickt sind (→ S. 40 f). Wer in Familie und Schule, in Gruppe und Partei, in Volk und Kirche Unrecht erkennt, darf dies nicht untätig hinnehmen. Zu oft konnten in der Vergangenheit böse Kräfte großen Schaden anrichten, weil die »Guten« zu ängstlich oder zu feige waren. Wer zu bösen Taten schweigt, die auch in seinem Namen begangen werden, macht sich an ihnen mitschuldig. Wer aber mutig dagegen kämpft, trägt zur Befreiung vom Bösen bei. Allerdings sind im Kampf gegen das Böse nicht alle Mittel erlaubt. Ziel des Kampfes ist es nicht, den anderen zum Sündenbock zu machen oder anzuprangern, sondern ihm die Chance zur Umkehr zu geben.

Der Sozialanwalt Günter Weigand aus Troisdorf war davon überzeugt, daß der Bauhilfsarbeiter O. F. nicht der Mörder war, für den ihn das Gericht hielt. Für ihn gab es in dem Verfahren, das 1979 stattfand, zu viele Unstimmigkeiten. Die Beweise, auf die sich das Urteil stützte, schienen ihm nicht schlüssig. Die Richter hielten den Angeklagten wohl deshalb für den Mörder, weil er auch sonst im Leben nicht gerade friedlich mit seinen Mitmenschen umging. So wurde O. F. zu lebenslänglicher Freiheitsstrafe verurteilt. Für Weigand war das unerträglich. Er schrieb an die Gerichte, wies öffentlich auf Verfahrensfehler hin, verteilte in dieser Sache Flugblätter auf der Straße und überzeugte seine vielen Bekannten, daß ein Justizirrtum vorliege, an dem sie sich mitschuldig machten, wenn sie nichts dagegen täten. Viele schrieben an die Behörden und baten den Ministerpräsidenten des Landes um Begnadigung. Nach acht Jahren hatte das vereinte Bemühen Erfolg. Im November 1987 wurde O. F. aus der Haft entlassen. Er hat sich bei Weigand nie bedankt. *Bericht von W. T.*

---

1. Welche Frauen und Männer aus Bibel und Kirche kennt ihr, die gegen Unrecht und Bosheit vorgegangen sind? Wie ist es ihnen selbst dabei ergangen? Was Jesus einmal tat: → Joh 2,13–17.

2. Heute gibt es Gruppen wie Amnesty International (AI) und Greenpeace, die sich für die Menschenrechte, für den Frieden, für die Erhaltung unserer Welt einsetzen. Was wißt ihr darüber? Warum werden diese Gruppen oft auch heftig kritisiert?

3. Was ist wichtiger?

- Gegen die Verschmutzung unserer Flüsse zu protestieren oder im Garten auf Gift gegen Unkraut zu verzichten
- Reden gegen die Rüstung zu halten oder sich zu Hause um eine friedliche Atmosphäre zu bemühen
- Gegen Arbeitslosigkeit zu demonstrieren oder auf Schwarzarbeit zu verzichten
- Die Gleichberechtigung der Frau zu fordern oder der Mutter bei der Hausarbeit zu helfen
- Die Verletzung der Menschenrechte anzuklagen oder einer afrikanischen Studentin ein Zimmer zu vermieten
- ...

4. Geht die Fallbeispiele und Aufgaben auf S. 40 f durch und überlegt, was man in solchen Situationen tun könnte.

5. Es gibt auch Unrecht in der Kirche, zu dem man nicht schweigen darf. Beispiele aus der Geschichte: → S. 228 ff und S. 260 ff. –

- Wo kämpft die Kirche heute gegen Unrecht?
- Wo müßte sie es entschiedener tun?

6. Warum dürfen Christen beim Kampf gegen Unrecht keine Gewalt anwenden? Welche Mittel haben sie in ihrem Kampf?

6. Vergebung ohne Grenzen

Jesus ist gegen das Unrecht, das er in seiner Zeit vorfand, hart vorgegangen. Er hat auf die Gefahr des Reichtums hingewiesen. Den Armen hat er geholfen, den Hungrigen zu essen gegeben. Die aus der Gesellschaft Ausgestoßenen hat er mit neuem Lebensmut erfüllt. Leuten, die selbstgerecht waren, und allen, die ihre Vorstellungen anderen aufzwingen wollten, ist er entgegengetreten. Händler, die den Tempel Gottes schändeten, hat er vertrieben. Sein Kampf gegen das Böse endete am Kreuz.
Aber Jesus hat nicht nur gegen das Unrecht gekämpft. Er hat uns auch einen anderen Umgang mit der Schuld gezeigt. Wie kein anderer vor und nach ihm hat er denen, die schuldig geworden sind, die Gewißheit geschenkt, daß sie von der Last ihrer Schuld befreit werden können. Alle, die den Weg des Bösen verlassen und umkehren, dürfen auf Gottes Vergebung hoffen. Die frohe Botschaft Jesu lautet, daß Gottes Liebe größer ist als alle Schuld der Menschen. Niemand wird von dieser Liebe ausgeschlossen, wenn er sich nicht selber ausschließt. Gottes Vergebung kennt keine Grenzen.

Johannes Paul II. besuchte im Dezember 1983 den Türken Mehmet Ali Agca im Gefängnis. Agca hatte im Mai 1981 versucht, den Papst zu töten. Er verletzte ihn durch zwei Schüsse schwer.

1. Jesus erzählt in einem seiner schönsten Gleichnisse (→ S. 171), wie liebevoll und barmherzig Gott zu den Sündern ist. Ihr könnt euch den Text in folgenden Schritten aneignen:
- Lk 15,11–16 – *Der Weggang:* Warum verläßt der Sohn das Vaterhaus? Wie zeigt sich der Vater? Wie endet das Abenteuer?
- Lk 15,17–20a – *Die Umkehr:* Warum will der Sohn nach Hause? Was erwartet er vom Vater?
- Lk 15,20b–24 – *Die Heimkehr:* Wie zeigt sich der Vater?
- Lk 15, 25–32 – *Der Einwand:* Wie reagiert der ältere Bruder, wie der Vater?
- Betrachtet auch die drei Bilder von Rembrandt → S. 36, 38, 171.
- Ihr könnt das Gleichnis auch spielen oder malen. Überlegt, welche Szenen ihr darstellt?

2. Auch heute geschieht gelegentlich ähnliches wie das, was Jesus in dem Gleichnis erzählt. Kennt ihr dafür ein Beispiel?

3. Andere Texte, die von Schuld und Vergebung handeln: Lk 18,9–14; Joh 8,2–11; Lk 23,34.39–42 → S. 272.

Allen Menschen, die schuldig sind, kann die Botschaft Jesu von der grenzenlosen Liebe Gottes ein großer Trost sein. Die Vergebung der Schuld nimmt uns eine schwere Last und gibt uns die Chance zu einem neuen Anfang.
Zugleich sagt uns Jesus aber auch, wie wir mit denen umgehen sollen, die an uns schuldig geworden sind. Seine Forderung ist schwer, weil sie unseren spontanen Gefühlen entgegenzustehen scheint. Sie kann wohl nur von denen verstanden und befolgt werden, die an sich selber das Glück der Vergebung erfahren haben.

So sollen wir beten und handeln:

Vater, erlaß uns unsere Schulden,
wie auch wir sie unseren Schuldnern erlassen haben.

(Mt 6,12)

So sollen wir über die Schuld anderer denken und sprechen:

Richtet nicht, damit ihr nicht gerichtet werdet.

(Mt 7,1)

So sollen wir vergeben:

Da trat Petrus zu Jesus und fragte:
Herr, wie oft muß ich meinem Bruder vergeben,
wenn er sich gegen mich versündigt?
Siebenmal?
Jesus sagte zu ihm:
Nicht siebenmal, sondern siebenundsiebzigmal.

(Mt 18,21 f)

---

1. In einem Gleichnis erzählt Jesus, was Gott von denen erwartet, die Vergebung gefunden haben. Lest Mt 18,23–35.

2. Wie reagieren wir oft spontan, wenn uns von einem anderen Unrecht angetan worden ist, wenn er uns geschlagen, belogen, bestohlen, verleumdet hat?

3. Warum ist die Forderung Jesu so schwer, über die Schuld anderer nicht zu urteilen und zur Vergebung immer bereit zu sein? Versucht dies an einem Beispiel aus dem Leben der Familie oder Klasse zu zeigen.

7. *Das Sakrament der Versöhnung*

Jesus hat nicht nur vor 2000 Jahren den Menschen Gottes Vergebung zugesagt. Er wollte allen, die ihm nachfolgen, daran Anteil geben. Darum hat er nach seiner Auferstehung den Aposteln die Vollmacht übertragen, allen Menschen zu vergeben, die bereit sind, zu Gott zurückzukommen.

> Friede sei mit euch!
> Wie mich der Vater gesandt hat, so sende ich euch.
> Nachdem er das gesagt hatte, hauchte er sie an und sprach:
> Empfanget den Heiligen Geist!
> Wem ihr die Sünden vergebt, dem sind sie vergeben;
> wem ihr die Vergebung verweigert, dem ist sie verweigert.
>
> *(Joh 20,21–23)*

Die Kirche nimmt diese Vollmacht im Sakrament der Buße wahr. In dieser Zeichenhandlung (→ S. 84 ff) wird an uns wirksam, was Jesus den Sündern geschenkt und was er im Gleichnis vom barmherzigen Vater erzählt hat. Denen, die das Sakrament der Buße empfangen, wird die Gewißheit zuteil, daß ihre Sünden vergeben und ihre Schuld vor Gott getilgt ist. So stiftet das Sakrament Versöhnung zwischen Gott und Mensch.
Die Versöhnung ist an fünf Voraussetzungen gebunden, die nicht von der Kirche erfunden sind. Sie ergeben sich aus dem Zusammenhang von Schuld und Vergebung, wie Jesus ihn sah.

Gewissenserforschung: Der Sünder fragt sich, wie er lebt, warum er schuldig geworden ist, ob er persönlich verantwortlich ist (→ S. 38 f) und wieweit er in Böses verstrickt ist (→ S. 40 f).

Reue: Die Schuld tut ihm leid, weil er erkennt, welchen Schaden er vor Gott, bei sich und anderen angerichtet hat (→ S. 42 f). Zur Reue gehört auch die Bereitschaft, allen angerichteten Schaden wiedergutzumachen.

Vorsatz: Er nimmt sich vor, gegen das Böse in sich und in der Welt den Kampf aufzunehmen (→ S. 44 f) und nicht wieder rückfällig zu werden, auch wenn er weiß, daß ihm dies wegen seiner Schwächen nicht so leicht gelingt.

Bekenntnis: Er sagt dem Priester seine Sünden.

Buße: Er nimmt die Aufforderung des Priesters zur Umkehr an und ist bereit, zum Neubeginn des Lebens ein Gebet zu sprechen oder ein gutes Werk zu tun.

---

1. Warum ist die *Reue* von allen Bedingungen die wichtigste für die Vergebung? Warum und wann kann sie auch ohne Empfang des Bußsakramentes die Sünden tilgen?

2. Gottes Vergebung ist nicht nur an das Bußsakrament gebunden. Was wißt ihr über den Zusammenhang von Vergebung und
- Taufe
- Eucharistiefeier
- Bußandacht, Bußgottesdienst
- persönlichem Gebet und Bibellesung
- guten Werken?

Beichtgespräch heute

Eigentlich müßte das Sakrament der Versöhnung jeden, der es empfängt, glücklich machen. Denn es befreit von einer schweren Last und schenkt Anteil an Gottes Liebe. Viele Menschen erfahren es so. Andere haben Probleme mit dem Sakrament.

- Anke (14) entgegnet der Mutter: »Warum sollte ich zur Beichte gehen? Wenn ich was ausgefressen habe, gut, dann bringe ich das in Ordnung. Aber außerdem noch beichten?«
- Oliver (13) erklärt: »Ich mag nicht mehr zur Beichte gehen. Ich kann doch nicht immer dieselben Sünden sagen . . .«
- Frank (15) sagt zu seinem Freund: »Ich beichte zwar nicht mehr so oft wie früher. Aber mehrmals im Jahr gehe ich hin. Nicht, weil die Eltern das wünschen. Ich habe schon oft gemerkt, daß es für mich sehr wichtig ist, kritisch über mich und mein Verhalten nachzudenken – und dann auch auszusprechen, was daran nicht richtig war.«
- Petra (14): »Ich sehe nicht ein, warum ich meine Sünden einem Priester beichten soll, der ja selbst auch nicht ohne Sünde ist. Das mache ich mit Gott allein aus.«
- Thomas (16): »Man sollte die Beichte abschaffen. Zuviel Angst und Schuldgefühle sind damit erzeugt worden. Ich finde es viel besser, mit Gott im stillen Kämmerlein zu beten oder meinetwegen auch in einer Bußandacht. Oder wird mir dort etwa nicht verziehen?«
- Nicole (15): »Ich fühle mich nach dem Beichten wie von einer Zentnerlast befreit.«

---

1. Wenn ihr über die Fallbeispiele sprecht, solltet ihr folgende Fragen bedenken:
- Warum ist ein schwerwiegender Verstoß gegen ein wichtiges Gebot nicht nur eine Privatangelegenheit des Christen?
- Welche Rolle hat der Priester im Bußsakrament?
- Woher hat er die Vollmacht, die Lossprechung zu erteilen?

2. Viele Christen nennen das Bußsakrament oft nur »die Beichte«. »Beichten« ist ein altes Wort für »bekennen«. Überlegt, warum diese Bezeichnung eigentlich nicht so gut ist.

3. Beichten ist für mich wie . . .

Kirche Christi – Kirche der Menschen

1. *Umstrittene Kirche*

Wie um Jesus hat es auch um die Menschen, die sich zu ihm bekannten, von Anfang an Meinungsverschiedenheiten und Streit gegeben. Immer wieder haben Außenstehende Anstoß am Leben der Christen genommen. Sie verstanden nicht, was die Christen glaubten, was sie bewegte und was sie taten.
Auch innerhalb der Kirche hat es oft Auseinandersetzungen gegeben. Die Vorstellungen darüber, was sie zu tun habe und was sie nicht tun dürfe, wer zu ihr gehöre und wer nicht, gingen und gehen oft weit auseinander. Konflikte wurden in der Kirche nicht immer fair ausgetragen und gelöst.
Häufig wurde und wird auch heute gefragt, ob denn diese Christen die Botschaft ihres Herrn ernst genug nehmen. Müßte diese Kirche der Menschen nicht ganz anders sein, wenn sie die Kirche Christi sein will?
Viele Meinungsverschiedenheiten über die Kirche kann man besser verstehen, wenn man wichtige Stationen ihrer langen Geschichte kennt. 2000 Jahre sind an ihr nicht spurlos vorübergegangen. Manche Ereignisse und Entwicklungen haben Wunden gerissen und tiefe Narben hinterlassen, andere haben sie bestärkt und ermutigt oder den Christen deutlicher gezeigt, was sie eigentlich tun sollten. Dabei steht nicht die Organisation »Kirche« im Mittelpunkt. Wichtiger sind einzelne Frauen und Männer, die beispielhaft vorgelebt haben, was Christen tun sollen. Sie sind zugleich Antworten auf die Frage, warum die Kirche trotz ihrer Unzulänglichkeiten, Schwächen und Sünden heute noch lebendig ist.
Die erste große Auseinandersetzung über die junge Christengemeinde hat es schon wenige Jahre nach dem Tod Jesu gegeben. Damals hat Gamaliel, ein angesehener Pharisäer und berühmter Thora-Lehrer der Juden (→ S. 250 f), einen klugen und aus tiefem Glauben stammenden Rat gegeben. Er ist zugleich ein prophetisches Wort über die ganze Geschichte der Kirche.

Ist dieses Werk von Menschen, wird es vergehen.
Ist es aber von Gott, werdet ihr es nicht zerstören können.

(vgl. Apg 5,34 ff)

Guido Muer (geb. 1927): Fußwaschung. Zeichnung, 1984.
Der Gegensatz ist größer kaum denkbar: nackt und ganz klein kniet Jesus vor einem Mächtigen. Beide Gestalten verweisen symbolhaft auf Situationen, die es in der Kirche Christi als Kirche der Menschen gegeben hat und gibt.

1. Was wißt ihr über Streitpunkte, die es um die Kirche und in der Kirche im Laufe ihrer Geschichte gegeben hat?
2. Worüber gibt es heute Meinungsverschiedenheiten und Streit in eurer Gemeinde, in der Kirche überhaupt?
3. Sucht Nachrichten und Berichte aus Kirchen- und Missionszeitungen über Länder, in denen Christen große Schwierigkeiten haben, ihren Glauben zu leben.
4. Wo löst die Kirche heute selbst Auseinandersetzungen aus (z. B. durch Stellungnahmen zu Parteien, staatlichen Gesetzen oder sozialen Fragen)?
5. Lest Apg 5,34–42. Warum ist der Rat des Gamaliel ein Glaubensbekenntnis?

2. Verfolgt von den Mächtigen

Auch heute geschieht es oft, daß Menschen wegen ihrer fremden Lebensweise, wegen ihrer politischen Überzeugung und wegen ihres Glaubens abgelehnt, an den Rand der Gesellschaft gedrängt oder sogar verfolgt werden. Dieses Schicksal haben beispielsweise Juden über zwei Jahrtausende lang bitter erfahren müssen. Auch Jesus hat dieses Schicksal durch seine Zeitgenossen erlitten. Und er hat seinen Freunden vorausgesagt, daß es ihnen nicht anders ergehen werde als ihm.

Das Schicksal von Außenseitern, die man ablehnt, weil man sie nicht versteht, wurde schon drei Jahrzehnte nach der Kreuzigung Jesu zum Los der Christen in der Stadt Rom. Es gibt eine Reihe von Gründen, weshalb es dazu kam:

- Die frühen Christengemeinden bestanden vorwiegend aus Menschen der untersten sozialen Schichten.
- Sie beteten zwar für das Wohlergehen des Staates und für den Kaiser, besuchten aber nicht die römischen Tempel, um den Göttern Opfer darzubringen, an den Festlichkeiten teilzunehmen oder dort zu beten.
- Sie gingen nicht in die römischen Bäder wegen der dort üblichen sexuellen Hemmungslosigkeit und lehnten die blutigen Gladiatorenkämpfe ab.
- Die Christengemeinde erschien vielen als ein Geheimbund, weil sie sich an unbekannten Orten versammelte und geheime Verständigungszeichen hatte.
- Es gab merkwürdige Gerüchte über die Christen, z. B. daß sie Kinder opferten und ihr Fleisch und Blut verzehrten.
- Man machte sich über sie lustig, weil sie zu einem Gott beteten, der als Verbrecher gekreuzigt worden war.

Kritzelei aus einem Wachlokal römischer Legionäre (3. Jahrhundert).
Inschrift: »Alexamenos betet seinen Gott an.«

Kaiser Nero (54–68 n. Chr.)

Wie man damals über die Christen dachte, beschrieb Tertullian, ein bekannter nordafrikanischer Jurist und christlicher Schriftsteller (um 200):

Wenn der Tiber über die Ufer tritt, wenn der Nil die Felder nicht überschwemmt oder der Regen ausbleibt, bei Erdbeben und Hungersnot, wenn eine Seuche sich ausbreitet, immer dann rufen die Leute: »Die Christen vor die Löwen!«[1]

Unter der Regierung des Kaisers Nero vernichtete ein Riesenbrand am 16. Juli 64 einige Bezirke der Stadt Rom. Gerüchte kamen auf, Nero selbst habe den Brand legen lassen, um seinen Plan, ein glanzvolles Rom zu bauen, endlich verwirklichen zu können. Ein hochangesehener römischer Schriftsteller, Publius C. Tacitus (1./2. Jh. n. Chr.), hielt in seinen Annalen (Jahresberichte) fest, was daraufhin in der Stadt geschah:

Um diesem Gerede entgegenzutreten, gab Nero den wegen ihrer Schandtaten verhaßten sogenannten Christianern die Schuld und belegte sie mit den ausgesuchtesten Strafen . . . Anfangs wurden die ergriffen, die sich dazu bekannten, und dann auf deren Anzeige eine ungeheure Masse überführt . . . Bei ihrem Tode trieb man allerlei Spiele mit ihnen. Man nähte sie in Tierfelle ein und ließ sie von den Hunden zerreißen, bis sie tot waren. Viele wurden ans Kreuz genagelt oder verbrannt; andere mußten sich, wenn das Tageslicht zu Ende ging, als lebendige Fackel verbrennen lassen . . .[2]

Alte christliche Quellen berichten, daß der neronischen Verfolgung auch der erste Vorsteher der Christengemeinde von Rom, der Apostel Petrus, zum Opfer gefallen ist. Neuere Ausgrabungen unter der Peterskirche haben viele Anhaltspunkte dafür zutage gebracht, daß sich die Grabstätte des Petrus dort befunden hat, und dadurch den Tod des Petrus in Rom bestätigt. Links eine Rekonstruktionszeichnung des um 160 n. Chr. errichteten Grabmals über der Mulde, in der Petrus bestattet war.

---

1. Sucht Beispiele dafür, daß auch heute noch Menschen wegen ihrer Überzeugung von anderen verfolgt werden.
2. Was wißt ihr über das Schicksal der Juden (→ S. 260 ff)?
3. Versucht herauszubekommen, wie die Vorwürfe entstehen konnten, die man gegen die Christen erhob (denkt z. B. an die Eucharistie!).
4. Überlegt, ob es wichtig ist, daß Petrus Vorsteher der Christengemeinde in Rom war.

Die neronische Verfolgung war zunächst ein Einzelfall. Aber die Vorurteile gegen die Christen und ihre Außenseiterrolle blieben. Darum kam es auch in den folgenden Jahrzehnten immer wieder zu örtlich begrenzten Ausschreitungen gegen die Christen und Juden. Beide Gruppen gehörten in den Augen der Römer zusammen, obwohl sie sich schon seit dem Apostelkonzil (55 n. Chr.) voneinander getrennt, auseinandergelebt und immer mehr verfeindet hatten.
Der römische Staat war aus politischer Klugheit im Grunde allen Religionen gegenüber sehr tolerant (lat. tolerare = ertragen). Der Vielvölkerstaat, der fast die gesamte damals bekannte Welt politisch geeint hatte, kümmerte sich kaum um die religiösen Angelegenheiten der einzelnen Stämme und Völker. Er verlangte nur, daß sie den Kaiser als »Herrn und Gott« verehrten. Dazu gehörten die Aufstellung eines Kaiserbildes im Kultraum jeder religiösen Gruppe und die öffentliche Verehrung der Kaiserstatue durch Weihrauchopfer und Kniebeuge bei bestimmten Anlässen. Dieser Kaiserkult, den Christen und Juden nicht mitvollziehen konnten, wurde zwar nicht überall erzwungen, bot aber den Statthaltern in Einzelfällen immer die Möglichkeit, gegen Mitglieder christlicher Gemeinden vorzugehen.
Zu großen und allgemeinen Christenverfolgungen kam es aber unter den Kaisern Decius (249–251), Valerian (253–260) und Diokletian (284–305). Gründe dafür waren vor allem die rasche Ausbreitung der Christen im Mittelmeerraum und ihr wachsender Einfluß in allen Bevölkerungsschichten. Außerdem erkannten die Kaiser die zunehmende Bedrohung ihres Imperiums durch den Ansturm germanischer Stämme. Sie glaubten, der langsam auseinanderbrechende Vielvölkerstaat könne nur durch den von allen Bürgern zu leistenden Kaiserkult zusammengehalten werden. Darum erließ Kaiser Decius 250 ein scharfes Gesetz: Alle Bewohner des Reiches mußten Opfer für die Götter Roms darbringen und dem Kaiserbild göttliche Verehrung erweisen. Die Durchführung des Erlasses wurde genau kontrolliert. Wer sich weigerte, wurde als Staatsfeind bestraft. Es war die erste durch Staatsgesetz verfügte Christenverfolgung der Geschichte. Viele Christen verweigerten die befohlenen Opfer und nahmen schwere Strafen, meistens Zwangsarbeit in Bergwerken, auf sich. Eine große Zahl aber ließ sich – abgeschreckt durch die harte Strafandrohung – Opferbescheinigungen ausstellen. Allein in Ägypten fand man bei Ausgrabungen fünfzig solcher Freibriefe.
In den Jahren 257/258 holte Kaiser Valerian zum entscheidenden Schlag gegen die Kirche aus. Er versuchte, die führenden Männer der Gemeinden auszuschalten. Alle Bischöfe, Priester und Diakone, die das Opfer verweigerten, wurden sofort hingerichtet. Die Blutopfer waren hoch: Nordafrika verlor seinen überragenden Bischof Cyprian von Karthago. Der greise Bischof von Rom, Sixtus II., der als Nachfolger des Petrus Vorsteher aller Ortskirchen war, wurde bei der Feier der Eucharistie überrascht und erschlagen. Auch viele seiner engsten Mitarbeiter, die Priester und die sieben Diakone der Stadt, die für jeweils einen Stadtteil die Sorge für die Armen, Obdachlosen, Kranken und Invaliden übernommen hatten, wurden – soweit man sie fassen konnte – getötet. Schließlich wurde auch der Erzdiakon Laurentius, der die Oberaufsicht über die Verteilung der Geldspenden und über den Besitz der Gemeinden hatte und überall großes Ansehen genoß, gefangen.

---

1. Welche Einstellung der Christen zum römischen Staat ergibt sich aus Röm 13,1; 1 Tim 2,1 f und aus dem Jesus-Wort Mk 12,17?

2. Wie konnte es dazu kommen, daß Christen, die nicht daran dachten, sich gegen den römischen Staat aufzulehnen, zu Staatsfeinden erklärt wurden?

Über Laurentius berichtet eine alte römische Überlieferung:

Der Präfekt verlangte von Laurentius die Herausgabe des kirchlichen Vermögens und aller Wertgegenstände, die die Christen besaßen. Der Diakon erbat sich drei Tage Zeit, um alle Schätze der Gemeinde zusammenzutragen. Auf sein Ehrenwort hin wurde ihm diese Frist gewährt. In den drei Tagen arbeitete er fieberhaft. Was es noch an Geld und Besitz in der römischen Gemeinde gab, verteilte er an Bedürftige. Am dritten Tag erschien er mit einer Schar von Krüppeln, Greisen und Bettlern vor dem Stadtpräfekten: »Hier sind die Schätze der Kirche, unsere Perlen und Edelsteine, in denen wir das Antlitz unseres Herrn erkennen.« Maßlos aufgebracht, gab der Präfekt den Befehl, Laurentius zu geißeln und dann auf einem glühenden Rost langsam zu Tode zu quälen.[1]

Über den Gräbern ihrer Märtyrer, deren Zahl im ganzen Römischen Reich in diesen ersten Jahrhunderten auf etwa dreitausend geschätzt wird, feierten die Christen die Eucharistie. Die Katakombe, in der man Laurentius beigesetzt hatte, trug bald seinen Namen. Später bauten die Christen darüber zu Ehren des jungen Mannes, dessen Zeugnis bald überall bekannt wurde, eine der herrlichsten Kirchen Roms.

Alfred Delp (1907–1945) vor dem Volksgerichtshof in Berlin. Der hochbegabte Jesuitenpater gehörte zu einer Widerstandsgruppe gegen das Nazi-Regime, die eine Neuordnung für Deutschland entworfen hatte. Im Prozeß wurde er als »Ratte« beschimpft und zum Tod durch Erhängen verurteilt. Sein letztes Wort zum Gefängnispfarrer: »In einer halben Stunde weiß ich mehr als Sie.«[2]

Sanguis Martyrum – Semen Christianorum
Blut der Märtyrer – Samen der Christen

1. Im Laufe der Kirchengeschichte wurden Christen immer wieder von den Mächtigen verfolgt. Oft gab es einzelne Frauen und Männer, die eher bereit waren, ihr Leben hinzugeben, als sich den Tyrannen zu beugen. Sammelt Namen, Bilder und Berichte von Märtyrern der Kirchengeschichte.

2. Fachleute schätzen, daß es in unserem Jahrhundert mehr Märtyrer gab als in den vergangenen 19 Jahrhunderten zusammengenommen. Aber das Martyrium sieht heute anders aus als zur Zeit der römischen Kaiser (→ S. 18 f). Versucht etwas zu erfahren über die Situation und das Schicksal von Christen in kommunistischen Ländern. Auch in einigen südamerikanischen, afrikanischen und asiatischen Ländern wurden oder werden in unserer Zeit Christen verfolgt. Was wißt ihr darüber?

3. Vergleicht eine heutige Pfarrgemeinde mit einer Christengemeinde dieser frühen Zeit. Wo liegen die Unterschiede? Wo die Gemeinsamkeiten?

3. *Im Bund mit den Herrschenden*

Unter Jugendlichen ist es nicht anders als unter Erwachsenen und in der großen Politik: Jeder hätte gern Freunde und Bundesgenossen, die großen Einfluß haben, die einem Vorteile gegenüber anderen verschaffen und vor allem Schutz bieten, wenn man angegriffen wird. Aber wie ist es, wenn man sich total auf seine Freunde und Bundesgenossen verläßt, sich ihnen immer mehr anpaßt und von ihnen durch Geld und Geschenke so abhängig wird, daß man schließlich sogar Dinge tut, die Verrat gegenüber der eigenen Überzeugung sind?
Auch für die Kirche hat es im Laufe ihrer langen Geschichte solche Versuchungen gegeben, und sie ist ihnen manches Mal erlegen. Um zu verstehen, daß für die Kirche mächtige Freunde mindestens so gefährlich sind wie mächtige Feinde, ist es wichtig, solche Beispiele zu kennen.

Diokletian war der letzte römische Kaiser, der noch einmal vergeblich versuchte, die Christen als Reichsfeinde zu vernichten. Sein Nachfolger Konstantin (306–337) stellte im Jahre 313 die Verfolgungen ein und begann, sich nicht mehr auf die römischen Götter zu verlassen, sondern auf den stärkeren Gott der Christen. Er machte aus dem Kreuz, das jedem Römer bis dahin als ein Zeichen der Schande erschienen war (→ S. 52), ein Siegeszeichen, ließ es auf den Standarten, Schildern und Helmen seiner Legionen anbringen und verbot die Kreuzigungsstrafe.
Konstantin ging es wie seinen Vorgängern um das gleiche Ziel: Er wollte Frieden und Einheit für das Römische Reich, und diesem Staatsinteresse hatte die Religion zu dienen. Wie Decius und Diokletian für die heidnischen Götter, so sorgte er nun großzügig für die christliche Kirche, ohne selbst Christ zu werden. Er handelte ebenso selbstherrlich und rücksichtslos wie frühere römische Kaiser. Nicht nur politische Gegner, sondern auch seine Frau und seinen ältesten Sohn ließ er ermorden. Erst auf seinem Sterbebett empfing er die Taufe.
Nach den schweren Zeiten der Verfolgung atmeten die Christen auf: Sie hatten nun einen mächtigen Bundesgenossen. Gefördert durch den Kaiser, konnte sich die Kirche ausbreiten und ihre Organisation befestigen. Ihr Einfluß im öffentlichen Leben wuchs ständig. Die Christen waren nun nicht mehr Fremde in einem heidnischen Staat, sondern das Römische Reich schien nach dieser Wende immer mehr zu einem christlichen Staat zu werden:

- 321 bestimmte Konstantin den Sonntag als gesetzlichen Feiertag; er sei wie der jüdische Sabbat »in Ehren zu halten«.
- Die Christengemeinden erhielten ihre beschlagnahmten Versammlungsräume und Friedhöfe zurück. Über den Gräbern des Petrus, des Paulus und des Laurentius ließ der Kaiser stattliche Kirchen errichten; auch in anderen Städten entstanden auf seine Veranlassung große Kirchen; der heidnische Tempelkult wurde eingeschränkt.
- Die Gladiatorenkämpfe wurden verboten; das Los der Sklaven änderte sich allerdings erst langsam.
- Bischöfe, Priester und Diakone erhielten besondere Vorrechte (z. B. keine Steuerzahlung, kein Wehrdienst); die Bischöfe wurden den höchsten Verwaltungsbeamten gleichgestellt.
- Konstantin berief 325 ein Konzil nach Nicäa ein und führte dort den Vorsitz (→ S. 142 f), ohne sich allerdings an den theologischen Auseinandersetzungen zu beteiligen.

Münze aus der Regierungszeit des Kaisers Konstantin. Am Kopfschmuck des Kaisers ist das Christuszeichen zu erkennen. Es heißt, Konstantin habe vor einer entscheidenden Schlacht das Zeichen in einer Vision gesehen und die Worte gehört: »Durch dieses siege!«

Die Nachfolger Konstantins begünstigten die Kirche immer offener. In vielen Fällen waren die Christen dankbar dafür. Aber wenn nun der Staat immer mehr gegen Menschen vorging, die sich nicht dem christlichen Glauben anschließen wollten, wurde dann dieser mächtige Bundesgenosse nicht für die Christen genauso gefährlich wie früher die heidnischen Kaiser? Durften sich die Christen freuen, wenn schon 346 alle heidnischen Tempel geschlossen und ihr Besuch verboten wurde?
Kaiser Theodosius (379–395) ging noch einen erheblichen Schritt weiter. Er erließ unter anderem folgende Gesetze:

Niemand . . . darf an irgendeinem Ort, in irgendeiner Stadt den vernunftlosen Götterbildern ein unschuldiges Opfertier schlachten . . . Wenn nun jemand (dies) . . . wagt, gegen den soll allen gestattet sein, eine Klage zu erheben, wie gegen einen des Majestätsverbrechens Schuldigen . . .[1]
Kein Jude . . . soll Ämter und Würden erhalten, ihm soll die Verwaltung der Stadt nicht erlaubt sein, auch soll er nicht das Amt eines Verteidigers der Stadt ausüben. Wir halten es für eine Sünde, daß die Feinde der himmlischen Majestät und der römischen Gesetze die Vollstrecker unserer Gesetze sein sollen . . . Aus dem gleichen Grund verbieten wir, daß irgendeine Synagoge ein neues Gebäude errichtet . . .[2]

560 bestimmte Kaiser Justinian (527–565):

Wir verordnen daher, daß wie (staatliche) Gesetze die heiligen kirchlichen Verordnungen einzuhalten sind, die von den heiligen Konzilien aufgestellt oder bestätigt worden sind . . . Wir nehmen nämlich die Glaubenssätze der Konzilien an wie die heiligen Schriften und beachten diese Vorschriften wie (staatliche) Gesetze.[3]

---

1. Man spricht heute viel von der »Konstantinischen Wende«. Was ist damit gemeint?
2. Die Religionspolitik der römischen Kaiser nach 313 hat der Kirche viele Vorteile beschert. Stellt sie im einzelnen zusammen und erklärt, warum sie für die Kirche wichtig waren. Überlegt auch, was die einzelnen Veränderungen für Nichtchristen bedeuteten.
3. Untersucht die Gesetze des Theodosius und des Justinian. Nehmt Stellung dazu, daß Kaiser Justinian bestimmte kirchliche Entscheidungen zu staatlichen Gesetzen erklärte.
4. Erfindet zwei Szenen aus dem praktischen Gemeindeleben (z. B. Beratungen über Neuaufnahme eines Taufbewerbers oder eine Bischofswahl in einer Gemeindeversammlung). Eine sollte zur Zeit der Kaiser Nero oder Decius spielen, die zweite zur Zeit des Theodosius.
Spielt die beiden Szenen und vergleicht sie dann miteinander. Dabei könntet ihr euch z. B. folgende Fragen stellen:
- Was hat sich nicht verändert?
- Was hat sich verändert?
- Wie beurteilt ihr diese Veränderungen?

Nicht alle Christen haben das Bündnis der Kirche mit dem römischen Kaisertum begrüßt. Manche erkannten schon bald, daß es für die Kirche gefährlich war, vom Kaiser begünstigt zu werden.

Hilarius von Poitiers (Südfrankreich; 315–367) stammte aus einer hochangesehenen römischen Familie. Die Begegnung mit der ihm bis dahin völlig unbekannten Bibel führte ihn zum Glauben an Christus. Als Dreißigjähriger ließ er sich taufen. Welch hohe Meinung die Bürger seiner Heimatstadt bald von ihm hatten, bewies fünf Jahre später die einstimmige Wahl des erst Fünfunddreißigjährigen zum Bischof durch die Christengemeinde von Poitiers.
Als Bischof verzichtete er auf seinen gesamten Besitz, um ungeteilt der Gemeinde dienen zu können. Bald war der theologisch hochgebildete Bischof einer der Wortführer der gallischen Kirche in der Auseinandersetzung mit den Anhängern des Arius, die trotz der Entscheidung des Konzils von Nicäa dessen Irrlehre weiter verbreiteten (→ S. 142 f). Kaiser Konstantius (337–361), der zweite Sohn Konstantins, stand offen auf der Seite der Arianer. Ein ihm höriger Bischof denunzierte Hilarius beim Kaiser, weil er ihm öffentlich das Recht bestritten hatte, sich in die inneren Angelegenheiten der Kirche einzumischen. Darauf setzte Konstantius auf einer Versammlung von ihm ergebenen Bischöfen durch, daß Hilarius in die Verbannung nach Kleinasien gehen mußte.

Im Exil verfaßte Hilarius neben anderen bedeutenden theologischen Büchern eine Kampfschrift, »Gegen den Kaiser Konstantius«, nachdem er 360 vergeblich um eine persönliche Audienz beim Kaiser in Konstantinopel ersucht hatte. Lange genug hatte man in der Kirche zu der Politik der christlichen Kaiser geschwiegen.

Jetzt ist es an der Zeit zu reden. Die Zeit zum Schweigen ist vorbei . . . Jetzt müssen die Hirten laut schreien . . . In unseren Tagen geht der Kampf gegen einen schlauen Verfolger, gegen einen schmeichelnden Feind: gegen Konstantius den Antichrist. Der bricht uns nicht das Rückgrat, sondern liebkost unseren Leib. Der schickt uns nicht in die Verbannung, die uns ewiges Leben brächte, sondern teilt Geld aus, aber zum Tod. Er wirft uns nicht in den Kerker zu ewiger Freiheit, sondern ehrt uns im Kaiserpalast zu Sklaverei. Er zerfleischt nicht die Rippen, sondern stiehlt sich die Herzen. Er schlägt uns nicht mit dem Schwert den Kopf ab, sondern mordet mit Gold die Seele. Er droht nicht mit offenem Scheiterhaufen, sondern zündet uns heimlich das Höllenfeuer an. Er stellt sich nicht zu ehrlichem Kampf auf Sieg und Niederlage, sondern er schmeichelt, um Herr zu bleiben. Er bekennt sich zu Christus – aber es ist Leugnung. Er müht sich um Einigung – aber das ist kein Frieden. Er unterdrückt die Irrlehre – aber es geht gegen die Christen. Er ehrt die Geistlichen – aber es geht gegen die Bischöfe. Er baut Kirchen – aber er baut den Glauben ab . . .
Schallend rufe ich es Euch ins Ohr, Konstantius: Ihr häuft das Gold des Staates auf Gottes Heiligtum; das Geld, das Ihr den Heidentempeln abgenommen habt, das Ihr mit Steuerschraube und Strafsätzen eingetrieben habt, werft Ihr nun Gott vor die Füße. Mit einem Kuß begrüßt Ihr die Bischöfe; mit einem Kuß ist auch Christus verraten worden. Ihr beugt das Haupt, wenn sie Euch segnen, aber um den Glauben mit Füßen zu treten. Ihr gebt ihnen abendliche Gastmähler: von einem Abendmahl ging Judas hinaus zum Verrat. Ihr befreit sie von Kopfsteuern: Christus hat seine Steuer bezahlt, um keinen Anstoß zu geben. Ihr erlaßt ihnen als gnädiger Cäsar alle Abgaben: aber dadurch reizt Ihr sie zur Verleugnung Christi.[1]

Christen in Manila, die sich an Demonstrationen gegen die auf den Philippinen herrschende Diktatur beteiligen. Ihr beharrlicher, gewaltloser Protest war entscheidend für die Beseitigung der Diktatur im Jahr 1986 und den Übergang zu einer demokratischen Staatsverfassung.

Der französische Kardinal Suhard hat 1947, zwei Jahre nach dem Zusammenbruch des Hitlerreiches und dem Ende der Verfolgungen, die die Nazi-Herrschaft für Millionen von Juden, viele Christen, Demokraten und politische Gegner Hitlers mit sich brachte, einen wichtigen Satz geprägt:

DIE KIRCHE FÜRCHTET KONSTANTIN MEHR ALS NERO

1. Das Bündnis der Kirche mit den Mächtigen gab es nicht nur zur Zeit der römischen Kaiser, sondern immer wieder im Laufe der Kirchengeschichte. Dieses Bündnis hat die Kirche oft zu Handlungen verleitet, die mit dem Evangelium Jesu Christi nicht zu vereinbaren sind. Informiert euch über einige der folgenden Themen, die zu Recht immer wieder als dunkle Punkte der Kirchengeschichte angeführt werden:

- die Mission »mit dem Schwert«,
- die Kreuzzüge,
- Verfolgung von Andersgläubigen und »Ketzern« durch Kirche und Reich,
- das Schicksal der Juden im Mittelalter und während der Nazi-Zeit (→ S. 260 ff),
- Verweltlichung der Kirche durch Reichtum und Macht (→ S. 232 f),
- fragwürdige Kompromisse der Kirche mit autoritären und totalitären Staaten.

2. Es gab und gibt in der Kirche immer wieder mutige Frauen und Männer, die sich wie Hilarius im Namen des Evangeliums gefährlichen Entwicklungen entgegenstellten. Kennt ihr Beispiele dafür? Was wißt ihr über Franz von Assisi, Katharina von Siena, Thomas Morus, Hans und Sophie Scholl, Dompropst Lichtenberg (→ S. 262), Martin Luther King?

4. *Auf der Seite der Rechtlosen*

Jeder Christ weiß, daß Jesus sich in besonderer Weise für die Menschen eingesetzt hat, die am Rande der Gesellschaft leben mußten: Arme, Aussätzige, Sünder. Er hat seine Freunde aufgefordert, ihm auf diesem Weg zu folgen. Wer jedoch über den Weg der Kirche durch die Jahrhunderte nachdenkt, wird feststellen, wie wenig die Christen gerade in dieser Hinsicht ihrem Auftrag treu geblieben sind. Oft waren es die kleinen und unbekannten Männer und Frauen in der Kirche, die das Evangelium besser verstanden und vor allem konsequenter lebten als manche großen Männer der Kirche, von denen man meistens annimmt, daß sie die Geschichte bestimmen. Wer in der Kirche der Menschen nach der Kirche Christi sucht, sollte auf das Beispiel jener scheinbar unbedeutenden Menschen schauen.

In fast allen Reichen und Kulturen der Alten Welt gab es eine Einrichtung, die uns Menschen von heute ungeheuerlich vorkommt, obwohl es sie in einigen Ländern bis ins 20. Jahrhundert gegeben hat und in abgewandelten Formen auch heute noch gibt: die Sklaverei. Sklaven waren Menschen, die man wie eine Ware kaufen und verkaufen konnte und deren Arbeitskraft ausschließlich dem Besitzer gehörte. Zu Sklaven machte man Kriegsgefangene (auch Frauen und Kinder) sowie straffällig Gewordene. Man empfand ihr schweres Schicksal als gerecht, weil es sehr viel »humaner« aussah als der ältere Brauch, im Krieg Besiegte ausnahmslos zu töten oder Straftäter hinzurichten.

Die Sklaverei war Bestandteil der sozialen Ordnung sowohl des römischen Staates als auch der islamischen Reiche und wurde im einzelnen durch viele Gesetze geregelt. Sie gehörte so selbstverständlich zum Ordnungssystem der Gesellschaft, daß sich auch die jungen Christengemeinden nicht dagegen auflehnten. Aber wenn sie auch nicht auf die Idee kamen, die Einrichtung der Sklaverei abzuschaffen, so versuchten sie doch, die sozialen Schranken von innen heraus zu überwinden.

---

1. Was wißt ihr aus dem Geschichtsunterricht, aus Filmen, Fernsehsendungen und Büchern über das Schicksal von Sklaven in verschiedenen Epochen der Geschichte?

2. Informiert euch darüber, welche abgewandelten Formen der Sklaverei es noch heute in einigen Ländern gibt, z. B. in der UdSSR, in der Republik Südafrika, in lateinamerikanischen Staaten und in versteckter Form auch bei uns.

3. Welche Beispiele kennt ihr dafür, daß Jesus auf der Seite der Rechtlosen und Ohnmächtigen gestanden hat? (→ S. 132 ff)

4. Im Neuen Testament gibt es ein Dokument darüber, wie sich die frühen Christengemeinden zur Sklavenfrage verhielten: den Brief, den Paulus an den Christen Philemon, einen reichen Mann aus Kolossä, geschrieben hat.
Philemons Sklave Onesimus war geflüchtet und durch Paulus zum Glauben an Christus gekommen. Da nach römischem Recht der Sklave Eigentum seines Herrn blieb, schickte Paulus den entlaufenen Sklaven zu Philemon zurück und gab ihm einen kurzen Begleitbrief mit. Lest diesen Brief und beantwortet folgende Fragen:

- In welcher äußeren Situation befindet sich Paulus?
- Welche Gemeinschaft zwischen Paulus und Onesimus wird deutlich?
- Wie steht Paulus zu dem Sklaven Onesimus (vgl. vor allem die V. 10 und 12)?
- Worum bittet Paulus den Philemon, und wie begründet er diese Bitte? Warum ging die Bitte des Paulus nicht weiter?
- Was bedeutet dies für Onesimus und die anderen Sklaven?

Vergleicht die Stellungnahme des Paulus mit der Überschrift dieses Abschnittes.

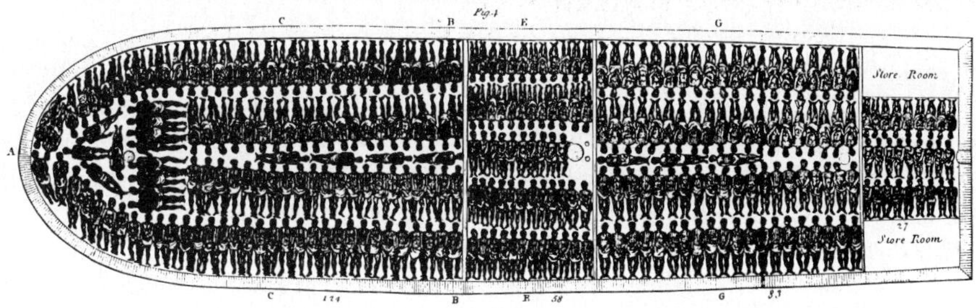

Grundriß eines Schiffes für 450 Negersklaven (18. Jahrhundert), Länge: 30 m.

Es erscheint heute als ein Skandal, daß die Einrichtung der Sklaverei auch bestehenblieb, als die römischen Kaiser christlich wurden und die Gesetze der Kirche zu Staatsgesetzen machten. Auch als im Mittelalter der christliche Glaube das öffentliche Leben prägte, änderte sich daran grundsätzlich nichts. Christliche Könige, Bischöfe und Theologen beriefen sich in dieser Frage auf den Apostel Paulus und hatten doch dessen Briefe und die christliche Botschaft von der Gleichheit und Brüderlichkeit aller Menschen nicht in die Tat umgesetzt. Noch 1452 erlaubte Papst Nikolaus V. den Portugiesen, auf ihren Entdeckungsfahrten »in die Reiche der Sarazenen, der Heiden und der anderen Feinde Christi« einzudringen und ihre Gefangenen zu versklaven.[1] In Nord- und Südamerika gab es bis ins 19. Jahrhundert hinein in »christlichen« Staaten Sklavenhandel.

Das 1852 erschienene Buch »Uncle Toms Cabin« war ein gegen die Sklaverei in den USA verfaßter Roman, der in 37 Sprachen übersetzt wurde. Die Überschrift der abgebildeten Buchanzeige ist eindeutig: »Die Menschenware wird vor dem Verkauf besehen«. Wie Vieh werden die Schwarzen taxiert.

Es gab aber auch Christen, die ihre Sklaven freiließen; andere versuchten, Sklaven loszukaufen oder wenigstens ihre Lage zu verbessern. Im 13. Jahrhundert schlossen sich Laien und Priester zu Ordensgemeinschaften (→ S. 25) zusammen, die sich durch ein viertes Gelübde verpflichteten, ihre ganze Kraft für die Sklavenbefreiung einzusetzen. Aber auch sie brachten keine Wende in der Einstellung der meisten Christen zur Sklaverei.

Wer diesen unmenschlichen Hintergrund kennt, kann ermessen, was das Beispiel eines kühnen Mannes für die Kirche Christi bedeutet.
Um die Kirche in Frankreich war es im 17. Jahrhundert schlecht bestellt. Das Land war von Kriegen verwüstet. Armut und Hungersnot waren weit verbreitet. Das Leben in den Gemeinden erschöpfte sich in Äußerlichkeiten. Christlicher Glaube war mehr Tradition als Überzeugung geworden. Viele Priester und Bischöfe kümmerten sich eifriger um ihre Einkünfte und ihr Vergnügen als um die Menschen, für die sie dasein sollten.

Der Priester *Vinzenz von Paul* (1581–1660; → S. 10) hatte etliche Jahre nicht anders gelebt als viele seiner Kollegen und z. B. rücksichtslos um eine Erbschaft gekämpft. Erst als er 1612 Seelsorger einer armen Vorstadtgemeinde von Paris wurde, erkannte er, worauf es für Christen eigentlich ankommt. Sein Leben sollte von jetzt an nach dem Beispiel Jesu den Menschen gehören, um die sich keiner kümmerte. Er ging zu den armen Leuten, gründete mit primitivsten Mitteln und erbetteltem Geld Krankenhäuser. Er gewann Männer und Frauen, Priester und Ordensleute, die sich mit ihm für Waisenkinder, alte Leute und Geisteskranke tatkräftig einsetzten. Er organisierte Vereinigungen, die sich um die Betreuung armer und alleinstehender Kranker in den Gemeinden kümmerten. In den von Kriegen heimgesuchten Gebieten waren Schwestern der von ihm gegründeten religiösen Gemeinschaft, die sich »Filles de la Charité« (Töchter der Nächstenliebe) nannten, die ersten, die als »barmherzige Schwestern« auf den Schlachtfeldern erschienen und mit großen Volksküchen Tausende von Menschen vor dem Hungertod retteten.

Beispielhaft war das, was Vinzenz von Paul für die Strafgefangenen und besonders für die Galeerensklaven tat – die Ärmsten der Armen.
Vinzenz hatte Einzelheiten darüber erfahren, was in Paris keiner wissen wollte: daß die Galeerensklaven schlimmer als Tiere behandelt wurden. Er reiste nach Marseille und erhielt als Priester die Erlaubnis, die im Dunkel des Unterdecks angeschmiedeten Sklaven aufzusuchen. Bald gewann er das Vertrauen dieser hoffnungslos dahinsiechenden Männer. Viele von ihnen waren völlig entkräftet und von Krankheiten gezeichnet. Aber die Aufseher schlugen erbarmungslos auf sie ein, wenn ihre Kräfte beim Rudern versagten. Manche von ihnen hatten durch Mord oder Gewalttaten schwere Schuld auf sich geladen; andere waren wegen geringfügiger Vergehen zu zehn- oder zwanzigjähriger Galeerenstrafe verurteilt worden. Als Vinzenz erfuhr, daß einer der Angeketteten wegen unüberlegter Teilnahme an einem kleinen Betrug so grausam bestraft worden war, bestürmte er die Aufseher so lange, bis sie bereit waren, ihn anstelle dieses Mannes anzuschmieden und den anderen freizulassen. Vinzenz war freiwillig zum Sklaven geworden.
Lange Zeit wußte man in Paris nicht, wo er geblieben war. Als schließlich bekannt wurde, daß er unter den Galeerensklaven lebte, und als man erfuhr, wie er dorthin gekommen war, erschien der Befehlshaber der Flotte persönlich in Marseille und befreite alle Sklaven des Schiffes von ihren Ketten – tief erschüttert vom Beispiel dieses Christen.[1]
Monsieur Vincent, wie ihn die Franzosen nannten, war am Ende seines Lebens einer der bekanntesten Priester des ganzen Landes. Sein Einsatz spornte viele an, die wie er »Werkzeug Jesu Christi« sein wollten. Seine Lebensaufgabe hat Vinzenz von Paul einmal so zusammengefaßt:
»Lieben wir Gott, aber auf Kosten unserer Arme und im Schweiße unseres Angesichts.«[2]

Paulo Evaristo Arns, Kardinal und Erzbischof von São Paulo in Brasilien, kämpft seit Jahrzehnten für die Beachtung der Menschenrechte. Er verkaufte den erzbischöflichen Palast und fordert die weltweite Parteinahme der Christen »für die Armen, die Opfer eines ungerechten Wirtschaftssystems«.[1]

Selbst die allerschlechteste christliche Welt würde ich der besten heidnischen vorziehen, weil es in einer christlichen Welt Raum gibt für die, denen keine heidnische Welt je Raum gab: für Krüppel und Kranke, Alte und Schwache.

Heinrich Böll, Nobelpreisträger für Literatur[2]

1. Informiert euch über die soziale Lage der Menschen im 17. Jahrhundert, in dem es noch keine Sozialversicherung, Krankenkassen, Altersheime usw. gab.
2. Erklärt das Lebensprogramm des Vinzenz von Paul anhand des Satzes auf S. 62 unten. Was meinte er damit, wenn er ein »Werkzeug Jesu Christi« sein wollte?
3. Vinzenz von Paul ist der Schutzpatron aller »Vereinigungen der Barmherzigkeit«. Welche kirchlichen Organisationen und Einrichtungen in eurer Stadt kennt ihr, die heute in seinem Geist arbeiten? Was wißt ihr über andere Organisationen, die sich heute für Menschen einsetzen, die in vergleichbaren Situationen leben müssen wie die Galeerensklaven des 17. Jahrhunderts?

5. *Kirche sind wir*

Nicht nur für viele junge Leute, auch für viele Erwachsene besteht die Kirche vor allem aus Amtsträgern und Funktionären. Zu diesem falschen Verständnis haben bestimmte Selbstdarstellungen und Äußerungen der »Amtskirche« beigetragen. Natürlich kann eine so große Gemeinschaft nicht leben ohne eine Ordnung, ohne Ämter und Aufgabenteilung, ohne Verwaltung und Organisation. Aber alle Ämter in der Kirche sollten Dienst-Ämter für die Kirche sein. So sind sie notwendig für das Leben der Gemeinden, aber sie sind nicht die Kirche selbst. Einige Ämter gehören zum Wesen der Kirche, weil sie in ihrem Kern auf Jesus Christus und seine Apostel zurückgehen.

Was ein Christ nicht sagen darf:[1]

Sie, die Priester – *wir,* die Laien
Sie, die Bischöfe – *wir,* das Volk
Sie, die Herren – *wir,* die kleinen Leute
Sie, die Lehrer – *wir,* die Schüler
Sie, die Alten – *wir,* die Jungen
Sie, die Männer – *wir,* die Frauen
sondern im Gehorsam gegen Christus und in seiner Liebe und
in seinem Dienst muß es immer und überall heißen:

Wir - die Kirche

Wer etwas von der zweitausendjährigen Geschichte der Kirche kennt, weiß, daß die Kirche sehr verschiedene »Gesichter« gehabt hat. Zu allen Zeiten war die Kirche umstritten, von den Mächtigen verfolgt, im Bund mit den Herrschenden, auf der Seite der Rechtlosen – auch heute. Das gilt nicht nur für die Kirche als Gemeinschaft, sondern für jeden einzelnen. Jeder Christ hat in vielen alltäglichen Situationen die Möglichkeit, das Gesicht der Kirche in unserer Zeit durch sein Verhalten zu bestimmen. Wieweit die Kirche ihrem Auftrag entspricht, den sie von Jesus Christus empfangen hat, wieviel sie von dem verwirklicht, was sie eigentlich für die Menschen und die Welt sein könnte, hängt entscheidend von den Menschen ab, die diese Kirche bilden. Wer die Kirche kritisiert und sich über ihr Versagen entrüstet, darf nicht vergessen, daß er mit seiner Kritik bei sich selbst anfangen muß.

---

1. Oft kann man hören: »Was Jesus gewollt hat, hätte die Welt verändern können. Aber die Christen haben sich viel zu wenig daran gehalten.« Diskutiert über diesen Vorwurf.

2. Gerade junge Menschen stoßen sich immer wieder an den Fehlern und dem Versagen der Kirche. Wenn schon Kirche, dann sollte es eine Kirche sein, zu der man vorbehaltlos »Ja« sagen kann – eine vollkommene Kirche.

- Nehmt Stellung zu dieser Meinung und vergleicht sie auch mit der Überschrift dieses Kapitels.
- Lest dazu Mt 13,24–30 und überlegt, was dieses Gleichnis über die Kirche sagt.

Wie die Zukunft der Kirche aussehen wird, entscheidet sich daran, welche Einstellung die heranwachsende Generation zur Kirche findet. Das aber wird davon abhängen, wie offen Papst, Bischöfe und Priester für die Probleme junger Menschen sind und wieweit junge Leute bereit sind, sich für die Kirche und in der Kirche einzusetzen. Natürlich gibt es dabei viele Schwierigkeiten: Jugendliche fühlen sich von den Älteren und auch von den Priestern nicht ernstgenommen; manche Erwachsene fürchten, die jungen Leute wollten die Kirche »auf den Kopf stellen«. Aber die Kirche lebt vom Vorwärtsdrängen der einen, die das Althergebrachte umwandeln wollen, und von der Sorge der anderen, die das bewahren wollen, was der Kirche vertraut ist. Kirche lebt nie im Ruhestand. Sie ist immer und überall unterwegs.

Herr, *erwecke Deine Kirche und fange bei mir an.*
Herr, baue Deine Gemeinde und fange bei mir an.
Herr, laß Frieden und Gotteserkenntnis überall auf Erden kommen und fange bei mir an.
Herr, bringe Deine Liebe und Wahrheit zu allen Menschen und fange bei mir an.

Gebet chinesischer Christen[1]

1. Was würdet ihr in eurer Gemeinde und in der Kirche im großen anders machen, wenn ihr allein darüber zu entscheiden hättet?

2. Überlegt zusammen, was ihr jetzt schon tun könntet, um das Leben in eurer Gemeinde zu aktivieren und anziehender zu machen.

Die Zehn Gebote

1. Die Worte vom Sinai

Einer der wichtigsten Texte der Bibel ist der »Dekalog« (von griech.: »Zehnwort«). Die »Zehn Gebote« stehen im Mittelpunkt der Thora (→ S. 250 f). Neuere Übersetzungen sprechen lieber von »Zehn Weisungen«, um zum Ausdruck zu bringen, daß es sich hier um Wegweiser für unser Leben, nicht aber um harte Gesetze handelt.

Ich bin der Herr, dein Gott,
der dich aus Ägypten herausgeführt hat,
aus dem Sklavenhaus.

1. Du sollst neben mir keine anderen Götter haben.
   Du sollst dir kein Gottesbild machen.
2. Du sollst den Namen deines Gottes nicht mißbrauchen.
3. Denk an den Sabbat; halte ihn heilig.
4. Ehre deinen Vater und deine Mutter,
   damit du lange lebst in dem Land,
   das dein Gott dir gibt.
5. Du sollst nicht morden.
6. Du sollst nicht die Ehe brechen.
7. Du sollst nicht stehlen.
8. Du sollst nicht falsch gegen einen andern aussagen.
9. Du sollst nicht nach der Frau eines andern verlangen.
10. Du sollst nicht nach dem Haus eines andern verlangen
    oder nach irgend etwas, das dem andern gehört.

(Kurzfassung nach Ex 20,2–17)

---

*Marc Chagall (1887–1985): Mose empfängt die Gesetzestafeln. Farblithographie, 1956.
Gott wird in drei Symbolen angedeutet: dunkle Wolke, goldene Strahlen, Hand.
Die Tafeln vom Sinai stellen die Verbindung zwischen ihm und Mose her.
Er selbst repräsentiert das Volk Gottes.*

2. Im Kreuzfeuer der Meinungen

Schüler einer 8. Klasse im Religionsunterricht

MARIA:
Ich brauche die Zehn Gebote nicht. Ich weiß auch so, was ich zu tun habe.

GISELA:
Ganz ehrlich: Ich weiß überhaupt nicht, wie die Zehn Gebote heißen.

RALF:
Ich kann das nicht mehr hören: Du sollst..., du sollst nicht. Immer nur Verbote! Immer nur Vorschriften!

HERBERT:
Können wir nicht ein Thema nehmen, das mehr mit unserem Leben zu tun hat?

ANGELIKA:
Die Zehn Gebote kennen wir doch längst. Das Thema ist langweilig. Auch in der Kirche reden sie immer davon.

MARTIN:
Ich habe zwar früher schon einiges davon gehört, aber ich würde gerne mehr wissen.

Ansichten von Erwachsenen

- Die einen halten die Zehn Gebote für längst veraltete Lebensregeln der Juden. – Die anderen sehen in ihnen die Grundlagen der Menschenrechte, wie sie heute von vielen Staaten in aller Welt anerkannt sind.
- Manche meinen, die Zehn Gebote würden die Freiheit der Menschen einschränken. – Andere sagen, daß man ohne diese Gebote nicht in Freiheit leben kann.
- Einige lehnen die Zehn Gebote ab, weil sie sich allein auf ihr Gewissen verlassen. – Andere glauben, daß die Zehn Gebote nichts anderes als das Gewissen sagen.
- Einige sehen in den Zehn Geboten nur menschliche Satzungen. – Andere sind davon überzeugt, daß sie Gottes gute Weisung für unser Leben sind.

Ein Rabbi

Ich bin's

Man fragte Rabbi Bunam: Es steht geschrieben: »Ich bin der Herr, dein Gott, der dich aus Ägypten führte.« Warum heißt es nicht: »Ich bin der Herr, dein Gott, der Himmel und Erde schuf?« Rabbi Bunam erklärte: Himmel und Erde – dann hätte der Mensch gesagt: Das ist mir zu groß, da traue ich mich nicht hin. Gott aber sprach zu ihm: Ich bin's, der dich aus dem Dreck geholt hat, nun komm heran und höre und hilf mit, andere aus dem Dreck zu ziehen.[1]

LEUTE VON HEUTE

1. *Du sollst die Idole deiner Zeit verehren.*
   Du sollst Gott für einen alten Mann mit Bart halten
   oder dir andere Vorstellungen von ihm machen,
   die dir gerade passen.
2. *Du sollst dich zur Durchsetzung deiner Interessen*
   auf Gott berufen.
3. *Vergammle den Sonntag. Denk nie über Gott*
   und über dich selbst nach.
4. *Schere dich nicht darum, was deine Eltern sagen,*
   damit du lange so leben kannst,
   wie es dir Spaß macht.
5. *Du sollst Mord und Totschlag in Comics und Computerspielen*
   genießen.
6. *Du sollst dich früh an wechselnde Liebschaften gewöhnen,*
   wie du sie aus Sex-Geschichten und Pornos kennst.
7. *Du sollst dir alles, was du haben willst,*
   unbezahlt mitnehmen oder besorgen.
   Du darfst dich dabei nicht erwischen lassen.
8. *Du sollst immer Lügen, Ausreden*
   und falsche Beschuldigungen parat haben.
9. *Du sollst anderen den Freund (die Freundin) ausspannen.*
10. *Du sollst dich nicht damit abfinden,*
    daß ein anderer mehr hat als du.[1]

Heutige Forscher

Der biblische Dekalog ist nicht einfach vom Himmel gefallen. Er hat eine lange Geschichte. Heutige Forscher nehmen an, daß er erstmals im 8. oder 7. Jahrhundert v. Chr. so zusammengestellt wurde, wie wir ihn kennen (Dtn 5,6–21). Etwa zweihundert Jahre später erhielt er dann nach dem Babylonischen Exil (586–538 v. Chr.) in einer veränderten Form (Ex 20,1–17) seinen endgültigen Platz in einem großen Erzählzusammenhang (→ S. 70 f).

Damals befand sich das Volk Israel in großer Not. Bedrohung durch äußere Feinde und Verfall der alten Sitten bereiteten den Weisen und Priestern ernste Sorgen. Darum suchten sie den Israeliten in einfachen Worten zu sagen, was zum Leben und Überleben notwendig sei. Bei der Formulierung griffen sie auf alte Weisungen der Propheten und der Mose-Zeit zurück. Ihr Glaube sagte ihnen, daß diese Gebote genauso von Gott kommen wie die Freiheit, die Israel nach dem Auszug aus Ägypten erlangt hatte, und wie das Land, in dem sie nun wohnten. Die alles überragende Gestalt ihrer Vergangenheit war Mose. Kein anderer erschien ihnen so berufen, die Gebote empfangen zu haben. Darum erzählten sie, daß Israel die Zehn Gebote in der Mose-Zeit (13. Jh. v. Chr.) von Gott geschenkt wurden.

3. *Wegweiser zur Freiheit*

Wer im Dekalog nur einen Katalog von Pflichten sieht, hat ihn gründlich mißverstanden und seinen Sinn ins Gegenteil verkehrt. Im Verständnis der Hebräischen Bibel sind die »Zehn Gebote« gute Weisungen, die leicht zu erfüllen sind. Sie sind Wegweiser zur Freiheit.

Das zeigt nicht nur der Einleitungssatz, in dem sich Gott als Befreier vorstellt (→ S. 67), sondern vor allem der großartige Erzählzusammenhang, in den die jüdischen Weisheitslehrer die Gesetzgebung vom Sinai gestellt haben.

Sie steht genau in der Mitte zwischen bedeutsamen Ereignissen und bildet den Kreuzungspunkt zwischen Sklaverei und Freiheit.

1. Die Sklaverei in Ägypten. Die Kinder Israels müssen beim Pharao Sklavendienste tun. Sie werden ausgebeutet und unterdrückt. Für sie gibt es keine Freiheit und keine Menschenrechte. In dieser Not schreien sie zu Gott. Ihr Gott wird ihr Retter. Er beruft Mose, der das Volk aus Ägypten herausführt (»Exodus«). Beim Zug durch das Rote Meer erfahren sie die helfende Nähe Gottes.

2. In der Wüste. Nach der Befreiung aus dem Sklavenhaus kommen sie in die Wüste. In der Einsamkeit können sie sich auch innerlich von der Angst lösen, die sie vor der Macht des Pharaos hatten. Vor allem ist die Stille und Weite der Wüste dazu angetan, Gott auf immer neue Weise zu erfahren.

3. Die Stimme vom Sinai. In einer der tiefsinnigsten Symbolerzählungen der Bibel führen uns die Weisheitslehrer zum Bergmassiv des Sinai. Die vielen Einzelheiten ihrer Erzählung zeigen uns, woher die Zehn Gebote letztlich kommen und was sie bedeuten.

- Die Israeliten lagern sich vor dem Berg.
- Sie reinigen sich.
- Der Berg ist in Wolken verhüllt.
- Blitze zucken, Donner erschallt.
- Mose zieht eine Grenze um den Berg.
- Eine Stimme spricht vom Sinai.
- Niemand sieht Gott.

So erhalten die Israeliten die Weisungen, die ihre neu gewonnene Freiheit sichern können. Sie erfahren, was das Volk und jeder einzelne beachten »sollen«, um auch in Zukunft frei zu bleiben.

Gewöhnlich beginnt unsere Übersetzung der Gebote mit »Du sollst . . .«. Diese Übersetzung trifft den Sinn nicht ganz. Im Hebräischen heißt es »Du wirst . . .«. Das bedeutet: Weil du, Israel, von Gott befreit bist, wirst du neben mir keine anderen Götter haben, wirst du nicht morden, stehlen, lügen usw. Der Dekalog ist ursprünglich keine Sammlung von Geboten, sondern die Aufzählung von Taten, die für die Befreiten selbstverständlich sein werden.

Bergmassiv des Sinai

4. In der Wüste. Danach wandern die Israeliten wieder lange durch die Wüste. Sie lernen nur mühsam, sich an die neuen Wegweiser zur Freiheit zu halten. Weil sie oft versagen (Murren, Goldenes Kalb), kommen sie nicht so rasch in das Land.

5. Freiheit im Verheißungsland. Am Ende der großen Befreiungsgeschichte dürfen sie in das neue Land einziehen, in dem sie Freude, Glück und Geborgenheit finden werden. Hier könnnen sie anders leben als in der Sklaverei Ägyptens. Die Weisung vom Sinai wird ihnen das neue Leben in Freiheit ermöglichen.

In dieser langen Geschichte, die von Generation zu Generation weitererzählt wurde und weiterwuchs, lebt die Erinnerung an viele Ereignisse aus der Vergangenheit Israels fort. Aber die ganze Erzählung und viele ihrer Einzelheiten sind nicht Reportagen aus der Vergangenheit. Sie hätten nicht durch Mikrophon oder Kamera festgehalten werden können. Wir haben hier eine Symbolerzählung vor uns, die in vielen Bildern auf Gott hinweist (→ S. 82). Sie kommt aus der Erfahrung mit dem Gott Israels und will allen Menschen diese Erfahrung nahebringen.

---

1. Erzählt Ereignisse aus der Mose-Zeit. Zeigt dabei, daß es sich um eine Befreiungsgeschichte handelt. Anregungen dazu gibt euch das Kapitel »Die Israeliten erzählen« → »Zeit der Freude«, S. 58 ff und die Karte I (vorne).

2. Versucht, die einzelnen Symbole zu deuten, die ihr in Ex 19 findet.

3. Der Weg der Israeliten kann der Weg jedes einzelnen Menschen sein.

- Auch wir befinden uns oft in Unfreiheit, Ausweglosigkeit und Angst.
- Auch wir fürchten einen Pharao und suchen einen Mose.
- Auch wir wollen innerlich und äußerlich frei sein.
- Auch wir suchen Lebenschancen und Glück.

Welche Wege können uns dabei die Zehn Gebote weisen?

4. »Wegweiser« – In welchem Zusammenhang brauchen wir sonst das Wort?

5. Warum kann letztlich nur Gott der Garant unserer Freiheit sein?

4. »Gebrauchsanweisungen« für das Leben

Der Dekalog hat längst eine Bedeutung gefunden, die weit über Israel hinausreicht. Er hat auch für die Christen Gültigkeit, weil Jesus die Zehn Gebote befolgt und bestätigt hat. In unserer Zeit erkennen sogar viele Menschen, die sich nicht zum biblischen Glauben bekennen, seinen Wert als Lebensregel an. Manche seiner Bestimmungen sind in das Grundgesetz und in die Verfassung moderner Staaten eingegangen. Niemand kann bestreiten, daß er die älteste und ehrwürdigste Charta der Menschenrechte ist.
Diese überragende Bedeutung ist nicht erstaunlich. Wir erkennen leicht im Dekalog eine einfache und verständliche »Gebrauchsanweisung«, die uns sagt, wie unser Leben gelingt. Wer die Gebote Gottes nicht beachtet, gefährdet sein Leben und das Leben anderer. Wer sie aber befolgt, geht mit seinem Leben richtig um. Man kann auch sagen: Er wirkt an seiner Erlösung und an der Erlösung aller Menschen mit.

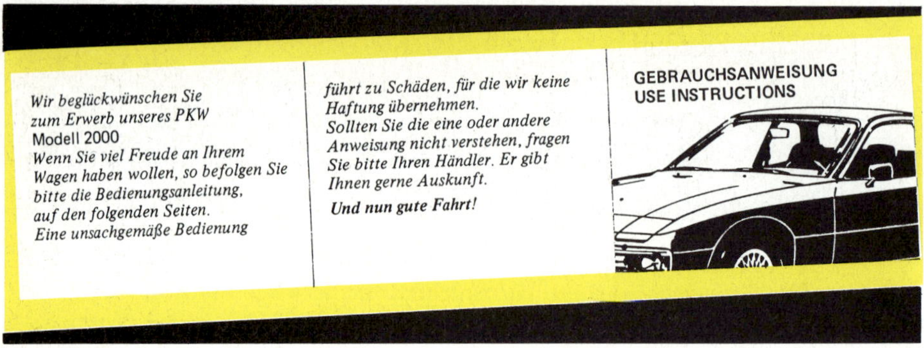

Leben und Glück – Tod und Unglück

Hiermit lege ich dir heute
das Leben und das Glück, den Tod und das Unglück vor.
Wenn du auf die Gebote des Herrn, deines Gottes,
auf die ich dich heute verpflichte, hörst,
indem du den Herrn, deinen Gott, liebst,
auf seinen Wegen gehst und auf seine Gebote,
Gesetze und Rechtsvorschriften achtest, dann wirst du leben.

(Dtn 30,15 f)

1. In welchem Sinn kann man die Gebote »Gebrauchsanweisungen« für unser Leben nennen? Haltet ihr den Ausdruck »Spielregeln« für angemessen?

2. Die Weisungen vom Sinai kann jeder auch in seinem Gewissen hören. Wie erklärt ihr euch das?

3. Wißt ihr, wie Jesus zu den Geboten stand? Lest dazu Mt 5,18 ff.

4. Uns sind heute viele Gebote wichtig, weil sie für unser Leben und Überleben notwendig sind, z. B. Krieg vermeiden, die Umwelt schützen, sich für mehr Gleichberechtigung aller Menschen einsetzen, Gerechtigkeit schaffen, Menschen nicht verhungern lassen. Warum steht davon nichts im Dekalog? Oder findet ihr dafür doch Hinweise?

Der Dekalog stellt die wichtigsten Lebensgüter unter Gottes besonderen Schutz.

Konfliktfälle

Die Zehn Gebote sind Wegweiser, die uns die große Richtung zu einem Leben in Freiheit zeigen. Aber sie sind nicht dazu da, uns in jedem Einzelfall zu sagen, wie wir handeln sollen. Es gibt schwierige Situationen, in denen uns der Wortlaut des Dekalogs nicht weiterhilft. Dafür ein paar Beispiele:

- Zum 5. Gebot: Darf man einen ungerechten Tyrannen ermorden?
- Zum 7. Gebot: Darf ich mir in ganz großer Not bei anderen, die genug haben, das holen, was ich zum Leben brauche?
- Zum 8. Gebot: Muß man einem Schwerkranken, der noch Hoffnung auf Genesung hat, auf seine Frage hin sagen, daß er bald sterben wird?

Wir können den Dekalog in solchen Konfliktfällen nur dann sinnvoll befolgen, wenn wir ruhig abwägen und auf die Stimme unseres Gewissens hören. In solchen Situationen ist es klug, sich bei vertrauenswürdigen Personen – bei Eltern, Priestern und Freunden – Rat zu holen.

5. Die dreifache Liebe

Es gibt einen Maßstab, auf den wir uns immer verlassen können. Er ist ganz einfach und zugleich so wunderbar, daß er uns und die ganze Welt zum Besseren verändern würde, wenn sich alle an ihn hielten. Alle Gebote sind in ihm zusammengefaßt. Wer diesen Maßstab auf sein Leben anwendet, hält sich sinnvoll an alle Weisungen vom Sinai. Er findet selbst dann eine Lösung, wenn der Wortlaut der Gebote nicht weiterhilft.
Diesen Maßstab hat Jesus einem Schriftgelehrten genannt, als dieser ihn nach der wichtigsten Weisung für unser Leben fragte.

Höre Israel, der Herr, unser Gott, ist der einzige Herr.
Darum sollst du den Herrn, deinen Gott,
lieben mit ganzem Herzen und ganzer Seele,
mit all deinen Gedanken und all deiner Kraft.
Als zweites kommt hinzu:
Du sollst deinen Nächsten lieben wie dich selbst.
Kein anderes Gebot ist größer als diese beiden.

(Mk 12,29–31)

Die Liebe zu Gott

Die Liebe zu Gott ist in Israel bis heute das höchste Gebot, weil Israel so oft die Hilfe Gottes erfahren hat und seine Schöpfung bewundert. Jesus hat dieses Gebot von seinem Volk übernommen. Fromme Juden sprechen den Text auch heute täglich in ihrem Gebet »Sch'ma Israel« (→ S. 250). Dieses Gebet und die erste Tafel des Dekalogs sagen uns, was die Liebe zu Gott von uns fordert.

Die Liebe zum Nächsten

Jesus kannte das Hauptgebot der Gottesliebe und das Gebot der Nächstenliebe aus den heiligen Schriften seines Volkes. Aber dort waren sie nicht miteinander verbunden (Dtn 6,4 f und Lev 19,18). Er hat sie beide gleichgesetzt. In dieser Verbindung ist das Liebesgebot die wichtigste Grundlage des christlichen Lebens geworden. Was es konkret von uns fordert, zeigt z. B. die zweite Tafel des Dekalogs. Eine andere Zusammenfassung – wir nennen sie die sieben »leiblichen« und die sieben »geistlichen« Werke der Barmherzigkeit – kann uns auch sagen, wie wir den Nächsten lieben können.

Hungrige speisen	**Sündern die Augen öffnen**
Durstigen zu trinken geben	**Unwissende lehren**
Nackte bekleiden	**Zweifelnden gut raten**
Fremde beherbergen	**Betrübte trösten**
Sich um Gefangene sorgen	**Lästige geduldig ertragen**
Kranke besuchen	**Denen, die uns beleidigen, verzeihen**
Tote begraben	**Für Lebende und Tote beten**

Marc Chagall (1887–1985):
Zeichnung zum Hohenlied. 1972.

Die Liebe zu sich selbst

Viele Christen wissen, daß die Liebe zu Gott und zum Nächsten im Mittelpunkt des christlichen Lebens stehen soll. Aber manchmal vergessen sie, daß wir Gott und den Nächsten nur dann lieben können, wenn wir uns auch selber lieben. Auch von dieser Liebe ist im Hauptgebot die Rede: ». . . wie dich selbst.« Wir dürfen uns lieben, weil Gott uns geschaffen hat und weil er uns liebt. Wer sich an die Weisungen beider Tafeln hält, tut sich selbst den größten Gefallen (→ S. 148).

---

1. Lest zum Verhältnis von Dekalog und dreifachem Liebesgebot Röm 13,8–10. – Warum darf man die dreifache Liebe nicht auseinanderreißen? Vergleicht sie mit dem dreifachen Schaden, den die Schuld anrichtet (→ S. 42 f).

2. »Ich liebe meinen Nächsten wie mich selbst.« – »Ich bin mir selbst der Nächste.« Sprecht über den Sinn beider Sätze.

3. Der große Bischof Augustinus hat einmal gesagt: »Ama – et fac, quod vis, d. h.: Liebe – und tu dann, was du willst.« Was hat er damit gemeint, und was nicht?

4. Sprecht noch einmal über die Ansichten zum Dekalog, wie sie auf S. 68 geäußert wurden. Was könnt ihr nun dazu sagen?

5. Was zeigt das Bild von der dreifachen Liebe?

Johannes Schreiter (geb. 1930): Verkehrsfenster. Entwurf für ein Glasfenster in der Heiliggeistkirche in Heidelberg, 582 × 167 cm, 1987. Dieses Fenster gehört in eine Reihe von Entwürfen, die der Künstler für die berühmte evangelische Kirche in Heidelberg geschaffen hat (u. a. Chemie-, Physik-, Biologie- und Computerfenster). Unten sind sechs Verkehrszeichen, die vor Gefahren warnen, aber auch Reglementierung bedeuten. Darüber sieht man in einer Brandzone ein Halteverbotszeichen, hier wohl ein Symbol für die Ruhelosigkeit unserer Zeit, die in der darüberliegenden Landkarte mit den vielen Orten und Straßen angedeutet wird. Im Maßwerk des Fensters lesen wir »Folge mir«. Diese Worte, die Flugzeuglotsen und Polizeiautos oft benutzen, lassen an den Lotsen Jesus denken, der uns auffordert, ihm nachzufolgen (Mk 8,34 u. ö.), weil er »der Weg« ist (Joh 14,4–6). Schreiter hat dieses Bild besonders für Kinder und Jugendliche geschaffen, weil er meint, daß sie die Verkehrszeichen aus ihrem Alltag kennen und auch leicht als geheimnisvolle Symbole unseres Lebens und Glaubens verstehen können.

1. Betrachtet die einzelnen Zeichen auf dem Fenster. Welchen Sinn haben sie? Was sagen euch die Farben?

2. Die Fensterentwürfe des Künstlers sind in Heidelberg heftig umstritten. Welche Gründe könnten Gegner und Befürworter haben?

Geheimnisvolle Zeichen

1. Erkennungs-Zeichen

Athen im Jahre 134 v. Chr. An einem heißen Sommerabend nehmen bei einem Gastmahl Philipp und Stephan, zwei junge Leute im Alter von 20 Jahren, voneinander Abschied. Philipp muß nach Sizilien reisen, um dort für seinen Vater ein Handelsgeschäft zu eröffnen. Stephan hat eine kleine Tontafel vor sich liegen, auf der ihre Namen, Worte der Freundschaft und ein Götterkopf eingeritzt sind. Vorsichtig zerbricht er die Tafel in zwei fast gleich große Stücke.

Stephan: Ich werde dich sehr vermissen. Damit du in der Fremde immer an mich denkst, habe ich diese Tontafel zerbrochen. Die eine Hälfte sollst du mitnehmen, den anderen Teil bewahre ich auf.

Philipp: Dieses Zerbrechen von Ton und Namen macht mich traurig. Es zeigt mir, wie schwer die Trennung ist.

Stephan: Ja, aber wenn wir beide Teile gut aufbewahren, haben wir ein Zeichen dafür in Händen, daß wir auch in Zukunft zusammengehören.

Philipp: Mein Teil ist ein Zeichen der Erinnerung an dich.

Stephan: Und wenn wir uns wiedersehen, werden wir beide Teile wieder zusammenfügen.

Philipp: Vielleicht lerne ich in Sizilien auch neue Freunde kennen. Sollte einer einmal nach Athen kommen, so gebe ich ihm eine Zeichnung meines Teils mit. Daran kannst du erkennen, daß er mein Freund ist.

Stephan: Ich werde ihn gastlich aufnehmen, weil er von dir kommt.

Das griechische Wort *»Symbol«* heißt: das Zusammengefügte, das Zusammengehörige. Wie es zu dieser Bedeutung kommt, wird an dem Zusammenfügen der Tontafel deutlich. Manchmal zerbrach man auch ein Ring oder einen Stab. Jeder Teil ist ein »Symbol«, weil er zu dem anderen Teil gehört. Darum ist das Symbol ein »Erkennungs-Zeichen«. Als Symbol war die Tonscherbe nicht mehr nur etwas Materielles. Es gab etwas an ihr, was nicht jeder gleich sehen konnte. Nur wer die Freundschaft dieser beiden verstand, konnte in der einfachen Tonscherbe dieses »Mehr« erkennen.

2. Zeichen im Alltag

Der kleine Prinz lebte ursprünglich auf einem Planeten, der nicht größer war als ein Haus. Dort blühte eine einzige Rose, die schön war und vier Dornen hatte. Sie hielt sich für etwas Besonderes, war etwas eitel und hatte allerlei Wünsche. Der kleine Prinz bewunderte diese Rose sehr und tat viel für sie. Er verliebte sich ein bißchen in sie, obwohl sie so widerspruchsvoll war. – Eines Tages verließ er seine Heimat, besuchte viele andere Planeten (→ S. 152) und kam schließlich auf die Erde. Dort traf er einen Fuchs, der von ihm gezähmt werden wollte. Der kleine Prinz zähmte mit viel Geduld den Fuchs und gewann ihn so zum Freund (→ S. 109). Enttäuscht erzählte er einmal dem Fuchs, daß er auf der Erde viele Rosen gefunden habe, die er nun nicht mehr ansehen wollte. Da sagte der Fuchs zu ihm:

»Geh die Rosen wieder anschauen. Du wirst begreifen, daß die deine einzig ist in der Welt.
Du wirst wiederkommen und mir adieu sagen, und ich werde dir ein Geheimnis schenken.«
Der kleine Prinz ging, die Rosen wiederzusehen:
»Ihr gleicht meiner Rose gar nicht, ihr seid noch nichts«, sagte er zu ihnen. »Niemand hat sich euch vertraut gemacht, und auch ihr habt euch niemandem vertraut gemacht. Ihr seid, wie mein Fuchs war. Der war nichts als ein Fuchs wie hunderttausend andere. Aber ich habe ihn zu meinem Freund gemacht, und jetzt ist er einzig in der Welt.«
Und die Rosen waren sehr beschämt.
»Ihr seid schön, aber ihr seid leer«, sagte er noch. »Man kann für euch nicht sterben. Gewiß, ein Irgendwer, der vorübergeht, könnte glauben, meine Rose ähnle euch. Aber in sich selbst ist sie wichtiger als ihr alle, da sie es ist, die ich begossen habe. Da sie es ist, die ich unter den Glassturz gestellt habe. Da sie es ist, die ich mit dem Wandschirm geschützt habe. Da sie es ist, deren Raupen ich getötet habe (außer den zwei oder drei um der Schmetterlinge willen). Da sie es ist, die ich klagen oder sich rühmen gehört habe oder auch manchmal schweigen. Da es meine Rose ist.«
Und er kam zum Fuchs zurück:
»Adieu«, sagte er . . .
»Adieu«, sagte der Fuchs. »Hier mein Geheimnis. Es ist ganz einfach: Man sieht nur mit dem Herzen gut. Das Wesentliche ist für die Augen unsichtbar.«
»Das Wesentliche ist für die Augen unsichtbar«, wiederholte der kleine Prinz, um es sich zu merken.
»Die Zeit, die du für deine Rose verloren hast, sie macht deine Rose so wichtig.«
»Die Zeit, die ich für meine Rose verloren habe . . .«, sagte der kleine Prinz, um es sich zu merken.
»Die Menschen haben diese Wahrheit vergessen«, sagte der Fuchs. »Aber du darfst sie nicht vergessen. Du bist zeitlebens für das verantwortlich, was du dir vertraut gemacht hast. Du bist für deine Rose verantwortlich . . .«
»Ich bin für meine Rose verantwortlich . . .«, wiederholte der kleine Prinz, um es sich zu merken.

Antoine de Saint-Exupéry[1]

---

1. Die Erzählung vom kleinen Prinz ist voller Symbole, die auf etwas Wunderbares, Geheimnisvolles hinweisen. Welche könnte ihr herausfinden?

2. Sie sagt auch etwas darüber, wie man Symbole erkennen kann. Habt ihr das auch entdeckt und verstanden?

Menschen können nicht miteinander leben, ohne Symbole zu gebrauchen. Wort, Handbewegung und Gesichtsausdruck sind Zeichen, die dem anderen sagen, was wir fühlen und wollen. Nur durch ein äußeres Zeichen kann er erfahren, was in unserem Inneren vor sich geht. Wie sollte er anders entdecken, was wir meinen, denken, ablehnen oder lieben?

- Ein Ehemann schenkt seiner Frau alljährlich zum Hochzeitstag so viele Rosen, wie sie Jahre verheiratet sind.
- Ein junger Mann unternimmt eine Reise in ferne Länder. Die Mutter macht sich große Sorgen. Eines Tages bringt ihr der Briefträger einen Brief, in dem der Sohn vom guten Verlauf der Reise berichtet.
- Zwei Autofahrer, die sich in die Quere kommen, zeigen sich gegenseitig, was sie voneinander denken. Der eine tippt sich mit dem Zeigefinger an die Stirn, der andere streckt die Zunge heraus.
- Mehrere Geschäftspartner haben einen Vertrag miteinander ausgearbeitet. Zum Schluß setzt jeder seine Unterschrift darunter, und sie reichen sich die Hand.

Heute wird der Ausdruck »Symbol« sehr oft und in unterschiedlicher Weise gebraucht. Symbole gibt es z. B. in den folgenden Bereichen:
Wirtschaft, z. B. Markenzeichen oder Werbemittel
Politik, z. B. im Wahlkampf oder bei einem Staatsbesuch
Kunst, z. B. in der Malerei oder Musik
Märchen, z. B. König und Bauer, Löwe und Esel
Den ausgedehnten Gebrauch des Wortes »Symbol« können wir nicht verhindern. Aber er trägt dazu bei, daß das Wort oft von seiner ursprünglichen Tiefe viel verliert. Es ist manchmal nur noch ein äußeres Zeichen, das auf etwas Eindeutiges und Festgelegtes hinweist, nicht aber auf etwas Wunderbares und Geheimnisvolles, das in einem Ding oder in einer Handlung zu entdecken ist.
Es gibt Symbole, die vornehmlich den Verstand ansprechen, andere wollen unser Herz bewegen. Es gibt auch Symbole, die auf unser Unbewußtes wirken und uns zu einer bestimmten Einstellung veranlassen oder uns zu etwas überreden wollen. Symbole können Bedürfnisse und Ängste, Freude und Hoffnung, Liebe und Haß erwecken.
Nicht alle Symbole sind gleich zu bewerten. Symbole können schön oder häßlich, gut oder böse, harmlos oder gefährlich sein. Es gibt Zeichen (-handlungen), die mit dem christlichen Glauben oder den Geboten Gottes nicht vereinbar sind, andere, in denen der christliche Glaube sichtbar wird.

---

1. Sucht Symbole und Symbolhandlungen, die in eurem Alltag eine Rolle spielen, z. B. in Familie, Freundschaft, Unterhaltung.
2. Welche Symbole weisen auf Eindeutiges, Festgelegtes hin? Welche haben Anteil an einer geheimnisvollen Wirklichkeit, die man mit den äußeren Augen nicht sehen kann?
3. Kennt ihr Symbole, die gefährlich sein können (→ S. 182 f)?
4. Manche Farben haben eine symbolische Bedeutung. Wie erklärt ihr euch das (→ S. 140 und Aufgabe 3, S. 141)?
5. In den ersten Jahrhunderten wurden viele Christen im Römischen Reich hingerichtet, weil sie sich weigerten, Weihrauchkörner vor einem Kaiserbild (→ S. 54) anzuzünden. Könnt ihr euch denken, warum sie eher den Tod wählten als eine solche Handlung auszuführen?

ZEIT-
ZEICHEN

+ &
§ ?!
% $

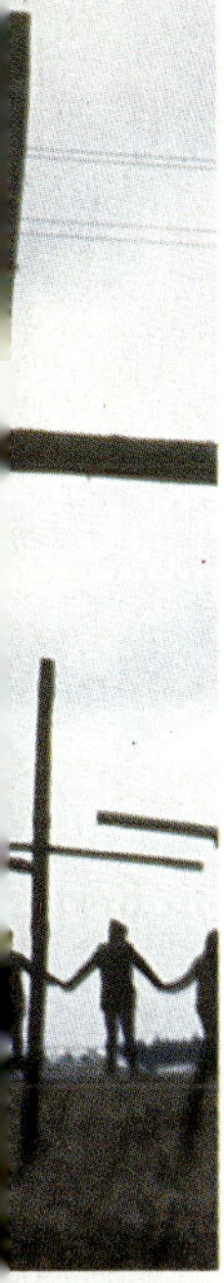

Betrachtet die Bilder dieser Seiten.

- Welche Zeichen (-handlungen) könnt ihr entdecken?
- Worauf verweisen sie?
- Was wollen sie bewirken?
- Welche Zeichen sind von irgend jemandem festgelegt, in welchen ist ihr tieferer Sinn selber gegenwärtig?
- Wie sind sie zu beurteilen?

3. Heilige Zeichen

Wir brauchen ständig Symbole, um uns in der Welt zurechtzufinden. Symbole zeigen uns, was man mit den äußeren Augen nicht sehen kann, z. B. was wir denken oder fühlen (→ S. 77). Symbole sind erst recht im religiösen Leben unentbehrlich. Auch Gott ist unsichtbar. Ohne Symbole könnten wir Gott nicht erfahren. Nur wenn es sichtbare Zeichen und Handlungen gibt, die auf ihn verweisen, haben wir die Chance, ihm zu begegnen.
In der Tat gibt es solche Zeichen. An den Werken der Schöpfung (Licht, Wasser, Brot), an den Taten oder Worten eines Menschen (Hilfe, Trost) kann uns aufgehen, wer Gott ist und wie er handelt. Dinge, Worte und Handlungen können Symbole des Göttlichen sein, weil in ihnen selbst etwas sichtbar wird, das auf den unsichtbaren Gott verweist. Sie sind gleichsam Spuren Gottes, die es zu entdecken gilt. Mit den Augen des Herzens vermögen wir diese zu erkennen.
Letztlich hat alles, was wir von unserem Glauben sagen und was wir in unserem Glauben tun, symbolischen Charakter. Darum ist ein Symbol hier sehr viel mehr als das, was man heute sonst oft leichtfertig »Symbol« nennt (→ S. 79).

Im Christentum und in allen anderen Religionen bringen Menschen durch zeichenhafte (symbolische) Handlungen zum Ausdruck, was in ihnen vorgeht, wenn sie sich Gott zuwenden. Menschen knien z. B. nieder, wenn sie beten, weil sie sich vor dem großen Gott klein fühlen. Sie bedecken ihr Gesicht mit den Händen, wenn sie meditieren, um ganz bei sich zu sein und sich nicht ablenken zu lassen. Menschen bringen Opfergaben, um etwas zu erbitten oder um zu danken. Zeichenhandlungen aus früheren Zeiten oder anderen Gesellschaften sind uns manchmal unverständlich. Man braucht Sachkenntnis, um sie zu verstehen. Aber auch die symbolischen Handlungen von Christen unserer Zeit sind vielen Menschen rätselhaft. Wenn man sie nicht mit inneren Augen betrachtet, bleibt ihr Sinn verborgen.

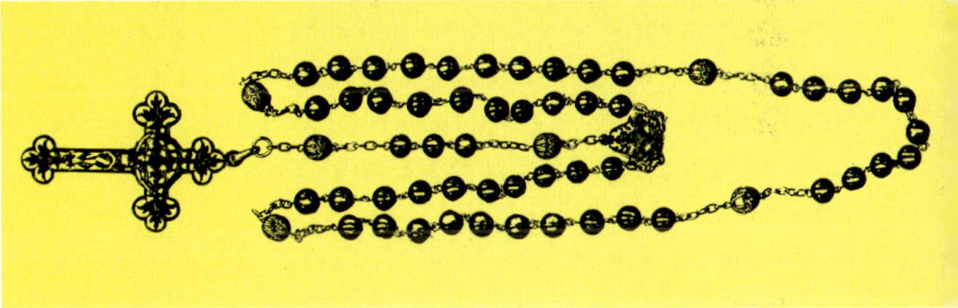

1. Welche heiligen Zeichen, welche Zeichenhandlungen erkennt ihr auf den Bildern?

2. Es gibt besondere Kleider für den religiösen Bereich, z. B. beim Gottesdienst oder in Ordensgemeinschaften. Warum sind diese auch Zeichen? Kennt ihr Kleidungsbräuche auch aus anderen Bereichen?

3. Die Propheten Israels haben Gottes Botschaft oft in ungewöhnlichen Zeichenhandlungen dargestellt, z. B.

- 1 Kön 11,29: Ahija zerreißt seinen Mantel in zwölf Stücke,
- Hos 1–3: Hosea heiratet eine Dirne,
- Jes 20,1–6: Jesaja geht nackt durch Jerusalem,
- Jer 19,1 ff: Jeremia zerschmettert einen Topf,
- Jer 22,2 ff: Jeremia trägt ein hölzernes Joch.

Sucht heraus, was diese symbolischen Handlungen bedeuten.

4. Die Wunder Jesu sind ebenfalls heilige Zeichen. Sie weisen auf das Reich Gottes (→ S. 195).

5. Eine alte Legende erzählt, daß der römische Kaiser Konstantin in der Schlacht an der Milvischen Brücke im Jahr 313 ein Zeichen gesehen habe, das für sein Leben und mehr noch für seine Politik wichtig wurde (→ S. 57).

6. Kennt ihr Zeichenhandlungen der Heiligen und Großen unserer Kirche, z. B. von Martin und Nikolaus, Elisabeth und Franziskus?

7. Manchmal nutzen sich Symbole und Symbolhandlungen auch ab. Wenn wir uns oft hinknien oder das Kreuzzeichen machen, merken wir kaum mehr, was diese Zeichen bedeuten. Welche Folgen hat das? Was kann man dagegen tun?

4. Lebens-Zeichen

Elf Mäuler waren wir, die wie Vogeljunge in ihrem Nest auf Mutters Brot warteten. In der Frühe stand sie auf, schüttete einen großen Berg von schneeweißem Weizenmehl auf, gab Hefe hinzu und schlug viele Eier in Mehl und Hefe. Manchmal fügte sie auch Süßkartoffeln hinzu. Dann vermengte sie alles mit ihren starken Armen und kraftvollen Händen, bis daß ein schön gleichmäßiger Teig entstand. Darüber streute sie ein wenig gröberes Maismehl. Schließlich wurde das Ganze mit einem Tuch zugedeckt.
Wenn wir aufstanden, lag auf dem Tisch schon ein ganz beachtlicher Teigberg. Wir, die Kleinen, hoben vorsichtig das Tuch an, um nach dem bauschigen und lockeren Teig zu spähen. Heimlich naschten wir mit dem Zeigefinger ein Stückchen von dem Teig, das wir dann auf dem heißen Blech des Holz-Backofens backten. Und dann die Geschichte mit dem Feuer im Backofen: Dazu war nämlich viel Brennholz nötig. Immer wieder gab es Streitereien. Wer war heute an der Reihe, Holz zu holen? Wenn dann aber das frische Brot fertig war, freuten sich alle zusammen, und Mutters Augen leuchteten in ihrem schweißüberströmten Gesicht, das sie mit der weißen Schürze abwischte.
Wie bei einem Ritual bekamen alle ein Stück. Dabei wurde das Brot nie geschnitten – bis heute –, sondern stets gebrochen. Vielleicht sollte damit an den erinnert werden, der am Brotbrechen erkannt wurde (vgl. Lk 24,30.35).
Das Brot, dessen Teig unter Mühen gemengt, dessen Aufgehen erwartungsvoll beobachtet und das im Schweiß des Angesichts gebacken und mit Freuden gegessen wird, ist ein Grundsymbol des Lebens. Jedesmal, wenn Papa auf Reisen war, erwartete Mama ihn mit einem großen Backofen voll Brot. Und wenn er zurückkam, freute er sich – wie wir Kinder – über das frische Brot, das wir mit Käse oder Salami aßen. Dazu gab es ein gutes Glas Wein. Niemand freute sich mehr als er über dieses einfache Dasein und über die großzügige Genügsamkeit dieser ursprünglichen Nahrungsmittel der Menschheit . . .
Wir Geschwister halten Mutters Brot für das beste der Welt, nicht weil es nach irgendeiner Geheimformel hergestellt wurde, mit der clevere Geschäftsleute riesige Gewinne machen, sondern weil es ein sakramentales Brot ist. Als Sakrament läßt es einen jeden von uns am Leben der Geschwister teilnehmen. *Leonardo Boff*[1]

Manchmal beginnen die einfachen Dinge unseres Lebens zu uns zu sprechen. Sie bekommen eine Bedeutung, die wir nicht auf den ersten Blick sehen. Das Brot der Mutter ist mehr als ein gewöhnliches Nahrungsmittel, das man irgendwo im Supermarkt kauft. In ihrem Brot wird für uns etwas Gegenwart, was mehr ist als Brot allein. Weil das Brot »Lebens-Zeichen« ist, konnte auch Christus das Brot zum Zeichen seines wichtigsten Auftrages machen. Als er beim Abendmahl seinen Jüngern das Brot reichte, konnten sie aus seinem Wort und seiner Handlung leicht erkennen, was sie letztlich zum Leben brauchten: ihn selber, Anteil an seinem Tod und seiner Auferstehung, Gemeinschaft mit all denen, die an ihn glauben (→ S. 224 f).
Wie das Essen des Brotes, so sind auch andere Stationen und Situationen unseres Lebens für uns sehr wichtig, z. B. Geburt und Reifung, Schuld und Liebe, Krankheit und Tod (→ S. 86 f).

---

1. Warum ist das Brot, das die Mutter gebacken hat, mehr als nur Brot allein? Was konnten die Kinder an diesem Brot erfahren?

2. Denkt über die innere Verbindung von Brot – Lebens-Zeichen – Eucharistie nach (→ S. 217 ff).

Christus hat in eigenen Zeichenhandlungen an solche Situationen unseres Lebens angeknüpft. Durch sie hat er deutlich gemacht, daß unser Leben ein Geschenk Gottes ist und daß wir von Gott geliebt sind. Wie kein anderes Zeichen sonst geben sie uns Anteil am Leben Gottes selbst. Sie sind gleichsam die Quellen oder Energien, durch die uns Gottes Gnade erreicht. Wir nennen diese Lebens-Zeichen, die bewirken, was sie zeigen, »Sakramente«.

Das Wort ***»Sakrament«*** kommt aus dem Lateinischen. Es hängt mit sacrare (= weihen) und sacrum (= heilig, das Heilige) zusammen. Bei der Weihe wurde eine Person oder Sache aus dem Bereich des Weltlichen in den des Heiligen, des Göttlichen überwiesen. In der römischen Militärsprache bezeichnete das »sacramentum« die Eidesleistung, durch die ein Soldat in die Gruppe aufgenommen wurde. Die griechischen Kirchenväter übersetzten das Wort mit ***»Mysterium«,*** d. h. Geheimnis, das ein Freund dem anderen anvertraut. Für sie war ein Mysterium/Sakrament nicht etwas Unverständliches, sondern eine geheimnisvolle göttliche Wirklichkeit, die sichtbar in unser Leben eintritt und es verändert.

Die ***Siebenzahl der Sakramente*** hat symbolische Bedeutung. Drei ist das Symbol Gottes (Dreifaltigkeit). Vier ist von altersher das Symbol der Welt (vier Himmelsrichtungen, vier Elemente). Die Summe von drei und vier bedeutet dann die Fülle von Gott und Welt, die Einheit von Schöpfer und Geschöpf, wie sie sich in der Menschwerdung Gottes (→ S. 142 f) ereignet hat. Nur weil Gott selbst in Christus als Mensch sichtbar geworden ist, kann es auch die sieben Sakramente als göttliche Lebens-Zeichen geben.

Marc Chagall (1887–1985): Das Leben (Ausschnitt). Öl, 296 × 406 cm, 1964.

---

1. Erzählt, wie die Sakramente gespendet werden und geht dabei vor allem auf die Zeichenhandlungen ein. In welchem Sinn sind z. B. Wasser, Brot und Wort »Lebens-Zeichen«?

2. Zur Wiederholung:

- Wie werden Sakramente richtig beschrieben?
- Zeigt an dem einen oder anderen Beispiel, wie ein Sakrament auf Christus zurückgeht.
- Wie oft kann man die einzelnen Sakramente empfangen?
- Warum sind die Sakramente nicht nur anschauliche, sondern wirksame Zeichenhandlungen?
- Was ist der Unterschied zwischen Sakramenten und Sakramentalien (→ S. 82 f)?

3. Ein Sakrament ist wie

- eine Bergquelle,
- ein Lichtstrahl,
- eine Liebeserklärung,
- …
- …

Was haltet ihr von solchen Bildworten?

1

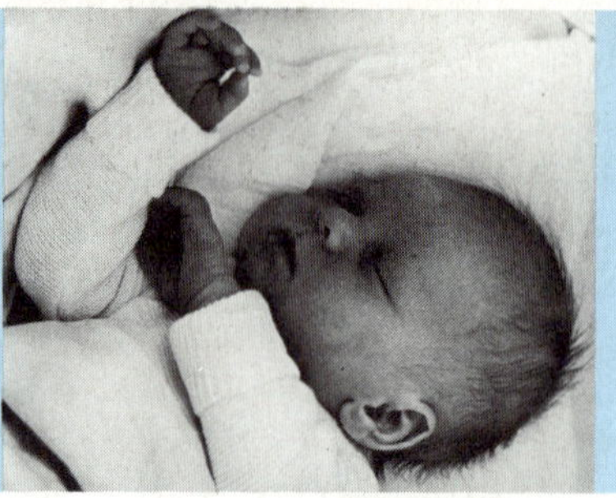

Geburt	**Taufe**
Anfang des Lebens	Bejahung durch Gott
Abhängigkeit von den Eltern	Kind Gottes
Eintritt in die menschliche Gemeinschaft	Eintritt in die Kirche, das Volk Gottes
Verstrickung in eine Welt voll Schuld	Befreiung von Schuld

2

Reifung	**Firmung**
Eintritt in das Leben der Erwachsenen	Stärkung mit der Kraft des Geistes Gottes
Verantwortung für das eigene Leben	Befähigung zu Verantwortung in Glaube, Hoffnung und Liebe
Beginn einer wachsenden Selbständigkeit	Anteil an der Freiheit der Kinder Gottes

3

Gemeinschaftliches Essen und Trinken	**Eucharistie**
Zeichen unserer Abhängigkeit von der Natur	Bejahung unserer Abhängigkeit
Erhaltung und Stärkung unseres Lebens	Anteil an Leben, Tod und Auferstehung Christi
Ausdruck unserer Vergänglichkeit	Brot zum ewigen Leben
Teilhabe an menschlicher Gemeinschaft	Anteil am Leben des Volkes Gottes
Anlaß zur Dankbarkeit	Ausdruck von Dankbarkeit

4

Schuld	Buße
Beschädigung der eigenen Person	Entlastung der eigenen Person
Eingriff in die Rechte anderer	Versöhnung mit anderen
Zerstörung der Natur und Welt	Neuer Anfang für Natur und Welt
Verstoß gegen Gottes Weisungen	Vergebung durch Gott

5

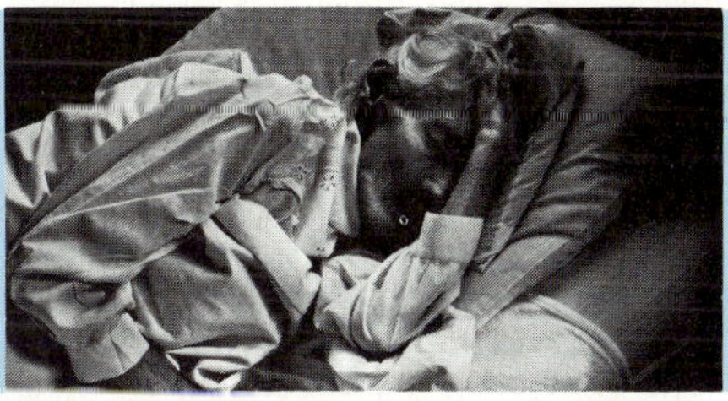

Kranksein und Sterben	Krankensalbung
Bedrohung des Lebens	Mut zum Dasein
Abhängigkeit von anderen	Angenommensein durch Gott
Angst vor dem Tod	Hoffnung auf Leben

6

Leben in Gemeinschaft	Priesterweihe
Aufeinander hören	Verkündigung des Wortes Gottes
Teilhabe an zeichenhaften Handlungen	Spendung der Sakramente
Hinwendung zu Mensch und Welt	Dienst am Volk Gottes

7

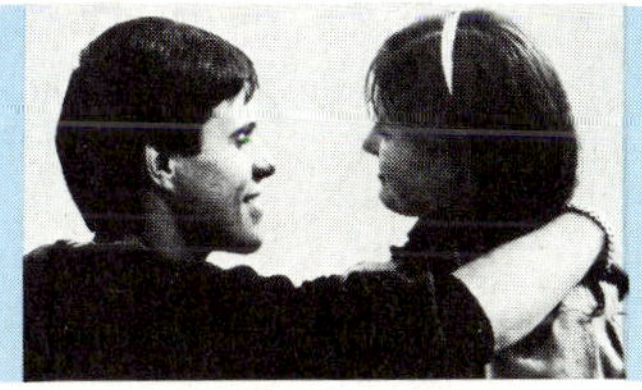

Liebe	Ehe
Gemeinsames Leben für Mann und Frau	Gottes Gegenwart in der Liebe
Verantwortung und Treue bis zum Tod	Zusage von Gottes Hilfe
Unbedingte gegenseitige Annahme	Unbedingte Annahme durch Gott
Geborgenheit für die Kinder	Anteil am Werk der Schöpfung

5. Zeichen Gottes

Im Mittelpunkt unseres Glaubens steht die Person Jesu Christi. Von ihm glauben wir etwas Unerhörtes, nämlich daß Gott selbst in ihm für uns sichtbar geworden ist (→ S. 142 f). Seitdem ist uns Gott nicht mehr fern und unzugänglich. ***Jesus Christus*** ist darum *das* Symbol Gottes für die Welt. Anders ausgedrückt: Er ist das »Ursakrament«, von dem alle anderen heiligen Zeichen, insbesondere alle Sakramente, ausgehen. Sie lassen sich auf das zentrale Geheimnis unseres Glaubens zurückführen: auf die Menschwerdung Gottes. Die Sakramente sind gleichsam die Strahlen, die von seinem Leben ausgehen, um unser Leben hell zu machen.

Die Kirche spendet die Sakramente im Auftrag Christi. Darum wird sie auch selbst vom 2. Vatikanischen Konzil (1962–1965) »das universale Sakrament des Heils für die Welt« genannt. Das Wort meint, daß an der Kirche zeichenhaft Gottes Liebe zu allen Menschen sichtbar wird. Wer die Kirche richtig sieht, erkennt, daß Gott das Glück und das Heil aller Menschen will, auch derer, die außerhalb der Kirche leben. Darum darf kein Christ glauben, daß nur die Menschen, die der Kirche angehören, das Heil Gottes finden können. Eine solche Annahme ist uns verboten. Wer so denkt, wird weder Gott noch den Menschen anderer Religionen gerecht.

Die Kirche kann das universale Zeichen des Heils sein, weil sie in all ihrer menschlichen Schwäche etwas Großes aufbewahrt: die Erinnerung an das Wort und Werk Jesu Christi. In ihr lebt die Hoffnung auf eine brüderliche und friedvolle Welt. Sie hält die Verheißungen Gottes wach, daß sich trotz aller Ungerechtigkeiten und allem Haß am Ende das Reich Gottes durchsetzt, das ein Reich der Liebe und des Lebens ist. Darum ist auch die Kirche *das* Zeichen Gottes für unsere Welt.

Ein Kind – Zeichen Gottes

Heute ist euch
in der Stadt Davids der Retter geboren;
er ist der Messias, der Herr.
Und das soll euch als ZEICHEN dienen:
Ihr werdet ein Kind finden,
das, in Windeln gewickelt,
in einer Krippe liegt.

(Lk 2,11 f)

Egbert-Codex: Himmelfahrt Jesu Christi. Um 1000.

1. Joh 2,11 heißt es: »So tat Jesus sein erstes Zeichen.« Lest nach, um was für ein Zeichen es sich handelt und worauf es hinweist.
Von einem anderen wichtigen Zeichen Jesu ist die Rede Joh 11,17–44.

2. Lest Offb 12,1 und versucht eine Deutung des Zeichens am Himmel.

DUO
UIRI
APO
STOL
SCA MARIA
PETR

Evangeliar aus Prüm: Die Herrlichkeit des Herrn (Maiestas Domini). Titelseite, um 850.

Dieses Bild steht am Anfang des Bibeltextes. Es soll dem Betrachter zeigen, um was es im Evangelium geht. In der Mitte thront der jugendliche Christus auf dem Weltall. Er ist mit kaiserlichen Prachtgewändern angetan. Seinen Fuß stützt er auf die Erdscheibe. In der rechten Hand, die zum Segen erhoben ist, trägt er eine kleine goldene Scheibe, Symbol der künftigen Herrlichkeit. Die Linke stützt er auf das geöffnete Evangelium. Er ist von einer Sternenmandorla umgeben, die das Geheimnis Gottes andeutet. In den Ecken sehen wir die vier Evangelistensymbole, die jeweils ihr Buch halten. Man leitete sie – vielleicht etwas äußerlich – von den Anfängen der Evangelien ab. Weil Matthäus mit den Kindheitsgeschichten Jesu beginnt, wies man ihm den Menschen zu. Markus erzählt zuerst vom Auftreten des Täufers in der Wüste, dem der Löwe als König der Wüste entsprechen soll. Lukas beginnt seine Schrift mit einer Szene im Tempel, wo oft Stiere geopfert wurden. Schließlich schaut Johannes in seinem Prolog (Vorwort) wie mit den Augen eines Adlers das Geheimnis Christi (→ Offb 4,7).

Evangelium

1. Gute Nachricht

Situationen

Es gibt in unserem Leben Situationen, in denen wir auf eine gute Nachricht warten.

- Christian (16) ist auf dem Weg zur Arbeit mit seinem Mofa verunglückt. Ein Auto hat ihn gestreift und zu Boden gerissen. Schwer verletzt wird er ins Krankenhaus eingeliefert. Nach der Operation fragen seine Eltern voller Sorge den Arzt.
- Helga (13) fällt das Rechnen schwer. Ihre Versetzung hängt von der letzten schriftlichen Arbeit ab. Sie weiß nicht, ob es zu einem »ausreichend« langt. Die Tage, die bis zur Rückgabe der Arbeit vergehen, werden ihr lang.
- Ein Politiker hat sich seit Wochen im Wahlkampf darum bemüht, die Wähler von seinem Programm zu überzeugen. Gespannt sitzt er am Abend des Wahltages vor dem Fernsehgerät und hört die ersten Hochrechnungen und Ergebnisse.

Fragen

Es gibt in unserem Leben viele Fragen, für die wir eine gute Antwort suchen.

- Einer hat Schuld auf sich geladen. Er macht sich Vorwürfe und fragt sich, ob er Vergebung finden kann.
- Vieles auf der Welt ist ungerecht. Oft ergeht es den Bösen gut, den Guten aber schlecht. Welchen Sinn soll dieses Leben haben?
- Wenn ich angegriffen werde, möchte ich am liebsten hart zurückschlagen. Alles in mir drängt auf Vergeltung. Aber ich frage mich doch: Ist es richtig, nach dem Motto zu verfahren: »Wie du mir, so ich dir«?
- Wie ist Gott? Muß ich Angst vor ihm haben? Oder kann ich hoffen, daß er für mich Verständnis hat?
- Ist mit dem Tod alles aus? Oder dürfen wir die Hoffnung haben, daß der Tod nicht das Ende des Lebens ist?

Zu allen Zeiten wurden Menschen von diesen Fragen gequält. Jesus ist auf diese Fragen eingegangen. Was er dazu sagte, nannte er

Evangelium = Gute Nachricht

Das Wort »Evangelium« (griech.) bedeutet »gute Nachricht«, »frohe Botschaft« oder auch »Heilsbotschaft«. Im Alten Testament hatten die Propheten oft eine »gute Nachricht« für das Volk Israel, wenn sie von Gottes Hilfe oder Vergebung sprachen. Erstmals findet sich das Wort bei dem uns namentlich nicht bekannten Propheten des Babylonischen Exils im 6. Jahrhundert v. Chr. (Jes 52,7). In der griechisch-römischen Welt gebrauchten die Kaiser und Herrscher oft den Begriff, wenn sie dem Volk eine gute Nachricht, z. B. einen Sieg, die Thronbesteigung oder die Geburt eines Kindes mitteilen wollten.

2. *Vom Wort zur Schrift*

Im Neuen Testament ist das »Evangelium« die gute Botschaft Jesu von Gott. Es verkündet, daß mit Jesus das Reich Gottes nahegekommen ist und daß Gott die Menschen liebt. Es ruft alle Menschen auf, sich für Gerechtigkeit, Frieden und Versöhnung einzusetzen. Dieses Evangelium Jesu lebt in den vier Schriften des Markus, Matthäus, Lukas und Johannes weiter. Sie werden nach der Frohbotschaft Jesu selbst »Evangelien« genannt.
Jesus selbst hat keine Schriften hinterlassen. Auch seinen Jüngern hat er nicht den Auftrag gegeben, seine Botschaft aufzuschreiben. Seine Worte und Taten wurden zunächst nur weitererzählt. Doch nach einiger Zeit wurde es notwendig, das, was man über Jesus wußte, aufzuschreiben. Ein langer Weg führte vom Wort Jesu zu den Schriften der Evangelisten. Wir können auf diesem Weg drei Stationen unterscheiden.

Erster Abschnitt (ca. 27–30 n. Chr.)

Jesus verkündet die Frohe Botschaft vom Reich Gottes und wirkt machtvolle Taten. Er ruft die Menschen zur Umkehr und zum Glauben. In Jerusalem wird er gekreuzigt. Die Jünger werden Zeugen dieser Ereignisse. Die Auferstehung Jesu und die Sendung des Geistes Gottes lassen sie endgültig erkennen, wer Jesu ist und was er will. In seinem Namen bleiben sie zusammen.

Zweiter Abschnitt (ca. 30–70 n. Chr.)

Die Jünger Jesu erzählen weiter, was sie gesehen und gehört haben. Bald fangen einige an, das aufzuschreiben, was sie von Jesus wissen. So entstehen kleine Sammlungen, z. B. von Jesu Worten oder Taten, von seinem Tod und der Auferstehung.
Diese ersten Aufzeichnungen werden gebraucht

- für die Verkündigung bei Christen, z. B. bei der Feier der Taufe oder Eucharistie oder bei der Unterweisung im Glauben (Katechese),
- für die Mission bei Nicht-Christen (z. B. Juden, Griechen, Römer), um sie für die Botschaft Jesu zu gewinnen.

Dritter Abschnitt (ca. 70–100 n. Chr.)

Die vier Evangelien erscheinen.
Um 70: Markus stellt die ihm zugänglichen Aufzeichnungen über Jesus zu einem ersten Evangelium zusammen.
Um 80: Matthäus schreibt sein Evangelium.
Um 90: Das *Lukas*evangelium entsteht.
Um 100: Das *Johannes*evangelium liegt vor.

Lest Lk 1,1–4. Dieser Text läßt noch die drei Stationen erkennen, die von der Verkündigung Jesu über die ersten christlichen Schriften bis zur Abfassung der Evangelien führten. Zeigt dies am Text. Welche Worte gebraucht Lukas dafür?

Rembrandt (1606–1669): Das »Hundertguldenblatt«. Radierung, 27,8 × 39,6 cm, um 1648.

Die Ansichten über die Bibel sind sehr unterschiedlich.
Hier ein paar Schüleräußerungen:

Veraltet und längst von der Wissenschaft überholt
fromme Märchen
KEINE AHNUNG
langweilig
GOTTES WORT
die „HEILIGE SCHRIFT"
DAS BUCH DER BÜCHER
interessante Geschichten
unverständlich

---

1. Wiederholt, was ihr von der Bibel wißt (→ »Zeit der Freude«, S. 22 ff):
- Warum sprechen wir vom »Alten« und »Neuen« Testament?
- Was bedeuten die Worte »Bibel« und »Testament«?
- Wie viele Bücher hat das Alte, wie viele das Neue Testament?
- In welchem Zeitraum ist die Bibel entstanden?

2. Wichtige Themen des Evangeliums, das Jesus verkündet hat, findet ihr auf S. 98 f.

3. Prüft, worauf die Apostel in ihren Predigten besonderen Wert legten. Lest dazu: Apg 1,21 f; 1 Joh 1,1–2.

4. Warum gaben erst die Auferstehung Jesu und die Sendung des Geistes Gottes den Jüngern das richtige Verständnis für die Sache Jesu? Lest Lk 24,13–35 (→ S. 139); Joh 16,13a; Apg 2,1–4.

5. Die Apostelgeschichte erzählt ausführlich, wie die Apostel und Jünger Jesu zuerst predigten. Lest als Beispiel: Apg 3,1–16.

6. Sammelt mit einem Cassettenrecorder einige Ansichten über die Bibel (Interview) bei Freunden, Bekannten und Verwandten.
Überlegt, wie diese Meinungen über die Bibel entstanden sein könnten.

3. Der erste Evangelist

Wenn man Markus vor mehr als 1900 Jahren – etwa im Jahr 70 – hätte interviewen können:

Reporter: Sie haben soeben eine wichtige Schrift über Jesus von Nazaret in Galiläa veröffentlicht. Er ist vor ca. 40 Jahren in Jerusalem gekreuzigt worden und soll dann von den Toten auferstanden sein. Haben Sie Jesus noch persönlich gekannt?

Markus: Nein, ich selber habe ihn nie gesehen. Aber ich habe schon vor Jahren einige seiner Jünger kennengelernt, vor allem den Vorsteher der Gemeinde, Petrus. Diese Leute haben mir von Jesus erzählt. Daraufhin habe ich mich entschlossen, den Glauben an Jesus anzunehmen.

Reporter: Verlassen Sie sich nur auf das, was man Ihnen erzählt hat? Oder hatten Sie auch schriftliche Vorlagen für Ihr Buch?

Markus: Da kommen Sie an einen wichtigen Punkt. Ich habe mich nicht allein darauf verlassen, was ich gehört habe. Ich habe auch schriftliche Aufzeichnungen benutzt. Ich wußte, daß es in einigen christlichen Gemeinden kleinere Schriften über Jesus gibt, die man dort schon vor Jahren zusammengestellt hat. Die Christen lesen daraus z. B. im Gottesdienst oder im Taufunterricht vor. Eine dieser Schriften handelt von den Wundern Jesu, eine andere von seinen Gleichnissen usw. Die wichtigste und längste Schrift, die ich vorfand, erzählt vom Prozeß Jesu, von seinem Leiden, Sterben und von seiner Auferstehung.

Reporter: Das ist interessant. Und was haben Sie mit diesen kleinen Schriften gemacht?

Markus: Nun, ich habe sie zuerst gesammelt, dann geordnet und schließlich eine zusammenhängende Schrift aus ihnen gemacht, in der alles, was mir von Jesus wichtig erscheint, nacheinander erzählt wird.

Reporter: Dann haben Sie das Buch ja eigentlich gar nicht selbst geschrieben. Die eigentlichen Verfasser sind dann ja doch wohl Männer, die Jesus noch gekannt haben, während Sie selbst offenbar nur die verschiedenen Texte zusammengestellt haben.

Markus: Ja, das könnte man so sagen. Ich habe die Texte verbunden und bearbeitet, wie es ein Redakteur gewöhnlich tut. Ich glaube schon, daß mein eigener Stil überall erkennbar wird.

Reporter: Erlauben Sie mir, daß ich Ihnen an der Stelle leider sagen muß, daß mir Ihr Stil nicht besonders gefällt. In Fachkreisen wird er nicht viel Beifall finden. Manches erzählen Sie sehr unbeholfen, vieles ist ungeschickt, und dann die vielen »und«. Wieviel Abschnitte, wieviel Sätze fangen Sie mit »und dann« an?

Markus: Das mag sein. Aber das war mir offengestanden nicht so wichtig. Die Christen, für die ich schreibe, sind einfache Leute, die mehr auf den Inhalt achten als auf den Stil.

Reporter: Noch etwas, was mir an Ihrer Schrift auffällt: Sie hat viele Lücken. Ich finde kein Wort von der Kindheit Jesu, nichts von seiner Jugend und auch nur wenig von dem, was sich bei der Auferstehung ereignet haben soll. Warum haben Sie darüber nicht mehr gesagt?

Markus: Das hat einen ganz einfachen Grund. Darüber habe ich nichts in Erfahrung

Albrecht Dürer (1471–1528): Die heiligen Markus und Paulus. Öl auf Holz, 215 × 76 cm, 1526.

bringen können. Vielleicht gibt es darüber in anderen Gemeinden noch Unterlagen, die ich nicht kenne. Andere christliche Schriftsteller nach mir werden sicher weitersuchen und noch mehr über Jesus zu sagen haben, als ich es im Moment kann. Vielleicht werden sie auch meine Aufzeichnungen gebrauchen können.

Reporter: Sie haben Ihr Buch »Evangelium« genannt und ihm damit einen Titel gegeben, den es bis heute für ein Buch noch nie gegeben hat. Was haben Sie sich dabei gedacht?

Markus: Das Wort drückt am ehesten aus, um was es mir geht. Meine Schrift ist nicht einfach ein Geschichtsbuch oder eine Biographie Jesu. Wenn ich so etwas hätte schreiben wollen, hätte ich manches anders machen müssen. Meine Schrift will vielmehr zum Glauben führen. Sie will den Menschen froh machen, indem sie die Frohe Botschaft, d. h. das »Evangelium« Jesu Christi, weitergibt.

Reporter: Das klingt ja großartig. Wenn Sie das fertigbringen, prophezeie ich dem Buch eine große Zukunft. Vielleicht werden Sie ein Bestsellerautor, von dem man noch sprechen wird, wenn die großen Schriftsteller unserer Zeit längst vergessen sind. Haben Sie selbst einen Wunsch für Ihr Buch?

Markus: Ja, ich möchte, daß es nicht das einzige »Evangelium« bleibt. Ich fände es gut, wenn es noch Konkurrenz bekäme und andere Evangelien geschrieben würden. So könnte alles, was für den Glauben an Jesus wichtig ist, auch für alle Zukunft schriftlich festgehalten werden.

Reporter: Ich danke Ihnen für dieses Gespräch.

---

1. Lest das Interview mit verteilten Rollen.
2. Was erfahrt ihr aus dem Interview
- über Markus,
- über sein Evangelium,
- über die frühe Kirche? (→ S. 100 f)

4. *Die vier Evangelien*

	Markus
Alte Angaben über den Verfasser (heute bisweilen umstritten):	Begleiter des Petrus auf dessen Reisen. Er übersetzte dessen Predigt.
Zielgruppe des Evangeliums:	Christengemeinde in Rom (?)
Sprache/Stil:	rauh kunstlos
Entstehungszeit:	um 70
Ort:	Rom (?)
Wie Jesus dargestellt wird:	Der Sohn Gottes im Kampf gegen die Mächte des Bösen
Besonderheiten:	viele Wundertaten Jesu; Kampf gegen Dämonen
Symbol des Evangelisten: *(→ S. 90)*	Löwe 
1. Entwerft einen kurzen Artikel über den Evangelisten aufgrund folgender Angaben im Neuen Testament:	Apg 12, 12–25; 13,5.13; 15, 37–39; Phlm 24; 1 Petr 5,13.
2. Eine Stelle, die so in den anderen Evangelien nicht vorkommt: • Was tut bzw. sagt Jesus? • Wie geschieht das? • Was könnte an dem Text für das Evangelium typisch sein?	Mk 5,1–20

Matthäus	Lukas	Johannes
Zöllner – dann Apostel Jesu	Arzt, später Begleiter des Paulus auf dessen Reisen	der Lieblingsjünger Jesu
Gemeinde mit vielen Judenchristen	Gemeinde mit vielen Heidenchristen	jüdisch-christliche Gemeinde in der alten griechischen Welt
lehrhaft gut gegliedert	anschaulich elegant	erhaben feierlich
um 80	um 90	um 100
Syrien (?)	Alexandrien (?)	Ephesus (?)
Der Messias, in dem die Verheißungen des Alten Testaments erfüllt sind	Der Freund und Helfer der Menschen	Christus kommt vom Vater in die Welt; er kehrt zu seinem Vater zurück
Kindheitsevangelium; Bergpredigt	Kindheitsevangelium; viele Gleichnisse	aufsehenerregende Wunder; Offenbarungsreden und Gebete
Mensch 	Stier 	Adler 
Mt 9,9–13; 10,3.	Apg 16,10–17; 20,5–15; 21,1–18; 27,1–28.	Mt 4, 18–22; Lk 9,51–56; Joh 13,23; 19,26; 20,2.
Mt 5,17–22, 43–47	Lk 15,11–32 (→ S. 46)	Joh 11,1–44

5. Die großen Themen

Die Evangelien erzählen von
Menschwerdung
Heilung
Hoffnung
Gemeinschaft
Befreiung
Vergebung

Meister Francke (um 1380 – nach 1430): Die Anbetung der Könige. Öl auf Holz, um 1425.

Otto Dix (1891–1969): Abendmahl. Lithographie, 24 × 32 cm, 1956.

Echternacher Evangeliar: Die Heilung eines Aussätzigen. Um 1040.

Louis Soutter (1871–1942): Christus am Kreuz. Schwarze Tinte, Gouache, 58 × 44 cm, um 1940.

Egbert-Codex: Die Frauen am Grab. Um 1000.

Goldglas aus der Saturninus-Katakombe: Christus erweckt Lazarus vom Tod. Rom, um 250.

---

1. Sucht im Neuen Testament die Stellen heraus, die zu den Bildern gehören. Erzählt dann frei mit eigenen Worten, was die Bilder darstellen.
2. Sucht andere Bilder, die Themen der Evangelien zeigen.

6. *Wie die Evangelisten arbeiteten*

Ein weiteres Interview – etwa aus dem Jahr 90 – kann zeigen, wie sie arbeiteten:

Reporter: Vor ungefähr 20 Jahren hatte ich ein Interview mit Markus, dem Herausgeber des ersten Evangeliums. Nun haben Sie auch ein Evangelium veröffentlicht, das viel umfangreicher ist. Warum?

Lukas: Mir standen mehr Quellen zur Verfügung als dem ersten Evangelisten.

Reporter: Wie soll ich das verstehen?

Lukas: In meiner Schrift stütze ich mich zwar weitgehend auf das Markusevangelium. Aber ich habe auch noch andere Vorlagen gehabt, die Markus nicht gekannt hat. Meine zweite wichtige Quelle ist eine Sammlung von Jesusworten, in der sich u. a. die berühmte Bergpredigt Jesu und manche Gleichnisse finden.

Reporter: Sind das nicht die beiden Quellen, die auch ein gewisser Matthäus benutzt hat, der einige Jahre vor Ihnen auch ein Evangelium herausgegeben hat?

Lukas: Ich kenne das Evangelium des Matthäus selbst nicht, aber nach allem, was ich gehört habe, stützt er sich auf dieselben beiden Überlieferungen wie ich. Er hat vor allem für Judenchristen in Syrien geschrieben. Deshalb soll er häufig die Hebräische Bibel zitieren, die meine Leser kaum kennen.

Reporter: Gestatten Sie einmal eine ganz offene Frage?

Lukas: Bitte, gern.

Reporter: Haben Sie nicht von Markus – ähnlich wie Ihr Kollege Matthäus – weitgehend abgeschrieben?

Lukas: Ja und nein. Ich habe in der Tat das Markusevangelium als Vorlage benutzt, weil es ein zuverlässiges Zeugnis unseres Glaubens ist. Aber ich habe manches überarbeitet und einiges sogar weggelassen.

Reporter: Warum taten Sie das?

Lukas: Die Christengemeinde, für die ich schreibe, unterscheidet sich wesentlich von der Ortskirche, für die Markus schrieb. Markus wandte sich noch weitgehend an Christen in Rom, die aus dem Judentum kamen. Er tat das ganz im Sinne des Petrus, des führenden Apostels der Kirche, mit dem er sich sehr verbunden wußte. Die meisten meiner Leser aber kommen aus dem Heidentum. Sie sind mehr mit der griechischen Kultur vertraut. Wenn man die Frohe Botschaft von Jesus verständlich verkündigen will, muß man auf solche Unterschiede achten. Das habe ich von meinem großen Lehrer Paulus gelernt.

Reporter: Gibt es sonst noch Unterschiede?

Lukas: Allerdings. Ich habe eine Menge Sondergut in mein Evangelium aufgenommen, das in den bisher vorliegenden Evangelien nicht vorkommt. Diese zum Teil alten Texte habe ich in verschiedenen Christengemeinden gefunden. Sie sollten nicht verlorengehen. Dazu gehört z. B. eine ungemein interessante Kindheitsgeschichte, von der ich hoffe, daß sie in Zukunft viel Beachtung finden wird. Sie erzählt von den wunderbaren Vorgängen bei der Geburt unseres Herrn in Betlehem. Ich habe auch einige bislang unbekannte Texte gefunden, die von Maria, der Mutter Jesu, erzählen.

Reporter: Mir ist noch etwas anderes aufgefallen. Ich finde, Sie haben einen ausgesprochen guten Stil. Sie schreiben so gekonnt wie unsere großen Schriftsteller. Ich denke z. B. nur an die Einleitung Ihres Werkes oder an das unvergleichlich schöne Gleichnis vom Barmherzigen Vater.

Lukas: Vielen Dank für das Kompliment. Wichtiger ist mir allerdings, daß die Menschen aus meinem Evangelium lernen, wie sehr sich Jesus an die Armen und Notleidenden gewandt hat. Sein Leben, seine Worte, sein Tod und seine Auferstehung sind gerade für diese Menschen Zeichen der Hoffnung.

Reporter: Meinen Sie, Ihr Evangelium sei das letzte? Oder ist mit noch weiteren Evangelien zu rechnen?

Lukas: Ich habe gehört, daß in Ephesus ein Schülerkreis des Apostels Johannes an einem vierten Evangelium arbeitet, das aber wohl erst in einigen Jahren erscheinen soll. Es wird sich – nach allem, was man schon weiß – wesentlich von dem des Markus und Matthäus und auch von meinem unterscheiden. Johannes, der Lieblingsjünger Jesu, hatte schon immer eine besonders tiefsinnige Sicht von unserem Herrn Jesu Christus.

Reporter: Da können wir ja gespannt sein. Heute wünsche ich Ihrem Werk guten Erfolg. Vielen Dank für dieses Gespräch.

Folgendes Schema kann die Entwicklung der Evangelien veranschaulichen:

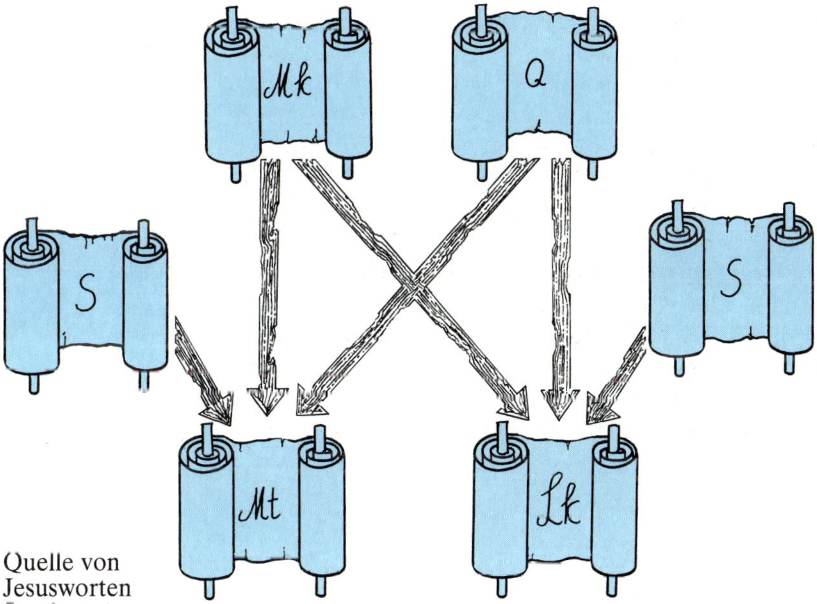

Q = Quelle von Jesusworten
S = Sondergut

---

1. Was erfahrt ihr aus dem Interview über
- Lukas, seine Schreibweise, seine Quellen, seine Absicht,
- Matthäus,
- Johannes,
- die frühe Kirche?

2. Erklärt die Formeln:
- Mt = Mk + Q + S
- Lk = Mk + Q + S

3. Diskutiert die Frage: Haben die Evangelisten voneinander abgeschrieben?

Die Evangelien nach Matthäus, Markus und Lukas sind eng miteinander verwandt. Wenn man die inhaltsgleichen Texte dieser drei Evangelien spaltenweise nebeneinanderstellt, kann man leicht die vielen Übereinstimmungen und Unterschiede feststellen. Man nennt eine solche parallele Zusammenstellung der Texte »SYNOPSE« (griech. = Zusammenschau). Die ersten drei Evangelisten heißen darum auch »SYNOPTIKER«, ihre Schriften »SYNOPTISCHE EVANGELIEN«. Die Gelehrten haben sich die Mühe gemacht, die Verse der synoptischen Evangelien zu zählen und dann zu vergleichen, wie viele Verse die Evangelien gemeinsam haben und wie viele Verse »Sondergut« der Evangelisten sind.

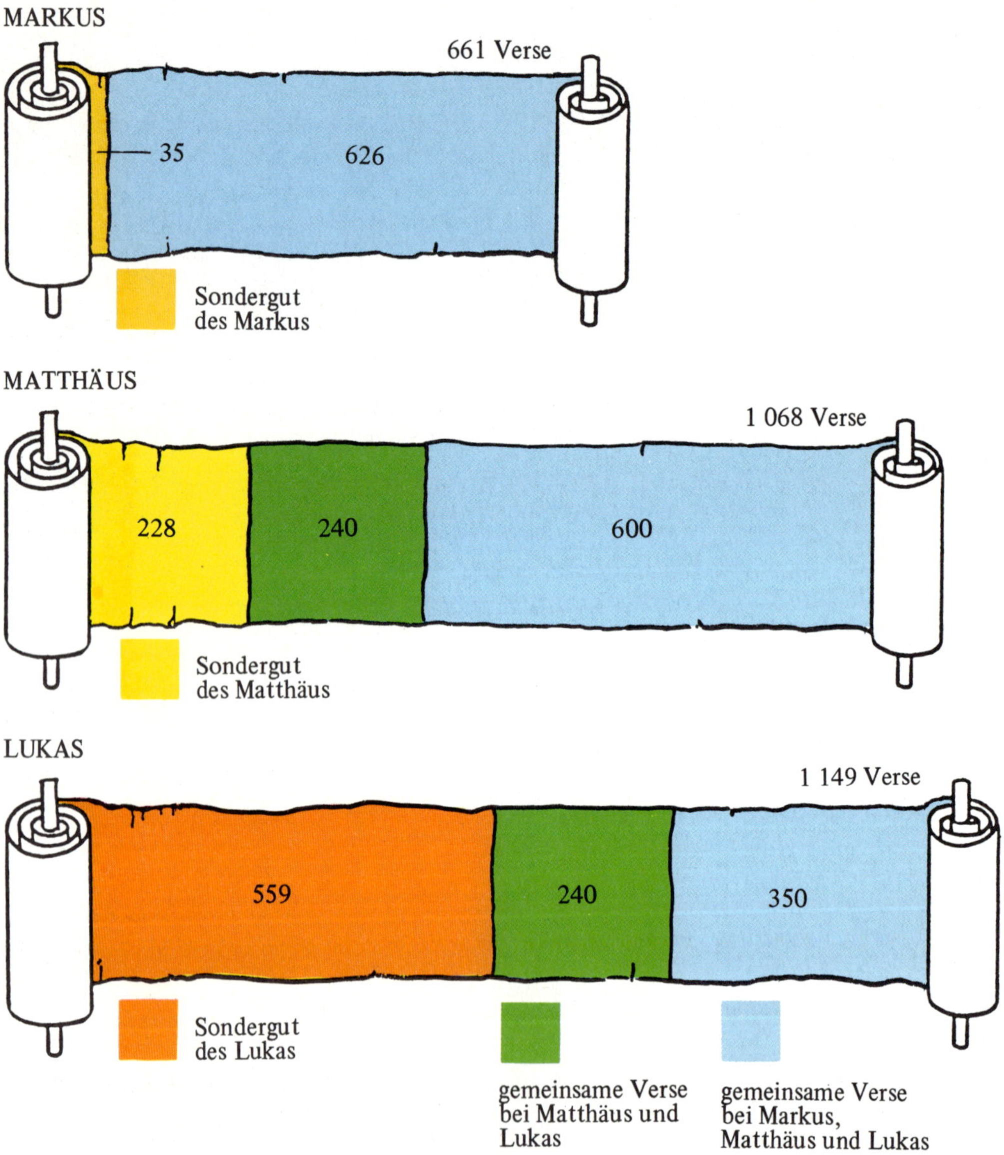

Matthäus 28, 1–8

1 Nach dem Sabbat kamen in der Morgendämmerung des ersten Tages der Woche Maria aus Magdala und die andere Maria, um nach dem Grab zu sehen.

2 Plötzlich entstand ein gewaltiges Erdbeben; denn ein Engel des Herrn kam vom Himmel herab, trat an das Grab, wälzte den Stein weg und setzte sich darauf.
3 Seine Gestalt leuchtete wie ein Blitz, und sein Gewand war weiß wie Schnee.
4 Die Wächter begannen vor Angst zu zittern und fielen wie tot zu Boden.

5 Der Engel aber sagte zu den Frauen: Fürchtet euch nicht! Ich weiß, ihr sucht Jesus, den Gekreuzigten.

6 Er ist nicht hier; denn er ist auferstanden, wie er gesagt hat. Kommt her und seht euch die Stelle an, wo er lag.

7 Dann geht schnell zu seinen Jüngern und sagt ihnen: Er ist von den Toten auferstanden. Er geht euch voraus nach Galiläa, dort werdet ihr ihn sehen. Ich habe es euch gesagt.
8 Sogleich verließen sie das Grab und eilten voll Furcht und großer Freude zu seinen Jüngern, um ihnen die Botschaft zu verkünden.

Markus 16, 1–8

1 Als der Sabbat vorüber war, kauften Maria aus Magdala, Maria, die Mutter des Jakobus, und Salome wohlriechende Öle, um damit zum Grab zu gehen und Jesus zu salben.
2 Am ersten Tag der Woche kamen sie in aller Frühe zum Grab, als eben die Sonne aufging.

3 Sie sagten zueinander: Wer könnte uns den Stein vom Eingang des Grabes wegwälzen?
4 Doch als sie hinblickten, sahen sie, daß der Stein schon weggewälzt war; er war sehr groß.
5 Sie gingen in das Grab hinein und sahen auf der rechten Seite einen jungen Mann sitzen, der mit einem weißen Gewand bekleidet war; da erschraken sie sehr.
6 Er aber sagte zu ihnen: Erschreckt nicht! Ihr sucht Jesus von Nazaret, den Gekreuzigten. Er ist auferstanden; er ist nicht hier. Seht, da ist die Stelle, wo man ihn hingelegt hatte.
7 Nun aber geht und sagt seinen Jüngern, vor allem Petrus: Er geht euch voraus nach Galiläa; dort werdet ihr ihn sehen, wie er es euch gesagt hat.

8 Da verließen sie das Grab und flohen; denn Schrecken und Entsetzen hatte sie gepackt. Und sie sagten niemand etwas davon; denn sie fürchteten sich.

Lukas 24, 1–9

1 Am ersten Tag der Woche gingen die Frauen mit den wohlriechenden Salben, die sie zubereitet hatten, in aller Frühe zum Grab.

2 Da sahen sie, daß der Stein vom Grab weggewälzt war;

3 sie gingen hinein, aber den Leichnam Jesu, des Herrn, fanden sie nicht.

4 Während sie ratlos dastanden, traten zwei Männer in leuchtenden Gewändern zu ihnen.
5 Die Frauen erschraken und blickten zu Boden. Die Männer aber sagten zu ihnen: Was sucht ihr den Lebenden bei den Toten?

6 Er ist nicht hier, sondern er ist auferstanden. Erinnert euch an das, was er euch gesagt hat, als er noch in Galiläa war:

7 Der Menschensohn muß den Sündern ausgeliefert und gekreuzigt werden und am dritten Tag auferstehen.

8 Da erinnerten sie sich an seine Worte.
9 Und sie kehrten vom Grab in die Stadt zurück und berichteten alles den Elf und den anderen Jüngern.

Vergleicht die drei Texte miteinander:

- Worin stimmen sie überein?
- Welche Unterschiede findet ihr?
- Welche Farben der nebenstehenden Schriftrollen entsprechen den einzelnen Versen?
- Wie erklärt ihr euch den Befund?

7. *Auch heute aktuell*

Schüler wurden gefragt: Welcher Evangelientext ist für euch eine **gute Nachricht?**

Michaels (13) Antwort:

Da brachten die Schriftgelehrten und die Pharisäer eine Frau, die beim Ehebruch ertappt worden war. Sie stellten sie in die Mitte und sagten zu Jesus: Meister, diese Frau wurde beim Ehebruch auf frischer Tat ertappt. Mose hat uns im Gesetz vorgeschrieben, solche Frauen zu steinigen. Nun, was sagst du? Mit dieser Frage wollten sie ihn auf die Probe stellen, um einen Grund zu haben, ihn zu verklagen. Jesus aber bückte sich und schrieb mit dem Finger auf die Erde. Als sie hartnäckig weiterfragten, richtete er sich auf und sagte zu ihnen: Wer von euch ohne Sünde ist, werfe als erster einen Stein auf sie. Und er bückte sich wieder und schrieb auf die Erde. Als sie seine Anwort gehört hatten, ging einer nach dem anderen fort, zuerst die Ältesten. Jesus blieb allein zurück mit der Frau, die noch in der Mitte stand. Er richtete sich auf und sagte zu ihr: Frau, wo sind sie geblieben? Hat dich keiner verurteilt? Sie antwortete: Keiner, Herr. Da sagte Jesus zu ihr: Auch ich verurteile dich nicht. Geh und sündige von jetzt an nicht mehr! *(Joh 8,3–11;* *→ S. 133)*

Anne (14) nannte folgenden Text:

Jesus blickte auf und sah, wie die Reichen ihre Gaben in den Opferkasten legten. Dabei sah er auch eine arme Witwe, die zwei kleine Münzen hineinwarf. Da sagte er: Wahrhaftig, ich sage euch: Diese arme Witwe hat mehr hineingeworfen als alle anderen. Denn sie alle haben nur etwas von ihrem Überfluß geopfert; diese Frau aber, die nur das Nötigste zum Leben hat, sie hat ihren ganzen Lebensunterhalt hergegeben. *(Lk 21,1–4)*

Simones (13) Wahl:

Gleich darauf forderte er die Jünger auf, ins Boot zu steigen und an das andere Ufer vorauszufahren. Inzwischen wollte er die Leute nach Hause schicken. Nachdem er sie weggeschickt hatte, stieg er auf einen Berg, um in der Einsamkeit zu beten. Spät am Abend war er immer noch allein auf dem Berg. Das Boot aber war schon viele Stadien vom Land entfernt und wurde von den Wellen hin und her geworfen; denn sie hatten Gegenwind. In der vierten Nachtwache kam Jesus zu ihnen; er ging auf dem See. Als ihn die Jünger über den See kommen sahen, erschraken sie, weil sie meinten, es sei ein Gespenst, und sie schrien vor Angst. Doch Jesus begann mit ihnen zu reden und sagte: Habt Vertrauen, ich bin es; fürchtet euch nicht! Darauf erwiderte ihm Petrus: Herr, wenn du es bist, so befiehl, daß ich auf dem Wasser zu dir komme. Jesus sagte: Komm! Da stieg Petrus aus dem Boot und ging über das Wasser auf Jesus zu. Als er aber sah, wie heftig der Wind war, bekam er Angst und begann unterzugehen. Er schrie: Herr, rette mich! Jesus streckte sofort die Hand aus, ergriff ihn und sagte zu ihm: Du Kleingläubiger, warum hast du gezweifelt? Und als sie ins Boot gestiegen waren, legte sich der Wind. Die Jünger im Boot aber fielen vor Jesus nieder und sagten: Wahrhaftig, du bist Gottes Sohn. *(Mt 14,22–33;* *→ S. 193)*

---

1. Welchen Text aus den Evangelien würdet ihr wählen?

2. Schreibt den gewählten Text auf ein großes Blatt; fügt eine kleine Zeichnung bei. Hängt die Blätter in der Klasse auf. Thema der Ausstellung: Gute Nachricht für die Klasse 7 (8).

3. Wo spielen die Evangelien heute eine Rolle?

- In Familien, Klöstern und in vielen anderen Gemeinschaften
- auf den großen Buchmessen
- in den Herzen vieler Menschen
- bei Menschen, die nicht Christen sind
- . . .

Was haltet ihr von folgenden Buchtiteln für die Evangelien?

Wie denkt ihr über dieses Bekenntnis?

Ich bekenne, daß ich, nachdem ich 60 Jahre Erde und Menschen studiert habe, keinen anderen Weg aus dem Elend der Welt sehe als den von Christus im Neuen Testament gewiesenen Weg. *George Bernard Shaw, englischer Schriftsteller*

Könnt ihr dieses Rätsel lösen?

Wenn ihr dieses Silbenrätsel richtig löst, ergeben die Anfangsbuchstaben der gefundenen Wörter ein wichtiges Wort aus dem Neuen Testament. Viel Vergnügen!

a – an – as – be – dre – e – em – ga – glau – is – ja – ka – kas – kus – lae – li – li – lu – mar – maus – na – ot – ri – ret – ser – ter – un – un – va – za

1. Kleiner Ort in der Nähe von Jerusalem, der in den Auferstehungstexten vorkommt; 2. Gebet, das die Jünger von Jesus gelernt haben; 3. Apostel, Bruder des Petrus; 4. Heimatstadt Jesu; 5. Nördlicher Teil des Heiligen Landes; 6. Prophet, mit dem die Leute Jesus manchmal verwechselt haben; 7. Evangelist; 8. Beiname des Judas; 9. Haltung, die Jesus kritisierte; 10. Verfasser des ältesten Evangeliums

Wollt ihr dieses Lied singen?

Text: Wilhelm Willms, Melodie: Ludger Edelkötter[1]

2. Alle Menschen auf der Welt fangen an zu teilen, alle Wunden nah und fern fangen an zu heilen. Menschen teilen – Wunden heilen. Knospen blühen – Nächte glühen.

3. Alle Augen springen auf, fangen an zu sehen. Alle Lahmen stehen auf, fangen an zu gehen. Augen sehen – Lahme gehen. Menschen teilen – Wunden heilen. Knospen blühen – Nächte glühen.

4. Alle Stummen hier und da fangen an zu grüßen. Alle Mauern tot und hart werden weich und fließen. Stumme grüßen – Mauern fließen. Augen sehen – Lahme gehen. Menschen teilen – Wunden heilen. Knospen blühen – Nächte glühen.

Picasso
1905

oder sie gähnen auch. Nur die Kinder drücken ihre Nasen gegen die Fensterscheiben."

„Nur die Kinder wissen, wohin sie wollen", sagte der kleine Prinz. „Sie wenden ihre Zeit an eine Puppe aus Stoff-Fetzen, und die Puppe wird ihnen sehr wertvoll, und wenn man sie ihnen wegnimmt, weinen sie..."

„Sie haben es gut", sagte der Weichensteller.

G { 030 Schulfinden
042 Sek I Materialien
050 Arch. mat. / Arbeitsmittel }

Freundschaft

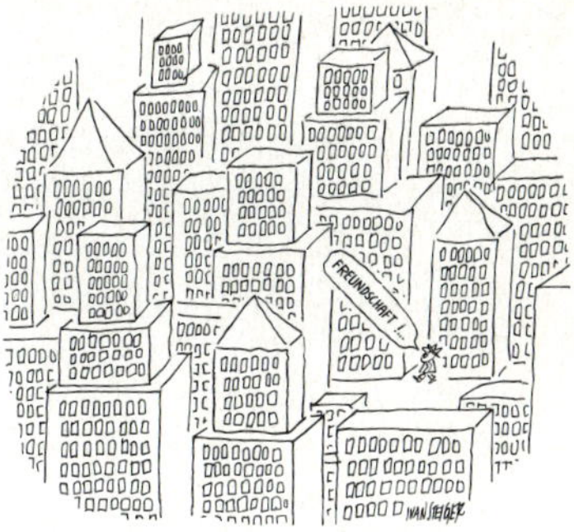

1. Jeder braucht Freunde

Ich möchte einen Freund
der treu ist.
Der sich nicht groß macht
und laute Reden schwingt.
Auch nicht einen,
der immer zuerst an sich selbst denkt.
Ich möchte einen Freund,
der mich wirklich gern hat
und dem ich meine Geheimnisse
anvertrauen kann.
Mein Freund
kann auch ein Mädchen sein,
aber kein launisches!
Ich muß mich auf sie verlassen können.
Sie darf mich nie verraten.[1]

Zwei Freunde sollen einander helfen wie zwei Hände.

Ein Freund, der uns unsere Schwächen verschweigt, ist so gefährlich, wie ein Feind, der sie ausnützt.

Es gibt Freunde, die halten fester zu uns als ein Bruder.

Kleine geschenke erhalten die Freundschaft.

GEGENSÄTZE ZIEHEN SICH AN.

Wer jedes Freund sein will, ist niemands Freund.

Mit einem Freund an der Seite ist kein Weg zu lang.

Gleich und gleich gesellt sich gern.

ÜBER DIE FEHLER MEINES FREUNDES REDE ICH MIT IHM SELBST.

Die Liebe geht darauf, aus zweien Eins zu machen,
die Freundschaft geht darauf, aus jedem Zwei zu machen.

Das von Pablo Picasso (1881–1973) 1905 geschaffene Bild zeigt zwei Freunde.

1. Es gibt verschiedene Formen, in denen sich Menschen zusammenfinden: Verein, Bande, Clique, Gruppe, Freundschaft. Wodurch unterscheiden sie sich?

2. Sammelt Beispiele, die euch zum Thema „Freundschaft" einfallen (z. B. aus eurem Bekanntenkreis – ohne Namensnennung –, aus Büchern, aus dem Fernsehen).

3. »Jesus und seine Freunde«. Sammelt dazu die Namen und Geschichten, die ihr behalten habt.

4. In den Spruchweisheiten spiegeln sich viele Erfahrungen wider, die Menschen mit der Freundschaft und mit Freunden gemacht haben. Tragt anhand dieser Worte zusammen,

- warum Freundschaft wichtig ist;
- was Freundschaft verlangt;
- wodurch Freundschaft gefährdet wird;
- was Freundschaft schenkt.

2. *Freundschaft hat viele Gesichter*

- Marion und Heike sind unzertrennlich. In jeder Pause stehen sie zusammen. Jede weiß von der anderen alles, auch die geheimsten Gedanken.
- Paul (14) und Helga (13) treffen sich mindestens dreimal in der Woche. Sie spielen zusammen Tischtennis und hören sich neue Schlager an. Manchmal kommen auch noch andere Jungen und Mädchen dazu.
- Heiner weiß genau, daß Andreas es war, der der Schülerin aus der Nachbarklasse die Geldbörse aus dem Anorak gestohlen hat. Aber da er sein Freund ist, verrät er ihn nicht.
- Wenn Ruth (12) den langen Wolfgang (15) sieht, bekommt sie fast immer einen roten Kopf. Sie schreibt ihm gefühlvolle Briefe, traut sich aber nicht, sie abzuschicken. In ihrem Tagebuch stehen ganze Seiten über Wolfgang.
- Christiane (13) ist sauer auf Thomas (14). Sie waren schon oft zusammen in der Disko. Jetzt hat sie erfahren, daß Thomas ein anderes Mädchen zu einer Fete eingeladen hat.
- Auf dem Schulhof sieht man Hermann (15) und Birgit (14) oft eng umschlungen. Fast immer ist es Birgit, die sich an Hermann heranmacht. Ihren Freundinnen gegenüber macht sie sich oft über ihn lustig. »Den kann ich um den kleinen Finger wickeln . . .«
- Bernd (14) und Herbert (15) sind seit Jahren dicke Freunde. Beide wollen nichts von Mädchen wissen: »Diese albernen Gänse . . . Mit denen kann man doch nichts Gescheites anfangen . . .«
- Mechthild hatte einen schlimmen Sportunfall und muß viele Wochen im Krankenhaus liegen. Inga besucht sie, so oft sie kann. Sie organisiert einen Besuchsdienst in der Klasse, damit jeden Tag wenigstens einer zu Mechthild geht, ein kleines Geschenk mitbringt und sie über alles informiert, was in der Schule los war.
- Manfred (13) ist in seiner Klasse auffallend aggressiv. Als der Klassenlehrer mit ihm einmal in Ruhe darüber spricht, erfährt er, daß Manfred den Michael zum Freund haben möchte, Michael aber von Manfred nichts wissen will, weil er mit Thomas befreundet ist.

1. Welche Beziehungen haltet ihr für erstrebenswert / normal / problematisch / unklar / gemein / unverantwortlich?
Versucht das zu erklären.

2. Bekanntschaft – Kameradschaft – Verliebtheit – Freundschaft – Liebe.
Welche Worte passen zu den Beispielen?

3. In eurer Klasse ist ein Mädchen/Junge, das/den niemand zum Freund haben will. Woran könnte das liegen? Was könntet ihr tun?

4. Häufig kann man folgende Ansichten hören:
- Freundschaft gibt es nur zwischen Jungen oder nur zwischen Mädchen.
- Es gibt keine Freundschaft zwischen einem Jungen und einem Mädchen.

Was sagt ihr dazu?

Der kleine Prinz und der Fuchs

»Guten Tag«, sagte der Fuchs. »Guten Tag«, antwortete höflich der kleine Prinz. »Komm und spiel mit mir«, schlug ihm der kleine Prinz vor, »ich bin so traurig . . .« »Ich kann nicht mit dir spielen«, sagte der Fuchs, »ich bin noch nicht gezähmt!« »Was bedeutet das: ›zähmen‹?« »Das ist eine in Vergessenheit geratene Sache«, sagte der Fuchs. »Es bedeutet: sich ›vertraut‹ machen.« »Vertraut machen?« »Gewiß«, sagte der Fuchs. »Du bist für mich noch nichts als ein kleiner Knabe, der hunderttausend kleinen Knaben völlig gleicht. Ich brauche dich nicht, und du brauchst mich ebenso wenig. Ich bin für dich nur ein Fuchs, der hunderttausend Füchsen gleicht. Aber wenn du mich zähmst, werden wir einander brauchen. Du wirst für mich einzig sein in der Welt. Ich werde für dich einzig sein in der Welt . . . Wenn du mich zähmst, wird mein Leben wie durchsonnt sein. Ich werde den Klang deines Schrittes kennen, der sich von allen anderen unterscheidet. Die anderen Schritte jagen mich unter die Erde, der deine wird mich wie Musik aus dem Bau locken. Und dann schau! Du siehst da drüben die Weizenfelder? Die Weizenfelder erinnern mich an nichts. Und das ist traurig. Aber du hast weizenblondes Haar. Oh, es wird wunderbar sein, wenn du mich einmal gezähmt hast! Das Gold der Weizenfelder wird mich an dich erinnern.«

Der Fuchs verstummte und schaute den Prinzen lange an: »Bitte . . . zähme mich!« sagte er. »Ich möchte wohl«, antwortete der kleine Prinz, »aber ich habe nicht viel Zeit. Ich muß Freunde finden und viele Dinge kennenlernen.« »Man kennt nur die Dinge, die man zähmt«, sagte der Fuchs. »Die Menschen haben keine Zeit mehr, irgend etwas kennenzulernen. Sie kaufen sich alles fertig in den Geschäften. Aber da es keine Kaufläden für Freunde gibt, haben die Leute keine Freunde mehr. Wenn du einen Freund willst, so zähme mich!« »Was muß ich da tun?« sagte der kleine Prinz. »Du mußt sehr geduldig sein«, antwortete der Fuchs. »Du setzt dich zuerst ein wenig abseits von mir ins Gras. Ich werde dich so verstohlen, so aus dem Augenwinkel anschauen, und du wirst nichts sagen. Die Sprache ist die Quelle der Mißverständnisse. Aber jeden Tag wirst du dich ein bißchen näher setzen können . . .«

So machte denn der kleine Prinz den Fuchs mit sich vertraut. Und als die Stunde des Abschieds nahe war: »Ach!« sagte der Fuchs, »ich werde weinen.« »Das ist deine Schuld«, sagte der kleine Prinz, »ich wünschte dir nichts Übles, aber du hast gewollt, daß ich dich zähme . . .«

»Gewiß«, sagte der Fuchs. »Aber nun wirst du weinen!« sagte der kleine Prinz. »Bestimmt«, sagte der Fuchs. »So hast du also nichts gewonnen!« »Ich habe«, sagte der Fuchs, »die Farbe des Weizens gewonnen . . . Du wirst wiederkommen und mir adieu sagen, und ich werde dir ein Geheimnis schenken.« *Antoine de Saint-Exupéry*[1]

Ein russischer Bauer fragte seinen Freund: »Sag mir Iwan, liebst Du mich?« –
»Natürlich liebe ich Dich!« –
»Weißt Du auch, was mir weh tut?«
»Wie kann ich wissen, was Dir weh tut?«
»Wenn Du nicht weißt, was mir weh tut, wie darfst Du dann sagen, daß Du mich liebst?«

---

1. Erklärt, was in der Geschichte »zähmen« im einzelnen bedeutet und was dieser Text über die Freundschaft zwischen zwei Menschen erzählt!
2. Die Fortsetzung dieser Geschichte findet ihr auf S. 78. Schaut euch vor allem den letzten Satz an: »Du bist zeitlebens für das verantwortlich, was du dir vertraut gemacht hast.« Was bedeutet das für jede echte Freundschaft?

3. So müßte mein(e) Freund(in) sein . . .

Irgendwann zwischen zehn und sechzehn Jahren fangen Jungen an, von einem Mädchen zu träumen, und Mädchen von einem Jungen. Manchmal ist es jemand, den sie schon lange kennen. Aber auf einmal sehen sie ihn mit ganz anderen Augen. Ob sie meine Freundin – ob er mein Freund – werden könnte? Viele haben ganz bestimmte Vorstellungen von einem(r) zukünftigen Freund(in). Manchmal reden sie auch von ihren Träumen oder schreiben etwas in ihre Tagebücher.

• Mein Freund müßte etwas älter sein als ich. Die Jungen in meiner Klasse sind mir zu kindisch und zu ruppig. Und so einen Angeber wie Emil könnte ich nicht als Freund haben. Er müßte viel Verständnis für mich haben, und ich müßte mich bei ihm geborgen fühlen können. *Mechthild, 14*

• Meine Freundin müßte toll aussehen und eine gute Figur haben. Am liebsten natürlich blond. Sie müßte wie ich gern in die Disko und auf Partys gehen, gut tanzen können und dürfte nicht so zickig sein. *Franz, 13*

• Mein Freund müßte so ein Typ sein wie . . . (Name eines Popsängers). Vor allem müßte er gut Gitarre spielen können. Alle Mädchen sollen mich beneiden, daß ich so einen hab'. *Inge, 13*

• Ich wünsche mir eine Freundin, die sportlich und fröhlich ist, die ihre Gefühle zu mir nicht versteckt (aber mir auch nichts »vormacht«) und die mich vor allem wirklich versteht. Nicht so wie meine Eltern, die immer nur von Verständnis reden . . . *Sven, 15*

• Mein Freund müßte zärtlich zu mir sein und doch nicht jetzt schon »alles« von mir wollen. Er dürfte nicht versuchen, mich an sich zu fesseln, sondern müßte mir und sich Freiheit lassen. Einen wirklichen Freund suche ich, keinen Liebhaber. *Bärbel, 14*

• Vor allem erwarte ich, daß er auch vor anderen zu mir hält. Es dürfte keine Heimlichkeiten in unserer Freundschaft geben, auch nicht vor meinen Eltern. Und ich müßte wissen, daß er treu ist und mich nicht eines Tages einfach sitzenläßt . . . *Cornelia, 16*

• Ich möchte gerne einen Freund haben. Aber ich weiß nicht, wie man einen kriegt. Ich bin ein bißchen zu dick, sehe aber sonst einigermaßen aus. Ich fühle mich oft einsam. Darum brauche ich bestimmt einen Freund. *Marion, 14*

4. Freundschaft verlangt viel

Junge Menschen schließen schnell Freundschaft miteinander. Sie können nicht verstehen, daß Eltern oft Bedenken anmelden, zur Vorsicht mahnen und von möglichen Gefahren sprechen. Sie entdecken Neuland, und sie sind glücklich über alles, was sie dort finden. Allerdings merken viele bald, daß das neue Land auch nicht das Paradies ist, in dem nur die Sonne scheint. Jede Freundschaft verlangt viel von denen, die ein kurzes oder längeres Stück des Weges miteinander gehen wollen. Manchmal erfahren sie, daß bestimmte Sorgen der Eltern nicht ganz aus der Luft gegriffen waren (→ S. 202).

Morgens und abends zu lesen

Der, den ich liebe

Hat mir gesagt
Daß er mich braucht.
Darum
Gebe ich auf mich acht
Sehe auf meinem Weg und
Fürchte von jedem Regentropfen
Daß er mich erschlagen könnte.

Bertolt Brecht[1]

We cannot meet face to face until we have faces

Freundschaften

»Könntest du notfalls
das letzte Hemd vom Leib weggeben?
Dich eher in Stücke reißen lassen
als ein Geheimnis verraten?
Lieber schwarz werden
als jemanden im Stich lassen?
Pferde stehlen
oder durchs Feuer gehen?«
»Ja.«
»Auch für mich?«
»Ja.«
»Dann bist du mein Freund.«

»Und du? Könntest du notfalls
verzeihen?«
»Es kommt drauf an, was.«
»Daß ich vielleicht einmal
nicht das letzte Hemd hergebe,
mich nicht immer in Stücke reißen lasse,
ausnahmsweise
nicht schwarz werden will,
nicht in jedem Fall Pferde stehle
oder durchs Feuer gehe?«
»Ja.«
»Dann bist auch du mein Freund.«[2]

Versucht, einmal für euch selbst aufzuschreiben: »Ich liebe dich« heißt: …

LIEBEN

Die Liebe ist geduldig und freundlich,
die Liebe ist nicht eifersüchtig.
Sie prahlt nicht,
sie ist nicht aufgeblasen.
Sie handelt nicht taktlos,
sie sucht nicht den eigenen Vorteil.
Sie läßt sich nicht erbittern,
sie trägt das Böse nicht nach.
Sie trauert über das Unrecht,
sie freut sich über die Wahrheit.
Alles deckt sie zu,
alles glaubt sie,
alles hofft sie,
alles erträgt sie.
Die Liebe hört niemals auf.

(Paulus an die Gemeinde in Korinth. Vgl. 1 Kor 13,4–8)

Wie verschieden Menschen in ihren Gefühlen, Wünschen und Erwartungen sind, merkt man erst, wenn man einander näherkommt. Dabei ergeben sich oft Schwierigkeiten und Konflikte. Zunächst ist es z. B. nur ein Streit über die Gestaltung eines freien Nachmittags. Dann gibt es vielleicht eine heftige Auseinandersetzung über Treue und Vertrauensbruch. Und manchmal zerbricht eine Freundschaft daran, daß der eine vom anderen intime Zärtlichkeiten verlangt, die der andere (noch) nicht mitvollziehen kann.
Hier ist ein Beispiel dafür:

Du schreibst: »Ich liebte ein Mädchen.« Nein, mein Lieber. Du hast dieses Mädchen nicht geliebt. Du hast ein sexuelles Erlebnis gehabt, aber was Liebe ist, hast du nicht erfahren. Du kannst zwar zu einem Mädchen sagen: »Ich liebe dich«, aber was du in Wirklichkeit meinst, ist etwa folgendes: »Ich will etwas haben. Nicht dich, sondern etwas von dir ... Mir ist im Grunde gleich, wie das weitergeht ... Was mich interessiert, das ist der Augenblick. Ich benutze dich, um meine Wünsche zu befriedigen. Ich will haben. Ohne Umstände haben. Sofort haben.«
Das ist das Gegenteil von Liebe. Liebe will geben. Liebe sucht das Glück des anderen, nicht das eigene. Du hast gehandelt wie ein krasser Egoist. Anstatt zu sagen: »Ich liebte ein Mädchen« hättest du sagen müssen: »Ich liebte mich und nur mich. Hierzu habe ich ein Mädchen mißbraucht.«
Laß dir sagen, was »Ich liebe dich« wirklich heißt: Für dich will ich alles geben, hingeben, auch mich selbst. Auf dich will ich warten, gleich wie lange. Mit dir will ich immer Geduld haben. Dich will ich niemals zwingen, auch nicht mit Worten. Dir gegenüber will ich immer offen, aufrichtig, durchsichtig sein. Dich will ich behüten, beschützen, bewahren. Mit dir will ich alles teilen und erleben. Ohne dich will ich nichts unternehmen ...
Liebe übernimmt Verantwortung für den anderen. Wo geliebt wird, heißt es nicht mehr »ich«, sondern »du«. »Ich bin für dich verantwortlich. – Du bist für mich verantwortlich.« Deshalb solltest du äußerst sparsam umgehen mit dem großen Wort: »Ich liebe dich.«[1]

---

1. Sucht Beispiele aus eurem Bereich, die vielleicht nicht so kraß und weitgehend sind wie dieses Beispiel, aber doch ähnliche Probleme wiedergeben.

2. In dem Text ist viel von Liebe die Rede. Für Christen hat dieses Wort eine besondere Bedeutung, weil die Bibel das Gebot der Liebe das höchste Gebot nennt und weil Jesus die Nächstenliebe zum besonderen Kennzeichen seiner Jünger erklärt hat.
- Lest Mt 22,36–40; Joh 13.34 f.
- Überlegt, inwiefern dieses Gebot ein wichtiger Maßstab für jede Form der Freundschaft unter Christen ist.

3. Manche junge Leute sagen: »Wir lieben uns. Und Liebe kann keine Sünde sein. Darum kann uns niemand etwas verbieten.«
Was sagt ihr dazu?

4. Überlegt, wo in diesem und in euren Beispielen folgende Wörter vorkommen oder fehlen: Toleranz / Geduld / Selbstlosigkeit / Rücksicht / Achtung / Fairneß.
Kennt ihr Worte, die jeweils das Gegenteil aussagen?

SPIEL REGELN für Freunde

Freundschaft hat viele Gesichter. Darum ist es nicht möglich, genaue Verhaltensvorschriften dafür aufzustellen. Jeder wird aber zugeben, daß Freunde besondere Verpflichtungen füreinander haben. Aus dieser Verantwortung füreinander kann man »Spielregeln« ableiten, die für jede echte Freundschaft gelten müssen:

- **Wer einen anderen gern hat, will daß der andere glücklich ist.** **Darum verlangt Freundschaft zum Beispiel . . .**

- **Freundschaft kann nur bestehen, wenn man offen und ehrlich voreinander ist. Deshalb fordert sie . . .**

- **Freunschaft ist nur möglich, wenn Gleichberechtigung besteht. Darum verlangt sie . . .**

- **Menschen können und sollen frei entscheiden.**
  Darum darf es in einer Freundschaft nicht vorkommen . . .

- **Wer Freund sein will, ist nicht nur für die Gegenwart, sondern auch für die Zukunft des anderen verantwortlich.**
  Darum verlangt Freundschaft von jedem Jungen und Mädchen . . .

- **Jeder Mensch hat gute und weniger gute Seiten. Keiner ist ohne Fehler und Schwächen.**
  Freundschaft verlangt darum . . .

- **Auch Freunde werden aneinander schuldig und bleiben sich vieles schuldig.**
  Weil Christen einander vergeben müssen, verlangt Freundschaft . . .

Wer einen Freund hat, ist für ihn verantwortlich, denn vertraut sein heißt verantwortlich sein.

Der Geist weht, wo er will

1. Der große Unbekannte

- Der Geist einer Familie/Mannschaft
- geistesgegenwärtig reagieren
- be»geist«ert sein
- Geistesblitz
- ein Geistlicher
- ...

Es ist schwer zu sagen, was wir jeweils meinen, wenn wir von »Geist« sprechen. Geist ist eine lebendige Kraft: frei, unfaßbar, unsichtbar, nicht materiell. Wir spüren ihn überall. Erst recht geraten viele Christen in Verlegenheit, wenn sie sagen sollen, wer der »Geist Gottes« – der »Heilige Geist« – ist. Obwohl wir ihn bei jedem Kreuzzeichen und in jedem Glaubensbekenntnis nennen, ist er, anders als der Vater und der Sohn, der große Unbekannte unseres Glaubens. Ein erstes Verständnis finden wir, wenn wir das hebräische Wort RUACH betrachten, das wir mit »Geist« übersetzen. RUACH hat vor allem drei Bedeutungen, die alle etwas mit »Leben« zu tun haben:

ATEM: Auf diesen Lebensstrom in uns sind wir immer angewiesen. Ohne ihn müssen wir sterben.

WIND: Er weht, wo er will. Keiner kann ihn bändigen. Mit den Wolken bringt er belebenden Regen.

STURM: Er fegt mit großer Kraft morsches Gehölz und welke Blätter weg, damit neues Leben entstehen kann.

Heute verwenden wir auch andere Bilder und Symbole für den Geist Gottes, z. B. Energie, Dynamik, Kraftfeld, Schwung. RUACH ist aber keine namenlose Naturkraft, sondern Gottes Atem und Leben. Gottes Geist ist Gott selbst.

Salvador Dali (geb. 1904): Pfingsten, 1964.
Was zuerst wie ein ungeordnetes Klecksogramm aussieht, erweist sich bei längerer Betrachtung als dynamisches Bild, dessen Bewegung von einem unsichtbaren Ort jenseits des Bildes oben links ausgeht. Von dort kommen die leuchtenden Strahlen und durchziehen mit ihrer Energie das ganze Bild. In der oberen Hälfte scheinen die grauen Tupfer vor ihnen zu fliehen wie Wolken vor der Sonne. Je weiter die »Feuerzungen« kommen, desto mehr Dunkles stellt sich ihnen entgegen. Von der Mitte an bis in die untere Hälfte finden wir in den grauen Flecken die Zahlen 1 bis 12, ein Hinweis auf die 12 Apostel. Sie sollen hier nicht als bloße Nummern verspottet, sondern als Menschen gekennzeichnet werden, die, wie wir alle, erst vom Pfingstgeist zu lebendigen Individuen verwandelt werden.

1. Versucht den Geist eurer Klasse oder Gemeinde zu beschreiben.

2. Das hebräische Wort RUACH ist meist femininum (weiblich). Überlegt, was das bedeutet.

3. Warum ist der Heilige Geist so unbekannt?

2. Am Anfang des Lebens

Welt

»Im Anfang war der Wasserstoff« oder »Mit dem Urknall, einer grandiosen Materieexplosion, entstand das Universum«. So oder ähnlich lauten heutige Erklärungen für die Entstehung der Welt. Viele Fragen über den Ursprung des Universums können noch nicht beantwortet werden. Der Glaube sagt uns nicht, **wie** die Welt entstanden ist. Das herauszufinden, ist Sache der Naturwissenschaftler. Aber im Glauben wissen wir, **daß** Gott die Welt geschaffen hat. Sein Wort ruft sie ins Dasein. Sein Geist gibt ihr Leben. Die erste Seite der Bibel drückt das bildhaft so aus: »Gottes Geist schwebte (brütete) über den Wassern« (Gen 1,2). Darum ist die ganze Welt mehr als nur eine Zusammenballung von Atomen. Sie ist der Abglanz von Gottes Herrlichkeit. Überall können wir in ihr Spuren seines Geistes entdecken.

Christus

Wie kein anderer hat Jesus aus dem Geist Gottes gelebt. Er war von ihm ganz erfüllt. Wo wichtige Abschnitte seines Lebens beginnen, ist der Geist Gottes am Werk: z. B. beim Eintritt in die Welt (Lk 1,35), bei der Taufe (Lk 3,21 f), beim ersten öffentlichen Auftreten (Lk 4,16–19). Jesus hat auch seinen Freunden den Geist Gottes verheißen und gesandt.
Weil Christus mit dem Geist Gottes eins ist, beginnt mit ihm etwas grundlegend Neues in der Menschheit. Sein Geist ermöglicht den Menschen, sich an der Schöpfung zu freuen, zu hoffen und zu lieben.

Kirche

Die Erzählung vom Turmbau zu Babel (Gen 11) sagt auf bildhafte Weise, warum die Menschheit zerstritten ist. Die Menschen wollen nichts von Gott wissen und nur sich selbst ein Denkmal setzen. Dabei üben sie Gewalt aus und geraten miteinander in Streit. Am Ende sprechen sie verschiedene Sprachen, d. h. sie können sich nicht mehr verstehen.
Am Pfingstfest hat der Geist Gottes begonnen, diesen unheilvollen Zustand der Menschheit zu beenden. Wie Sturm und Feuer kam er auf die Jünger Jesu herab und gab ihnen die Kraft, so zu den Menschen aus den verschiedenen Völkern zu sprechen, daß sich alle verstanden. Zum ersten Mal wurde die frohe Botschaft des Auferstandenen öffentlich wirksam. Nun konnten die Menchen beginnen, die Angst voreinander abzubauen und sich zu versöhnen. Das war die Geburtsstunde der Kirche. Seit damals zeigt sie der Menschheit den Weg zu einem besseren Leben.

---

1. Lest Apg 2,1–13: Das erste Pfingstfest.
- Was meinen die vielen Bildworte, z. B. Brausen vom Himmel, heftiger Sturm, Zungen wie von Feuer usw.?
- Was bedeutet es, in fremden Sprachen zu sprechen und in der Muttersprache zu verstehen?
- Welche Bedeutung hat dieser Tag für die ganze Menschheit?

2. Was sagt das Glaubensbekenntnis über den Heiligen Geist? Welcher Satz könnte über dieser Doppelseite stehen?

3. Man hat Menschen, die auf Gottes Geist vertrauen, mit Seglern verglichen, die sich der Kraft des Windes anvertrauen. Kennt ihr Beispiele für solche Menschen?

Christsein

Wir verdanken unser Leben unserer Mutter und unserem Vater. Durch sie sind wir ins Dasein getreten. Sie konnten uns nicht ohne die große Ordnung der Naturgesetze hervorbringen. Diesen Gesetzen sind alle Menschen unterworfen.

Wir würden uns aber nicht richtig verstehen, wenn wir uns nur für Geschöpfe im Kreislauf des Lebens hielten. In der Taufe (→ S. 86) wird sichtbar, daß wir auch aus Gottes Geist geboren sind. Vom Anfang unseres Christseins an ist der Geist Gottes in uns lebendig. »Wenn jemand nicht aus Wasser und Geist geboren wird, kann er nicht in das Reich Gottes kommen« (Joh 3,5). Weil wir mit dem »Wasser« der Taufe aus dem Heiligen Geist neu geboren sind, gehören wir zur neuen Menschheit und haben Anteil am unvergänglichen Leben Gottes. Als Kinder seines Geistes sind wir von Gott unaufhebbar geliebt.

3. *Die gute Sendung*

Friedstadt im März 19..

Katholische Pfarrgemeinde
St. Elisabeth

Liebe Mädchen, liebe Jungen!

Seit einiger Zeit darf es keiner mehr wagen, Euch "Kinder" zu nennen, wenn er es nicht mit Euch verderben will. Ihr seid auf dem Weg, erwachsen zu werden und beginnt, Euer Leben selbst in die Hand zu nehmen. Mehr als bisher denkt Ihr über Euch nach und stellt Fragen, die Euch früher nicht gekommen sind. Ihr seid auf der Suche nach Eurem eigenen Lebensweg. Vielleicht spürt Ihr auch stärker als früher, daß das Leben nicht von selbst gelingt. Jeder hat seine Sorgen und Ängste. Der eine hat in der Schule Probleme, der andere kommt zuhause nicht so ganz zurecht oder leidet darunter, daß Vater und Mutter nicht mehr zusammenleben. Manche fühlen sich einsam, weil sie nicht die Freundinnen/Freunde finden, die sie gern hätten. Viele sehen auch die Gefahren, die in der Welt lauern und die Menschen bedrohen: Krieg, Umweltschäden, Hunger, Krankheiten, ungerechte Verteilung der Lebenschancen...

Trotz Eurer Sorgen möchte ich Euch zu einem großen Fest einladen, das Euch begeistern wird und das Euch, wie Ihr so sagt, "viel bringen" kann. Viele junge Leute nehmen daran teil. Langeweile ist ganz ausgeschlossen, weil der Veranstalter schon immer für viel Schwung gesorgt hat. Wo immer er wirkt, ist etwas los. Alle verstehen sich besser als je zuvor. Sie finden neuen Lebensmut und vor allem - Hoffnung und Liebe.
Das Fest hat den alten lateinischen Namen "Firmung", d. h. Stärkung. Der Ort des Geschehens ist unsere Gemeinde. Sein Veranstalter ist Gottes Geist.
Wenn Ihr mich fragt, wer dieser Geist Gottes ist, komme ich in Verlegenheit. Eine Definition kann ich nicht geben, denn der Geist Gottes ist nicht zu "begreifen". Er weht, wie der Wind, wo er will. Überall schafft er neues Leben. Er läßt sich nicht einzwängen, weil er die Freiheit liebt. Wo er wirkt, geschehen Zeichen und Wunder. Ihr wißt, was er am ersten Pfingsttag aus den ängstlichen Jüngern gemacht hat: mutige Christen, die nicht mehr vom Tod Jesu geschockt waren, sondern an seine Auferweckung glaubten und diese anderen verkündeten.

Euch allen macht es Spaß, eine gute Sendung im Fernsehen anzuschauen, die spannend ist oder über bisher Unbekanntes informiert. Besonders freut sich jeder von Euch, wenn ihm der Briefträger eine gute Sendung bringt, ein Geschenk zum Geburtstag oder den langersehnten Brief einer Freundin oder eines Freundes.
Beim Fest der Firmung empfangt Ihr auch eine gute Sendung, eigentlich die beste, die es gibt: eine Sendung Gottes für Euch. Kurz vor seinem Tod versprach Jesus seinen Freunden, ihnen den Geist Gottes zu senden (Joh 14,26). Dieser Geist soll zu Euch kommen. Er nimmt Euch nicht alle Lasten des Lebens, aber er stärkt Euch, sie zu tragen. Mit ihm erhaltet Ihr Hoffnung, Trost und vor allem die Fähigkeit, den richtigen Lebensweg zu finden.
Diese gute Sendung ist nicht für Euch allein bestimmt. Sie ist erst richtig angekommen, wenn sie auch bei anderen ankommt. Darum sollt Ihr sie weitergeben. Erschreckt nicht vor dieser Aufgabe. Erfüllt von Gottes Geist werdet Ihr in Eurer Umgebung, in der Gemeinde, in der Welt mindestens kleine Schritte tun können, die anderen helfen.

Unser Bischof kommt, um Euch zu firmen. Die Vorbereitung erfolgt in kleinen Gruppen. Ihr könnt selbst mitentscheiden, wie Ihr Euch auf den Festtag vorbereiten wollt. Laßt Euch vom Geist Gottes "begeistern". Etwas Besseres könnt Ihr nicht für Euch tun. Das Fest ist einmalig. Jeder kann nur einmal daran teilnehmen. Darum nehme ich an, daß Ihr alle mitmacht.

Euer Pfarrer

Vor der Firmung betet der Bischof für die Jungen und Mädchen:

Allmächtiger Gott,
Vater unseres Herrn
Jesus Christus,
du hast diese jungen
Christen, unsere Brüder
und Schwestern,
in der Taufe
von der Schuld Adams
befreit,
du hast ihnen
aus dem Wasser
und dem Heiligen Geist
neues Leben geschenkt.
Wir bitten dich, Herr,
sende ihnen
den Heiligen Geist,
den Beistand.
Gib ihnen
den Geist der **Weisheit**
und der **Einsicht,**
des **Rates,**
der **Erkenntnis**
und der **Stärke,**
den Geist der **Frömmigkeit**
und der **Gottesfurcht.**
Durch Christus,
unseren Herrn.

Zur Spendung der Firmung spricht der Bischof:

N. N. SEI BESIEGELT DURCH DIE GABE GOTTES, DEN HEILIGEN GEIST.

1. Beantwortet folgende Fragen über die Firmung (→ S. 86):
• Wie verläuft die Firmung? → »Gotteslob« Nr. 51, 52
• Was sind die äußeren Zeichen der Firmung?
• Welche Wirkungen hat das Sakrament? Warum kann man es nur einmal empfangen?
• Warum erhält jeder, der zur Firmung kommt, einen Paten?

2. In der Urkirche wurden vor allem Erwachsene in die Kirche aufgenommen. Nach langer Vorbereitung (»Katechumenat«) wurden sie gleichzeitig getauft, gefirmt und zur Eucharistie zugelassen. Daher kommt unsere Aufzählung der Sakramente (→ S. 86): Taufe – Firmung – Eucharistie. Denkt darüber nach, warum die Sakramente heute in einer anderen Reihenfolge gespendet werden. Über den Zusammenhang von Taufe und Firmung → »Zeit der Freude«, S. 172 f.

3. Warum nennt man die Firmung auch das »Sakrament der Mündigkeit«?

4. Ein anderes Herz

Göttliche »Herztransplantation«

Ich schenke euch ein neues Herz
und lege einen neuen Geist in euch.
Ich nehme das Herz von Stein aus eurer Brust
und gebe euch ein Herz von Fleisch.

(Ez 36,26)

Die Auswirkungen

Die Frucht des Geistes ist
Liebe, Freude, Friede, Langmut, Freundlichkeit,
Güte, Treue, Sanftmut, Selbstbeherrschung.

(Gal 5,22 f)

Welcher Geist?

die frage ist
wo ist oben
was ist oben
wer ist oben
denn je nachdem
was bei uns oben ist
kann man sich ausrechnen
was auf uns herabkommt
welcher geist

ist das geld oben
kommt der geist des geldes
auf uns herab

ist die wirtschaft oberstes prinzip
kommt dieser geist auch auf uns herab
und über uns

ist jesus für uns oben
dann kommt auch der geist jesu
auf uns herab

Wilhelm Willms[1]

. . . wir können es nur ahnen

Text: Wolfgang Poepłau, Melodie: Ludger Edelkötter[2]

Der nächste Schritt . . .

Wenn Beppo so die Straßen kehrte, tat er es langsam, aber stetig: Bei jedem Schritt einen Atemzug und bei jedem Atemzug einen Besenstrich. Schritt – Atemzug – Besenstrich. Schritt – Atemzug – Besenstrich. Dazwischen blieb er manchmal ein Weilchen stehen und blickte nachdenklich vor sich hin. Und dann ging es wieder weiter – Schritt – Atemzug – Besenstrich – – –.

Während er sich so dahinbewegte, vor sich die schmutzige Straße und hinter sich die saubere, kamen ihm oft große Gedanken. Aber es waren Gedanken ohne Worte, Gedanken, die sich so schwer mitteilen ließen wie ein bestimmter Duft, an den man sich nur gerade eben noch erinnert, oder wie eine Farbe, von der man geträumt hat. Nach der Arbeit, wenn er bei Momo saß, erklärte er ihr seine großen Gedanken. Und da sie auf ihre besondere Art zuhörte, löste sich seine Zunge, und er fand die richtigen Worte.

»Siehst du, Momo«, sagte er dann zum Beispiel, »es ist so: Manchmal hat man eine sehr lange Straße vor sich. Man denkt, die ist so schrecklich lang; das kann man niemals schaffen, denkt man.«

Er blickte eine Weile schweigend vor sich hin, dann fuhr er fort: »Und dann fängt man an, sich zu eilen. Und man eilt sich immer mehr. Jedesmal, wenn man aufblickt, sieht man, daß es gar nicht weniger wird, was noch vor einem liegt. Und man strengt sich noch mehr an, man kriegt es mit der Angst, und zum Schluß ist man ganz außer Puste und kann nicht mehr. Und die Straße liegt immer noch vor einem. So darf man es nicht machen.«

Er dachte einige Zeit nach. Dann sprach er weiter: »Man darf nie an die ganze Straße auf einmal denken, verstehst du? Man muß nur an den nächsten Schritt denken, an den nächsten Atemzug, an den nächsten Besenstrich. Und immer wieder nur an den nächsten.«

Wieder hielt er inne und überlegte, ehe er hinzufügte: »Dann macht es Freude; das ist wichtig, dann macht man seine Sache gut. Und so soll es sein.«

Und abermals nach einer lange Pause fuhr er fort: »Auf einmal merkt man, daß man Schritt für Schritt die ganze Straße gemacht hat. Man hat gar nicht gemerkt wie, und man ist nicht außer Puste.«

Er nickte vor sich hin und sagte abschließend: »Das ist wichtig.« *Michael Ende*[1]

. . . nach der Firmung

- Karin geht einmal die Woche in ein Altersheim. Dort liest sie einer blinden Frau, die keine Angehörigen hat, etwas vor.
- Anja, seit 3 Jahren Meßdienerin, ist bereit, eine Gruppe von Ministranten zu leiten.
- Marc meldet sich als freiwilliger Helfer in der Pfarrbücherei, damit die Leute bei der Bücherausgabe nicht so lange warten müssen.
- Martin organisiert für die Sommerferien mit den Pfadfindern ein Zeltlager für Kinder, die sonst nicht in Urlaub fahren können.

---

1. Sucht ein Lied oder ein Gebet zum Heiligen Geist, das euch gefällt, z. B. aus dem »Gotteslob«. Vielleicht könnt ihr auch selbst einen Text verfassen.

2. Welche kleinen Schritte könntet ihr zur Vor- oder Nachbereitung der Firmung tun?

5. *Erneuerung der Welt*

Der Geist Gottes wirkt oft im stillen (»Atem«), z. B. wenn er den Menschen ein neues Herz gibt und sie ermutigt, kleine Schritte zum Guten zu tun. Aber er kann auch voll Dynamik tätig werden und die ganze Welt in Bewegung bringen (»Sturm«).

> Sende aus deinen Geist, und alles wird neu geschaffen,
> und du wirst das Angesicht der Erde erneuern.
>
> *(Ps 104,30)*

Heute haben nur noch wenig Menschen bei uns die Hoffnung, daß es für die Welt eine gute Zukunft gibt. Sie werden durch die vielen Katastrophen entmutigt, von denen wir fast täglich hören: Rüstung – Rassenhaß – Leiden der Dritten Welt – Ausbeutung der Natur – Arbeitslosigkeit – Versagen der Politiker – Erstarrung der Kirche – Verletzung der Menschenrechte. Wenn man sieht, wie stark das Böse ist (→ S. 40 f), könnte man verzweifeln.

Trotzdem – Christen haben Hoffnung. Sie glauben, daß der Geist Gottes gerade heute die Menschen mit Macht antreibt, gegen den Wahnsinn des Bösen zu kämpfen. Tatsächlich sehen wir überall in der Welt Bewegungen, die mutig gegen das Unrecht angehen. In allen Völkern gibt es Menschen, die sich für den Frieden und die Abrüstung einsetzen. Weltweit wächst die Einsicht, daß wir mit Boden, Luft und Wasser anders als bisher umgehen müssen. Überall setzen sich Frauen und Männer für Häftlinge ein, die ungerecht verurteilt wurden. Viele Christen bemühen sich um eine Erneuerung der Kirche und geben anderen Menschen durch ihr Leben das Zeugnis eines glaubwürdigen Christentums. Selbst die Religionen kämpfen nicht mehr eifersüchtig gegeneinander, sondern suchen gemeinsam Wege in eine bessere Zukunft.

Diese weltweite Dynamik gegen bestehendes Unrecht und drohende Katastrophen wird weiter wachsen. Christen dürfen glauben, daß sie vom Geist Gottes ausgeht.

»Frische Luft«

Johannes XXIII. (→ S. 242 f) war selbst völlig überrascht, als ihm kaum drei Monate nach seiner Wahl zum Papst der Gedanke kam, ein Konzil für die ganze Kirche einzuberufen. Am 25. 1. 1959 teilte er seinen Plan der Weltöffentlichkeit mit. Die Reaktion war höchst unterschiedlich. Diejenigen, die vor jeder Erneuerung Angst hatten, fürchteten, es könne sich in der Kirche etwas ändern. Es sei doch alles richtig in der Kirche, meinten sie. Andere sahen darin jedoch ein Zeichen der Hoffnung, weil sie erwarteten, daß sich endlich einiges ändern werde. Der Papst selbst sagte, daß ihm die Idee zum Konzil vom Geist Gottes geschenkt worden sei. Als ein Kardinal ihn fragte, was das Konzil solle, öffnete der Papst die Fenster und erwiderte nur: »Frische Luft«.

---

1. Lest Jes 11,1–10: Das messianische Reich.
- V.2: Welche Gaben des Geistes werden genannt? (→ S. 121)
- V.3–5: Wie wirkt der Geist in der Welt?
- V.6–10: In welchen Bildern wird das Reich des Friedens beschrieben?
- Auf wen beziehen Christen dieses Prophetenwort?

2. Lest Joel 3,1–5: Die Ausgießung des Geistes und die Vollendung der Erde (→ Apg 2,17–21).
- V.1–2: Was wird mit den Jungen und Alten geschehen?
- V.3–4: Welche Zeichen wird Gott setzen?
- Was wird sich am Ende ereignen?

3. Wo seht ihr heute Gottes Geist am Werk?

Pablo Picasso (1881–1973), der selbst kein Christ war, hat oft die Taube als Symbol des Friedens dargestellt (→ S. 247). Vielleicht knüpft er unbewußt damit an die Erzählung der Bibel an, in der eine Taube dem Noach ein Zeichen des Friedens bringt (Gen 8,8–11). Sie ist im Alten Testament manchmal auch ein Symbol der Liebe, z. B. im Hohenlied (2,12.14). Im Neuen Testament ist die Taube Symbol des Heiligen Geistes, weil sie Symbol der Liebe und des Friedens war (Mk 1,10).

Tatsächlich hat das 2. Vatikanische Konzil (1962–1965) die Kirche verändert wie kein anderes Ereignis in diesem Jahrhundert. Sie nahm Abschied von vielen veralteten Vorstellungen und beschloß, neue Wege zu gehen. Die Beziehungen zu den anderen Religionen wurden verbessert. Das Verhältnis zu den Juden wurde auf eine neue Grundlage gestellt (→ S. 264 f). Die Gewissensfreiheit wurde proklamiert. Die Liturgie wurde erneuert und die Feier der Eucharistie (→ S. 226 f) in der Landessprache erlaubt. Eine vertiefte Auslegung der Bibel wurde angebahnt. Die Christen wurden sich neu bewußt, das Volk Gottes zu sein. In den Kulturen der Dritten Welt begann das Christentum nach dem Konzil heimisch zu werden. Dort teilen die Christen seither die Zeit so ein: vor dem Konzil – nach dem Konzil. Für sie hat damals ein neues Leben begonnen.
Johannes XXIII. hat den Abschluß des Konzils nicht mehr erlebt. Er starb Pfingsten 1963, also am Tag des Heiligen Geistes. Die Beschlüsse des von ihm einberufenen Konzils sind für die Erneuerung der Kirche bis heute wirksam.

»Staatsstreich des Heiligen Geistes«

Lange Zeit machte die Kirche in Lateinamerika den Eindruck, auf der Seite der Reichen und Mächtigen zu stehen. Die Armen kamen nicht so in den Blick, wie ihre Not es verlangt hätte. Routine bestimmte den kirchlichen Alltag. Darum erwartete man auch nichts Außergewöhnliches von der 2. Lateinamerikanischen Bischofskonferenz, die 1968 in Medellín in Kolumbien tagte.
Doch da geschah etwas Unerwartetes. Ein Arbeitspapier machte die Runde, in dem offen von der Not der Armen und der Ungerechtigkeit der Reichen die Rede war. Die Bischöfe wurden davon tief beeindruckt. Ihnen wurde auf einmal klar, was sie in dieser Situation zu tun hatten. Erstmals entschlossen sie sich, zusammen offen für die Armen einzutreten und sich auf ihre Seite zu stellen. Sie faßten Beschlüsse, die vorher undenkbar waren.
Als ihre Entscheidung öffentlich bekannt wurde, versuchten einflußreiche Kreise aus Politik und Wirtschaft, die Bischöfe einzuschüchtern. Man verglich sie mit Kommunisten und drohte ihnen Repressalien und sogar den Tod an. Aber die meisten Bischöfe ließen sich nicht erschrecken. Mutig traten sie nun in vielen Ländern Lateinamerikas für die Menschenrechte der Unterdrückten ein. Fast überall entstanden zudem Basisgemeinden, in denen Christen gemeinsam gegen die Not kämpften.
Ein Journalist bemerkte später treffend: »Medellín – das war ein Staatsstreich des Heiligen Geistes.« Ein ganzer Kontinent geriet in Bewegung.

Jesus – wer ist das?

1. Eine wichtige Frage

Ich vergesse soviel

. . .

Jesus, wer soll das sein?
Ein Galiläer
Ein armer Mann
Aufsässig
Eine Großmacht
Und eine Ohnmacht
Immer
Heute noch.

Marie Luise Kaschnitz[1]

Vor einiger Zeit wurden Schüler zwischen 13 und 15 Jahren gefragt:

»Was hältst du von Jesus?«

GUTER MENSCH, HEILIGER MENSCH

Ich kann nichts sagen, weil er nicht zu sehen ist

Ich glaube, er ist eine Sagengestalt

Mensch wie wir, aber mit ungewöhnlichen Kräften

GOTTES SOHN

Irgendetwas muß dran sein, die Menschen können Jesus nicht einfach erfunden haben

normaler Mensch

MEINER MEINUNG NACH IST ER ERFUNDEN.

»Sagt er dir etwas für dein persönliches Leben?«

Jesus muß eine große Macht gehabt haben, aber er nutzt sie nicht aus.

Er zeigt mir, daß man nicht verzagen soll, wenn jemand einem etwas in die Schuhe schiebt.

MIR HAT ER NOCH NICHTS GESAGT.

VIELLEICHT SAGT ER MIR SPÄTER EINMAL ETWAS

FÜR MICH IST ER EIN VORBILD.

Er hat uns gelehrt, nach seinen Geboten zu leben, also wirkt sich das auch auf das persönliche Leben aus.

Herbert Falken (geb. 1932): Christuskopf. Graphit, Tusche, Kreide, 65 × 50 cm, 1981. Das Bild gehört in eine Reihe von Porträtstudien. Dazu Falken: »Mein Erlösungsbedürfnis identifiziert sich mit dem Erlöser selbst. Ich werde selbst zu einem Modell für einen Christuskopf.«

Der Gute Hirt (Priszilla-Katakomben, Rom, 2. Jahrhundert)
Auf dem Kaiserthron (Vatikanische Bibliothek, 10. Jahrhundert)
Gekreuzigter (V. Stoss, 1506–1508)
Christus/Heiland (B. Thorvaldsen, 1822)
Liebes Jesulein (19. Jahrhundert)
Narr (R. P. Litzenburger, 1973)
Superstar (Schallplattenposter)
Jüdischer Rabbi
Galiläischer Fischer

Fertigt eine Collage zum Thema »Jesus-Bilder« an. Ihr könnt dazu Postkarten, Heiligenbildchen, Ablichtungen und Texte aus Büchern benutzen.

Wie stellt ihr euch Jesus vor?

2. Angaben zur Person

Schon die Zeitgenossen Jesu fragten:

»Was ist das für ein Mensch?«

(Mk 4,41)

Antworten damals:

Antworten heute:

Wer bist du?
Kenne ich dich?
Ich kenne zahllose Bilder von dir.
Man hat dich als Herrscher dargestellt,
als Leidensmann, Richter, König.
Als Lehrer stehst du vor mir,
als Hirte und machtvoller Redner.
Dein Bild ist mir vertraut,
aber ich frage mich dennoch:
Kenne ich dich?
Otto und Felicitas Betz[1]

---

1. Ordnet die biblischen Antworten. Welche kommen von seinen
- Gegnern
- Freunden
- Menschen, die ihn nicht verstanden?

2. Wißt ihr, in welcher Situation das eine oder andere Wort gesprochen wurde?

3. Zu dem Gedicht → S. 128 f.

4. Den wichtigsten »Titel«, den Jesus von seinen Freunden erhielt, führten diese auf Gott selbst zurück. Lest dazu Mk 1,11.
Als Jesus auferstanden war, erkannten seine Anhänger immer deutlicher, was dieser Titel besagt. Sie wandten ihn daher in besonders wichtigen Situationen auf Jesus an. Sprecht miteinander über folgende Stellen:
Mk 14,61–62; Mt 27,54; Joh 11,27

5. Manche Menschen sagen: Gott ist nicht wie ein menschlicher Vater. Er kann keinen Sohn haben. Wie könntet ihr ihnen erklären, was Christen mit dem Ausdruck »Gottes Sohn« meinen?

Wenn man erfahren will, wer Jesus ist, muß man auf das Neue Testament zurückgreifen. Es ist das älteste und zugleich wichtigste Buch, das es über Jesus gibt. Aber die Evangelien, die von Jesus erzählen, sind nicht in erster Linie Geschichtsbücher, die nur festhalten, wer Jesus war und was er getan hat (→ S. 94 ff). Sie sind vielmehr »Frohe Botschaft", die auf Jesus hinweist und die Menschen auffordert, ihm zu glauben und ihm nachzufolgen. Dabei ist das Leben Jesu genauso wichtig wie seine Lehre. Je mehr wir seine Person kennen, um so besser verstehen wir auch sein Programm.

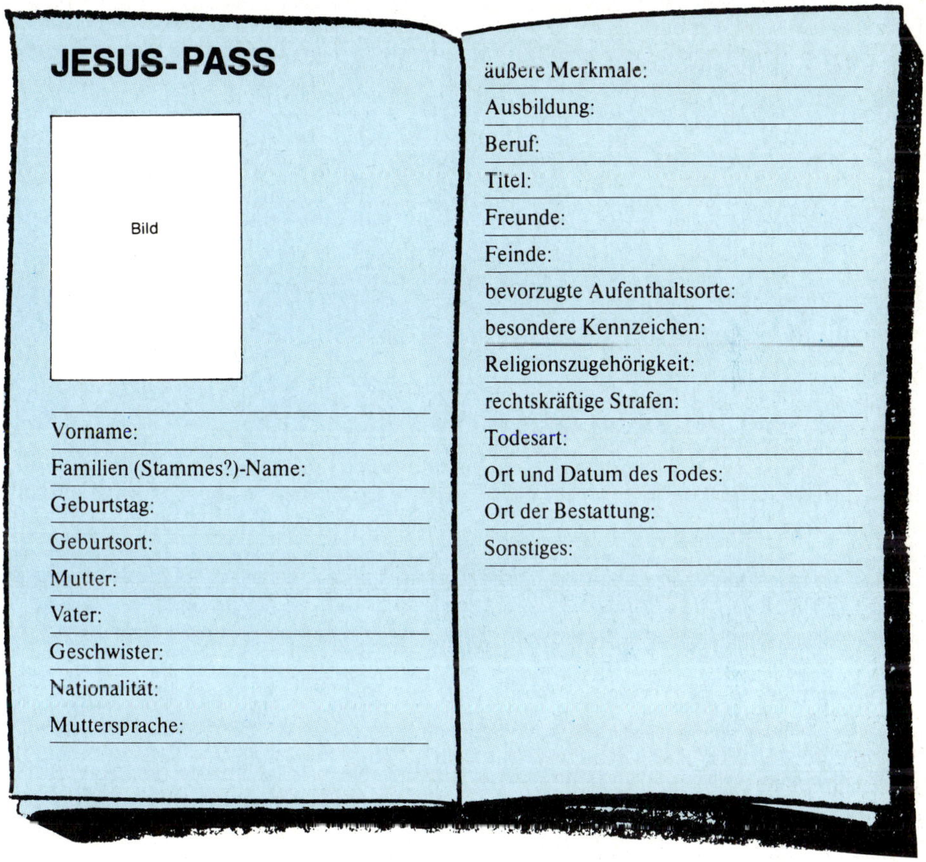

1. Füllt diesen »Paß« soweit wie möglich aus.

- Welche Angaben zur Person haltet ihr für unsicher?
- Zu welchen Punkten kann man überhaupt nichts mehr sagen?
- Welches Bild paßt eurer Meinung nach am ehesten in den Paß? (→ S. 128 f, 275 u. a.).

2. Versucht, einen kurzen Artikel über Jesus zu schreiben. Er sollte 8 bis 10 Zeilen lang sein und das Wichtigste über Jesus enthalten. Was muß der Artikel eurer Meinung nach unbedingt bringen?

3. Die vier Evangelien entwerfen verschiedene Bilder von Jesus. Orientiert euch darüber (→ S. 96 f).

4. In diesem Buch findet ihr in vielen Kapiteln wichtige Hinweise auf das Leben und die Botschaft Jesu, z. B.

- Evangelium → S. 90 ff
- Gleichnisse → S. 160 ff
- Wunder → S. 186 ff
- Eucharistie → S. 216 ff
- Kreuz und Auferstehung → S. 266 ff

3. Das Programm

Heilung und Heil

Niemand will krank sein. Menschen leiden darunter, wenn sie nicht gesund sind. Oft können Ärzte nicht helfen. Viele Kranke fragen sich: Woher kommt meine Krankheit? Wo kann ich Heilung finden?

Jesus sagt:

Dein Glaube hat dir Heilung gebracht.

(Mt 9,22)

Egbert-Codex: Die Heilung des Blinden (→ Joh 9, 1–41). Um 1000.

1. Lest Mk 10,46–52. Zur Bedeutung: → S. 190 ff. Welche symbolische Bedeutung hat der Text? Betrachtet auch das Bild.

2. Könnt ihr von einer eigenen Krankheit erzählen oder von einem Kranken, den ihr kennt? Was bewirkt die Krankheit oft? Wie kann sie einen Menschen verändern?

3. Welche Beispiele kennt ihr dafür, daß Jesus Kranke geheilt hat?

4. Welche Bedeutung kann Jesus heute für Kranke haben, auch wenn er sie nicht wunderbar heilt?

Es gibt auch ein Sakrament für Kranke → S. 87.

Immer wieder werden Menschen schuldig. Manche wollen von ihrer Schuld nichts wissen. Aber viele leiden auch darunter, daß sie schuldig geworden sind. Sie fragen dann: Wer kann mich von der Schuld befreien? Wo gibt es Vergebung? Wie kann ich Heil finden?

Jesus ist vielen kranken und schuldigen Menschen begegnet. Er hat ihnen oft Heilung und Heil geschenkt.

Jesus sagt:

Deine Sünden sind dir vergeben.

(Mk 2,5)

Max Beckmann (1884–1950): Christus und die Sünderin (Joh 8,3–11; → S. 104). Öl, 150 × 128,5 cm, 1917. Der Maler hat der Gestalt Jesu ein ungewöhnliches, Aufmerksamkeit erregendes Aussehen verliehen (Selbstbildnis). Die Haltung der Hände und der Gesichtsausdruck lassen bei allen Personen erkennen, was sie zu geben haben. Im Vordergrund – perspektivisch verkleinert – mit rotem Haar die Sünderin; ein Stein liegt auf dem Saum ihres Kleides.

---

1. Jesus hat oft Menschen Sünden vergeben. Lest dazu z. B. Mk 2,1–12. Kennt ihr andere Beispiele? (→ S. 46 f)

2. Im Vaterunser, dem Gebet Jesu, stehen wichtige Sätze über Vergebung. Denkt darüber nach.

3. Warum fällt es uns oft schwer, Vergebung zu gewähren? Warum ist es für einen schuldig gewordenen Menschen beglückend, Vergebung zu empfangen?

Die neue Gemeinschaft

Menschen können nicht allein leben (»Robinson«). Familie und Freundeskreis, Vereine und Klasse, Volk und Religion sind Gemeinschaften, die uns Schutz und Geborgenheit schenken oder unsere Interessen fördern können.

Gemeinschaften (Gruppen) haben aber nicht immer nur gute Seiten. Sie können auch gefährlich werden, z. B. dann, wenn sie sich über andere erheben oder sich gegen andere wenden. Selbst Fromme stehen in der Gefahr, nur ihre eigene Gemeinschaft gelten zu lassen, auf andere herabzublicken oder diese zu übersehen. So ist es heute. So war es zur Zeit Jesu.

Wie hat Jesus darüber gedacht? Wie hat er sich gegenüber Verachteten und Außenseitern verhalten, mit denen niemand etwas zu tun haben wollte?

Jesus sagt:

Der Menschensohn ist gekommen, um zu suchen und zu retten, was verloren ist.

(Lk 19,10)

Frans Masereel (1889–1972): Mitten unter euch ist einer, den ihr nicht kennt. Holzschnitt, um 1958.

Jesus wohnt in uns'rer Straße,
ist ein alter Mann.
Gestern bin ich ihm begegnet,
und er sah mich an.
Und er kam mir sehr allein vor,
und er sah mich an und sprach:

Kehrvers:
Wer weiß denn schon,
wer weiß denn schon,
daß ich in dieser Straße wohn,
gleich um die Ecke nebenan.

Jesus wohnt in uns'rer Straße,
hat keine Beine mehr.
Gestern bin ich ihm begegnet,
rollte vor mir her.
Und er saß in seinem Rollstuhl,
und er sah mich an und sprach:
Kehrvers: Wer weiß . . .

Jesus wohnt in uns'rer Straße,
ist 'ne alte Frau.
Gestern bin ich ihr begegnet,
und ihr Haar war grau.
Und es zitterten die Hände,
und sie sah mich an und sprach:
Kehrvers: Wer weiß . . .

Jesus wohnt in uns'rer Straße,
ist ein Schlüsselkind.
Gestern bin ich ihm begegnet,
eiskalt pfiff der Wind.
Und es stand am Zaun und weinte:
und es sah mich an und sprach:
Kehrvers: Wer weiß . . .

Jesus wohnt in uns'rer Straße,
man hatte ihn gefaßt.
Gestern bin ich ihm begegnet,
nach zwei Jahren Knast.
Und da wurde er entlassen,
und er sah mich an und sprach:
Kehrvers: Wer weiß . . .

Jesus wohnt in uns'rer Straße,
wohnt da ganz am End'.
Und er fragte: Du, wie kommt es,
daß mich keiner kennt?
Gestern bin ich ihm begegnet,
und ich sah ihn an und sprach:

Wer weiß denn schon,
wer weiß denn schon,
daß du in dieser Straße wohnst,
gleich um die Ecke nebenan.

Rudolf Otto Wiemer[1]

Endlich einer, der sagt:
Selig die Armen!
und nicht:
Wer Geld hat, ist glücklich!
Endlich einer, der sagt:
Liebe deine Feinde!
und nicht:
Nieder mit den Konkurrenten!
Endlich einer, der sagt:
Selig, wenn man euch verfolgt!
und nicht:
Paßt euch jeder Lage an!
Endlich einer, der sagt:
Wer an mich glaubt, wird leben
in Ewigkeit!
und nicht:
Was tot ist, ist tot.[2]

---

1. Lest Mk 2,13–17.

- 2,13–14: *Die Berufung eines Zöllners*

In der jüdischen Geschichte waren die Zöllner verachtet und gehaßt, weil sie mit den Römern für den heidnischen Kaiser zusammenarbeiteten, oft unerträgliche Abgaben an den Zollstationen forderten und als sehr habgierig galten.
Was sagt das Neue Testament über die Zöllner → Lk 18,9 ff und 19,1–10?

- 2,15–17: *Das Mahl mit den Zöllnern*

Viele Juden ließen zu einem gemeinsamen Mahl nur solche Gäste zu, die Gottes Gesetze nicht offen mißachteten. Für sie war jedes Mahl eine heilige Handlung (→ S. 222 f). Jesus hat sich an diese Regel nicht gehalten.
Überlegt, was die Tischgemeinschaft Jesu mit den Zöllnern bedeutet

- für die Zöllner
- für die Schriftgelehrten von damals
- für Jesus selbst
- für seine neue Gemeinschaft.

2. Überlegt, wie Christen dem Beispiel Jesu folgen müßten.

- Wo gibt es in unserer Gesellschaft/Kirche Verachtete und Ausgestoßene (»Sünder«)?
- Denkt einmal darüber nach, ob eure Klasse/Familie, euer Verein/Freundeskreis eine Gemeinschaft ist, die andere mit einbezieht oder nicht.

Der gültige Maßstab

Menschen tun Gutes und Böses. Aber sie sind sich oft nicht darin einig, was gut und was böse ist. Was der eine lobt, wird von dem anderen getadelt. Selbst Völker und Religionen streiten sich darüber, was Menschen tun und lassen sollen.
Jesus hat nicht für jede einzelne menschliche Handlung festgelegt, ob sie gut oder böse ist. Darum findet man in der Bibel auch nicht für jede Einzelfrage eine Patentantwort von ihm. Er wollte, daß die Menschen über die Fragen immer wieder neu nachdenken und ihr Gewissen befragen. Aber Jesus hat einen Maßstab aufgezeigt, der gültig ist. Wenn Menschen sich nach diesem Maßstab richten, handeln sie gut.

Jesus sagt:

Ein neues Gebot gebe ich euch: Liebt einander!
Wie ich euch geliebt habe, so sollt auch ihr einander lieben.

(Joh 13,34)

• Klaus (13) kommt ein paar Minuten zu spät zum Unterricht. Dafür darf er die Wanderung am nächsten Tag nicht mitmachen. Der Lehrer sagt: *»Strafe muß sein«.*

• Else (13) wird in der Straßenbahn erwischt, als sie ohne Fahrschein fährt. Mit unschuldigem Blick erklärt sie dem Kontrolleur, sie haben ihren Fahrschein verloren. Bei sich selbst denkt sie: *»Ich darf lügen, weil es mir einen Vorteil bringt.«*

• Ulrich (14) wird auf dem Schulhof von einem jüngeren Schüler angerempelt. Er weiß nicht ganz genau, ob dies absichtlich geschehen ist oder nicht. Trotzdem versetzt er dem Kleineren einen harten Tritt. Er ist überzeugt: *»Man darf sich nichts gefallen lassen.«*

• Ein Lehrer spricht in einer Klasse von den Gefahren, die der Drogenkonsum mit sich bringt. Er weist auf körperliche und seelische Schäden der Drogen hin und bemerkt, daß manche Abhängige sogar zu Tode kommen. Da meldet sich Inge (15) ganz erregt: *»Mit seinem Leben darf jeder doch wohl machen, was er will.«*

• Wenn ich dieses Jahr aus der Schule komme, mache ich erst ein paar Wochen Urlaub. Dann gehe ich mit meinen Freunden in eine Diskothek. Wenn ich 16–17 Jahre alt bin, kaufe ich mir ein Motorrad und mache eine Rockergruppe auf, und dann machen wir Burbach unsicher. Wenn wir dann mit den Motorrädern durch Burbach fahren und jeder hat ein Mädchen hintendrauf, machen wir den alten Leuten Angst.[1] *Rolf, 14*

• Ich habe im Moment einen sehr scharfen Ton an mir, vor allem in der Schule. Dieser Ton rutscht mir dann auch zu Hause raus, und schon ist das Theater da. Man wird beschimpft und muß sich immer wieder entschuldigen. Das ist blöde und darüber kommt mir dann die Wut, die sich in Tränen und Schreien Luft macht. Außerdem werde ich fuchsteufelswild, wenn jemand einfach Behauptungen aufstellt, ohne mich angehört zu haben. Dann werde ich auch wütend, wenn mein Vater von anderen Jugendlichen, die ich selbst verurteile, Schlüsse auf mich zieht. Ich sage ihm meine Meinung, aber er stichelt weiter, bis ich aus der Haut fahre. Wenn man so impulsiv ist wie ich, muß man sich hüten, denn man stößt andere Leute damit oft vor den Kopf. Manchmal kann ich mich aber nicht beherrschen und drehe durch. Manchmal weine ich auch oder schimpfe vor mich hin.[2] *Anke, 13*

---

1. Wie muß man die Fälle beurteilen, wenn man den Maßstab Jesu anlegt?

2. Zum Liebesgebot: → S. 74 f und S. 148 f.

Guido Muer (geb. 1927): Gewaltlosigkeit. Öl und Acryl, 64 × 57 cm, 1984.
Das Bild zeigt Jesus und Gandhi (→ S. 43, 144) zusammengebunden vor einem Mächtigen unserer Welt.

1. Lest Mk 12,28–34
- Von wieviel »Geboten« ist die Rede? Worin besteht ihr Zusammenhang? (→ S. 74 f)
- Warum ist das Wort Jesu nicht eine Festlegung für jeden Einzelfall, sondern ein Maßstab, an dem sich das Handeln der Christen orientieren soll?

2. Man hat gesagt, Liebe lasse sich nicht befehlen. Trifft dieser Einwand das Gebot Jesu?

3. Jesu sagt in einer Gerichtsrede, worauf es ihm ankommt. Lest Mt 25,31–46.
- Wie wird das Endgericht dargestellt? Versucht, die einzelnen Bilder zu erklären, z. B. Thron, Hirt, Schafe, Ziegen u. a.
- Zählt die Taten auf, die der König lobt und tadelt. Was ist ihnen gemeinsam?
- Sucht die beiden wichtigsten Verse heraus.
- Wie sollte diese Gerichtsrede das Leben der Christen bestimmen?

4. Kennt ihr andere Beispiele aus dem Neuen Testament dafür,
- was Jesus über Gut und Böse lehrt;
- wie an seinem Leben zu erkennen ist, was gut und böse ist?

Die große Hoffnung

Viele Menschen leben ohne Hoffnung, z. B.:

- Freddy (15), weil er nach Beendigung seiner Schulzeit keine Lehrstelle findet.
- Martina (13), weil ihre Eltern bei einem Verkehrsunfall ums Leben gekommen sind.
- Hilde (14), weil sie einen Herzfehler hat, der es ihr unmöglich macht, so wild und ausgelassen wie andere Mädchen zu sein.
- Tom (13), weil er stottert und darum Angst hat, von anderen ausgelacht zu werden.
- Ich denke nicht nur manchmal über den Tod nach, sondern eigentlich regelmäßig, z. B. abends im Bett oder im Wald, wenn es still ist. Wenn ich darüber nachdenke, überkommt mich eine Angst, die man nicht beschreiben kann. Ich denke an meine Mutter, und ich bin verzweifelt. Über meinen Vater denke ich nicht nach, der ist mir ziemlich gleichgültig. Ich denke manchmal, der Tod ist unabänderlich. Trotzdem kann ich es nicht glauben, daß es nach dem Tod noch weitergeht.[1] *Arnd, 14*

Jesus hat die Not der Menschen ernst genommen. Er hat sie nicht mit billigen Worten vertröstet. Erst recht hat er nicht gelehrt, daß das Leiden im Grunde nicht so schlimm sei, wenn man nur geduldig und fromm sei. Vielmehr ist er gegen das Leid angegangen, wo er nur konnte. Seine Freunde hat er eindringlich aufgefordert, dasselbe zu tun. Dabei wußte er, daß alle menschlichen Anstrengungen nicht ausreichen, das Leiden zu beseitigen und den Tod zu besiegen. Aber Jesus hat gezeigt, daß die Menschen trotzdem hoffen dürfen. Der Gott, von dem er sprach, ist kein fernes, jenseitiges Wesen, das sich um die Geschicke der Menschen nicht kümmert. Der Gott Jesu ist der Vater, der vor allem die Armen und Unterdrückten liebt. Mit ihm weiß sich Jesus eins. Darum ist Jesus selbst für Christen die große Hoffnung. Das bezeugen viele Erzählungen des Neuen Testaments.

Jesus sagt:

Ich bin das Brot des Lebens.
Ich bin das Licht der Welt.
Ich bin die Auferstehung und das Leben.

(Joh 6,35; 9,5; 11,25)

Mir gibt Jesus von Nazaret Antwort und damit Mut in bezug auf drei Fragen:

1. Er gibt mir Antwort auf die Frage nach der Gegenwart Gottes und ermutigt mich, an Gott zu glauben - angesichts der scheinbaren Abwesenheit Gottes in der Welt.
2. Er gibt mir Antwort auf die Frage nach der Zukunft des Menschen und ermutigt mich, die Welt menschlicher gestalten zu helfen - angesichts der Unmenschlichkeit in der Welt.
3. Er gibt mir Antwort auf die Frage nach dem Sinn des Lebens und ermutigt mich, Sinn zu suchen und zu bekennen - angesichts des Leides und Todes in der Welt.

Darum glaube ich Jesus seinen Gott. *Heinz Zahrnt*[2]

Karl Schmidt-Rottluff (1884–1976): Gang nach Emmaus. Holzschnitt, 1918.

Menschen beten zu Jesus

Herr, rette uns, wir gehen zugrunde!
Bleib bei uns; denn es wird bald Abend,
der Tag hat sich schon geneigt!
Herr, zu wem sollen wir gehen?
Du hast Worte des ewigen Lebens.

(Mt 8,25, Lk 24,29, Joh 6,68)

1. Lest Lk 24,13–35.
- In welcher Verfassung sind die beiden Jünger zuerst?
- Was ist der Grund für ihre Stimmung?
- Überlegt, warum sie Jesus nicht erkennen.
- Welches Ereignis hat sie ganz umgewandelt? Woran erkennen sie Jesus? (→ S. 278)

2. Der Text will nicht nur von einem vergangenen Ereignis erzählen. Wer ist auch gemeint, wenn von Kleopas und seinem Freund die Rede ist.

3. Kreuz und Auferstehung Jesu sind »Zeichen der Hoffnung« für jeden Christen. Vergleicht dazu S. 266 ff.

4. Betrachtet genau das Bild: die Landschaft, die Sonne, die Strahlen, die einzelnen Gestalten, Haltung von Kopf und Hand. Das Bild ist im letzten Jahr des 1. Weltkrieges entstanden. Was könnte den Künstler damals dazu veranlaßt haben?

Der Weg zum Vater

Daß es in den Himmel durch ein goldenes Tor geht und daß man von Petrus, der einen weißen Bart hat, empfangen wird, das ist doch eine kindliche Vorstellung. Es ist eine Hoffnung, die das Sterben leichter machen soll. Die Amerikaner waren auf dem Mond, man hat aber keinen Himmel gesehen. Einen Himmel gibt es nicht. Wo gibt es denn Gott, das vollkommene Wesen? Ich habe es nicht gesehen. Niemand hat es gesehen, und ich glaube, Gott gibt es nicht.[1] *Hans Georg, 13*

Vielen Menschen fällt es schwer, an Gott zu glauben. Die einen finden keinen Zugang zu ihm, weil sie nichts für wirklich halten, was sie nicht sehen können. Manche lehnen Gott ab, weil sie seine Gebote nicht halten wollen. Andere fragen sich, ob es überhaupt einen Gott geben kann, der für all das Leiden der Menschen in der Welt verantwortlich wäre. Jesus hat nicht versucht, solch schwierige Fragen mit ausgeklügelten Reden zu beantworten. Er wußte, daß unser Herz und unser Verstand mit Überlegungen allein nicht zufriedenzustellen sind. Er konnte aber auf einen ganz neuen Zugang zu Gott hinweisen: auf sich selbst. Wer Jesus sieht, sieht Gott. Darüber hat er kurz vor seinem Tod mit seinen Jüngern gesprochen.

Jesus sagt:

**Niemand hat Gott je gesehen.
Der Einzige, der Gottes Sohn ist, er hat davon erzählt.**

(Joh 1,18)

Salvador Dali (geb. 1904): Jesus bei der Bergpredigt. Öl, 1964.

---

1. Lest Joh 14,4–7.
Warum erscheint uns die Frage des Philippus verständlich? Wie erklärt ihr den Anspruch Jesu?
2. Wie könnte man Hans Georg das Wort Jesu nahebringen?
3. Wie stellt das Bild von Dali dar, daß Jesus den Weg zum Vater zeigt? Betrachtet im einzelnen die Farben, geht dabei von unten nach oben vor (Blau ist oft die Farbe Gottes, Grün ein Symbol des Lebens, Gelb erinnert an das Sonnenlicht, aber auch an einen Heiligenschein). Was sagen euch Haupt und Finger Jesu? Das Braun im Rücken Jesu verweist auf den Berg, vor ihm erkennt man die Menge.
Kennt ihr ein paar Worte Jesu aus der Bergpredigt? (→ Mt 5–7)

4. Ein heftiger Streit

Auch nach dem Tod Jesu kam die Frage »Jesus – wer ist das?« nicht zur Ruhe. So suchte man auch in späteren Zeiten neue Antworten auf die alte Frage.
Manchmal kam es bei diesen Versuchen zu Auseinandersetzungen unter den Christen, vor allem dann, wenn eine Seite der anderen vorwarf, mit den neuen Antworten von der Bibel abzuweichen und einen anderen Glauben zu verbreiten. Ein besonders heftiger Streit entstand in der Kirche zu Beginn des 4. Jahrhunderts, als Konstantin Kaiser des Römischen Reiches war (323–337).

Auf dem Marktplatz in Alexandrien. Die beiden Marktfrauen Lydia und Doris warten an ihrem Stand auf Kundschaft.

Lydia: *(laut)* He, ihr Leute! Frische Äpfel und Birnen, Feigen, Nüsse und Honig! Und vor allem diese Kohlköpfe! Gute Preise. Kommt! Kauft! Es wird euch nicht leid tun.

Doris: *(lauter)* Fische – ganz frisch von den Booten. Billig, billig wie noch nie! Frische Fische!

Einige Käufer kommen. Beide Frauen verkaufen einen Teil ihrer Waren.
In einer ruhigen Minute beginnt folgendes Gespräch zwischen den beiden:

Lydia: Was hast du gestern abend gemacht, Doris? Warst du etwa wieder in der Kirche bei diesem Arius, von dem die ganze Stadt spricht?

Doris: Ja, warum nicht? Da ist alles ganz anders als es bisher immer war. Wir singen ganz neue Lieder, die Arius selbst gemacht hat. Er trägt Gedichte vor und kann auch großartig predigen. Die Leute sind begeistert.

Lydia: Sag bloß, du begreifst alles, was er sagt.

Doris: Nicht alles, das ist schon wahr. Da ist manches nur für die studierten Theologen verständlich. Aber ich fühle mich trotzdem sehr wohl bei ihm und seinen Leuten.

Lydia: Ich bleibe lieber bei unserem Diakon Athanasius. Der hat gesagt: Was der Arius lehrt, das stimmt mit dem Evangelium nicht mehr überein. Athanasius ist ein gelehrter Mann. Der weiß, was er sagt.

Doris: Du unverschämte Person! Der Athanasius soll seinen Mund halten. Der macht ja aus Jesus Gott. Hat der vergessen, daß es nur einen Gott gibt. Nur der Vater ist Gott. Alle, die dem Athanasius folgen, sind Gotteslästerer. Gut, daß sich Arius dagegen wehrt.

Lydia: Halt endlich den Mund und greife nicht so unverschämt an, was das wichtigste an unserem Glauben ist.

---

1. Erarbeitet an diesem Gespräch die Lehre des Arius.
- Was wollte er betonen?
- Was hat er übersehen?

2. Sprecht über die Lehre des Athanasius.
- Warum widerspricht er dem Arius?
- Was war ihm besonders wichtig?

3. Manche meinen, in diesem Streit gehe es um Spitzfindigkeiten, andere behaupten, er betreffe die Mitte des christlichen Glaubens. Wie denkt ihr darüber?

4. Versucht, die Szene mit Lydia und Doris in eurer Klasse zu spielen.

Doris: Ich greife gar nichts an. Aber du solltest endlich einsehen, was Arius lehrt: Der Vater ist allein ewig. Christus, sein Sohn, ist am Anfang der Zeit geschaffen. Er ist das erste Geschöpf Gottes. Darum steht er unter dem Vater und ist nicht Gott. Er ist dem Vater ähnlich, aber er ist ihm nicht wesensgleich. Verstanden?

Lydia: Nein! Aber du brauchst gar nicht so zu schreien. Nun höre mal auf mich. Wenn ich schon Christin bin, muß ich auch bekennen, daß der Sohn mit dem Vater eins ist. Wäre Christus nicht Gott, so könnte er die Menschen auch nicht erlösen. Der Vergebung unserer Schuld, die Auferstehung und das ewige Leben bei Gott – all das verdanken wir ihm. Und darum glaube ich, daß er Gott und Mensch zugleich ist.

Doris: Ich halte mich lieber an unseren Arius. Der ist prima. Und du bist eine gefährliche Irrlehrerin. Mit dir rede ich nicht mehr.

Lydia: Ich bleibe bei Athanasius. Für mich steht fest, daß er den alten Glauben der Bibel und der Kirche richtig versteht. Du bist die Ketzerin!

Worüber sich damals die Marktfrauen stritten, wozu die Theologen umfangreiche und schwierige Schriften verfaßten – das drohte damals die Kirche zu zerreißen. Schließlich wurde der Streit der beiden Gruppen so heftig, daß der Kaiser Konstantin es für notwendig hielt, ein Konzil (Kirchenversammlung) nach Nicäa bei Konstantinopel einzuberufen. Im Jahr 325 versammelten sich dort etwa 300 Bischöfe. Unter ihnen war auch Nikolaus von Myra, der noch heute in der Christenheit als Heiliger überall verehrt wird (Fest: 6. Dezember). Der Papst schickte aus Rom Abgesandte, der Kaiser übernahm den Ehrenvorsitz. Dieses erste ökumenische (allgemeine) Konzil verkündete nach heftigen Debatten schließlich folgendes Glaubensbekenntnis:

Wir glauben an den einen Gott . . .
Und an den einen Herrn **Jesus Christus,**
Gottes eingeborenen Sohn,
aus dem Vater geboren:
Gott von Gott, Licht vom Licht,
wahrer Gott vom wahren Gott,
gezeugt, nicht geschaffen,
eines Wesens mit dem Vater;
durch ihn ist alles geschaffen.
Für uns Menschen und zu unserem Heil
ist er vom Himmel gekommen.

---

1. Betrachtet das Glaubensbekenntnis, das die Konzilsväter in Nicäa formuliert haben:
- Stimmen sie Arius oder Athanasius zu?
- Woher ist euch dieser Text bekannt?
- Vergleicht dieses Glaubensbekenntnis mit dem »Apostolischen Glaubensbekenntnis«, das ihr in eurem »Gotteslob« findet. Stellt heraus, was beide Texte über Jesus Christus sagen.

2. Schreibt selbst eine neue Szene, in der Doris und Lydia nach der Konzilsentscheidung von Nicäa wieder miteinander reden. Wie könnte das Gespräch laufen?

5. Die Frage bleibt

Die Frage »Jesus – wer ist das?« wurde nicht nur zu seinen Lebzeiten und im Verlauf der langen Kirchengeschichte gestellt. Sie ist auch heute aktuell. An ihr entscheidet sich, welche Richtung einer seinem Leben gibt.
Einige Zeugnisse unserer Zeit:

Der indische Politiker und fromme Hindu Gandhi (1869–1948: → S. 43, 137), der sich sein ganzes Leben lang mit dem Christentum befaßt hat, sagt über Jesus:[1]

Meine Zuneigung zu Jesus ist wirklich sehr groß. Seine Lehre, seine Einsicht, sein Opfertod bewegen mich zur Verehrung. Aber ich muß die Lehre, daß Jesus eine Menschwerdung Gottes im feststehenden Sinne des Wortes gewesen oder daß er der einzige Sohn Gottes ist, ablehnen. ... In meinen Augen ist Jesus einer der größten Propheten und Lehrer, die der Welt je gegeben wurden.

Gesucht wegen Landstreicherei,
Aufruhr, staatszersetzender Umtriebe
und Verschwörung
gegen die herrschende Ordnung.

Kleidet sich ärmlich.
Nach eigenen Angaben Zimmermann von Beruf.
Leidet unter plötzlichen Visionen.
Verbündet sich mit gemeinem Volk,
Arbeitslosen und Asozialen.
Ausländer – wahrscheinlich Jude.
Nennt sich bisweilen »Friedensfürst«,
»Sohn des Herrn«, »Licht der Welt« usw.
Berufsrevolutionär.
Besondere Kennzeichen: Roter Bart.
An Händen und Füßen auffällige Narben,
die aus einer ernsthaften Auseinandersetzung
mit ehrbaren Bürgern stammen sollen.
Hohe Belohnung
für sachdienliche Hinweise.

Aus einer Schülerzeitung[2]

Gebet
eines heutigen Pfarrers (→ S. 282)

Jesus,

du hast alles auf den kopf gestellt
du hast deine kirche geschüttelt
und so die wahrheit neu und frisch ans licht gebracht
stelle auch uns auf den kopf
schüttele uns
daß wir nicht so nach nichts schmecken
daß wir nicht ein jesus-gespenst sind
sondern lebendiger jesus
der tote aus dem schlaf weckt
amen *Wilhelm Willms*[1]

Vergleiche ihn ruhig
mit anderen Größen
. . .
. . .
. . .
er hält das aus
besser ist allerdings
du vergleichst ihn
mit **Dir**

Zur Erläuterung: Das Gedicht wurde von der evangelischen Theologin Dorothee Sölle verfaßt. Sie vergleicht Jesus in der 2.–4. Zeile mit Sokrates (griechischer Philosoph, 5. Jh. v. Chr.), mit Rosa Luxemburg (kommunistische Revolutionärin, 20. Jh.) und mit Gandhi (indischer Politiker, der mit der Methode der Gewaltlosigkeit (→ S. 137) die Selbständigkeit Indiens von Großbritannien erkämpfte, 20. Jh.).[2]

Katja Ebstein, berühmte Schlagersängerin, hier bei einer Veranstaltung »Künstler für Christus« im Frankfurter Dom 1986

Was Jesus für mich ist?
Einer,
der für mich ist.
Was ich von Jesus halte?
Daß er mich hält.
Lothar Zenetti[3]

1. Ergänzt die drei Leerzeilen mit Namen, die euch viel bedeuten.
2. Ist es möglich, diese Namen mit Jesus zu vergleichen?
3. Überlegt bei euch, was ihr euch sagen müßt, wenn ihr Jesus mit euch selbst vergleicht.

Verantwortung für das eigene Leben

1. Der Ausgangspunkt: Sich selbst verstehen

Manchmal meinen Mädchen und Jungen:
»Ich kann nichts dafür, daß ich so bin, wie ich bin.«
Dann hören sie von Eltern oder Lehrern:
»Du bist für dich selbst verantwortlich.«

Wer hat recht?

Wenn Martin (14) über sich selbst nachdenkt, fällt ihm sehr verschiedenes ein:

- Viele sagen, er komme äußerlich und in manchen Fähigkeiten auf seinen Vater.
- Er versteht sich mit seinem Deutschlehrer prima, mit seiner Englischlehrerin nicht.
- Er sieht Monika gern.
- Er nimmt es mit der Wahrheit nicht immer so ganz ernst.
- Auf dem letzten Zeugnis hatte er in Englisch eine »5«, in Biologie eine »1«.
- Er hat manchmal keine Lust zu beten.
- Wenn man ihn wie ein Kind behandelt, wird er wütend.
- Im letzten Winter hat er sich beim Rodeln den Arm gebrochen.

Ähnlich wie Martin ergeht es Cornelia (13). Auch sie stellt an sich manches fest:

- Sie verkracht sich in letzter Zeit häufiger mit ihren Freundinnen.
- Sie hat lange hellbraune Haare und wiegt 40 Kilo.
- Seitdem sie gern die Hitparade hört, geht sie kaum noch in den Schulchor.
- Wenn sie zu Hause unbeobachtet ist, sitzt sie oft vor der Flimmerkiste.
- Mit ihrem Vater kommt sie besser aus als mit ihrer Mutter.
- Manchmal ist sie sehr traurig, ohne einen Grund zu wissen.
- Neuerdings steht sie oft vor dem Spiegel.
- Ab und zu schwänzt sie den Sonntagsgottesdienst.

Zu unserem Leben gehört es, daß wir Verantwortung tragen können. Je älter wir werden, um so weniger bestimmen andere über uns. Wir selbst können zunehmend selbständig Aufgaben und Pflichten übernehmen, z. B. zu Hause und in der Schule, anderen Menschen, der Welt und der Zukunft gegenüber. Auch für unser eigenes Leben tragen wir Verantwortung. Es ist ein Geschenk Gottes, verantwortlich sein zu dürfen.

Herbert Falken (geb. 1932): Tänzer vor Jury. Pastell-Tusche, 200 × 110 cm, 1976.
Vor welcher Jury läuft unser Leben ab?

---

1. Sprecht über das Verhalten von Martin und Cornelia.

- Wofür sind die beiden sicher verantwortlich?
- Wofür bestimmt nicht?
- Wo ist die Antwort für euch schwer?

2. Welche Menschen haben für euch bis zu eurem ersten – dritten – sechsten – zehnten Lebensjahr Verantwortung getragen?
Wer ist heute für euer Leben (mit)verantwortlich?

2. Ein Wegweiser: Sich selbst lieben

Viele Menschen meinen, der christliche Glaube lege den Menschen nur Pflichten auf. Er verlange von uns immer nur Selbstlosigkeit. Nur der sei ein guter Christ,

- der auf alles verzichtet,
- der immer Gott und den anderen Menschen gegenüber demütig ist,
- der möglichst wenig an sich selbst denkt.

Wer dies annimmt, hat das Christentum nicht verstanden. Die Bibel ermutigt uns dazu, auch uns selbst zu lieben. Dies steht in der wichtigsten Weisung Jesu von der dreifachen Liebe. Wir sollen in der Tat Gott und den Nächsten lieben. Viele übersehen aber dabei, daß wir das in dem Maß tun sollen, wie wir uns selbst lieben (→ S. 74 f).
Der tiefste Grund dafür liegt darin, daß Gott uns Menschen liebt. Er hat uns geschaffen und sein Sohn ist ein Mensch gleich uns geworden. Wie hoch Gott den Menschen einschätzt, zeigt die Bibel an vielen Stellen.

Gott sprach: Lasset uns den Menschen machen
als unser Abbild, uns ähnlich . . . Gott schuf also den Menschen
als sein Abbild . . . Als Mann und Frau schuf er sie . . .
Gott sah alles an, was er gemacht hatte: Es war sehr gut.

(Gen 1,26.27.31)

Was ist der Mensch, daß du an ihn denkst,
des Menschen Kind, daß du dich seiner annimmst?
Du hast ihn nur wenig geringer gemacht als Gott,
hast ihn mit Herrlichkeit und Ehre gekrönt.

(Ps 8,5 f)

• Veronika (13) liebt das Leben, weil sie immer soviel Neues bei sich, in der Natur und bei anderen Menschen entdeckt. Sie findet es großartig, was sie alles schon kann. Für die Zukunft hat sie tolle Pläne. Manchmal denkt sie bei sich im Überschwang: *»Es ist gut, daß es mich gibt.«*
• Harald (13) fragt sich manchmal, wozu er eigentlich da ist. Obwohl er in der Schule keine ernsten Schwierigkeiten hat, zweifelt er ständig an sich selbst. Er meint, daß die Lehrer ihn nicht mögen, daß er den Klassenkameraden wenig bedeute, daß er vor Gott oft versage. Er findet sich einfach nicht gut. Darum lehnt er sich mehr und mehr selbst ab. Andere, die ihn beobachten, sagen: *»Er mag sich selbst nicht.«*
• Elisabeth (14) steht oft vor dem Spiegel und betrachtet sich. Nichts gefällt ihr. An allem hat sie etwas auszusetzen: an der Farbe der Augen, an der Form der Nase, am Wuchs der Haare, an Gestalt und Größe. Dabei finden andere sie ausgesprochen nett. Aber das merkt sie gar nicht. Zum hundertstenmal denkt sie: *»Ich sehe nicht gut aus. Ich bin nicht viel wert.«*

• Christoph (14) weiß genau, was er kann und was er nicht kann. Die Fremdsprachen liegen ihm nicht so wie Biologie und Physik. Er kennt mehr Blumen und Schmetterlinge als alle seine Freunde. Auch im Basteln hat er beachtliche Fähigkeiten. Manchmal sagt er etwas zu sich, das andere nicht hören sollen, weil sie ihn dann für eingebildet halten könnten: *»Ich bin einmalig. So etwas wie mich gibt es nicht noch einmal auf der Welt.«*

Nur wer sich selbst liebt,
• kann sein eigenes Dasein dankbar annehmen
• lernt, zu seinen Stärken und Schwächen Ja zu sagen
• kann Verantwortung für sich und andere übernehmen
• wird auch die schweren Zeiten seines Lebens ertragen
• braucht nicht vor sich selber zu fliehen
• sucht nicht ständig Ersatzbefriedigungen zu seinem Glück
• kann auch Gott und den Nächsten lieben.

1. Liebe zu sich selbst ist etwas völlig anderes als Egoismus. Könnt ihr den Unterschied an einem Beispiel aufzeigen?
2. Manche Menschen meinen, es sei gar nicht schwer, sich selbst zu lieben. Was meint ihr dazu?
3. Was könnt ihr einer Freundin (einem Freund) sagen, die (der) sich selbst ablehnt und nicht liebenswert findet?
4. Das Hauptgebot (→ S. 74 f) ermutigt uns, Gott und den Nächsten und uns selbst zu lieben.
Wie sähe ein Leben aus, in dem das Gegenteil gilt?

3. *Drei Sackgassen*

DER BLAUE DUNST

• Christoph (9) will endlich einmal wissen, wie Zigaretten schmecken. Darum klaut er sich einige aus der Packung seines Vaters und nimmt sie mit zu seinen Freunden. Als sie allein sind, rauchen sie zum erstenmal. Nachher ist ihnen ziemlich übel.

• Peter (13) weiß, daß er auf der Geburtstagsparty Elke und Sigrid treffen wird. Darum kauft er sich vorher ein paar Zigaretten. Als sie zusammen sind, zieht er die Packung heraus und steckt sich eine an. Alle staunen.

• Herr M (36) freut sich auf den Feierabend. Während seiner Arbeit raucht er nicht, aber nach getaner Arbeit steckt er sich gern eine Zigarre an und trinkt dazu ein Glas Bier.

• Fräulein J (25) bringt es täglich auf ca. 50 Zigaretten. Kaum ist eine ausgeraucht, steckt sie sich schon die nächste an. Ihre Finger sind ganz braun. Mit Zigaretten wirkt sie nervös, ohne Zigaretten noch mehr. Sie verbraucht monatlich ca. 300,– DM.

• Frau B (28) ist im 5. Monat schwanger. Sie raucht deshalb nicht mehr so viel wie früher, höchstens noch 15 pro Tag.

• Herr D (46) ist Chefverkäufer in einer Möbelhandlung. Wenn Kunden kommen, bietet er ihnen während der Besichtigung etwas zu rauchen an.

• Christian (12) hat noch nie geraucht. Als ihn seine Freunde drängen, wagt er nicht, die Zigarette abzulehnen.

1. Die Werbung arbeitet heute mit raffinierten Mitteln, um das Rauchen zu fördern. Stellt eine Collage her von Anzeigen für Tabakwaren aus Illustrierten, Tageszeitungen, Plakaten usw. und prüft,

• welche einprägsamen Formeln (»Slogans«) benutzt werden;
• wie die rauchenden Typen aussehen;
• was der Tabakgenuß verspricht;
• was verschwiegen wird.

2. Es gibt viele Sprüche, Zitate und Witze über das Rauchen, z. B.:

• »Pfeifenraucher sind ruhig und zuverlässig.«
• »Mein Opa ist 75 Jahre alt geworden und hat bis zu seinem Tod geraucht. Mein Bruder hat nie geraucht und ist trotzdem schon mit 4 Jahren gestorben.«
• »Es ist leicht, sich das Rauchen abzugewöhnen. Ich habe es schon vierzehnmal geschafft.«

Was sagt ihr zu solchen Sprüchen?

3. Was kann man tun, um das Rauchen
• gar nicht anzufangen
• sich wieder abzugewöhnen?

4. Wie sollte man sich verhalten, wenn man von Freunden zum Rauchen gedrängt wird?

5. Rauchen – ein Thema für den Religionsunterricht?

Tatsachen und Zahlen

- Im Jahr 1985 wurden in der Bundesrepublik Deutschland 121 Milliarden Zigaretten geraucht (1987: 119 Milliarden Zigaretten). Das bedeutet, daß – statistisch gesehen – jeder Einwohner fast 2000 Zigaretten konsumiert hat. 1950 waren es ca. 500, 1976 ca. 2100 Stück. Für Tabakwaren insgesamt gab jeder Bundesbürger 1985 im Durchschnitt 406 DM aus. Die Gesamtausgaben für Tabakwaren betrugen 24,8 Milliarden DM. Dieser Tabakverbrauch brachte dem Staat ca. 14,6 Milliarden DM an Steuern ein. Davon investierte die Bundesregierung etwa 2 Milliarden in die Antirauchkampagne. Wieviel Geld für durch Rauchen verursachte Krankheitskosten und Invalidenrenten aus den Steuern aufzubringen war, ist nicht bekannt.[1]
- Die Tabakindustrie gibt jährlich etwa 300 Millionen DM für Werbung aus.[2]
- In den USA wurden vor einigen Jahren in einer großangelegten wissenschaftlichen Arbeit – dem sogenannten »Terry-Report« – die Auswirkungen des Rauchens untersucht. Dabei ergab sich eine deutliche Erhöhung der Sterberate von Rauchern gegenüber Nichtrauchern, und zwar bei Lungenkrebs um 10,8mal, bei Bronchitis und Lungenblähung um 6,1mal, bei Kehlkopfkrebs um 5,4mal, bei Mundhöhlenkrebs um 4,1mal, bei Speiseröhrenkrebs um 3,4mal.[3] Diese wissenschaftlichen Untersuchungen sind inzwischen vielfach bestätigt.
- Man schätzt, daß die Volksdroge Tabak jährlich in der Bundesrepublik Deutschland ca. 140000 Menschenleben fordert und ca. 100000 Menschen zu Frühinvaliden macht.[4] Durch Passivrauchen sterben bei uns jährlich ca. 1200 Menschen.[5]
- Bei Jugendlichen ist das Rauchen längst nicht mehr so »in« wie noch vor zehn Jahren. Man schätzt, daß mehr als die Hälfte der 14- und 15jährigen nicht raucht. Bei den 14- bis 19jährigen soll der Anteil der Raucher von 40 auf 28 % gefallen sein.[6]
- Jungen rauchen etwas mehr als Mädchen, aber der prozentuale Anteil der Raucherinnen steigt. Insgesamt rauchen ca. 12 Millionen Männer und ca. 8 Millionen Frauen bei uns.[7]
- Wer in jungen Jahren mit dem Zigarettenkonsum beginnt und sich später zu einem starken Raucher entwickelt, verkürzt seine Lebenserwartung um ca. sechs Jahre. Viele der heute rauchenden Schüler werden mit 30 oder 40 Jahren an Lungenkrebs sterben.[8]
- Nikotin ist ein gebräuchliches Pflanzen- und Insektenvertilgungsmittel. Wer die Dosis von zwei Packungen gleichzeitig in sich aufnehmen würde, fiele sofort tot um.[9]

Informiert euch über die Wirkung des Nikotins auf die Atemorgane, den Kreislauf, das Herz und das Gehirn

- im Biologieunterricht
- in Büchern oder Zeitschriften.

Weiteres Material zum Thema könnt ihr kostenlos anfordern: Bundeszentrale für gesundheitliche Aufklärung, Postfach, 5000 Köln 100.

Die verführerische FLASCHE

Könnt ihr folgende Angaben weitererzählen?

- Günter (14) behauptet gern: »Ein paar Gläschen machen mir nichts aus. Ich kann schon etwas vertragen.« Gestern z. B. . . .
- Der Vater schimpft immer, wenn er erfährt, daß Helmut (14) Bier getrunken hat. Doch dann setzt er sich meist vor den Fernseher und trinkt selbst etliche Flaschen Bier. Neulich kam es zu folgendem erregten Gespräch zwischen den beiden . . .
- Hildegard (15) trinkt ganz gern einmal ein Gläschen Wein. Aber sie braucht keinen Alkohol, um in Stimmung zu kommen. Neulich . . .
- Dieter (13) mag kein Bier. Erst recht findet er keinen Gefallen an einem »Klaren«. Trotzdem trank er neulich ziemlich viel Bier und Schnaps, als seine Freunde ihn hänselten. Denn . . .
- Marlene (24) fühlt sich oft sehr einsam. Wenn dann abends auch das Fernsehen nichts bringt, was ihr gefällt, beginnt sie zu trinken. Ihre Freundinnen meinen . . .

Was Statistiken sagen

- 1985 gaben die Bundesbürger für alkoholische Getränke insgesamt 32,5 Milliarden DM aus. Das entspricht einer Pro-Kopf-Ausgabe von 534,– DM. Im Jahr 1950 waren es 80,– DM, im Jahr 1979 635,– DM. Die Tendenz ist seitdem leicht fallend. Die Alkoholschäden für die Volkswirtschaft schätzt man auf ca. 15–30 Milliarden DM.[1]
- Der Anteil der Personen, die ab 14 Jahren täglich Bier trinken, lag 1984 bei 14 %. Hier ist die Tendenz steigend (1978: 11 %).[2]
- 1983 wurden ca. 66000 Alkoholunfälle im Straßenverkehr festgestellt. Dabei wurden 61000 Personen verletzt, 25000 davon schwer. 2754 Personen kamen ums Leben (22 % aller Toten im Straßenverkehr). Besonders viele Alkoholunfälle werden von Personen zwischen 18 und 21 Jahren verursacht.[3]

Warum trinkst du?

Den nächsten Planeten bewohnte ein Säufer. Dieser Besuch war sehr kurz, aber er tauchte den kleinen Prinzen in eine tiefe Schwermut.

»Was machst du da?« fragte er den Säufer, den er stumm vor einer Reihe leerer und einer Reihe voller Flaschen sitzend antraf.

»Ich trinke«, antwortete der Säufer mit düsterer Miene.

»Warum trinkst du?« fragte ihn der kleine Prinz.

»Um zu vergessen«, antwortete der Säufer.

»Um was zu vergessen?« erkundigte sich der kleine Prinz, der ihn schon bedauerte.

»Um zu vergessen, daß ich mich schäme«, gestand der Säufer und senkte den Kopf.

»Weshalb schämst du dich?« fragte der kleine Prinz, der den Wunsch hatte, ihm zu helfen.

»Weil ich saufe!« endete der Säufer und verschloß sich endgültig in sein Schweigen.

Und der kleine Prinz verschwand bestürzt.

Die großen Leute sind entschieden sehr, sehr wunderlich, sagte er zu sich auf seiner Reise.

Antoine de Saint-Exupéry *(→ S. 78, 109)*[4]

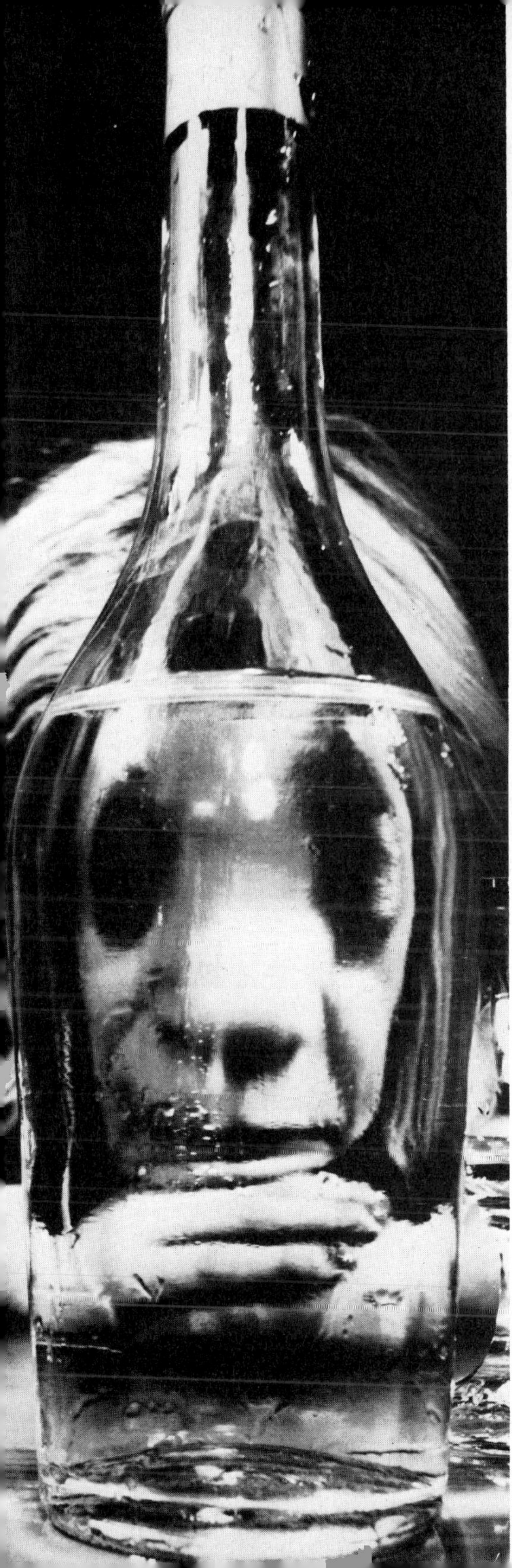

Wo Alkohol Schaden anrichtet

Gesundheit: Leberschrumpfung, Fettleber, Nervenentzündungen, Verdauungsstörungen, Gehirnschäden, Zittern, Magenschleimhautentzündungen, Gleichgewichtsstörungen.

Geist – Wille – Gefühle: lautes und störendes Auftreten, verminderte Denkfähigkeit, verlangsamte Reaktionsfähigkeit, Willensschwäche, Rücksichtslosigkeit, Aggressivität, Brutalität, mangelnde Zurechnungsfähigkeit, Enthemmung.

Umwelt: Belastung von Ehe und Familie, Versagen in Beruf und Schule, Straßenverkehr, Kosten für Entziehungskuren und Krankenhaus, Kriminalität.

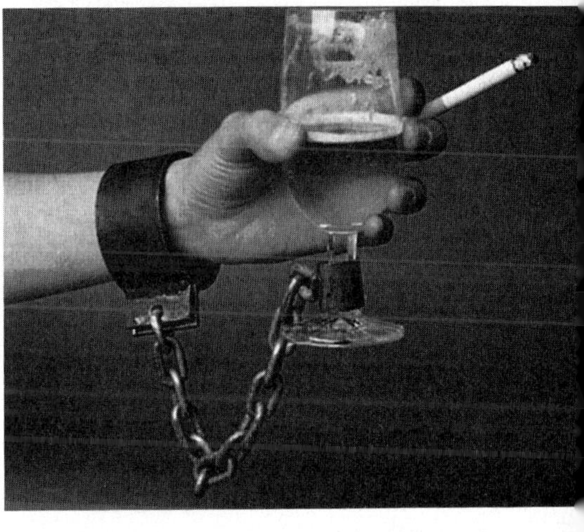

1. Stellt die Gründe zusammen, die Menschen und besonders Jugendliche veranlassen, Alkohol zu trinken.

2. Informiert euch über die Wirkung des Alkohols
- im Biologieunterricht
- in Büchern oder Zeitungen
- bei der Bundeszentrale für gesundheitliche Aufklärung (→ Aufgabe, S. 151).

3. Untersucht die Werbung für alkoholische Getränke in ähnlicher Weise wie die für Tabakwaren (→ Aufgabe 1, S. 150).

4. Was kann man tun,
- um sich den Griff zur Flasche gar nicht anzugewöhnen,
- um vom Alkohol wieder loszukommen?

5. Wie soll man sich verhalten, wenn einem ein alkoholisches Getränk angeboten wird?

DAS TRÜGERISCHE GLÜCK

Der typische Weg eines Drogenabhängigen. Er ist erfunden und kommt doch so ähnlich häufig vor:[1]

Klaus hat ein schlechtes Halbjahreszeugnis im 9. Schuljahr mit nach Hause gebracht. Seine Eltern schimpfen. Klaus hält es zu Hause nicht mehr aus und besucht das Jugendzentrum. Dort trifft er eine Gruppe von älteren Jugendlichen, denen er sein Leid klagt.

Die älteren Freunde geben Klaus Haschisch, damit er seine Sorgen vergessen kann. Klaus wird high und fühlt sich sehr glücklich.

Als der Rausch verflogen ist, ist das ursprüngliche Problem noch ungelöst. Deshalb versucht Klaus am nächsten Abend wieder, an Stoff zu kommen. Er ist sehr froh, daß er die Bekannten vom Vortag wieder trifft. Bei ihnen fühlt sich Klaus verstanden. Diesmal muß er für den Stoff bezahlen.

Als Klaus spät nach Hause kommt, gibt es Streit mit den Eltern.

Zu dem ursprünglichen Problem kommt der wachsende Ärger mit dem Elternhaus.

Klaus bleibt nun fast jeden Abend lange im Jugendzentrum und genießt die Flucht in die Traumwelt der Drogen.

In der Schule ist er müde und desinteressiert. Seine Leistungen sinken weiter.

Die neuen Freunde besorgen ihm Weckmittel, mit deren Hilfe er versucht, wenigstens bei den Klassenarbeiten fit zu sein. Die Medikamente stammen aus Apothekeneinbrüchen. Inzwischen hat Klaus kein Geld mehr, um seine Joints zu bezahlen. Er nimmt der Mutter Geld aus der Handtasche.

Die Leistungen in der Schule werden so schlecht, daß Klaus voraussichtlich nicht einmal mehr ein Abschlußzeugnis, sondern nur ein Abgangszeugnis bekommen wird.

Klaus glaubt, ohne Haschisch und Weckmittel nicht mehr leben zu können. Er würde so gern einmal mit jemandem über seine ständig wachsenden Probleme sprechen, aber außer den Freunden von der Drogenszene hat er keine Gesprächspartner.

Vater droht Klaus, ihn dem Jugendamt zu melden.

Klaus bittet seine Freunde um LSD, weil er gehört hat, daß ein Trip noch viel schöner sei als ein Haschischrausch.

Der Trip verläuft schlecht. Klaus hat Angst. Er wird mit den Bildern, die er im Rausch gesehen hat, nicht fertig. Die Rauscherlebnisse selbst werden nun zum Problem.

Klaus schwänzt die Schule.

Die Freunde verführen Klaus zu weiteren Trips. Die Rauscherlebnisse sind zum Teil erregend schön, zum Teil aber auch wieder beängstigend.

Klaus stiehlt im Warenhaus ein Radio, um seine Drogen weiterhin beziehen zu können. Beim nächsten Ladendiebstahl wird er beobachtet. Klaus hat Angst vor der Polizei. Er flüchtet sich in die Wohnung eines Freundes und bittet ihn, bei ihm bleiben zu dürfen. An diesem Abend spritzt Klaus zum erstenmal Heroin. Und zum erstenmal ist er für einige Stunden wunschlos glücklich. Er hat seine Probleme vergessen.

---

1. Untersucht die einzelnen Abschnitte dieser Entwicklung:
- Welche Stationen könnt ihr erkennen?
- Sprecht über die Ursachen und Wirkungen.
- Könnt ihr die Geschichte weiterbeschreiben?
- Was könnte man Klaus sagen, was für ihn tun?

2. Kennt ihr noch andere Gründe, warum Jugendliche Drogen nehmen?

Noch vor einigen Jahren haben manche Leute leichtsinnig behauptet, der Genuß einiger Drogen sei ungefährlich. Inzwischen lassen zahlreiche medizinische Untersuchungen erkennen, daß diese Meinung falsch ist. Neben vielen anderen gefährlichen Auswirkungen kann jeder Drogenkonsum insbesondere dem menschlichen Gehirn schaden.
Unser Gehirn gleicht in seinem Aufbau einem Computer. Wie dort Millionen von Transistoren auf einzelnen Chips dafür sorgen, daß der Computer Daten speichern und gestellte Aufgaben lösen kann, so gibt es im Gehirn etwa 15 Milliarden (!) Nervenzellen, die miteinander verbunden sind. Dieses System im menschlichen Gehirn ermöglicht und steuert zugleich unser Denken, Fühlen und Handeln. Drogen wirken auf dieses System chemisch ein. Sie stören den Ablauf der Gehirnprozesse und zerstören nach und nach Nervenzellen und ihre Verbindungen. Süchtigkeit, die gefährliche Folge des Drogenkonsums, kann wie ein wucherndes Krebsgeschwür den Menschen zersetzen.

Zahlen – Zahlen – Zahlen

• Man schätzt, daß etwa 4 % der Jugendlichen unter 18 Jahren (ca. 225000) Drogenerfahrung haben. Die weitaus meisten sind gelegentliche Probierer, ein kleiner Teil zählt zu den schwachen, der kleinste Teil zu den starken Usern.[1] Die Tendenz gegenüber den Vorjahren ist seit 1980 steigend.[2]
• Die jungen Leute, die Drogen nehmen, haben mehr Probleme in der Schule und im Beruf als die anderen. Auch Selbstmordgedanken finden sich häufig.[3]
• 1985 wurden 60941 Rauschgiftdelikte (Handel, Schmuggel) bekannt. Daran waren Jugendliche zwischen 14 und 18 Jahren mit 6,1 % beteiligt.[4]
• 1986 gab es in der Bundesrepublik Deutschland 348 Rauschgifttote; 1987 waren es 450.[5] Man schätzt, daß etwa ein Drittel auf Selbstmord und zwei Drittel auf »Drogenunfälle« (Überdosis, unreine Injektionen) entfallen.
• Ein Kilogramm Haschisch bringt dem Erzeuger in seinem Land (Vorderer Orient, Asien, Afrika) etwa 8,– DM. Bei uns kostet ein Gramm ca. 8,– DM. Nutznießer des Profits sind die Aufkäufer im Erzeugerland, Fahrer, Diplomaten (!), Mittelsmänner und Dealer. Es gibt in aller Welt eine skrupellose Rauschgiftmafia, die ungeheure Gewinne macht. Man taxiert sie auf mehr als 100 Milliarden Dollar jährlich.[6]

1. Thomas (14) weiß, daß einige seiner Klassenkameraden Drogen verkaufen und auch selbst nehmen. Wie soll er sich da verhalten?
2. Es gibt verschiedene Arten von Medikamenten, Drogen und Rauschmitteln, die in den Wirkungen unterschiedlich, aber alle gefährlich sind:
• Schlaf-, Beruhigungs-, Weckmittel, »Muntermacher«
• Haschisch und Marihuana als Abkömmlinge des indischen Hanfes (Cannabis)
• LSD (Lysergsäurediäthylamid) und Meskalin
• Opium, Morphium, Kokain, Heroin.
Könnt ihr über Herkunft, Aussehen, Wirkung und Preis der einen oder anderen Droge etwas herausfinden?
Informationen dazu: → Aufgabe, S. 151.

Berichte von Drogenabhängigen

Als meine Mutter wieder arbeiten wollte, war ich zehn. Damals habe ich viel geweint, weil ich ins Tagesheim mußte. Aber es hat nichts geholfen. Mama wollte eben unbedingt wieder arbeiten. Es war ihr zu langweilig zu Hause. Inzwischen habe ich zu meinen Eltern kaum noch Beziehungen, auch zu Mama nicht. Geld bekomme ich, soviel ich will. Vom Taschengeld kann ich ohne Schwierigkeiten meine Schüsse bezahlen. Sonntags, wenn meine Eltern zu Hause sind, gehe ich nachmittags zu meiner Schulfreundin. Die fixt auch. Wir schießen beide in den Fuß, damit man die Einstiche nicht sieht. Meine Eltern interessieren sich nicht für meine Freunde, nur für meine Schulnoten, und die sind immer noch ganz gut.
Ich hatte vor einem Jahr mal einen Freund, in den war ich richtig verliebt. Aber er hat mich wegen einer anderen sitzenlassen, weil ich zuviel grübeln würde. Ich war ganz kaputt. Mama sagte, ich spinne, mein Freund sagte, ich sei eine Grüblerin. Ich wollte ganz Schluß machen, aber in der Nacht hat mich jemand überredet und mir einen LSD-Trip geschenkt. Danach waren meine Sorgen auf einmal unwichtig. Ein halbes Jahr lang habe ich jeden Tag LSD genommen. Dann bin ich an die Spritze gekommen . . .
Ich habe nicht mehr viel Zeit auf dieser Welt, aber das ist nicht schlimm. Ich glaube, daß ich nach dem Tod endlich meine Ruhe habe. Dann bin ich so frei wie damals, als ich noch nicht gezeugt war. Dann bin ich wieder bei Gott! *Bonni (15)*[1]

Während meines Aufenthaltes hier in der Klinik, wo ich jetzt über zwei Monate allein auf einem Zimmer liege, das nur der Arzt betreten darf, habe ich viel Zeit gehabt, über alles nachzudenken.
Ich komme aus einem kleinen Dorf. In diesem Dorf habe ich als erster mit dem Genuß von Drogen angefangen. Nach einiger Zeit habe ich einige Leute dazu verführt, mit mir zusammen Joints zu rauchen und Trips zu werfen. Es sind genau solche Menschen wie ihr gewesen. Heute sind sie kaputt, fast genauso kaputt, wie ich es vor einigen Wochen war. Immer tauchen diese Freunde vor mir in meinen Gedanken auf. Sie sprechen mit mir, sie lachen, sie schreien mich an. Ich sehe sie immer vor meinen Augen. Der eine gerade im Jointbauen und der andere beim Tripwerfen, der nächste die Spritze aufziehen.
Wenn sie alle fertig sind und voll in der Ecke liegen, schreien sie mich an. Sie drohen mir, sie sagen mir, ich solle wieder mitmachen. Sie sagen, ich soll mit ihnen daran kaputtgehen. Ich drehe mich im Kreis und sehe sie rund um mich liegen. Jeder sieht schlimmer aus als der andere. Zuletzt mein bester Freund. Er kann sich nicht mehr regen, aber er schaut mich an. In diesem Blick steht groß in knallroten, feurigen Buchstaben geschrieben: Sieh mich an, das habe ich dir zu verdanken.
Ich kann mich nicht losreißen von meiner Schuld, andere Leute zum Rauschgift verführt zu haben. Mein Arzt sagt mir immer, ich habe keine Schuld, da ich selber nicht wußte, was ich tat. Ich sehe das ein, aber trotzdem tut es mir in meinem Inneren weh.
Aus dem Brief eines Jugendlichen an einen Religionslehrer und seine Klasse[2]

Herbert Falken (geb. 1932): Rauschgiftsüchtiger. Graphit, 200 × 110 cm, 1973.

---

1. Schreibt einen Brief an einen Drogenabhängigen.
2. In den Texten finden sich mehrere religiöse Anspielungen. Sucht sie heraus.
3. Viele Christen bemühen sich, junge Menschen von ihrer Drogenabhängigkeit zu befreien. Warum tun sie das?

4. Das Ziel: Glücklich werden

Mädchen und Jungen wollen nicht nur von Verantwortung und Gefahren hören. Sie wollen unbeschwert leben und glücklich sein. Aber Verantwortung ist die Voraussetzung zu einem glücklichen Leben. Wer verantwortungslos lebt, hat vielleicht für den Augenblick einen Vorteil. Wer aber seine Zukunft im Blick hat, weiß, daß Verantwortungslosigkeit all das zerstören kann, was das Leben lebenswert macht. Was Jungen und Mädchen als Glück ansehen und wie sie sich eine glückliche Zukunft vorstellen, sagen folgende Beispiele:[1]

• Wenn ich aus der Schule bin, kaufe ich mir ein Mofa. Dann gehe ich Kaufmann lernen. Wenn ich ausgelernt habe, dann gehe ich bei meinem Bruder auf die Arbeit. Wenn ich dann Geld gespart habe, kaufe ich mir ein Auto. Dann kaufe ich mir ein Haus, wenn's geht. Und such mir ein schönes Mädchen. Wenn ich verheiratet bin, dann will ich 2 Kinder haben. Und ein Vater sein. Und will mit Kind und Mutter glücklich sein. Dann sorge ich für meine Mutter. Ich gebe ihr mein ganzes Geld bis auf 30 Mark. *Arnold (10)*

• Wenn ich einen Jungen, den ich schon lange beobachte, der Rolf heißt, und der für mich der schönste auf der Welt ist, als Freund bekommen könnte. Vielleicht versteht mich auch keiner, aber das ist mir egal. Ich würde alles dafür geben, um diesen süßen Jungen als richtigen Freund zu bekommen. *Silke (13)*

• Ich würde gern ein Heim gestalten, für alte und kranke Menschen, auch für Gastarbeiter. Zuerst würde ich Freunde und Freundinnen fragen, ob sie mitmachen wollen. Mit meinen Helfern würde ich hübsche kleine Holzkästen basteln mit einer kleinen Öffnung. Die hängen wir an Holzmasten oder Häuser. Mit Hilfe dieser Kästchen würden wir dann Geld sammeln und alles auf ein Konto bringen. Wenn ich dann 22 bin, würde ich ein Grundstück kaufen. Die freiwilligen Helfer wären dann das Personal.

Martina (12)

1. Was haben folgende Dinge mit dem Glück zu tun: Ansehen, Genuß, Arbeit, Liebe, Religion, Wissen? Könnt ihr eine Reihenfolge aufstellen?

2. Wie stellt ihr euch euer Glück vor? Welche Wünsche bewegen euch besonders?

3. Versucht einmal zu beschreiben, wie ihr euch euer Leben wünscht
• mit 13 – 14 – 16 Jahren
• mit 18 – 20 – 25 Jahren
• mit 30 – 40 – 70 Jahren.

4. Warum kann es kein Glück für den einzelnen ohne Gottes-, Nächsten- und Selbstliebe geben?

5. Auch der moderne Aberglaube hat viel mit Verantwortung für das eigene Leben und mit Glück zu tun. Zeigt das an einem Beispiel (→ S. 180 ff).

Was man entwickeln sollte, um glücklich zu werden

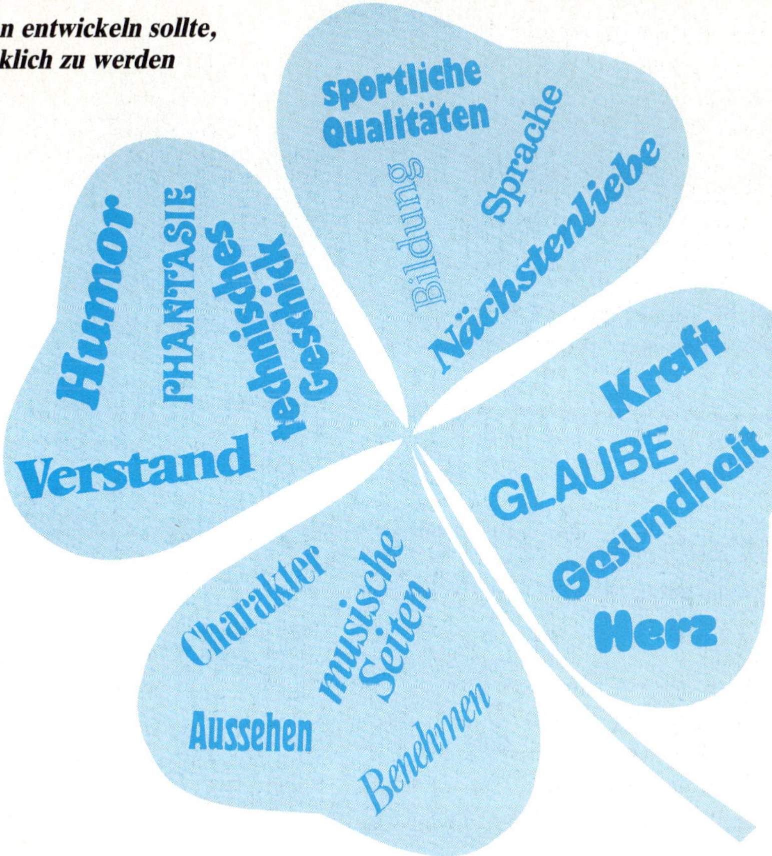

Menschen, die Menschen brauchen,
sind die glücklichsten Menschen der Welt . . .
Menschen, die lieben,
sind besondere Menschen, sie sind die glücklichsten Menschen der Welt.
Du triffst einen Menschen, und plötzlich weißt du,
daß du bisher nur ein halber Mensch warst und daß du nun ein ganzer Mensch sein wirst.
Aber zuerst mußt du ein Mensch werden,
der Menschen braucht.[1]

---

1. Welche Punkte möchtet ihr hinzufügen?

2. Stellt zusammen, was euch sehr wichtig – wichtig – weniger wichtig – überflüssig erscheint.

3. Niemand kann alles, was hier genannt wird, entwickeln. Trotzdem kann man gut und glücklich werden. Zeigt das an einigen Beispielen:

- Franz ist an einen Rollstuhl gefesselt. Aber . . .
- Hilde weiß, daß sie nicht besonders gut aussieht. Trotzdem . . .
- Bernd hat nicht gelernt, sich gut auszudrücken. Doch . . .

4. Betrachtet die Zwischenüberschriften dieses Kapitels. Womit wird unser Leben dabei verglichen? Denkt bei euren Überlegungen auch an den Titel des Buches!

Die Gleichnisse Jesu

1. Geschichten erzählen

Es gibt wohl kaum einen **Menschen,** der nicht gern gute Geschichten hört. Geschichten unterhalten uns, sorgen für Spannung und belehren uns über die Welt. Oft können wir uns in guten Geschichten selber wiederfinden. Sie zeigen uns, wie unser Leben verlaufen kann, was uns bedroht, wem wir vertrauen dürfen, welche Wege wir gehen sollen.
Im Orient, wo die Bibel entstanden ist, waren Geschichten immer besonders beliebt. Die **Nomaden** erzählten sich auf ihren langen Wanderungen und in ihren Zelten, was sie von ihren Vorfahren gehört oder was sie selbst erlebt hatten. Oft erfanden sie auch Geschichten, um die Zuhörer zu erfreuen.
Die **jüdischen Rabbinen und Weisheitslehrer,** deren Texte in die Bibel aufgenommen wurden, erzählten noch aus einem anderen Grund. Was sie zu sagen hatten, handelt von Gott und seiner Liebe, von Leid und Schuld der Menschen, von Vergebung und Hoffnung. Das alles gehört zu unserer Welt und geht uns darum an. Aber es ist doch anders als die Dinge, die man mit den Augen sehen und mit den Händen fassen kann. Wer von Vater und Mutter, von Haus und Garten, von Tieren und Pflanzen spricht, ist leicht verständlich. Jeder Zuhörer weiß, wovon die Rede ist. Wer aber von den Wegen Gottes mit den Menschen reden will, hat es zunächst schwer. Gottes Liebe, Schuld und Hoffnung der Menschen kann man nicht sehen, wohl aber erfahren. Und man kann davon erzählen. Vor allem Bildworte und Gleichnisse verweisen wie Symbole (→ S. 76 ff) anschaulich auf das, was man mit den äußeren Augen nicht sehen kann.
Schon am Anfang der Bibel stehen solche Geschichten. Sie erzählen vom Ursprung der Welt, von Adam und Eva, vom Paradies und Sündenfall. Heute weiß jeder kundige Leser, daß diese Geschichten bildhaft zu verstehen sind. Mit Adam und Eva sind alle Menschen gemeint. Die Erzählungen von Paradies und Sündenfall sind Bildgeschichten, die nicht nur den Anfang der Welt, sondern auch unser Leben tiefsinnig deuten.
Auch **Jesus** hat viele Erzählungen geschaffen, die bis heute fortleben und selbst von denen bewundert werden, die nicht an ihn glauben. Seine Bilder und Vergleiche wählte er aus der damaligen Zeit und Welt. Er sprach von der Schönheit der ***Natur,*** z. B. vom Licht und von den Bergen, vom Wasser und von den Weinstöcken, von den Vögeln des Himmels und den Blumen des Feldes. Auch die ***Menschen*** seiner Zeit kommen in seinen Geschichten vor: Kinder, Jugendliche und Alte, Hausfrauen und Arbeiter, Bauern und Könige. Nicht selten knüpft er an ***Vorgänge*** an, die sich damals gerade ereignet hatten, z. B. an einen Betrug oder Diebstahl, an ein Festmahl oder an einen Überfall. An den Personen, Dingen und Ereignissen seiner Zeit zeigt er seinen Zuhörern, worauf es ihm eigentlich ankommt.

Mosaik, Ravenna – Sant Apollinare Nuovo: Fischnetz (Berufung der ersten Jünger, Ausschnitt). Anfang 6. Jh. – Das Gleichnis vom Fischnetz: → Mt 13,47–50.

Man hat einmal gesagt: »Die Bibel ist ein Bilderbuch«. Vielleicht findet ihr in eurer Bibelausgabe keine einzige Abbildung. Warum ist der Satz trotzdem richtig?

2. In Bildern reden

Wenn wir sprechen, benutzen wir oft – ohne es immer zu merken – Bilder. Dies kann auf vielfache Weise geschehen. Drei Arten, bildhaft zu sprechen, kommen besonders häufig vor: Bildworte, Gleichnisse und Beispielgeschichten.

Bildwort

(1) *Vergleich:* Uschi ist eitel wie ein Pfau; Karl ist stark wie ein Löwe.
(2) *Metapher:* Franz ist ein fauler Hund; Eva ist eine dumme Ziege.
(3) *Jugendsprache:* Stephan hat null Bock auf Lernen;
Klaus hat keine Kohle (kein Moos).
(4) *Sprichwörter:* Wer anderen eine Grube gräbt, fällt selbst hinein.
Es ist noch kein Meister vom Himmel gefallen.

Der bildhafte *Vergleich* (1) ist an dem »wie« in der Mitte der Aussage erkennbar, während die *Metapher* (übertragener Ausdruck) das Bild unmittelbar – ohne »wie« – benutzt (2). *Redensarten* heutiger Jugendlicher (3) sind ebenso wie die alten *Sprichwörter* (4) voll von anschaulichen Bildern, meist in der Art der Metapher.

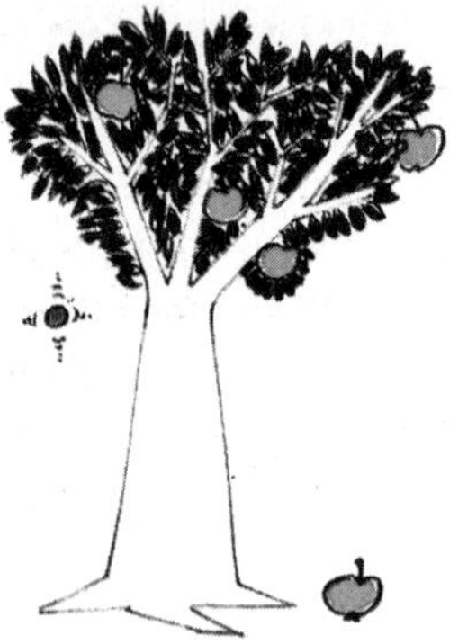

Ein Bild entsteht manchmal so

1. Woran denkt der Maler?
2. Was malt er tatsächlich?
3. Warum tut er das?

Gleichnis

(1) *Gleichnis:* Unser Leben gleicht dem Gras. Es wächst und blüht nur kurze Zeit. Danach vergeht es und stirbt.

(2) *Allegorie:* Mit der Liebe verhält es sich so wie mit der Sonne. Sie spendet Licht, erwärmt die Erde, bringt die Pflanzen zum Blühen und Reifen und erfreut die Lebewesen. All dies tut die Sonne jeden Tag, und doch nimmt ihre Kraft nicht ab. Auch wenn sie noch so viel leuchtet, wird sie nicht ärmer.

Das *Gleichnis* (1) ist mit dem Bildwort verwandt. Es ist ein ausgeführter Vergleich, der anschaulich auf etwas hinweist, was man nicht so leicht sehen kann. Erzählungen mit vielen Bildworten heißen auch *Allegorien* (2). Hier ist jedes einzelne Bildelement für den Vergleich wichtig und auszudeuten.

Beispielgeschichte

Ein Reisezirkus brach in Flammen aus, nachdem er sich am Rande eines dänischen Dorfes niedergelassen hatte. Der Direktor wandte sich an die Darsteller, die schon für ihre Nummer hergerichtet waren, und schickte den Clown ins Dorf, um Hilfe beim Feuerlöschen zu holen, das nicht nur den Zirkus zerstören, sondern über die ausgetrockneten Felder rasen und die Stadt selber vernichten könnte. Der angemalte Clown rannte Hals über Kopf auf den Marktplatz und rief allen zu, zum Zirkus zu kommen und zu helfen, das Feuer zu löschen. Die Dorfbewohner lachten und applaudierten diesem neuen Trick, durch den sie in die Schau gelockt werden sollten. Der Clown weinte und flehte, er versicherte, daß er jetzt keine Vorstellung gab, sondern daß die Stadt wirklich in tödlicher Gefahr war. Je mehr er flehte, desto mehr johlten die Dörfler, bis das Feuer über die Felder sprang und sich in der Stadt ausbreitete. Ehe die Dörfler zur Besinnung kamen, waren ihre Häuser zerstört. *Sören Kierkegaard*[1]

Die *Beispielgeschichte (Parabel)* erzählt einen interessanten Einzelvorgang. Er kann sich wirklich ereignet haben oder erdichtet sein. Meist hat die Erzählung einen ungewöhnlichen Zug, den wir den »springenden Punkt« nennen. Auf ihn kommt es bei der Auslegung besonders an, während die anderen Details nur zu ihm hinführen und für den Vergleich nicht heranzuziehen sind.

Bildworte, Gleichnisse und Beispielgeschichten haben einen ähnlichen Aufbau. Man kann drei Elemente unterscheiden:

1. Das Bild	**2. Das Ziel des Vergleichs**	**3. Vergleichspunkte**
Pfau	Uschi	sich vor anderen herausstellen
Gras	Leben der Menschen	rasch vergänglich sein
Sonne	Liebe zu anderen	schenken und doch nicht ärmer werden
Clown	Mensch, der Wichtiges zu sagen hat	kein Gehör finden
Dörfler	Menschen, die sich nicht beeindrucken lassen	nicht hören können
Brand	. . .	. . .

1. Kennt ihr andere Bildworte, Gleichnisse und Beispielerzählungen?

2. Nicht alle Bilder, Ziele und Vergleichspunkte der Beispiele dieser Seite sind ausgewertet. Ergänzt die Reihe.

3. *Gleichnisse verstehen*

Jesus hat häufig zu seinen Jüngern und Freunden in Gleichnissen geredet. Oft waren die Gleichnisse so klar, daß jeder sie leicht verstehen konnte. Manchmal verstanden die Zuhörer aber nicht den Sinn dessen, was er mit dem Gleichnis sagen wollte (Joh 10,6). Einmal fragte er sie sogar: »Wie wollt ihr die Gleichnisse verstehen?« (Mk 4,13) Darum mußte er ihnen gelegentlich selbst eine Deutung geben.
Heute gibt es noch eine weitere Schwierigkeit. Wir leben nicht mehr in derselben Welt, in der Jesus lebte. Darum sind einige seiner Bildreden auch für uns nicht mehr unmittelbar verständlich. So hat sich z. B. die heutige Arbeitswelt gegenüber der von damals weitgehend verändert. Ein Bauer sät heute nicht mehr wie zur Zeit Jesu. Zöllner üben ihren Beruf heute anders aus als früher und Pharisäer gibt es bei uns überhaupt nicht mehr. Wir müssen uns oft erst klarmachen, wie es damals war, wenn wir Jesu Bildreden heute richtig verstehen wollen.
Jesus hat ganz verschiedene Arten von Bildreden benutzt. Wir finden bei ihm lebendige *Bildworte,* anschauliche *Gleichnisse* und interessante *Beispielgeschichten.* Alle diese Bildreden nennt man manchmal ohne Unterschied »Gleichnisse«. Aber für das Verständnis dieser Bildreden ist es wichtig, auf die Unterschiede zu achten.

Bildworte

Ihr seid das Salz der Erde.

(Mt 5,13)

Anders als heute war das Salz zur Zeit Jesu sehr kostbar. Man gebrauchte es zu vielen Zwecken, z. B. um das Essen zu würzen und die Speisen haltbar zu machen. Es war fast das einzige Mittel, um Fleisch und Fisch vor dem Verfaulen zu bewahren.

Unterscheidet bei diesen Worten Jesu das Bild, das Ziel des Vergleichs und die Vergleichspunkte.

Gleichnisse

Hört! Ein Sämann ging aufs Feld, um zu säen. Als er säte, fiel ein Teil der Körner auf den Weg, und die Vögel kamen und fraßen sie. Ein anderer Teil fiel auf felsigen Boden, wo es nur wenig Erde gab, und ging sofort auf, weil das Erdreich nicht tief war; als aber die Sonne hochstieg, wurde die Saat versengt und verdorrte, weil sie keine Wurzeln hatte. Wieder ein anderer Teil fiel in die Dornen, und die Dornen wuchsen und erstickten die Saat, und sie brachte keine Frucht. Ein anderer Teil schließlich fiel auf guten Boden und brachte Frucht; die Saat ging auf und wuchs empor und trug dreißigfach, ja sechzigfach und hundertfach. *(Mk 4,3–8)*

Bild einer Schülerin aus einer 6. Klasse.

In Galiläa zur Zeit Jesu säten die Bauern – anders als bei uns – den Samen vor dem Pflügen aus. Darum ging immer ein Teil der Saat verloren. Die Zuhörer Jesu werden sich kaum darüber gewundert haben, daß ein Teil der Saat auf den Weg, ein Teil auf Felsen und ein Teil in die Dornen fiel. Denn zur Zeit der Aussaat war der Boden meist kahl und abgefressen. Der Bauer sah nicht, wo Felsen (Steine) oder Dornenwurzeln unter der Erdkrume versteckt waren. Erst nach der Aussaat wurde das Feld mit Samen und Unkraut umgepflügt. Ein großer Teil der Saat fiel immer auch auf fruchtbares Erdreich. Darum konnte trotz großer Verluste am Ende noch eine gute Ernte eingebracht werden. Jesus hat das Gleichnis wohl erzählt, als die Jünger ihn fragten, warum das gute Wort Gottes, das er verkündete, nicht von allen Zuhörern freudig aufgenommen wurde.

Um das Gleichnis richtig zu verstehen, könnt ihr folgendes nebeneinander schreiben:

- *Bilder:*
  z. B. Sämann, Saat, Körner auf dem Weg . . .
- *Ziel des Vergleichs:*
  z. B. Gott oder Christus . . .
- *Vergleichspunkte:*
  z. B. sich Mühe machen . . .

Eine Hilfe findet ihr Mk 4,13–20.

2. Kleiner Funke Hoffnung, mir umsonst geschenkt: werde ich dich nähren, daß du überspringst, daß du wirst zur Flamme, die uns leuchten kann, Feuer schlägst in allen, allen, die im Finstern sind.

3. Kleine Münze Hoffnung, mir umsonst geschenkt: werde ich dich teilen, daß du Zinsen trägst, daß du wirst zur Gabe, die uns leben läßt, Reichtum selbst für alle, alle, die in Armut sind.

4. Kleine Träne Hoffnung, mir umsonst geschenkt: werde ich dich weinen, daß dich jeder sieht, daß du wirst zur Trauer, die uns handeln macht, leiden läßt mit allen, allen, die in Nöten sind.

5. Kleines Sandkorn Hoffnung, mir umsonst geschenkt: werde ich dich streuen, daß du manchmal bremst, daß du wirst zum Grunde, der uns halten läßt. Neues wird mit allen, allen, die in Zwängen sind.

Text: Alois Albrecht, Melodie: Ludger Edelkötter[1]

Die Senfstaude wird bis zu 2,5 m hoch.

Senfkörner aus Israel in Originalgröße

Erarbeitet euch den Sinn des Gleichnisses vom Senfkorn (Mk 4,31 ff) und vom Fischnetz (Mt 13,47–50 → S. 160).

Beispielgeschichten

Ein reicher Mann hatte einen Verwalter. Diesen beschuldigte man bei ihm, er verschleudere sein Vermögen. Darauf ließ er ihn rufen und sagte zu ihm: Was höre ich über dich? Leg Rechenschaft ab über deine Verwaltung! Du kannst nicht länger mein Verwalter sein. Da überlegte der Verwalter: Mein Herr entzieht mir die Verwaltung. Was soll ich jetzt tun? Zu schwerer Arbeit tauge ich nicht, und zu betteln schäme ich mich. Doch – ich weiß, was ich tun muß, damit mich die Leute in ihre Häuser aufnehmen, wenn ich als Verwalter abgesetzt bin. Und er ließ die Schuldner seines Herrn, einen nach dem anderen, zu sich kommen und fragte den ersten: Wieviel bist du meinem Herrn schuldig? Er antwortete: Hundert Bat (etwa 40 Liter) Öl. Da sagte er zu ihm: Nimm deinen Schuldschein, setz dich gleich hin, und schreib »fünfzig«. Dann fragte er einen andern: Wieviel bist du schuldig? Der antwortete: Hundert Kor (= 400 Liter) Weizen. Da sagte er zu ihm: Nimm deinen Schuldschein, und schreib »achtzig«.
Und Jesus lobte die Klugheit des unehrlichen Verwalters und sagte: Die Kinder dieser Welt sind im Umgang mit ihresgleichen klüger als die Kinder des Lichtes. *(Lk 16,1–8)*

Damals erzählte man sich wohl gerade von einem Verwalter, der seinen Herrn betrogen hatte. Mit ungewöhnlicher Geschicklichkeit hatte dieser es verstanden, seine Interessen zu verfolgen. Jesus griff diesen Fall auf, aber nicht, um seinen Zuhörern eine interessante Neuigkeit zu erzählen. Die ganze Geschichte wurde bei ihm zu einem »Gleichnis«. In dieser Bildrede kommt es besonders auf die Klugheit des Verwalters an. So klug und entschlossen wie er sollen auch die Christen sein, wenn sie sich für die Sache Gottes einsetzen. Aber natürlich ist die Bildrede keine Aufforderung dazu, die Mitmenschen zu betrügen, wie es der Verwalter getan hat.

Willy Fries (1907–1980): Lazarus (→ Lk 16,19–31). Tafelbild, 170 × 300 cm, 1958.

Was ist in den beiden Beispielgeschichten jeweils der »springende« Punkt?

4. Vom Reich Gottes hören

Jesus fand rasch die Aufmerksamkeit seiner Zuhörer, da er so lebendige Gleichnisse zu erzählen wußte. Sie hörten ihm gern zu, wenn er zu ihnen sprach. Aber Jesus erzählte die Gleichnisse nicht, um sie zu unterhalten. Mit den Gleichnissen wollte er auf das Reich Gottes aufmerksam machen. Die Menschen sollten dabei erfahren, wie Gott ist, was er ihnen schenken will und was er von ihnen erwartet. Die Zuhörer selbst sollten in die Erzählungen miteinbezogen und zur Entscheidung für Gott aufgerufen werden. Mit den Gleichnissen wollte Jesus seine Zuhörer verändern.
Das Reich Gottes kann man nicht beschreiben wie ein Haus oder einen Baum. Diese Dinge können wir sehen, und darum ist es leicht, von ihnen verständlich zu sprechen. Jeder weiß, was wir meinen, wenn wir »Haus« oder »Baum« sagen.
Das »Reich Gottes« aber kann man nicht sehen, nicht hören und nicht anfassen. Wenn Jesus also vom Reich Gottes reden wollte, mußte er Bildworte benutzen, die das anschaulich machen, was er verkündete. Seine Gleichnisse zeigen, was das Reich Gottes ist. Sie sind Bilder vom Gottesreich.

Das Bild »Bergpredigt« des äthiopischen Künstlers Alemayehu Bizuneh zeigt Jesus als Lehrer und Verkünder des Gottesreiches.

Der Evangelist Matthäus spricht nicht vom ***»Reich Gottes«,*** sondern vom ***»Himmelreich«.*** Wie die frommen Juden seiner Zeit wollte er den Namen Gottes nach Möglichkeit nicht aussprechen (vgl. Ex 20,7). Er ersetzt ihn durch das Wort »Himmel«. Für ihn ist das »Himmelreich« aber nicht etwa die Wohnung Gottes über den Wolken. Was er meint, kann man erst sagen, wenn man alles zusammenträgt, was er und die anderen Evangelisten vom Reich Gottes verkünden.

Wie sich das Reich Gottes in der Welt entwickelt

Manche Jünger dachten: Wenn Jesus das Reich Gottes verkündet, kann und darf es nichts Böses mehr geben, sondern nur noch Freude und Güte, Hoffnung und Liebe. Darum soll Jesus alles Böse, auch alle bösen Menschen aus seiner Umgebung entfernen. Er hat doch die Macht dazu.
Was Jesus davon hielt, hat er in einer Bildrede vom Unkraut unter dem Weizen gesagt.

1. Lest Mt 13,24–30.
- Beschreibt das Gleichnis und sucht die einzelnen Bilder heraus.
- Überlegt, was die Bilder meinen.
- Wo sind die Vergleichspunkte?

Zur Erklärung: Auch diese Erzählung hat einen ungewöhnlichen Zug. Denn es war damals üblich, das Unkraut (hier der besonders schädliche Taumellolch) schon vor der Ernte herauszureißen.

2. Auch dieses Gleichnis kann man leicht mit verteilten Rollen spielen. Macht einen Versuch.

3. Manche Menschen, die sich selbst für gut halten, fordern, man solle die Bösen aus der Gemeinschaft ausschließen und nur die Guten dulden. Das Unkraut dürfe man nicht wachsen lassen. Was meint ihr dazu:
- wenn ihr zu entscheiden hättet;
- wenn ihr diese Bildrede Jesu berücksichtigt?

4. Auch das Gleichnis vom Senfkorn (Mk 4,30–32, → S. 166) handelt vom Reich Gottes. Jesus hat es Menschen erzählt, die enttäuscht und mutlos waren, weil das Reich Gottes nicht so rasch kam, wie sie es erwartet hatten.
- Das Senfkorn zeigt ihnen, daß das Reich Gottes am Anfang . . . und am Ende . . .
- Mit dem Gleichnis bewirkt Jesus, daß die Jünger . . .
- Versucht euch eine Situation vorzustellen, in der das Gleichnis für Menschen eine Hilfe ist.

Worauf es im Reich Gottes ankommt

Die Menschen haben damals Jesus oft gefragt, was geschehen müsse, damit das Reich Gottes komme. Jesus hat darauf in seinen Worten und mit seinen Taten eine Antwort gegeben. An ihm selbst, an seinem ganzen Leben können wir ablesen, was das Reich Gottes ist und wie es kommt. Immer hat er gezeigt, daß es ein Geschenk des guten Gottes ist, daß aber auch die Menschen etwas dafür tun müssen. Viele Bildreden erzählen, worauf es dabei ankommt. Eine Beispielgeschichte ist die Erzählung vom Samariter.
Dazu sollte man folgendes wissen: Der einsame Weg von Jerusalem nach Jericho (27 km) war immer von Räubern verunsichert. – Der Priester und der Levit (ein Helfer der Priester aus dem Stamm Levi) sind nicht einfach gefühllos und unmenschlich. Sie helfen nicht, weil sie meinen, nicht helfen zu dürfen. Das Gesetz des Mose (Lev 21,1) verbot ihnen, sich zu verunreinigen, wenn sie auf dem Weg zum Tempeldienst waren. – Die Bewohner von Samaria waren für die Juden Leute, mit denen sie nichts zu tun haben wollten. Sie warfen den Samaritern vor, die Sitten der Heiden übernommen und heidnische Frauen geheiratet zu haben. Darum durften die Samariter nicht am Tempeldienst in Jerusalem teilnehmen. »Samariter« war damals ein Schimpfwort für einen Abtrünnigen.

Paul Reding:
Auf der Straße nach Jericho.
Holzschnitt.

1. Lest Lk 10,25–37.
- Schaut euch zuerst die *Einleitung* an: V. 25–29. Warum ist die Frage für einen ausgebildeten Schriftgelehrten ungewöhnlich? (→ Dtn 6,5; Lev 19,18)
- Betrachtet die *Beispielgeschichte:* V. 30–35. Wie muß sie auf jüdische Zuhörer wirken?

2. Diese Geschichte läßt sich gut darstellen.
- Ihr könnt die Bildfolge zeichnen oder malen. Tragt in die Sprech- und Denkblasen das ein, was alle beteiligten Personen sagen und empfinden.
- Spielt die Begebenheit in mehreren Szenen.
- Am besten wäre es, ihr spieltet die Rolle des Samariters in eurem ganzen Leben. Wo habt ihr dazu schon jetzt Gelegenheit?
- Schaut euch auch das Bild von van Gogh auf dem Umschlag an (→ auch S. 8).

3. Andere Gleichnisse, die sagen, worauf es im Reich Gottes ankommt:
Mt 18,23–25; 25,31–46.

Wie Gott handelt

Manche Menschen denken von Gott:

- Er schwebt über den Wolken und kümmert sich nicht um die Welt.
- Er ist ein kleinlicher Richter, der alle bestraft, die etwas getan haben, was nicht in Ordnung ist.
- Er ist ein strenger Herr, dem nichts wichtiger ist, als daß sich die Menschen nach seinen Vorschriften richten.
- Er ist ein verständnisloser Vater, der für die Fehler und Schwächen seiner Kinder keinen Sinn hat.

Wenn Gott so wäre, könnte man vor ihm Angst bekommen. Jesus aber hat in herrlichen Gleichnissen gezeigt, daß Gott ganz anders ist. Die schönste Geschichte, die er erzählt hat, ist die vom guten Vater und seinem Sohn.

In ihr zeigt Jesus, daß Gott gerade auch die Menschen liebt, die in die Irre gegangen sind. Er nimmt die Verlorenen liebevoll bei sich auf, wenn sie nur zu ihm kommen wollen. Dann fragt er nicht, was sie angestellt haben. Statt sie zu strafen, feiert er mit ihnen ein Freudenfest.

Rembrandt (1606–1669):
Rückkehr des verlorenen Sohnes.
Öl, 262 × 205 cm (Ausschnitt), 1669
(→ S. 36, 38).

---

1. Lest Lk 15,11–32. Gliedert den Text, achtet auf alle Situationen und Personen. Warum ist auch diese Parabel so unerhört? Was sagt sie vom Reich Gottes? (→ S. 46)

2. Auch andere Gleichnisse sagen uns, wie Gott handelt, z. B. Lk 15,1–7; 8–10; Mt 20,1–15.

- Mit wem vergleicht Jesus jeweils Gott? Welche Handlungen zeigen, wie Gott handelt?
- Stellt eines der Gleichnisse zeichnend, erzählend oder spielend dar.
- In welcher Situation könntet ihr eines dieser Gleichnisse einem anderen Menschen erzählen?

5. Neue Gleichnisse erfinden

Bildwort: Christen könnten sein wie
- eine Oase in der Wüste,
- ein Hafen am Meer,
- ein Kompaß auf dem Weg.
- . . .

Gleichnis: Ein Lehrer will den Anfängern in der Schule das Schreiben beibringen. Er hat damit viel Mühe. Ein paar Jungen ziehen es vor, miteinander zu schwatzen. Sie halten noch nicht viel davon, die Schreibkunst zu erlernen. Ein kleiner Junge gibt sich zwar redlich Mühe, aber es will ihm nicht gelingen, die schwierigen Zeichen zu verstehen und nachzubilden. Wieder andere machen sich zwar begeistert an die Arbeit, aber beim Üben ermüden sie rasch und hören dann auf. Trotz all dieser Schwierigkeiten gibt der Lehrer nicht auf. Er weiß: Alle Schüler werden es schon packen. Und so kommt es auch. Am Ende freuen sich alle, denn sie merken, daß sich die Mühe gelohnt hat. Mit dem Schreiben kann man doch viel anfangen.

Beispielgeschichte: Herr Ditters ist der Chef eines großen Unternehmens. Er verdient viel Geld, so daß er sich alles leisten kann, was er will. Er besitzt eine große Villa, fährt einen teuren Sportwagen und reist jedes Jahr mit seiner Familie in ein anderes fernes Land.
Eines Tages macht seine Frau einen Besuch bei ihrer Mutter. Zum Mittagessen am Sonntag sollte sie wieder zu Hause sein. Aber sie war nicht – wie gewohnt – pünktlich zur Stelle. Herr Ditters wurde unruhig als die Zeit verstrich, ohne daß seine Frau kam. Etwa eine halbe Stunde nach der vereinbarten Zeit klingelte es. Er ging zur Tür und öffnete sie rasch. Da stand seine Frau. Sie war nicht allein. Bei ihr stand eine zerlumpte Gestalt in schmutzigen Kleidern, unrasiert und ungekämmt. Der Alte glich den Pennern, die Herr Ditters manchmal am Bahnhof sah.
»Guten Tag, Walter!« sagte sie. »Ich habe Herrn Arens vom Bahnhof mitgebracht. Er soll bei uns baden und dann mit uns zusammen essen. Die Mahlzeit wird ihm gut tun.«
»Ja, ihre Frau war so nett, mich einzuladen«, sagte Herr Arens.
»Um Himmels willen«, dachte Herr Ditters. Aber er sprach nicht laut aus, was er dachte.

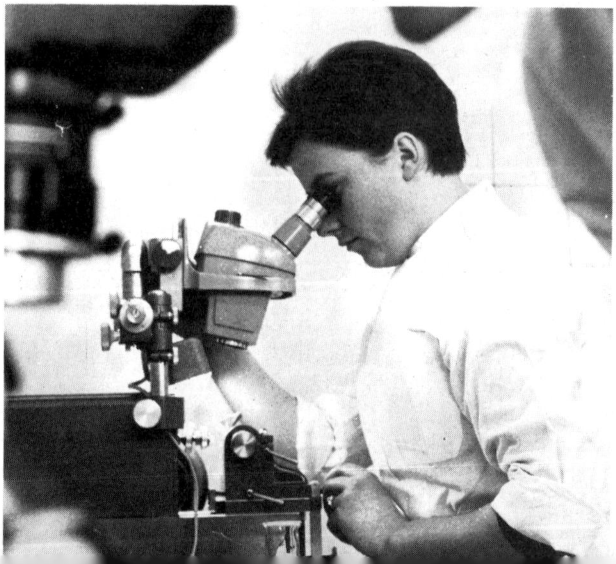

Das Reich Gottes ist wie . . .

Erfindet zu den drei Abbildungen neue Gleichnisse.

1. Stellt einmal alle Gleichnisse zusammen, die ihr kennt, auch die, von denen in diesem Kapitel nicht die Rede war.
2. Macht eine Aufstellung, was in ihnen alles vorkommt:
- Hauptpersonen: Sämann, Hausfrau . . .
- Situation: Kauf einer Perle, Arbeit im Weinberg . . .
3. Was sagen die Gleichnisse von Gott, von Jesus, von uns? Gebt auf diese drei Fragen mindestens drei Antworten.
4. Welches Gleichnis mögt ihr am liebsten? Warum gerade dies?
5. Könnt ihr in eurer Klasse die Bilder und Zeichnungen ausstellen, die ihr zu den Gleichnissen angefertigt habt? Thema der Ausstellung: Bilder vom Gottesreich.

Aberglaube

1. Eine neue Welle

Seit einigen Jahren hat der Aberglaube bei uns wieder gute Konjunktur.

- 54 % aller Bundesbürger lesen regelmäßig ihr *Horoskop*. Horoskope geben Ratschläge für Geschäfte und Reisen, führen Liebende zusammen, ermuntern und warnen.
- *Kartenleser, Hellseher, Handleser* finden großen Anklang.
- *Wahrsager* geben mit alten Pendeln und neuen Computern vielen Menschen, darunter prominenten Politikern, Sportlern und Stars, Auskunft über die Zukunft.
- *Geistheiler* versprechen Kranken Gesundheit, indem sie ihnen z. B. die Hände auflegen, intensiv in die Augen schauen oder den Körper streicheln.
- Viele Leute behaupten, sie erinnerten sich an ein früheres Leben und erwarten nach dem Tod ihre *Wiedergeburt*.
- *Spiritistische Sitzungen* (Séancen) mit allerlei Zauber finden großen Zuspruch.
- Viele Menschen lassen sich durch *Teufelsspuk* und *Satanskult* erschrecken und zu schlimmen Taten hinreißen.

Aberglauben hat es immer gegeben. Schon in der Steinzeit malten Jäger Tierbilder als Zaubermittel in ihre Höhlen, um die Tiere in ihre Gewalt zu bringen. Die Griechen hatten berühmte Wahrsager und Zauberer. Die Priester der Römer deuteten aus dem Flug der Vögel, aus der Form der Tierleber, aus dem Gackern der Hühner die Zukunft. Im Mittelalter und noch in der beginnenden Neuzeit hielt man viele Frauen für Hexen, nur weil sie besonders klug oder schön waren. Man machte ihnen den Prozeß und tötete sie. Die Kirche war an diesen Untaten beteiligt. Aber es waren auch Männer der Kirche, wie Friedrich Spee (1591–1635), die diesen Aberglauben erfolgreich bekämpften.

Der Aberglaube kommt und geht in Wellen. Immer bildet er für die Menschen eine Gefahr. In ruhigen Zeiten, in denen die Menschen auf Gott und ihre Vernunft vertrauen, ist er schwächer. Aber wenn die Menschen in großer Unsicherheit leben, Angst vor der Zukunft haben oder den Glauben an Gott verlieren, tritt er stärker auf.

WORTERKLÄRUNGEN

Aberglaube: Aber-glaube = verkehrter Glaube, falsche Glaubenshaltung.
Esoterik (von griech.: nach innen): macht »nach innen« einem Kreis von Eingeweihten merkwürdige und unerforschte Dinge zugänglich, die »nach außen« von normalen, allgemein anerkannten Lehren und Handlungen abweichen.
Magie: Versuch, übernatürliche Kräfte durch bestimmte Riten und Formeln in den Griff zu bekommen und für sich verfügbar zu machen.
Okkultismus (von lat.: geheim, verborgen): Lehre von übersinnlichen Erscheinungen der Natur und der Seele; Versuch, sich mit Hilfe von Techniken, die von den Wissenschaften nicht anerkannt werden, angeblich geheime Kräfte der Welt dienstbar zu machen.
Spiritismus (von lat.: Geist): Lehre von den Beziehungen der Lebenden zu den Geistern der Toten und von den Medien, die den Kontakt zum Jenseits herstellen.

1. In welchen Zeitschriften findet ihr Material zu diesem Thema?
2. In vielen Märchen gibt es Zauberer und Hexen, gute und böse Geister, Spuk und Magie. Sucht euch ein Beispiel heraus und sprecht darüber. Warum haben diese Erscheinungen im Märchen meist einen guten Sinn?

2. *Was Glück und Unglück bringt*

• Martin (14) ist eigentlich ein ganz patenter Kerl, dem man nichts vormachen kann. Aber die »13« ist für ihn eine Pechzahl und an einem Freitag möchte er nichts Wichtiges unternehmen. Als seine Mathe-Lehrerin einmal am Freitag, dem 13. März, eine Arbeit ansetzt, gerät er in Panik. Tatsächlich bekommt er eine schlechte Note. Zu seinen Freunden sagt er: »Das habe ich gewußt.«

• Ursula (13) glaubt manchmal, sie sei vom Pech verfolgt. Darum sieht sie sich nach einem Glücksbringer um. Sie sieht bei den Freundinnen, daß es da eine reiche Auswahl gibt: vierblättriges Kleeblatt und Fliegenpilz, Hufeisen und Heiligenmedaille, Marzipanschwein und Schornsteinfeger. Nun fragt sie sich, was sie wählen soll.

• Ralf (14), der auf der linken Hand eine Warze hat, liest in dem spannenden Buch »Tom Sawyer« von Mark Twain von einem todsicheren Rezept gegen Warzen, das Huckleberry Finn seinem Freund Tom Sawyer anvertraut. Danach muß man um Mitternacht auf einen Friedhof gehen und dort das frische Grab eines Bösewichts suchen. Zu diesem Zeitpunkt erscheint der Teufel, um den Bösen aus dem Grab zu holen. Dann muß man eine Katze nach dem Teufel werfen und rufen: »Der Teufel folge der Leiche, die Katze folge dem Teufel, Warzen, folgt der Katze!«

• Daniel (14) liest in einer Illustrierten von einer Wissenschaft, in der oft von PSI die Rede ist (Psi ist der 24. Buchstabe des griechischen Alphabets, Anfangsbuchstabe der Wörter »psychisch« = seelisch und »Psychologie« = Lehre von der Seele). Es gehe darum, die Enge des eigenen Bewußtseins zu überwinden und die notwendigen Techniken zu erlernen, um Außersinnliches wahrzunehmen. Typische PSI-Funktionen: mit Pflanzen sprechen; die eigenen Gedanken fotografieren; weit entfernte Vorgänge sehen; die Musik der Sterne hören; die schweren Probleme des eigenen Lebens ausatmen und verbrennen. Daniel fragt sich, ob er wach ist oder träumt.

Viele Erscheinungen des Aberglaubens lassen sich erklären, wenn man ihre Herkunft kennt, z. B.:

• Die ***»13«*** ist die erste Zahl nach der heilbringenden »12«, einer Zahl der Vollkommenheit (Tierkreiszeichen, Monate, Stunden, Apostel u. a.). Seitdem es Uhren mit Schlagwerken gibt, sagt der Ausruf: »Nun schlägt es aber Dreizehn!« etwas Unmögliches an. – Die Zahl »11« (vor der »12«) gilt als verrückte Zahl (Karneval, 11. 11., Elferrat u. a.).

• Der ***Freitag*** gilt als Unglückstag, weil Jesus an einem Freitag gestorben ist. Alte Volksphantasie wollte wissen, daß Adam und Eva an einem Freitag gesündigt hätten. – Bei den Germanen war der Freitag der glücklichste Tag der Woche, weil er nach Freya, der Göttin der Liebe, benannt war. An diesem Tag fanden viele Hochzeiten statt, begann man seine Reisen usw.

• Eine ***schwarze Katze*** war die Begleiterin einer ägyptischen Gottheit, die man nicht ansehen durfte. Im Mittelalter glaubte man, Hexen würden in schwarze Katzen verwandelt.

• *»**Spinne** am Morgen bringt Kummer und Sorgen.«* Hier ist ursprünglich nicht das kleine Spinnentier gemeint, sondern das Spinnen am Spinnrad. Das Mädchen, das schon am frühen Morgen arbeiten mußte, konnte nicht reich sein und durfte von dem Tag nicht viel Gutes erwarten. Am Abend war das Spinnen aber ein angenehmes Hobby. Darum: »Spinne(n) am Abend erquikkend und labend.«

ABRACADABRA
ABRACADABR
ABRACADAB
ABRACADA
ABRACAD
ABRACA
ABRAC
ABRA
ABR
AB
A

ABRACADABRA – vielleicht der Name eines antiken Dämons – ist heute eine Zauberformel gegen Krankheiten. Man hofft, daß die Krankheit schwindet, sobald das Wort in jeder Zeile einen Buchstaben verliert.

---

1. Gibt es eurer Meinung nach Mädchen und Jungen, die ganz und gar frei von allem Aberglauben sind?

2. Darf ein Christ ein Amulett, ein Maskottchen oder einen Talisman haben?

3. Warum tragen heute so viele junge Leute ein Kreuz? Was bedeutet es ihnen?

4. Es gab und gibt einen merkwürdigen Umgang mit der Bibel, z. B.:

• einer Wöchnerin eine Bibel unter das Kissen schieben

• in die Wiege eines ungetauften Kindes eine Bibel legen

• eine Seite der Bibel mit Speisen verkochen und einem kranken Tier zu fressen geben

• eine Bibel an Fenster oder Tür stellen, um Spukgeister zu vertreiben und das Haus vor Blitz einschlag zu schützen

• eine Seite der Bibel willkürlich aufschlagen, um das richtige Wort für eine wichtige Entscheidung zu finden.

Was haltet ihr davon?

3. *In den Sternen steht's geschrieben*

Der Anblick des nächtlichen Sternenhimmels hat die Menschen immer fasziniert. Schon vor Jahrtausenden begannen die Babylonier und Ägypter, die Sternenwelt zu ordnen, Sternbilder festzulegen, die zwölf Tierkreiszeichen zu bestimmen, Sternenbahnen zu berechnen. Aus dieser Tätigkeit haben sich die Astronomie und die Astrologie entwickelt. Die *Astronomie* (von griech.: Lehre von den Gesetzen der Sterne) ist eine strenge Wissenschaft, die die Entstehung, Bewegung und Größe der Sterne erforscht. Die *Astrologie* (von griech.: Rede von den Sternen) ist keine Wissenschaft. Sie versucht, das Schicksal der Menschen aus den Sternen zu bestimmen. Dabei geht sie davon aus, daß es feste Beziehungen zwischen den Vorgängen am Himmel und auf der Erde gibt. »Wie oben, so unten« ist die nie bewiesene Grundannahme der Astrologie.

Heute steht die Astrologie hoch im Kurs. Bekannte Astrologen finden viele Kunden, die teure Preise für ein Horoskop zahlen. Billiger sind die Horoskope in den Massenzeitschriften.

Der große Astronom Kepler (1571–1630), der die Bewegungsgesetze der Himmelskörper entdeckt hat, sagt über die Astrologie: »Das Nichteintreffen der Vorhersagen vergißt man, weil es nichts Besonderes ist; das Eintreffen behält man. Damit bleibt der Astrologe in Ehren.«

Für Christen ist die Astrologie eine Form des Aberglaubens.

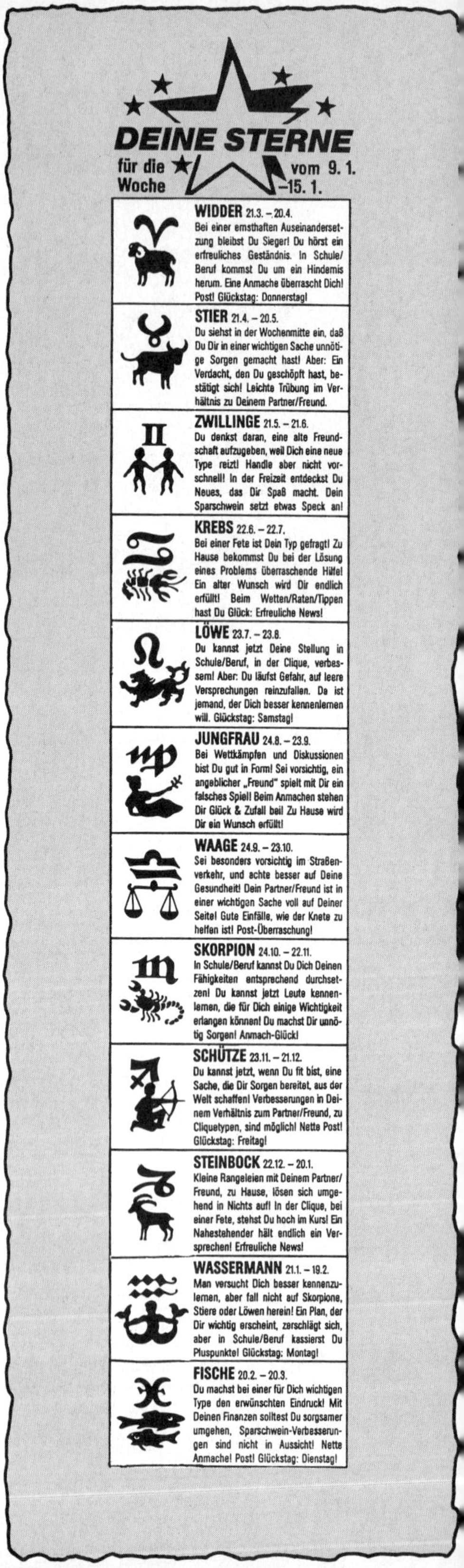
DEINE STERNE
für die Woche vom 9. 1. –15. 1.

WIDDER 21.3. – 20.4.
Bei einer ernsthaften Auseinandersetzung bleibst Du Sieger! Du hörst ein erfreuliches Geständnis. In Schule/Beruf kommst Du um ein Hindernis herum. Eine Anmache überrascht Dich! Post! Glückstag: Donnerstag!

STIER 21.4. – 20.5.
Du siehst in der Wochenmitte ein, daß Du Dir in einer wichtigen Sache unnötige Sorgen gemacht hast! Aber: Ein Verdacht, den Du geschöpft hast, bestätigt sich! Leichte Trübung im Verhältnis zu Deinem Partner/Freund.

ZWILLINGE 21.5. – 21.6.
Du denkst daran, eine alte Freundschaft aufzugeben, weil Dich eine neue Type reizt! Handle aber nicht vorschnell! In der Freizeit entdeckst Du Neues, das Dir Spaß macht. Dein Sparschwein setzt etwas Speck an!

KREBS 22.6. – 22.7.
Bei einer Fete ist Dein Typ gefragt! Zu Hause bekommst Du bei der Lösung eines Problems überraschende Hilfe! Ein alter Wunsch wird Dir endlich erfüllt! Beim Wetten/Raten/Tippen hast Du Glück: Erfreuliche News!

LÖWE 23.7. – 23.8.
Du kannst jetzt Deine Stellung in Schule/Beruf, in der Clique, verbessern! Aber: Du läufst Gefahr, auf leere Versprechungen reinzufallen. Da ist jemand, der Dich besser kennenlernen will. Glückstag: Samstag!

JUNGFRAU 24.8. – 23.9.
Bei Wettkämpfen und Diskussionen bist Du gut in Form! Sei vorsichtig, ein angeblicher „Freund" spielt mit Dir ein falsches Spiel! Beim Anmachen stehen Dir Glück & Zufall bei! Zu Hause wird Dir ein Wunsch erfüllt!

WAAGE 24.9. – 23.10.
Sei besonders vorsichtig im Straßenverkehr, und achte besser auf Deine Gesundheit! Dein Partner/Freund ist in einer wichtigen Sache voll auf Deiner Seite! Gute Einfälle, wie der Knete zu helfen ist! Post-Überraschung!

SKORPION 24.10. – 22.11.
In Schule/Beruf kannst Du Dich Deinen Fähigkeiten entsprechend durchsetzen! Du kannst jetzt Leute kennenlernen, die für Dich einige Wichtigkeit erlangen können! Du machst Dir unnötig Sorgen! Anmach-Glück!

SCHÜTZE 23.11. – 21.12.
Du kannst jetzt, wenn Du fit bist, eine Sache, die Dir Sorgen bereitet, aus der Welt schaffen! Verbesserungen in Deinem Verhältnis zum Partner/Freund, zu Cliquetypen, sind möglich! Nette Post! Glückstag: Freitag!

STEINBOCK 22.12. – 20.1.
Kleine Rangeleien mit Deinem Partner/Freund, zu Hause, lösen sich umgehend in Nichts auf! In der Clique, bei einer Fete, stehst Du hoch im Kurs! Ein Nahestehender hält endlich ein Versprechen! Erfreuliche News!

WASSERMANN 21.1. – 19.2.
Man versucht Dich besser kennenzulernen, aber fall nicht auf Skorpione, Stiere oder Löwen herein! Ein Plan, der Dir wichtig erscheint, zerschlägt sich, aber in Schule/Beruf kassierst Du Pluspunkte! Glückstag: Montag!

FISCHE 20.2. – 20.3.
Du machst bei einer für Dich wichtigen Type den erwünschten Eindruck! Mit Deinen Finanzen solltest Du sorgsamer umgehen, Sparschwein-Verbesserungen sind nicht in Aussicht! Nette Anmache! Post! Glückstag: Dienstag!

Was sagt man über einen »Fisch«, »Löwen«, »Schützen« usw.? Und was meint ihr dazu?

Viele Menschen sind heute davon überzeugt, daß ein neues Zeitalter **(New Age)** anbreche. Das jetzige Fische-Zeitalter gehe zu Ende, das Zeitalter des Wassermanns (lat.: Aquarius) beginne. Dem liegt die alte Auffassung zugrunde, daß die zwölf Tierkreiszeichen nicht nur den Lauf eines einzelnen Jahres mit seinen zwölf Monaten beeinflussen, sondern auch das sogenannte »Weltenjahr«, das 25 868 Jahre dauert und in zwölf »Weltenmonate« eingeteilt wird. Im Laufe eines Weltenjahres durchlaufe die gedanklich verlängerte Erdachse einmal den ganzen Tierkreis.

Das Zeitalter des Wassermanns soll die Menschheit auf eine höhere Stufe führen. Jetzt wird sie eine neue Form der Vergeistigung finden, der Gewalt abschwören und eine neue Sanftheit erleben. Sie wird die Verknüpfung (»Vernetzung«) aller Dinge besser verstehen und nicht mehr auseinanderreißen, was zusammengehört. Jung und alt, Mann und Frau, West und Ost, Leib und Seele, Materie und Geist werden keine Gegensätze mehr sein. Vor allem werden die Menschen nicht mehr selbstsüchtig nur ihre eigenen Teilinteressen verfolgen. An die Stelle des Egoismus wird das Verständnis für die großen Zusammenhänge, für das »Ganze« treten.

Das Musical »Hair« beginnt mit folgendem Song:[1]

WASSER MANN

Wenn der Mond im siebten Hause steht
und Jupiter auf Mars zugeht,
herrscht Friede unter den Planeten,
lenkt Liebe ihre Bahn!
Genau ab dann regiert die Erde
der Wassermann
Regiert sie der Wassermann,
der Wassermann, der Wassermann.

Harmonie und Recht und Klarheit!
Sympathie und Licht und Wahrheit!
Niemand wird die Freiheit knebeln,
niemand mehr den Geist umnebeln.
Mystik wird uns Einsicht schenken,
und der Mensch lernt wieder denken,
dank dem Wassermann,
dem Wassermann!

---

1. In welchem Sinn ist der Slogan »Die Sterne lügen nicht« bestimmt richtig? – Warum sind trotzdem viele Horoskope falsch?

2. Vielleicht könnt ihr euch aus einer Illustrierten ein Horoskop der vergangenen Woche besorgen. Sucht heraus, was davon bei euch eingetroffen ist, was nicht. Wie erklärt ihr euch das Ergebnis?

3. Was hält die Bibel von den Sternen? Lest dazu Gen 1,16; Dtn 4,19; Weish 13,2; Gal 4,8–11.

4. Manchmal haben Sterndeuter Glück. Das bekannteste Beispiel steht im Neuen Testament. Kennt ihr es? Wenn nicht, lest Mt 2,1–12.

5. Vergleicht die Erwartungen des neuen Wassermann-Zeitalters mit den Zukunftshoffnungen der Christen.

4. Draht zum Jenseits

Tischhüpfen Bärbel (16) hat drei Freundinnen zu einer Fete eingeladen, auf der es eine tolle Überraschung geben soll. Als die Mädchen da sind, schlägt sie ihnen vor, Verbindung zu den Toten im Jenseits aufzunehmen. Den Freundinnen ist der Gedanke zuerst etwas unheimlich, aber ihre Neugierde ist stärker als ihre Ängstlichkeit. Bärbel holt einen kleinen dreibeinigen Tisch mit einem eingelassenen Bleistift, stellt ihn auf eine große weiße Tapete und fordert alle auf, die Tischplatte zu berühren. Alle werden ganz still und konzentrieren sich. Dann ruft sie: »Geist, melde dich!« Zuerst bleibt es ruhig. Dann beginnt der Tisch auf einmal wild zu hüpfen. Alle erschrecken sich sehr. Noch mehr geraten sie in Erstaunen, als der Bleistift des Tisches in großen Buchstaben auf die Tapete schreibt: »Hier bin ich.« Nun können die Mädchen Fragen stellen, z. B.: »Wann habe ich Geburtstag?«, »Wie heißt meine Mutter mit ihrem Mädchennamen?«, »Was ist die Lieblingsspeise meines Bruders?« – Die meisten Fragen werden auf der Tapete beantwortet.

Gläserrücken Moritz (15) fragt seine Klassenkameraden, ob sie am Abend zu ihm kommen, wenn er sie zu einem interessanten Spiel einlade. Er wolle mit ihnen das Gläserrücken ausprobieren, bei dem ein Gespräch mit den Geistern möglich werde. Die Freunde kommen gern, weil sie schon so manches über das Gläserrücken gehört haben, aber noch nie dabei waren. Moritz hat einen großen Bogen Papier vorbereitet, an dessen Rand alle Buchstaben des Alphabets aufgeschrieben sind. Ferner stehen die Wörter »Ja« und »Nein« darauf. Die Freunde setzen sich um das Papier. In der Mitte steht ein Glas mit der Öffnung nach unten. Alle legen zwei Finger einer Hand auf den Rand des Glases und warten gespannt, bis sich das Glas von selbst bewegt. Nun können sie den Geist rufen und ihn z. B. folgendes fragen: »Siehst du uns?« Das Glas hüpft in Richtung »Ja«. »Liebt mich meine Freundin?« »Nein.« – »Wie werde ich meine Englisch-Arbeit schreiben?« Viermal springt das Glas zu den Buchstaben »V - I - E - R«.

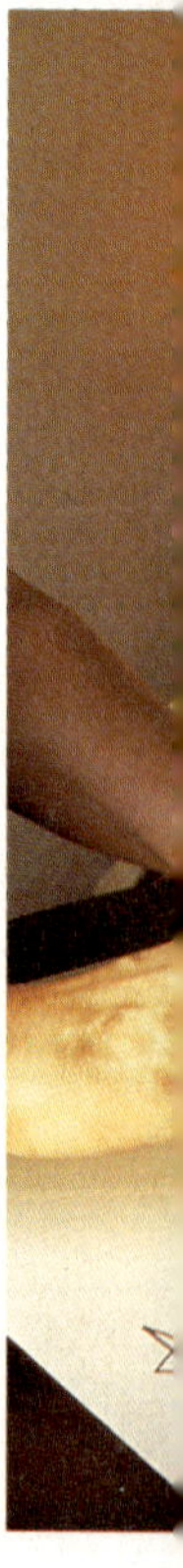

Stimmen auf dem Tonband Dagmar (15) erzählt eines Tages ihrer Freundin Steffi (15), daß sie öfter zu Leuten geht, die auf Tonbändern Stimmen aus dem Jenseits empfangen. Steffi ist erstaunt und bittet, einmal mitgehen zu dürfen. Dagmar stimmt zu. Der Raum, den sie vorfinden, ist wenig geheimnisvoll. Hier stehen Radios, Tonbandgeräte, Boxen u. ä. Die Leute sind ganz sympathisch. Sie erzählen Steffi, daß 1959 erstmals der schwedische Maler und Sänger Friedrich Jürgenson Stimmen toter Freunde auf einem Band erhalten habe, als er Vogelstimmen aufnehmen wollte. Sie hatten ihn mit seinem Namen angesprochen und ihm wichtige Informationen gegeben. Darauf experimentierte der Schwede jahrelang und schrieb ein Buch mit dem Titel »Sprechfunk mit Verstorbenen«. Diese und andere Erzählungen beeindrucken Steffi mehr als die Tonbänder selbst, die sie zu hören bekommt. Sie hört nur undeutliche Geräusche und krächzendes Wortgewirr. Die anderen sagen ihr aber, was sie alles auf dem Tonband hören: »Ich bin Opa«, »Gib acht!«, »Geh weg« oder »Wir leben«. Beim Wiederholen hört Steffi allmählich auch das, was die Leute gehört haben.

1. Was die Bibel vom Aberglauben hält, könnt ihr Dtn 18,9–13 nachlesen.
2. Saul, der erste König Israels, wandte sich einmal an eine Totenbeschwörerin in En-Dor, um den Geist Samuels zu befragen. Könnt ihr den Text 1 Sam 28,3–25 nacherzählen und erklären?
3. Was Jesus vom Kontakt zum Jenseits hält, erzählt er in einem Gleichnis. Lest Lk 16,19–31.

Die Geister der Verstorbenen verkünden den Mädchen und Jungen beim Tischhüpfen oder Gläserrücken nicht nur harmlose Dinge, sondern auch Botschaften wie diese: »Dein Freund wird in den Ferien verunglücken.« – »Mit 20 wirst du sterben.« – »Du wirst nicht in die nächste Klasse versetzt.« Sie versetzen die Empfänger oft lange Zeit in Schrecken. Selbst Leute, die sich nicht für abergläubisch halten, denken bisweilen: »Es könnte ja vielleicht doch eintreffen.« Manchmal ist die Angst sogar der Grund dafür, daß die Ankündigung wahr wird, z. B. wenn der Schüler nun nicht mehr arbeitet und darum tatsächlich sitzenbleibt. So hat der Wunsch, Draht zum Jenseits zu bekommen, oft erheblichen Schaden im Diesseits angerichtet. – Wir können heute noch nicht alles erklären, was bei solchen Ereignissen wirklich passiert. Sie liegen vielleicht außerhalb unserer normalen Erfahrung. Darum sprechen wir von »paranormalem« Geschehen. Die Ansichten über diese Ereignisse gehen jedenfalls weit auseinander.

Wir Christen glauben daran, daß die Verstorbenen bei Gott leben. Aber wir halten es für ganz und gar unmöglich, daß sie mit komischem Klamauk oder mit technischer Apparatur zum Reden veranlaßt werden können. Sie würden, wenn sie zu uns sprechen wollten, auch nicht so vage und undeutlich reden wie bei den meisten Geisterbeschwörungen, die heute üblich sind. Wenn die Toten uns etwas zu sagen haben, dann werden sie dies würdig tun und auf eine Weise und zu einer Zeit, die sie selbst bestimmen, z. B. in einem Gedanken unseres Herzens, bei ruhiger Meditation.

5. Ist der Teufel los?

Bei den schlimmsten Formen des Aberglaubens kommt der Teufel ins Spiel. Böse Geister und Dämonen treten auf. Die furchtbarsten Gestalten nennen sich »Satan« oder »Luzifer« oder »Antichrist«. Sie geben oft Aufträge, die mit den Geboten Gottes (→ S. 67) nicht vereinbar sind, z. B. fremden Besitz zu zerstören, Tiere zu quälen, Menschen zu schikanieren, sich selbst zu verstümmeln, andere Menschen zu töten, Selbstmord zu begehen. Meistens erhalten die Anhänger des neuen Satanskultes diese Befehle auf wilden Orgien, z. B. bei Totenbeschwörungen auf dem Friedhof, bei extrem lauten und grellen Rockkonzerten. Besonders schlimm sind die »Schwarzen Messen«, in denen das Geheimnis der Eucharistie (→ S. 224 f) schamlos verspottet wird. Sie werden von einem »Satanspriester« mit einer gestohlenen geweihten Hostie gefeiert. Im Lauf der Zeremonie schändet er die Hostie, indem er sie mit einem Messer aufspießt. Am Ende wird oft ein Huhn geschlachtet. Das Blut des Tieres wird über die Hostie geschüttet, in einer Schale aufgefangen und dann von den Anwesenden getrunken. Die Feiern enden manchmal in sexuellen Ausschweifungen.
Es gibt auch Messen, in denen Menschen symbolisch getötet werden, indem man eine Puppe aus Wachs, welche eine bestimmte Person darstellt, mit einem Säbel ersticht. Dies geschieht in der Erwartung, daß diese Person bald mit Hilfe des Teufels oder seiner Anhänger zu Tode kommt.

Luzifikaner
Von Freitag dieser Woche an wird vor der Jugendstrafkammer des Landgerichts Münster erstmals der Tod einer Schülerin verhandelt, die durch Okkultismus ums Leben kam. Wegen Totschlags auf der Anklagebank sitzen zwei Schüler, der 17jährige René und die 15jährige Elke, die sich einem Satanskult verschrieben hatten und der Lüdinghausener Teufelsgruppe „Die Luzifikaner" angehörten.
Dem evangelischen Pfarrer und Sekten-Beauftragten Hauth gestand der Junge: Er habe – nach dem Satan-Film »Das Omen« – eine »Luzifer-Vision« gehabt; der »Vater« hieß ihn, eine Gruppe zu bilden und befahl den »Luzifikanern« schließlich, »sich zu opfern«.
René und Elke hatten den 15. Mai 1986 als ihren gemeinsamen Todestag ausersehen, »um in Luzifers Reich zu kommen«. Anja, 15, die ebenfalls zur Gruppe gehörte, schloß sich dem Vorhaben an. Alle drei hatten angeblich vereinbart, sich in einem Wald nach der Einnahme von Schlaftabletten und Wermut gegenseitig die Pulsadern aufzuschneiden.
Anja, die sich bereits in einer Art Trancezustand befand, kam als erste an die Reihe: René, damals 16, und Elke, damals 14, brachten ihr Schnitte am Hals und an den Pulsadern bei, woraufhin das Mädchen aufschrie und die beiden anderen, von der grausigen Realität ernüchtert, in Panik davonliefen. Anja verblutete im Wald.

Zeitungsbericht Oktober 1987[1]

Der »Geist Kevin«

Er hat unsere Spitznamen gekannt und alle Geburtsdaten. Bis dann einmal einer ihn fragte, ob wir auch mal mit 'nem bösen Geist fahren können. Da hat er geantwortet: Luzifer. Da kamen wir echt in Panik und haben zu ihm gesagt: Geh weg, wir wollen dich nicht! Vor lauter Panik haben wir alle Fenster und Türen aufgemacht und viermal ein Vaterunser gebetet. Er hat dann geschrieben: Satans Söhne werden in euch sein. Daraufhin haben wir ihn gefragt, was er will. Er hat geschrieben: Ihr werdet Seelen kaputtmachen und andere Leute linken. Wir wollten aber Beweise haben, und er hat das Wort »Klo« geschrieben. Da ist auf einmal der Klodekkel nebenan runtergefallen. Also ich war an dem Abend fix und foxi. Ich hatte am ganzen Körper 'ne Gänsehaut und konnte vor Angst nicht schlafen, bin zu meiner Mutter ins Bett gekrabbelt. – Seitdem bete ich jeden Abend.

Schüler-Aussage über Séancen mit dem »Geist Kevin«[1]

Satan – Er ist Gott –
ich liebe es, meinen Gegnern
die Kehle durchzuschneiden
und den Schädel zu zerschmettern.

Textbeispiel für die »Black-Metal-Rock-Musik«[2]

Ich hab ~~[illegible]~~ Luzifer gestern
gefragt wer alles vom Teufel
besessen ist. Er hat mir gesagt:
Nono, Sandy, Maike, Watson, Addi, Anette
Gandrych, Ich, Tanja, Krawczik, Holger

Schüler-Notiz,
die ein Lehrer einem Mädchen abnahm.[3]

Auch Christen glauben, daß es den Teufel gibt, aber sie tun das ganz anders. Wir können ihn nicht herbeirufen und veranlassen, schlimme Dinge auszuführen. Er arbeitet nicht auf unseren Befehl und erteilt uns nicht direkt seine Anweisungen. Sein Wirken ist raffinierter. Wir erfahren es in all dem Bösen, das wir tun und das in der Welt geschieht.

Menschen, die an den Teufel glauben, als sei er Gott ebenbürtig, gehen in die Irre. Sie können dabei leicht das Vertrauen auf Gott, zu anderen Menschen und zu sich selbst verlieren. Oft geraten sie dabei in immer größere Angst und Hoffnungslosigkeit. Jesus hat die bösen Geister bekämpft und uns von der Macht des Teufels befreit. Wenn wir an Jesus glauben und ihm nachfolgen, brauchen wir vor dem Teufel keine Angst zu haben.

---

1. Was wißt ihr von dem neuen Teufelskult?

2. Wiederholt, was ihr über den Teufel gelernt habt. Lest dazu den Abschnitt »Woher kommt das Böse« → »Zeit der Freude«, S. 254–257. Was erzählt die Bibel über böse Geister? Lest Lk 9,37–43 (→ S. 192).

6. Die richtige Alternative

Es gibt viele Gründe, die zu der neuen Esoterikwelle geführt haben.

- Jungen und Mädchen werden neugierig, wenn sie von ungewöhnlichen Dingen hören.
- Viele Menschen haben Angst vor der Zukunft. Sie können die Ungewißheit ihres Lebens nicht ertragen. Darum fallen sie leicht auf unredliche Angebote herein, die ihnen Gewißheit und Befreiung von Angst versprechen.
- Heute wissen viele Menschen nicht, weshalb sie eigentlich leben. Sie fragen sich nach dem Sinn ihres Daseins. In den verschiedenen Formen des Aberglaubens meinen sie, eine Antwort auf diese Frage zu erhalten.
- Unsere Welt wird weitgehend von Wissenschaft und Technik bestimmt. Rationale Planung und bürokratische Verwaltung schränken unser Leben ein. Viele Menschen, die darunter leiden, suchen nach etwas, das die Möglichkeiten des Verstandes übersteigt. Der Aberglaube verheißt ihnen wunderbare Geheimnisse und Macht über übersinnliche Kräfte.
- In unserer Zeit ist der christliche Glaube bei vielen nicht mehr vorhanden. An die Stelle des Glaubens tritt oft nicht der Unglaube, sondern der Aberglaube. Wer nicht an Gott glaubt, verfällt den Götzen.

Wenn wir ruhig überlegen, müssen wir feststellen, daß alle Formen des Aberglaubens unvernünftig sind. Der Aberglaube widerspricht unserem Denken und unserer Erfahrung. Auf Beweise kann er sich nicht stützen. Weil viele Menschen kein Zutrauen zur Vernunft haben, sondern sich zu stark von unkontrollierten Gefühlen (Neugierde, Glücksverlangen, Angst, Aggression) leiten lassen, ist er so erfolgreich. Das, was er verspricht, kann er nicht halten. Der Schaden, den er anrichtet, kann groß sein: finanzielle Belastung, Angst, gesundheitliche und geistige Schäden, Verführung zu bösen Taten. Wer sich auf den Aberglauben einläßt, begibt sich in Gefahr. Seine Veranstalter üben bisweilen so starken Druck auf die Teilnehmer aus, daß diese von sich aus nicht mehr davon loskommen können. Was am Anfang verlockend erschien, erwies sich schon für viele am Ende als lebensgefährliche Sackgasse (→ S. 150 ff).

Oft ahmt der Aberglaube den christlichen Glauben nach. Er nimmt vieles in seinen Dienst, was den Christen wichtig ist, z. B. den Glauben an eine andere Welt und das Weiterleben der Toten. Aber der Aberglaube verzerrt diesen Glauben in unerträglicher Weise. Vor allem maßt er sich an, über die Geheimnisse des Glaubens willkürlich zu verfügen.

Die richtige Alternative zum Aberglauben ist der Glaube.

Wer an ***Gott*** glaubt, verfällt nicht den Götzen (→ S. 30).

Wer an ***Christus*** glaubt, über den haben böse Mächte keine Gewalt (→ S. 192).

Wer an den ***Heiligen Geist*** glaubt, braucht sich nicht zweifelhaften Geistern anzuvertrauen (→ S. 120 ff).

---

1. Könnt ihr den Unterschied zwischen Glauben, Aberglauben und Unglauben an einem Beispiel klarmachen?

2. Manchmal ist der Unterschied zwischen Glaube und Aberglaube nicht eindeutig zu erkennen, z. B. wenn ein Christ eine Kerze bei Gewitter anzündet oder eine Christophorus-Plakette in seinem Auto anbringt. Wann – meint ihr – ist eine solche Handlung Ausdruck des Glaubens, wann nicht?

3. Welche Formen des Aberglaubens sind harmlos, welche gefährlich?

4. Worin unterscheiden sich christlicher Teufelsglaube und neumodischer Teufelsspuk?

Bamberger Apokalypse: Die Fesselung des Teufels. Um 1000.

Von guten Mächten

Von guten Mächten treu und still umgeben, behütet und getröstet wunderbar, so will ich diese Tage mit euch leben und mit euch gehen in ein neues Jahr. Von guten Mächten wunderbar geborgen erwarten wir getrost, was kommen mag. Gott ist mit uns am Abend und am Morgen und ganz gewiß an jedem neuen Tag.
Noch will das alte unsre Herzen quälen, noch drückt uns böser Tage schwere Last; ach, Herr, gib unsern aufgescheuchten Seelen das Heil, für das du uns bereitet hast. Von guten Mächten wunderbar geborgen . . .
Und reichst du uns den schweren Kelch, den bittern des Leids, gefüllt bis an den höchsten Rand, so nehmen wir ihn dankbar ohne Zittern aus deiner guten und geliebten Hand. Von guten Mächten wunderbar geborgen . . .
Doch willst du uns noch einmal Freude schenken an dieser Welt und ihrer Sonne Glanz, dann wolln wir des Vergangenen gedenken, und dann gehört dir unser Leben ganz. Von guten Mächten wunderbar geborgen . . .

Dietrich Bonhoeffer dichtete dieses Neujahrslied im Gefängnis nach seiner Verurteilung durch die Richter des »Dritten Reiches«.[1]

Die Wunder Jesu

Salvador Dali (geb. 1904): Seesturm. Um 1965.
Dieses Bild, auf dem Dali sparsamer als sonst mit Farben umgeht, zeigt im Vordergrund Jesus auf den Wellen des Sees. Er streckt seine Hand weit aus. Schwarze Tusche macht sein Antlitz unerkennbar. Er geht an dem Boot vorüber, in dem die Jünger geduckt sitzen. Voll Angst schauen sie auf ihn. Noch haben sie ihn nicht verstanden und halten ihn für ein Gespenst (Mk 6,48–50). Aber bald werden sie erkennen, daß er in den Stürmen des Lebens Sicherheit geben kann. In diesem Sinn kann sich das Wunder immer wieder neu ereignen.

1. »Wunder gibt es immer wieder«

- Isabel (5) ist aus dem Fenster im dritten Stock eines Wohnhauses gefallen. Sie hat dabei nur harmlose Prellwunden davongetragen.
- Sonne, Mond und Sterne gehen ihren Lauf. Das ganze Weltall gehorcht wunderbaren Gesetzen.
- Bei einer Geiselnahme durch Verbrecher meinen die Entführten, nur ein Wunder könne sie noch retten. Plötzlich werden sie befreit.
- Bei einer spiritistischen Sitzung hüpfen die Gläser (→ S. 180).
- Aus einem kleinen Korn entsteht ein voller Weizenhalm, aus einem unansehnlichen Wurzelstock ein blühender Rosenstrauch.
- Stephan (16) will Elektriker werden. Seit Monaten sucht er nach einem Arbeitsplatz, der ihm zusagt. Er ist schon ziemlich verzweifelt, weil er dabei kein Glück hat. Plötzlich wird ihm eine Lehrstelle angeboten, wie er sie sich gewünscht hat.

Was ist ein Wunder?

Dazu gibt es unterschiedliche Ansichten, z. B.:

- Ein Wunder ist ein Ereignis, das plötzlich und unerwartet eintritt und den Menschen aus Not und Gefahr befreit. Beispiel: Ein Mann, der in Gefangenschaft ist, kommt plötzlich frei.
- Die großen Werke der Natur und die überragenden Leistungen der Menschen sind Wunder. Beispiele: Die Arbeitsweise des menschlichen Herzens oder die Landung auf dem Mond.
- Ein Wunder ist ein Ereignis, das die Gesetze der Natur übersteigt oder durchbricht und somit für unsere Erkenntnis grundsätzlich unerklärbar ist. Beispiel: Die Erweckung eines Toten zum Leben.

WUNDERKERZE WIRTSCHAFTSWUNDER
wundervolle Musik WUNDER DES MEERES
WUNDERDOKTOR WUNDER DER TECHNIK

In unserer Welt scheint es viele wunderbare Dinge und Wunder zu geben.
Oft reden wir ganz selbstverständlich von Wundern.
Viele sind überzeugt:

»Wunder gibt es immer wieder . . .«

1. Vergleicht die Ansichten miteinander und überlegt, ob ihr einer zustimmen könnt.

2. Franz ist nach einer hoffnungslosen Krankheit doch wieder gesund geworden.
- Darauf sagt der Vater: »Er hat einen ungewöhnlich guten Arzt gehabt.«
- Die Mutter: »Gott hat wunderbar geholfen.«
- Ein Freund von Franz: »Er hat Glück gehabt.«

Wer hat Recht?

2. Was man alles Wunder nennt

Altes Weltbild

In vergangenen Zeiten haben die Menschen in viel mehr Ereignissen Wunder gesehen, als wir es heute tun. Für sie gab es in der Natur vieles, das sie nicht verstanden. Der Wechsel von Leben und Tod, der Kreislauf der Jahreszeiten, der Lauf von Sonne, Mond und Sternen, Naturerscheinungen wie Blitz und Donner, Flut und Sturm waren für sie Werke der Götter. Die Welt rief in den Menschen Staunen und Dankbarkeit, aber auch Angst und Schrecken hervor. Wo etwas Unerwartetes geschah, sahen sie über- oder unterirdische Wesen am Werk: eine Welt voller Wunder.
Auch das Weltbild des Altertums unterscheidet sich erheblich von unserem Weltverständnis. Für die Menschen von damals bestand die Welt gleichsam aus drei Stockwerken. In der Mitte befindet sich die Erdscheibe, die aus Land und Meer besteht. Hier wohnen die Menschen. Darüber wölbt sich das Firmament, an dem Sonne, Mond und Sterne befestigt sind. Im Himmel über dem Firmament herrschen die Götter. Unter der Erde, in der Unterwelt, ist das Reich der Toten. Hier haben Dämonen und böse Geister ihre Wohnstatt. Götter und Dämonen greifen häufig in das Geschehen auf der Erde ein. Die Götter heilen z. B. von schwerer Krankheit oder retten aus Not und Gefahr. Den Dämonen werden Unheil und Katastrophen zugeschrieben. Manchmal bewirken sie auch Dinge, die die alltägliche Erfahrung überschreiten: Regen aus Steinen, Geburt von Tierungeheuern mit mehreren Köpfen, Verfinsterung der Sonne u. a.

Das Weltbild der alten Ägypter unterscheidet sich vom Weltbild der Bibel, ist aber wie dieses voll wunderbarer Züge. Im Aufbau der Welt, im Kreislauf der Sonne sind die Götter selbst am Werk. Im Bild oben beugt sich die Himmelsgöttin Nut über die Welt. Ihr Leib ist mit Sternen bedeckt. Unten liegt der Erdgott Geb, zwischen beiden schwebt der Luftgott Schu. Er trägt an beiden Armen und Händen das Zeichen des Lebens. Im Bild unten trägt Schu die Himmelsgöttin. Sie verschlingt gerade die von vielen Strahlen umgebene Sonne. Am nächsten Morgen wird die Göttin die Sonne von neuem gebären.

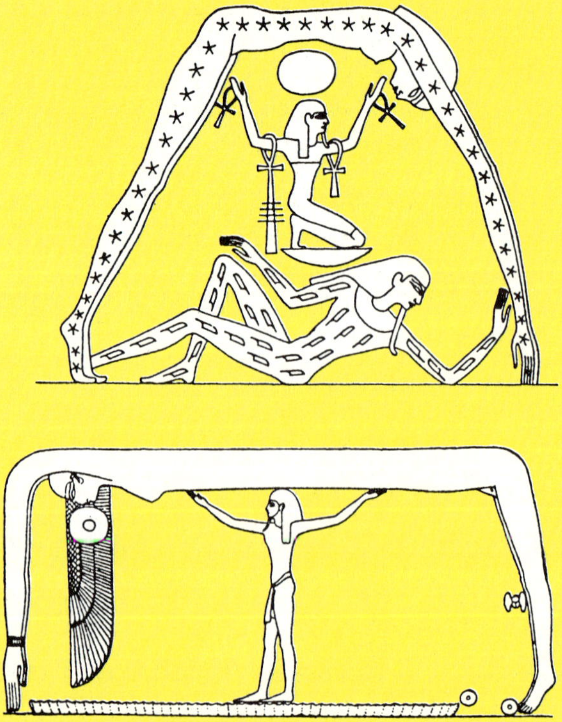

Der folgende Text stammt aus der antiken Welt. Er erzählt von einem Wunder aus Epidauros, einer Heilstätte in Griechenland:[1]

Kleo war fünf Jahre schwanger. Als diese schon fünf Jahre schwanger war, kam sie bei dem Gott als Bittfleherin an und schlief im Heilraum. Sobald sie aus ihm herauskam und außerhalb des Heiligtums war, gebar sie einen Knaben, der sofort nach seiner Geburt sich selbst an dem Brunnen wusch und mit der Mutter herumlief. Als sie das erlangt hatte, ließ sie auf ihr Weihegeschenk den Vers schreiben: »Wunderbar ist nicht die Größe der Tafel, sondern des Gottes Gnade, daß Kleo im Leib fünf Jahre die Last hat getragen, bis sie im Heiligtum schlief und er gesund sie gemacht.«

Was die Bibel Wunder nennt

Im Alten und Neuen Testament werden manche wunderbaren Begebenheiten erzählt. Auch diese Wunder stehen im Zusammenhang mit dem alten Weltbild. Für die biblischen Schriftsteller ist es ebenfalls selbstverständlich, daß Gott im Himmel thront und von dort in das Geschehen auf der Welt eingreift. Gott ist der Schöpfer der Welt. Er läßt die Pflanzen, Tiere und Menschen wachsen. Sonne, Mond und Sterne spenden auf sein Wort hin der Erde ihr Licht. Manchmal greift Gott in seine Schöpfung überraschend ein, um zu helfen, zu strafen, ein Gesetz zu geben, zu heilen oder etwas mitzuteilen. Diese Eingriffe Gottes sind für die biblischen Verfasser auch dann Wunder, wenn sie nach unserem Wissen nicht gegen die Naturgesetze verstoßen. Denn sie fragen nicht, was in der Natur möglich ist und was nicht. Wunder sind für die Bibel also *ungewöhnliche Ereignisse, in denen der Glaube Gottes Taten sieht.* In ihnen erfahren die damaligen Menschen die besondere Nähe Gottes.

Nicht alle Wunder der Bibel sind von der gleichen Art. Das *wichtigste Wunder des Alten Bundes* ist die Errettung Israels aus Ägypten (→ S. 70 f). In diesem Geschehen hat Israel seinen Gott als Retter und Befreier erfahren. Darum sieht Israel auch in vielen Einzelheiten, die dem Geschehen vorausgehen (die Plagen) oder folgen (Manna, Wachteln, auffallende Taten des Mose in der Wüste), wunderbare Ereignisse. Die Vorgänge im Bannkreis des Hauptwunders werden zu *Begleitwundern*, weil Israel auch in diesem Geschehen Gott am Werk weiß.

Das *zentrale Ereignis des Neuen Bundes* ist die Auferstehung (→ S. 276 ff). Auf sie sind die meisten Ereignisse der Evangelien bezogen, von hier aus werden sie verständlich. Darum wird die Auferstehung von großen Wundern vorbereitet und begleitet. Sie alle zeigen, wie wirksam Jesus auch in seinem Leben gegen Not und Tod gekämpft hat (→ S. 132 ff).

---

1. Wenn die Menschen in alten Zeiten von »Wunder« sprachen, meinten sie manchmal Zauberei oder ein völlig unglaubwürdiges Geschehen. Darum haben die Evangelisten das Wort »Wunder« gemieden. Sie sprechen statt dessen meistens von

- Machttaten, z. B. Mk 6,2
- Zeichen, z. B. Joh 2,11
- Werken, z. B. Joh 10,25.

Warum erscheinen ihnen diese Ausdrücke besser?

2. Die Zahl der neutestamentlichen Wunder ist nicht sehr groß. Die Evangelisten schreiben Jesus an die 30 Wunder zu. Es handelt sich um

- 17 *Krankenheilungen*, z. B. bei der Schwiegermutter des Petrus (→ S. 132)
- 6 *Dämonenaustreibungen*, z. B. bei einem leidenden Jungen (→ S. 192)
- 3 *Totenerweckungen*, z. B. der Jüngling von Nain
- 3 wunderbare *Erscheinungen*, z. B. die Verklärung Jesu
- 3 *Ereignisse*, die mit Dingen oder Vorgängen in der Natur zu tun haben, z. B. die Brotvermehrung.

Stellt alle Wunder, die ihr kennt, zusammen und ordnet sie diesen Gruppen zu.

3. Hat Jesus Wunder gewirkt?

Um auf diese Frage eine Antwort zu finden, muß man folgendes beachten:

- Die Wunder sind aus den Evangelien nicht wegzudenken. Sie stehen in engem *Zusammenhang mit Jesu Leben und Lehre.* Wer bestreitet, daß Jesus Wundertaten vollbracht hat, muß die Glaubwürdigkeit der ganzen Evangelien in Frage stellen (→ S. 92 ff).
- In einigen Fällen haben die Evangelien die *Namen* von Menschen überliefert (z. B. Bartimäus → Mk 10,47) oder bestimmte Personen genannt (z. B. die Schwiegermutter des Petrus → Mk 1,30 f), die von Jesus geheilt wurden. Diese Leute kannte man damals, als die Evangelien entstanden. Jeder konnte sie fragen, ob das Berichtete stimmt.
- Die *Zeitgenossen* Jesu haben nie bestritten, daß Jesus ungewöhnliche Dinge getan hat. Seine Freunde waren davon überzeugt, daß er über eine geheimnisvolle Kraft verfügte. Aber auch seine Gegner haben nie seine auffälligen Taten geleugnet. Nur haben sie die Wunder völlig anders gedeutet als Jesus selbst.

Limburger Evangeliar: Heilung eines Aussätzigen. 11. Jahrhundert.

Römisches Goldglas: Brotvermehrung. 4. Jahrhundert.

1. Lest Mt 12,22–28.

- Wie deuten die Leute die Tat Jesu? Was meint der Titel, den sie ihm geben? (→ S. 130)
- Wie deuten die Pharisäer die Tat Jesu? Welche Tatsache bestreiten sie nicht?
- Wir argumentiert Jesus?

2. Im Talmud (→ S. 251), dem alten jüdischen Religionsbuch, findet sich folgende Notiz über Jesus (Traktat Sanhedrin 43 a):
»Er wird zur Steinigung (!) hinausgeführt, weil er Zauberei getrieben und Israel verführt hat.«
Was könnte hier mit »Zauberei« gemeint sein?

Wer die Bibel unvoreingenommen liest, kann keinen Zweifel haben, daß Jesus ungewöhnliche Taten vollbracht hat. Wo Jesus Glauben fand, hat er oft wunderbar geholfen. Davon haben die Evangelisten gewissenhaft berichtet. Aber nicht alle Wundererzählungen sind von der gleichen Art. Viele Wundererzählungen in den Evangelien sind glaubwürdige Zeugnisse von dem, was geschehen ist.

Egbert-Codex: Heilung des Blinden bei Jericho. Um 1000.

Oft wollten die Evangelisten aber mit ihren Wundererzählungen mehr sagen als nur: Das hat Jesus vor einiger Zeit wirklich so getan. Manche sind Bilderzählungen (→ S. 77 ff, 161 ff), die einen tieferen Sinn haben. Sie wollen zeigen, wer Jesus Christus ist und was er Menschen bedeuten kann, die an ihn glauben. Diese Texte kann man als ***»Christuserzählungen«*** bezeichnen.

4. Erstaunliche Beispiele

Jesus befreit einen Jungen von einem bösen Geist

Der folgende Text erzählt eher von einem **tatsächlichen Geschehen.**

Als sie am folgenden Tag den Berg hinabstiegen, kam ihnen eine große Menschenmenge entgegen. Da schrie ein Mann aus der Menge: Meister, ich bitte dich, hilf meinem Sohn! Es ist mein einziger. – Er ist von einem Geist besessen; plötzlich schreit er auf, wird hin und her gezerrt, und Schaum tritt ihm vor den Mund, und der Geist quält ihn fast unaufhörlich. Ich habe schon deine Jünger gebeten, ihn auszutreiben, aber sie konnten es nicht. Da sagte Jesus: O du ungläubige und unbelehrbare Generation! Wie lange muß ich noch bei euch sein und euch ertragen? Bring deinen Sohn her! Als der Sohn herkam, warf der Dämon ihn zu Boden und zerrte ihn hin und her. Jesus aber drohte dem unreinen Geist, heilte den Jungen und gab ihn seinem Vater zurück. Und alle gerieten außer sich über die Macht und Größe Gottes. *(Lk 9,37–43)*

In den Evangelien ist gelegentlich die Rede davon, daß Menschen von Dämonen – bösen oder unreinen Geistern – besessen sind. Für uns ist nicht einfach zu verstehen, was damit gemeint ist, weil unsere Zeit kaum noch an Dämonen glaubt.

- Für Jesus und die Evangelisten ist Besessenheit nicht dasselbe wie Sünde. Keiner von ihnen hat daran gedacht, den Verrat des Judas, den Unglauben der Pharisäer, die Schuld der Menschen »Besessenheit« zu nennen.
- Für die Menschen von damals hat Besessenheit etwas mit besonders auffälligen Krankheiten zu tun, z. B. mit Tobsucht, Fallsucht (Epilepsie) oder Stummheit. Man meinte, daß diese Krankheiten von bösen Mächten bewirkt würden.

Die Leiden, die man damals als »Besessenheit« bezeichnete, gibt es heute noch. Doch wir sagen nicht mehr, daß diese Krankheiten von »bösen Geistern« kommen. Das würde die Kranken zu Recht innerlich verletzen. Aber auch wir erfahren bei vielen Krankheiten nicht anders als die damaligen Menschen unsere Hilflosigkeit. Oft steht es nicht in unserer Macht, die Kranken von ihrem Leiden zu befreien.

- Jesus hat öfter Menschen, die nach damaliger Ansicht »von einem bösen Geist besessen waren«, von ihrem Leiden befreit. Dafür gibt es viele glaubwürdige Zeugnisse. Sie zeigen, daß Jesus eine ungewöhnliche Autorität hatte, die andere Menschen tief beeindruckte. Indem er den Kranken seine Liebe zuwandte, konnte er sie von ihren Leiden befreien. Er war stärker als die Krankheiten, unter denen die Kranken litten.
- Letztlich erzählen die Evangelisten von den Dämonenaustreibungen nicht, um auf die ungewöhnlichen Fähigkeiten Jesu aufmerksam zu machen. Solche Fähigkeiten sind gelegentlich auch bei anderen Menschen anzutreffen. Die Evangelisten sehen in dem Geschehen einen noch tieferen Sinn. Sie wollen sagen: Jesu Wort ist Gottes Wort. Darum ist es stärker als alle bösen Mächte, die Menschen furchtbar quälen. Menschen, die an Jesus glauben und ihm folgen, dürfen hoffen, daß Gott ihr Leid besiegen wird.

1. Welche Züge weisen darauf hin, daß in dem Text Lk 9,37–43 Tatsachen berichtet werden?

2. Ihr könnt den Text auch mit der parallelen Stelle Mk 9,14–29 vergleichen. Was fällt euch dabei alles auf? (→ S. 102 f)

Egbert-Codex: Die Stillung des Seesturms. Um 1000.

Jesus stillt den Sturm

Der folgende Text gehört zu den ***»Christuserzählungen«.*** *Hier soll man nicht so sehr fragen: »Was ist damals geschehen?«, sondern: »Aus welchem Glauben sind sie entstanden? Welchen Glauben wollen sie wecken?«*

Am Abend dieses Tages sagte er zu ihnen: Wir wollen ans andere Ufer hinüberfahren. Sie schickten die Leute fort und fuhren mit ihm in dem Boot, in dem er saß, weg; einige andere Boote begleiteten ihn. Plötzlich erhob sich ein heftiger Wirbelsturm, und die Wellen schlugen in das Boot, so daß es sich mit Wasser zu füllen begann. Er aber lag hinten im Boot auf einem Kissen und schlief. Sie weckten ihn und riefen: Meister, kümmert es dich nicht, daß wir zugrunde gehen? Da stand er auf, drohte dem Wind und sagte zu dem See: Schweig, sei still! Und der Wind legte sich, und es trat völlige Stille ein. Er sagte zu ihnen: Warum habt ihr solche Angst? Habt ihr noch keinen Glauben?
Da ergriff sie große Furcht, und sie sagten zueinander: Was ist das für ein Mensch, daß ihm sogar der Wind und der See gehorchen? *(Mk 4,35–41)*

- Der Evangelist hat mit dieser Geschichte ***keine Reportage*** von einer einmaligen Bootsfahrt auf dem See Gennesaret geschrieben, bei der er sich dafür verbürgt, daß alle Einzelheiten so und nicht anders geschehen sind. Darum läßt sich auch nicht mehr im einzelnen sagen, was sich damals ereignet hat.
- Der Evangelist hat der Erzählung einen ***tieferen Sinn*** gegeben. Er spricht bildhaft von den Gefahren des Lebens und des Todes – und von Jesu Macht über diese Gefahren. So will die Geschichte den Hörer zum Glauben an Jesus aufrufen und ihm sagen, daß er keine Angst zu haben braucht und sich auf Jesus verlassen kann, wenn er in Gefahren gerät. Denn Jesus selbst hat alle Angst und den Tod überwunden, als er auferstand. – Darum ist die Geschichte von der Sturmstillung im Grunde eine Auferstehungsgeschichte (→ S. 276 ff).

Was bedeuten die Wunder Jesu für den Glauben?

Beweise - nein...

• Viele nehmen an, die Wunder Jesu seien unwiderlegbare Beweise dafür, daß er Gottes Sohn ist. Wer solche Taten vollbracht hat, sei mehr als ein Mensch.
Aber gegen diese Annahme sprechen gewichtige Gründe. Einmal haben nach dem Zeugnis der Bibel auch andere Menschen »Wunder« gewirkt, z. B. Mose und Aaron, die Propheten Elija und Elisa, die Apostel Petrus und Paulus. Trotzdem sehen wir in keinem von ihnen den »Sohn Gottes«.
Ferner haben manche Zeitgenossen Jesu seine Wunder gesehen und sind doch nicht zum Glauben an ihn gekommen. Sie haben nicht einmal seine Wunderkraft bestritten, sie aber auf den Teufel zurückgeführt (Mt 12,22–24; → S. 190).
• Einige Male wurde Jesus aufgefordert, ein Wunder zu wirken, um sich als Messias oder Sohn Gottes auszuweisen. Man gab ihm zu verstehen, daß man ihm unter der Bedingung glauben wolle, daß er durch ein Wunder seine besondere Stellung »beweise«. Jesus hat darin eine Zumutung gesehen, der er nicht folgen konnte und wollte.

Als Pilatus das hörte, fragte er, ob der Mann ein Galiläer sei. Und als er erfuhr, daß Jesus aus dem Gebiet des Herodes komme, ließ er ihn zu Herodes bringen, der in jenen Tagen ebenfalls in Jerusalem war. Herodes freute sich sehr, als er Jesus sah; schon lange hatte er sich gewünscht, mit ihm zusammenzutreffen, denn er hatte von ihm gehört. Nun hoffte er, ein Wunder von ihm zu sehen. Er stellte ihm viele Fragen, doch Jesus gab ihm keine Antwort. *(Lk 23,6–9)*

(Viele Menschen in seiner Heimatstadt) . . . nahmen Anstoß an ihm und lehnten ihn ab. Da sagte Jesus zu ihnen: Nirgends hat ein Prophet so wenig Ansehen wie in seiner Heimat . . . Und er konnte dort kein Wunder tun. *(Mk 6,3–5)*

1. Sprecht miteinander über das Verhalten Jesu und sucht Gründe dafür. Lest auch Mt 4,1–11.
2. Diskutiert folgende Thesen:
• Wunder »beweisen«, daß Jesus Gottes Sohn ist.
• Wunder »beweisen« dem, der nicht glauben will, nichts.
• Nur der Glaube kann in Jesu Taten »Wunder« sehen.
3. Nennt einige Wunder und zeigt an ihnen, wieso sie Zeichen des Reiches Gottes sind.
4. Kein anderes Evangelium hat die Wunder Jesu so sehr als »Zeichen« für Christus gesehen wie das des Johannes. Was offenbart
• die Brotvermehrung? → Joh 6,35
• die Blindenheilung? → Joh 9,5
• die Auferweckung des Lazarus? → Joh 11,25
5. Sprecht über das Gedicht auf S. 196. Welche Möglichkeiten, »Wunder zu wirken«, zeigt es auf? Sucht Beispiele.

... Zeichen - ja

Nur wer glaubt, kann die Taten Jesu als Wunder erkennen.

- Die Wunder sind *Zeichen des Reiches Gottes.* Sie kündigen an, daß der bisherige Zustand der Welt seinem Ende entgegengeht und daß Welt und Menschen so werden, wie Gott sie haben will. In den Dämonen wird das Böse überwunden, Krankheiten werden geheilt, Hungrige werden gesättigt, der Tod wird besiegt und die Welt auf Gott hin geordnet. Mit den Wundern beginnt die Welt zum Reich Gottes zu werden. Schuld, Krankheiten, Hunger und Tod bleiben zwar noch in dieser Welt, aber die Wunder Jesu sind Zeichen der Hoffnung dafür, daß menschliches Leid von Gott besiegt wird. Was am Ende der Geschichte sein soll, wird hier schon Gegenwart.
- Die Wunder sind *Zeichen für Christus.* Wie die Gleichnisse in Bildern von Jesus erzählen, so lassen die Wunder erkennen, wie er war und wer er ist.
- Die Wunder sind *Zeichen für die Christen.* Sie werden gerufen, wie Jesus an der Linderung menschlichen Leidens mitzuwirken. Darum sind die Wunderberichte für die Christen nicht erbauliche Erzählungen von längst vergangenen Taten. Sie fordern jeden Christen zu Verantwortung und Menschlichkeit auf, wo er Armut, Hunger, Krankheit, Not, Schuld und Unglauben antrifft.

Egbert-Codex: Jesus und der Besessene von Gerasa (→ Mk 5,1–20). Um 1000.

6. Wunder wirken

Wußten Sie schon...

daß die nähe eines menschen
gesund machen
krank machen
tot und lebendig machen kann
wußten sie schon
daß die nähe eines menschen
gut machen
böse machen
traurig und froh machen kann
wußten sie schon
daß das wegbleiben eines menschen
sterben lassen kann
daß das kommen eines menschen
wieder leben läßt
wußten sie schon
daß die stimme eines menschen
einen anderen menschen
wieder aufhorchen läßt
der für alles taub war
wußten sie schon
daß das wort
oder das tun eines menschen
wieder sehend machen kann
einen
der für alles blind war
der nichts mehr sah
der keinen sinn mehr sah
in dieser welt
und in seinem leben
wußten sie schon
daß das zeithaben für einen menschen
mehr ist als geld
mehr als medikamente
unter umständen mehr
als eine geniale Operation
wußten sie schon
daß das anhören eines menschen
wunder wirkt
Wilhelm Willms[1]

es ist ein Wunder was ist ein Wunder?

gezeugt zu werden
zu zeugen
geboren zu werden
zu gebären
gelebt zu werden
zu leben
geschaffen zu werden
zu schaffen
geträumt zu werden
zu träumen
geliebt zu werden
zu lieben
gebraucht zu werden
zu brauchen
gedacht zu werden
zu denken
gefühlt zu werden
zu fühlen
gestorben zu werden
zu sterben

es ist wunder
ist es ein wunder?
es ist
Kurt Marti[1]

Wunder – heiter

Tünnes und Schäl waren in Frankreich und haben dort gut eingekauft. An der Grenze wurden sie von den Zollbeamten gefragt: »Wo sind Sie gewesen?«
Tünnes: »In Lourdes (bekannter Wallfahrtsort, an dem viele wunderbare Heilungen geschehen sind). Dort passieren viele Wunder.«
Zollbeamter: »Was habt ihr mitgebracht?«
Tünnes: »Lourdes-Wasser« (Wasser von der wundertätigen Quelle in Lourdes, der man heilende Wirkungen zuschreibt).
Zollbeamter: »Zeigen Sie bitte die Flasche!«
Tünnes (verlegen im Gepäck kramend): »Hier ist sie.«
Zollbeamter: »Das ist ja französischer Schnaps!«
Tünnes (mit unschuldiger Miene): »Tatsächlich. Schon wieder ein Wunder!«

Tünnes, der immer in Geldnot ist, wünschte sich oft, der liebe Gott würde für ihn einmal ein Wunder wirken. In einem Traum hat er die Möglichkeit, mit dem lieben Gott zu sprechen. Mit einer leichten Verbeugung stellt er sich dem lieben Gott vor.
»Gestatten – mein Name ist Tünnes.«
»Ich bin der liebe Gott.«
»Wieviel sind für dich eigentlich 1000 Jahre, lieber Gott?«
»Ein Minütchen, Tünnes!«
»Und wieviel sind für dich eine Million Mark, lieber Gott?«
»Nicht mehr als ein Groschen, Tünnes.«
»Dann leih mir doch mal einen Groschen, lieber Gott!«
»Gern, aber wart noch ein Minütchen, lieber Tünnes!«

Albrecht Dürer (1471–1528): Dürers Mutter. Kohlezeichnung, 1514.
Der Künstler hat auf dieses Bild geschrieben: »1514 an oculy (Sonntag in der Fastenzeit). Daz ist Albrecht Dürers muter, dy was alt 63 jor.« Später hat er hinzugefügt: »Und ist verschiden jm 1514 jor om erchtag (Dienstag) vor crewtzwochen (Karwoche) um zwey genacht.« Auf dem Bild zeigt der Sohn seine Mutter voll Ehrfurcht als eine alte, erfahrene Frau, die ein schweres Leben in Würde geführt hat.

Vater und Mutter ehren

1. Wozu wir eine Mutter brauchen

Nach dem Zweiten Weltkrieg hat der Psychologe René Spitz Beobachtungen über die Entwicklung von Kindern mitgeteilt, die als Säuglinge in zwei verschiedenen Heimen untergebracht waren, die dann bis zu vier Jahren dort gepflegt und auf ihre körperliche und geistige Entwicklung sorgfältig untersucht wurden. In beiden Heimen waren die hygienischen Lebensbedingungen gleich gut, die Ernährung, die Versorgung durch Ärzte und Medikamente und alles Dazugehörige war gleich. Von außen gesehen bestanden also an beiden Orten sehr ähnliche Verhältnisse. Aber in dem ersten Heim hatten die Mütter (Gefängnisinsassen!) die Möglichkeit, ihre Kinder zu versorgen, oder es stand, wenn die Mutter fehlte, reichlich Pflegepersonal für den Säugling zur Verfügung. Im anderen Heim arbeiteten wenig Pflegepersonen, nur so viel, daß sie gerade mit der Arbeit durchkamen, ohne sich der Kinder annehmen zu können. – Im ersten Heim waren also die Kinder, ähnlich wie in einer ungestörten Familie, mütterlich umsorgt, im zweiten wurden sie nur sachlich mit allem Lebensnotwendigen bedient. Ihnen waren, wie der Autor es ausdrückte, alle emotionalen Reize entzogen.
Das Ergebnis läßt sich ganz kurz folgendermaßen zusammenfassen: Die Säuglinge in dem Heim mit Müttern entwickeln sich wie gesunde, normale Säuglinge. Sie lernen zur rechten Zeit Sitzen, Stehen, Laufen, sie spielen und sprechen, sind fröhlich und traurig. Sie bleiben fast ohne Krankheiten. Die wenigen Erkrankungen, die sie treffen, verlaufen leicht und ohne Komplikationen. Nicht eines unter den sehr vielen Kindern stirbt im Zeitraum von fünf Jahren.
Im zweiten Heim, das im ganzen 91 Kinder beherbergt, zeigt sich ein völlig anderes Bild. Die Säuglinge geraten nach kurzer Zeit in einen elenden körperlichen Zustand. Schließlich wird der Ernährungszustand derart kümmerlich, daß ein Vierjähriger zum Beispiel das Gewicht eines Einjährigen hat, das Wachstum verzögert sich hochgradig. Auch in der geistigen Entwicklung bleiben sie weit zurück. Sie können noch mit vier Jahren nicht gehen, nicht allein essen, sich nicht anziehen, sind nicht sauber, sie sprechen nicht. Sie liegen oder sitzen teilnahmslos und stumpf in ihren Bettchen, sie wirken und verhalten sich – auch bei der Prüfung im Testverfahren – wie hochgradig Schwachsinnige.[1]
Die Untersuchungen von René Spitz haben die meisten Krankenhäuser und Kinderheime heute veranlaßt, besser für die Kinder zu sorgen. Schwestern und andere Personen schenken den Kindern Liebe und Zuwendung, so daß die von Spitz beobachteten Schäden nicht mehr oder nicht mehr so stark auftreten. Aber überall da bleiben auch heute Kinder geistig und körperlich stark zurück, wo sich weder Eltern noch andere Personen um sie kümmern.

1. Überlegt, wie ihr bisher in eurem Leben auf eure Mutter/euren Vater angewiesen wart.
2. Wie würde sich euer Leben ändern, wenn eure Mutter/euer Vater plötzlich erkrankt und für zwei Monate ins Krankenhaus muß?
3. Schreibt eurer Mutter/eurem Vater einen Brief, in dem ihr sagt, was sie/er für euch bedeutet.
4. Könnt ihr ein Gebet für eure Eltern formulieren?

2. Sind Eltern so?

Wir haben dich lieb

Komm, sagt die Mutter, zur Welt, Kind.
Ich will dich nähren.
Wozu wir auf dieser Welt sind,
kann ich dir nicht erklären.
Das sagt dir der Vater morgen
oder irgendwann.
Ich hab' zu tun und zu sorgen,
mich geht's nichts an.

Ich will dich nicht gar so mutig
und auch nicht besonders schön,
weil die allzu Kühnen und Schönen
so oft zugrunde gehn.
Ja, am liebsten behielt ich dich immer
klein und bei mir.
Ich heizte dir das Zimmer
und ließe dich nicht vor die Tür.

Ich will, daß du immer satt hast
und kein Regen auf dich fällt
und du eine bleibende Statt hast
hier in der Welt.
Und daß du das Schmutzige meidest
und den Rechten zum Freund dir erwählst
und daß du nicht krank wirst und leidest
und mir immer alles erzählst.

Denn draußen ist sehr viel Böses,
weiß nicht, wo das Gute blieb.
Komm auf die Welt, Kind,
sieh selbst, Kind!
Vergiß nicht, wir haben dich lieb.

Marie Luise Kaschnitz (1901–1974) [1]

»Laßt mich in Ruhe«

Liebe Kitty! Samstag, 30. Januar 1943

Ich bin außer mir vor Wut, aber ich darf es nicht zeigen. Ich möchte mit den Füßen stampfen, schreien, Mutter durcheinanderschütteln, und ich weiß nicht, was noch mehr wegen der bösen Worte, der spottenden Blicke, der Beschuldigungen, die mich jeden Tag aufs neue treffen wie scharfe Pfeile von einem straff gespannten Bogen. Ich möchte Mutter und selbst Vater entgegenschreien: Laßt mich doch, gönnt mir doch Ruhe! Muß ich denn jeden Abend meine Kissen naßweinen und mit brennenden Augen und zentnerschwerem Kopf einschlafen?? Laßt mich, ich möchte fort von allen, am liebsten aus der Welt! Aber es nützt ja nichts. Sie haben ja keine Ahnung von meiner Verzweiflung! Sie wissen nichts von den Wunden, die sie mir schlagen! Ihr Mitleid und ihre Ironie kann ich schon gar nicht vertragen. Mir ist nur zum Heulen zumute!

Jeder findet mich übertrieben, wenn ich nur den Mund auftue, lächerlich, wenn ich still bin, frech, wenn ich eine Antwort gebe, raffiniert, wenn ich mal eine gute Idee habe, faul, wenn ich müde bin, egoistisch, wenn ich mal einen Löffel mehr nehme, dumm, feige, berechnend usw. usw. Den ganzen Tag höre ich nur, daß ich ein unausstehliches Geschöpf sei, und wenn ich auch darüber lache und so tue, als wenn ich mir nichts daraus machte, ist es mir wirklich nicht gleichgültig.

Ich möchte den lieben Gott bitten, mir eine Natur zu schenken, die nicht alle gegen mich aufbringt. Das geht jedoch nicht. Meine Natur ist mir gegeben, aber ich bin nicht schlecht, ich fühle es. Ich bemühe mich mehr, es allen recht zu machen, als sie es nur im entferntesten ahnen. Ich lache mit ihnen, um meinen tiefen, inneren Kummer nicht zu zeigen. Mehr als einmal habe ich bei Auseinandersetzungen Mutter an den Kopf geworfen, wenn sie ungerecht gegen mich war: »Es ist mir gleich, was du sagst. Ziehe deine Hände nur von mir ab, ich bin doch ein hoffnungsloser Fall.«

Dann heißt es, daß ich frech bin, und ich werde zwei Tage nicht beachtet, und plötzlich ist alles wieder vergeben und vergessen. Mir ist es aber unmöglich, einen Tag schrecklich nett und lieb mit jemandem zu sein und ihn am nächsten Tag zu hassen! Lieber wähle ich den goldenen Mittelweg, der gar nicht »Gold« ist, behalte meine Gedanken für mich und probiere, ihnen gegenüber ebenso geringschätzend zu sein, wie sie zu mir sind. Wenn ich es nur könnte! *Anne Frank (→ S. 263)*[1]

Angst

Als Richard M. (15) in der Schule immer wieder Streit anzettelte, bat ich die Mutter zu einem Gespräch. Die sympathische Frau schien viel Kummer zu haben. Sie erzählte mir, daß sie den Jungen allein erziehe, sich aber um ihn nicht so kümmern könne, weil sie tagsüber berufstätig sei. »Ich habe mich vor vier Jahren von meinem Mann getrennt. Er war so jähzornig. Wenn der Junge mal etwas tat, was dem Vater nicht gefiel, hat er ihn angebrüllt und furchtbar geschlagen. Ganz schreckliche Dinge sagte er, wenn er Alkohol getrunken hatte. Der Junge hatte nur Angst vor ihm.« *R. N., Lehrer in G.*

Der Himmel

Meine Eltern – das war der Himmel . . . Ich wußte (und zwar recht früh, dessen bin ich sicher), daß sich in ihnen ein anderes Wesen meiner annahm, mich ansprach. Dieses andere nannte ich nicht Gott – über Gott haben meine Eltern mit mir erst später gesprochen. Ich gab ihm überhaupt keinen Namen. Es war da, und das war mehr.
Ja, hinter meinen Eltern stand jemand, und Papa und Mama waren nur beauftragt, mir dieses Geschenk aus erster Hand weiterzugeben. Es war der Anfang meines Glaubens.
Jacques Lusseyran, der als Kind blind war[2]

1. Ergänzt die Sätze:
- Meine Mutter ist wie . . .
- Mein Vater ist wie . . .
- Unsere Familie ist wie . . .

2. Sammelt Worte, die Eltern oft den Kindern sagen, z. B.:
- »Du kannst mit mir über alles sprechen.«
- »Wer nicht hören will, muß fühlen.«

Sammelt Worte, die Kinder oft den Eltern sagen, z. B.:
- »Ihr macht euch zu viel Sorgen um mich.«
- »Das versteht ihr nicht.«

Vielleicht könnt ihr die Worte sinnvoll gegenüberstellen.

3. Was Gandhi über seinen Vater erzählte: → S. 43.

4. Jesus hat eine ergreifende Geschichte über einen guten Vater erzählt und ihn sogar mit Gott verglichen: → S. 46, 171.

3. Wenn wir erwachsen werden

Für Jungen und Mädchen ist die Übergangszeit (»Pubertät«), in der sie aus Kindern zu Erwachsenen werden, nicht leicht. Sie erleben, etwa zwischen ihrem 12. und 18. Lebensjahr, wie sie sich körperlich und seelisch stark verändern. Dies macht sie oft unsicher, erfüllt sie aber auch mit großen Erwartungen. Ihre Gefühle wechseln in dieser Zeit rasch. Bald sind sie übermütig, bald sind sie traurig. Manchmal halten sie sich für den Mittelpunkt der Welt, manchmal mögen sie sich selbst nicht leiden und zweifeln an allen ihren Fähigkeiten. Sie lehnen alte Gewohnheiten ab und wollen neue Freiheiten. Sie haben viele Wünsche und viele Ängste. Sie träumen vom Glück und der großen Liebe und denken manchmal an einen baldigen Tod. Vor allem wollen sie vieles anders machen. Schule, Religion und Eltern werden kritischer gesehen als bisher. Spannungen treten auf, die es früher nicht gab. Wenn nicht Erwachsene und Jugendliche viel Verständnis und viel Geduld füreinander aufbringen, können gefährliche Konflikte entstehen. Diese unruhige Lebensphase hat einen guten Sinn. Jungen und Mädchen machen mit sich und anderen neue Erfahrungen, die für ihr späteres Leben wichtig sind. Sie probieren und spielen viele Möglichkeiten durch. Nur so können sie mündig werden. In dieser Zeit wächst ein neuer Mensch heran.

Wie würdet ihr als Eltern entscheiden?

Stichwort FERNSEHEN

- Ich würde meine Kinder alles sehen lassen, was sie wollen.
- Ich würde die passenden Sendungen für meine Kinder aussuchen.
- Ich würde . . .

Stichwort FREIZEIT

- Ich würde meinen Kindern überlassen, was sie in ihrer Freizeit tun.
- Ich würde meinen Kindern bestimmte Dinge für die Freizeit verbieten.
- Ich würde . . .

Stichwort FREUND/FREUNDIN

- Ich würde meinen Kindern bezüglich Freund/Freundin keinerlei Vorschriften machen.
- Ich würde von meinen Kindern erwarten, daß sie keine Freunde haben, die ich ablehne.
- Ich würde . . .

Stichwort RELIGION

- Mir wäre es egal, woran meine Kinder glauben und wonach sie sich richten.
- Ich würde verlangen, daß meine Kinder wenigstens sonntags zur Kirche gehen.
- Ich würde . . .[1]

Eltern sind für ihre Kinder verantwortlich. Kein Kind kann ihnen diese Verantwortung abnehmen. Darum dürfen Eltern von ihren Kindern erwarten, daß sie ihren Aufforderungen folgen und ihre berechtigten Wünsche erfüllen. Dazu gehört zum Beispiel . . .
Aber auch Kinder haben berechtigte Wünsche und Erwartungen an ihre Eltern. Dazu gehört zum Beispiel . . .
Schwierig wird es nur, wenn diese Wünsche und Erwartungen einander widersprechen oder wenn sie übertrieben vorgetragen werden.

Kleinkrieg im Alltag

Sprecher: Montag abend, kurz vor neun Uhr. Elke (14) kommt mit drei Freunden nach Hause und geht mit ihnen gleich in ihr Zimmer. Vater sitzt vor dem Fernsehgerät; Mutter blättert in einer Illustrierten. Elke macht die Tür zum Wohnzimmer auf und kommt herein.

Elke: n' Abend, Leute.

Mutter: Ach Elke, kommst du auch schon? Du weißt doch, daß wir um sieben essen.

Elke: 'tschuldige, aber ich war noch bei Christa. Übrigens, ich möchte mit ein paar Freunden Platten hören. Einverstanden?

Vater: Wie bitte . . .?

Elke: Wieso, was ist denn? Wir wollen doch nur noch ein bißchen Musik hören.

Mutter: Von mir aus . . . Aber bitte nicht so laut.

Vater: Und wer ist überhaupt »wir«?

Elke: Ach, weißt du, ich habe außer Christa noch Uwe und Matthias mitgebracht. Sind 'n paar aus meiner Klasse.

Vater: Wie – Jungen sind auch dabei? Das wird ja immer schöner.

Elke: Nun seid doch nicht so. Ich werd' doch noch mal Freunde mit nach Hause bringen dürfen.

Mutter: Aber muß das denn unbedingt um diese Zeit sein?

Elke: Es ist doch erst neun.

Vater: Kommt überhaupt nicht in Frage!

Elke: Jetzt reicht's mir aber. Ständig mußt du an mir herummeckern. Ich bin ja schließlich kein Kind mehr. Außerdem sind die anderen voll in Ordnung.

Vater: Was heißt hier »in Ordnung«? Doch wohl nicht solche Typen mit ungepflegten Haaren und zerflickten Jeans, aus denen der Tabak 'raushängt.

Elke: Ach, ihr spinnt ja. Das ist doch alles Quatsch.

Mutter: Elke!

Elke: Was ist denn? Ich kenn' meine Freunde ja wohl besser als du.

Vater: Jetzt werd' ja nicht frech. Wie sprichst du überhaupt mit uns?

Sprecher: Die Tür geht auf. Matthias schaut herein und fragt: »Wann kommst du endlich?«[1]

---

1. Sprecht miteinander über die von gleichaltrigen Schülern aufgeschriebene Szene.
- Was löst den Streit aus?
- Wie verhalten sich die beteiligten Personen?
- Schreibt oder spielt die Geschichte weiter.
- Wie hätte die Szene von Anfang an besser verlaufen können?

2. Es gibt viele Situationen, in denen Streit mit den Eltern entstehen kann, z. B. wenn Mädchen und Jungen
- zu Hause helfen sollen,
- sich auf ihre Weise kleiden,
- mehr Taschengeld haben wollen.

Ergänzt die Reihe und versucht euch klarzumachen, wo die Gründe für den Streit liegen und wie man die Probleme entschärfen kann.

4. Das vierte Gebot

Der ursprüngliche Sinn

In allen Religionen und Gesellschaften gibt es Vorschriften für das Zusammenleben von Eltern und Kindern. Für Juden und Christen gilt seit 3000 Jahren als Grundregel das vierte der Zehn Gebote:

> Ehre deinen Vater und deine Mutter,
> damit du lange lebst in dem Land,
> das der Herr, dein Gott, dir gibt.
>
> *(Ex 20,12)*

Wenn wir das Gebot richtig verstehen wollen, müssen wir uns seinen ursprünglichen Sinn klarmachen. Die Zehn Gebote (→ S. 66 ff) richten sich nicht nur an den einzelnen Menschen, sondern an das ganze Volk Israel. Das wird an dem Einleitungssatz deutlich: »Ich bin der Herr, dein Gott, der dich aus Ägypten geführt hat, aus dem Sklavenhaus« (Ex 20,2). Für das Volk, nicht für jeden einzelnen, gilt die Verheißung des langen Lebens im Land Israel.

Das *Volk* wird lange im Verheißungsland leben, wenn es die Weisheit der Älteren achtet und sich ihre Erfahrungen zunutze macht. Das meint das hebräische Wort für »ehren«: jemanden ernst nehmen, auf ihn hören, um ihn besorgt sein, ihn nicht abschreiben, seine Würde achten.

Dies ist natürlich auch eine Aufgabe für *alle einzelnen*, vor allem für die Erwachsenen, die mit ihren Eltern und Großeltern in der Großfamilie zusammenleben, aber auch für Kinder und Jugendliche. Doch wird niemand durch das Gebot zu bedingungslosem Gehorsam verpflichtet. Aus wichtigen Gründen dürfen die Jüngeren auch anders handeln, als es die Älteren für richtig halten.

Das vierte Gebot ist eine Weisung, die ein vernünftiges, menschenwürdiges, liebevolles Zusammenleben von alt und jung ermöglichen will. Es verpflichtet Eltern und Kinder gleichermaßen zu gegenseitiger Sorge.

---

1. Werner hat noch eine andere Übersetzung im Kopf: »Du sollst Vater und Mutter ehren, damit du lange lebest auf Erden.« Er fragt sich, ob das rechte Verhalten gegenüber den Eltern tatsächlich mit einem langen Erdenleben belohnt wird. Was könnte ihm sein Freund Klaus dazu sagen?

2. Auch das Neue Testament spricht von den Pflichten der Eltern und Kinder. Lest Eph 6,1–4.

3. Wie kann man das vierte Gebot auf die Szenen und Probleme der S. 200–203 anwenden?

4. Welchen Rat würdet ihr Matthias, Jens und Patrizia geben? Was sollte man deren Eltern sagen?

5. Wie kann man Eltern, die Fehler haben, »ehren«?

Heutige Geltung

Das vierte Gebot wendet sich in unterschiedlicher Weise an Kinder, an Jugendliche, an Erwachsene. Kinder, die noch nicht selbständig entscheiden können, tun gut daran, auf ihre Eltern zu hören und ihnen zu gehorchen. So werden sie vor Schaden bewahrt. Von Jungen und Mädchen, die auf dem Weg zum Erwachsensein sind, fordert das Gebot mehr. Sie werden allmählich für eine gute Atmosphäre in der Familie mitverantwortlich. Das Gebot leitet sie zu Liebe und Rücksichtnahme, Hilfsbereitschaft und Dankbarkeit gegenüber den Eltern an. Solche Verhaltensweisen sind für sie deshalb nicht immer leicht, weil sie sich in einer unruhigen Lebensphase befinden.
Vernünftige Eltern wissen, was sie von heranwachsenden Kindern erwarten und was sie ihnen zumuten können. Sie werden keinen blinden Gehorsam verlangen, sondern ihre Weisungen begründen. Wenn trotzdem mancher Konflikt entsteht, so werden sie ihn oft als einen Wachstumsprozeß und nicht als »Sünde« ansehen. Ihr Ziel wird es sein, die Kinder mit zunehmendem Alter zu wachsender Verantwortung zu erziehen.

In manchen Situationen ist es nicht leicht zu erkennen, was das Gebot von den Jugendlichen verlangt. Wenn die Verhältnisse, in denen die Eltern und Kinder leben, gestört oder zerstört sind, muß man in Ruhe abwägen, wie man das Gebot richtig befolgen kann. In solchen Situationen sollten die Jungen und Mädchen einen erfahrenen Menschen um Rat fragen, zu dem sie Vertrauen haben.

- Seit der Trennung der Eltern lebt der 14jährige Matthias allein mit seiner Mutter zusammen. Besonders in der ersten Zeit war es für beide sehr schwierig. Matthias vermißt seinen Vater, mit dem er nur einmal im Monat zusammensein kann. Er hofft im stillen immer noch, daß seine Eltern wieder zusammenfinden, weil er Vater und Mutter liebt. Vor einiger Zeit hat sich seine Mutter einer Gruppe alleinerziehender Mütter und Väter angeschlossen, mit der zusammen sich auch die Kinder häufiger treffen. Allmählich lernen beide besser, mit den besonderen Schwierigkeiten fertigzuwerden. Matthias hat einige Pflichten im Haushalt übernommen, da seine Mutter berufstätig sein muß. Dadurch hat er ziemlich viel Freiheit. Aber er möchte den Vater öfter sehen und gelegentlich einmal seine Freunde nach Hause einladen. Er weiß, daß er seiner Mutter mit diesen Wünschen Kummer macht.
- Jens schreibt in sein Tagebuch: Heute nachmittag wollte ich mit Jürgen ins Kino gehen. Vater wollte das nicht erlauben, weil ich nach dem Mittagessen nicht abgetrocknet hatte. Es war von mir auch nicht ganz richtig, es wieder Mama zu überlassen. Sie nahm die Sache aber nicht so ernst und sagte zu Vater: »Laß den Jungen doch gehen!« Da wurde Vater wieder einmal wütend und warf ihr vor, daß sie seine Autorität untergrabe. Mama hielt ihm ganz schön entgegen, er solle nicht immer so starr sein. – Was soll ich in einer solchen Situation nur machen, wo die beiden sich nicht einigen können? – Ich bin nicht gegangen, aber ich habe mich sehr geärgert. Oder hätte ich doch gehen dürfen?
- Patrizias (15) Vater ist Chefingenieur in einer großen Firma, ihre Mutter ist Journalistin. Beide haben nicht viel Zeit für ihre Tochter, aber sie lesen ihr jeden Wunsch von den Augen ab und überhäufen sie mit Geschenken. Oft hört sie Worte wie diese: »Wir sind deine besten Freunde«, »Keiner versteht dich so wie wir«. Trotzdem fühlt sich Patrizia nicht verstanden. Sie ist unzufrieden und verursacht zu Hause oft Krach. Sie möchte mehr von ihren Eltern. Eines Tages verläßt sie heimlich das Haus, fährt in eine andere Stadt zu ihrer Tante und klagt dieser ihr Leid. Die Eltern machen ihr deshalb schwere Vorwürfe.

5. Eine lebenslange Aufgabe

Die Aufgaben, vor die uns das vierte Gebot stellt, bleiben nicht immer gleich. Wenn aus Kindern Erwachsene werden, wächst die Verantwortung für das eigene Leben. Die Eltern können dann nicht mehr so bestimmend sein wie früher. Sie dürfen auch nicht mehr den gleichen Gehorsam erwarten wie vom Kind.

Aber das vierte Gebot bleibt auch für die Erwachsenen in Kraft. Es fordert sie auf, für die Eltern (»Älteren«) und die Alten zu sorgen. Dies ist eine lebenslange Aufgabe. Sie ist schön und schwer zugleich.

Heute werden Menschen im Durchschnitt älter als früher. Dieser Fortschritt ist erfreulich, aber er stellt unsere Gesellschaft vor neue Herausforderungen.

- Nach einigen Tagen waren die Nachbarn stutzig geworden, weil niemand etwas von der alleinstehenden 60jährigen Frau gesehen und gehört hatte. Als man schließlich die Tür aufbrechen ließ, fand man sie tot. Auf einem Zettel, den sie hinterlassen hatte, standen diese Sätze: »Ich weiß nicht mehr, warum ich weiterleben soll. Mein Mann ist schon fünf Jahre tot, meine Kinder gehen ihre eigenen Wege. Sie machen zwar gelegentlich Pflichtbesuche, aber im Grunde falle ich ihnen schon lange zur Last. Ich bin überflüssig geworden.«
- Herr D. (59) ist seit fünf Jahren arbeitslos. Er war Abteilungsleiter in einer Firma, die damals bankrott machte. Seitdem bewirbt er sich ständig, wenn offene Stellen in der Zeitung oder vom Arbeitsamt angeboten werden. Aber bisher hat er keinen Erfolg. Er weiß, warum ihm immer viel jüngere Bewerber vorgezogen werden. Bitter sagt er zu seiner Frau: »Die haben mehr Dynamik. Die haben mehr Kraft. Die können mit den neuen Maschinen besser umgehen als ich. In meinem Alter gehört man schon zum alten Eisen. Man wird nicht mehr gebraucht.«
- Der Politiker H. B. spricht im Fernsehen von dem »Generationenproblem«. Er weist auf die Tatsache hin, daß immer mehr Menschen alt werden und versorgt werden müssen. Umgekehrt werden heute aber im Durchschnitt weniger Kinder geboren als früher. »Darum müssen in Zukunft immer weniger junge Leute für immer mehr alte Leute die Renten und Pensionen verdienen. Das wird zu großen Belastungen führen. Nicht nur die Politiker müssen an der Lösung dieses Problems arbeiten, sondern alle Bürger. Das Problem hat auch etwas mit dem vierten Gebot zu tun.«

In 70 Jahren

Ein Weiser mit Namen Choni ging einmal über Land und sah einen Mann, der einen Johannisbrotbaum pflanzte. Er blieb bei ihm stehen und sah ihm zu und fragte: »Wann wird das Bäumchen wohl Früchte tragen?« Der Mann erwiderte: »In siebzig Jahren.« Da sprach der Weise: »Du Tor! Denkst du in siebzig Jahren noch zu leben und die Früchte deiner Arbeit zu genießen? Sondern pflanze lieber einen Baum, der früher Früchte trägt, daß du dich ihrer erfreust in deinem Leben.«

Der Mann aber hatte sein Werk vollendet und sah freudig darauf, und er antwortete: »Rabbi, als ich zur Welt kam, da fand ich Johannisbrotbäume und aß von ihnen, ohne daß ich sie gepflanzt hatte, denn das hatten meine Väter getan. Habe ich nun genossen, wo ich nicht gearbeitet habe, so will ich einen Baum pflanzen für meine Kinder oder Enkel, daß sie davon genießen. Wir Menschen mögen nur bestehen, wenn einer dem andern die Hand reicht. Siehe, ich bin ein einfacher Mann, aber wir haben ein Sprichwort: Gefährten oder Tod.«[1]

Was Eltern allmählich lernen können

Deine Kinder sind nicht deine Kinder.
Sie kommen durch dich,
aber nicht von dir;
und sind sie auch bei dir,
so gehören sie dir doch nicht.
Du darfst ihnen deine Liebe geben,
aber nicht deine Gedanken;
denn sie haben ihre eigenen Gedanken.
Du kannst ihrem Leib ein Heim geben,
aber nicht ihrer Seele;
denn ihre Seele wohnt
im Haus von Morgen,
das du nicht betreten kannst,
nicht einmal in deinen Träumen.
Du kannst versuchen,
ihnen gleich zu werden,
aber versuche nicht,
sie dir gleich zu machen;
denn das Leben läuft nicht rückwärts,
noch verweilt es beim Gestern.
Du bist der Bogen,
von dem deine Kinder
als lebende Pfeile entsandt werden.
Kahlil Gibran[1]

Was Kinder allmählich lernen können

Werner,
6 Jahre alt: Vater weiß alles.
Mutter ist die beste.
10 Jahre: Vater weiß nicht alles.
Mutter regt sich leicht auf.
14 Jahre: Vater macht ständig Vorschriften.
Mutter soll mich in Ruhe lassen.
18 Jahre: Vater hat keine Ahnung.
Mutter fällt mir auf die Nerven.
25 Jahre: Vater hat doch manchmal recht.
Manche Probleme kann ich nur mit Mutter besprechen.
35 Jahre: Vater hat vernünftige Grundsätze.
Mutter ist eigentlich eine tolle Frau.
50 Jahre: Schade, daß ich Vater nicht mehr fragen kann.
Mutter ist immer für mich da.

Rembrandt (1606–1669): Der zwölfjährige Jesus im Tempel. Federzeichnung, 18,8 × 22,5 cm, um 1652.

1. Als Jesus 12 Jahre alt war, ängstigte sich seine Mutter um ihn und mußte ihm einen Vorwurf machen. Lest dazu Lk 2,41–52.

2. Auch später kam es gelegentlich zu Spannungen mit seiner Mutter: → Joh 2,1–12. Was sagte er am Kreuz zu ihr?: → Joh 19,25–27.

Gründer, Grübler, Gurus – neue Religionsgemeinschaften

Die Gemälde nordamerikanischer Mormonen zeigen Joseph Smith, wie er die goldenen Platten erhält und sie vergräbt. Die Sprache auf den Platten soll »altägyptischer Art« gewesen sein. Da Smith diese Sprache nie gelernt hatte, half ihm nach seinen Aussagen Gott bei der Übersetzung, indem Gott ihm eine »Prophetenbrille« schenkte, durch die er den fremden Text verstehen konnte. Wenn er seinen Schreibern diktierte, blieb er selber hinter einem Vorhang verborgen, damit diese die Platten nicht sehen konnten. Das übersetzte Buch »Mormon« erschien erstmals 1830. Es bildet die religiöse Grundlage der Sekte. Die goldenen Platten hat Smith angeblich an den Fundort zurückgebracht. Seitdem sind sie verschollen.
In dem Buch Mormon findet man zu Anfang eine feierliche Erklärung von 11 Zeugen, die bekunden, daß sie die goldenen Platten gesehen und berührt haben.

1. Mormonen

Der Gründer und das Buch Mormon

Mit 15 Jahren hatte Joseph Smith (geb. 1805 in Sharon/USA) ein eigentümliches Erlebnis. Als er in einen Wald ging, um zu beten, glaubte er zu sehen, wie Gott ihm seinen Sohn Jesus zeigte. Dabei wurde ihm gesagt, daß alle Kirchen und Sekten im Irrtum lebten. Er solle sich keiner Kirche anschließen. Bald hatte er weitere Offenbarungen Gottes. Schließlich kam drei Jahre später (1823) die entscheidende Stunde seines Lebens. Er erzählt davon in seinen Lebenserinnerungen:

Während ich so inbrünstig zu Gott betete, gewahrte ich, daß ein Licht in meinem Zimmer erschien, das zunahm, bis der Raum heller war als am Mittag, worauf alsbald ein Engel neben meinem Bett erschien, in der Luft stehend, denn seine Füße berührten den Boden nicht. Er war mit einem losen Gewand von außerordentlichem Weiß bekleidet . . . Als ich ihn zuerst sah, fürchtete ich mich, aber die Furcht verließ mich bald . . .

Er nannte mich beim Namen und sagte mir, er sei als ein Bote von der Gegenwart Gottes zu mir gesandt worden und heiße Moroni (Sohn des Propheten Mormon): Gott habe sein Werk für mich zu tun, und mein Name werde bei allen Völkern, Geschlechtern und Sprachen für gut oder böse gelten . . .

Er sagte, es sei ein auf goldenen Platten geschriebenes Buch aufbewahrt, das einen Bericht von den frühen Einwohnern dieses Kontinents mit ihrem Ursprung gebe; auch sei darin die Fülle des ewigen Evangeliums enthalten, wie es der Heiland jenen alten Einwohnern verkündet habe . . . Wenn ich die Platten, von denen er gesprochen, erhalten werde . . ., so dürfte ich sie niemandem zeigen . . .

In der Nähe des Dorfes Manchester in der Grafschaft Ontario im Staat New York liegt ein Hügel von beträchtlichem Umfang, der größte in der ganzen Umgebung. Auf der Westseite dieses Hügels, nicht weit unterhalb des Gipfels, lagen unter einem Stein von ziemlicher Größe die in einer Steinkiste verwahrten Platten . . .

Am 22. 9. 1827 . . . übergab sie mir derselbe Bote, wobei er mir einschärfte, daß ich für sie verantwortlich gehalten werde . . . Kaum war es bekannt geworden, daß die Platten in meinem Besitz seien, als auch schon die größten Anstrengungen gemacht wurden, sie mir zu entwinden. Die Verfolgung wurde erbitterter und heftiger als je zuvor, und ganze Scharen von Menschen lagen beständig auf der Lauer, um mir die Platten, wenn möglich, zu entreißen. Aber . . . sie blieben unversehrt in meinen Händen, bis ich vollbracht hatte, was von mir verlangt wurde. Als dann der Bote kam und sie, wie angekündigt, zurückverlangte, übergab ich sie ihm und er hat sie . . . in seiner Obhut . . .[1]

Die Ansichten über das Buch Mormon gehen weit auseinander. Viele Wissenschaftler sehen darin eine gewaltige Fälschung, Smith habe sein Buch aus der Bibel und aus einem amerikanischen Roman abgeschrieben. Die Mormonen erblicken darin ihre Heilige Schrift, die so alt und ehrwürdig wie die Bibel selbst ist.

---

1. Sprecht über J. Smith und das Buch Mormon.
- Welche »wunderbaren« Züge hebt er hervor?
- Welche Rolle spielt er selbst in den Offenbarungen?
- An welche biblische Szenen erinnern die Einzelheiten der Erzählung? Vgl. dazu Lk 1,26–38.

2. Das Buch Mormon lehrt, daß Jesus nach seiner Auferstehung in Amerika gewesen sein und dort eine Kirche gegründet haben soll. Was bedeuten diese Angaben für die Mormonen?

3. Welche biblische Szene fällt euch ein, wenn ihr das Bild (links) betrachtet? (→ S. 66)

Am 6. April 1830 gründete Smith die **»Kirche Jesu Christi«.** Der Name erhielt 1835 den Zusatz **»der Heiligen der Letzten Tage«.** Zur Leitung der Kirche wurden 12 Apostel bestellt. Die ersten Mitglieder lebten aus dem Glauben, daß Jesus bald wiederkommen und in Missouri seinen Thron besteigen werde, um von dort aus mit ihnen die Welt zu regieren.
Auf die letzten Lebensjahre von Smith fallen einige Schatten. Er gründete eine Bank und wurde angeklagt, unechte Geldnoten ausgegeben und betrogen zu haben. Diese Vorwürfe wurden aber nicht rechtskräftig bestätigt. – In Missouri geriet er in gewaltsame Auseinandersetzungen zwischen Mormonen und anderen Christen. Dies trug ihm die Anklage auf Mord und weitere Verbrechen ein. – 1844 kandidierte er sogar für die amerikanische Präsidentenwahl, allerdings ohne Erfolg. – Noch im selben Jahr wurde er mit seinem Bruder in ein Gefängnis geworfen, weil er seine Gegner aus der Stadt vertreiben wollte. Nachts stürmte der Pöbel das Gefängnis, und Smith wurde von den Angreifenden, die ihr Gesicht geschwärzt hatten, erschossen.
Manche Wissenschaftler sehen in J. Smith einen erblich belasteten Menschen, der dem Alkohol verfallen war und für den »alles, auch die Religion, nur ein Mittel war, um seine zügellosen Leidenschaften zu befriedigen, um zu Macht, Ansehen und Reichtum zu kommen.«[1]
Die Mormonen aber verehren Smith bis heute als gottgesandten Propheten und als ihren begnadeten Gründer.

Der große Aufbruch

Nach dem Tod von J. Smith übernahm *Brigham Young,* einer der 12 Apostel, die Führung der Gemeinschaft. Um den Verfolgungen zu entgehen, denen die Mormonen damals ausgesetzt waren, wollte er 1847 seine Anhänger in das »Gelobte Land« bringen. Unter unsäglichen, tapfer ertragenen Strapazen führte er Tausende von Mormonen über den Mississippi, durch Eisfelder, Wüsten, Schluchten, fieberverseuchte Gebiete und Felsengebirge, bis sie nach großen Leiden in die Ebene des Großen Salzsees kamen. Viele der Auswanderer hatten den Marsch nicht überstanden. Die Überlebenden wollten am Großen Salzsee ein neues, ungestörtes Dasein anfangen. Mit großem Fleiß machten sie aus dem trostlosen Gebiet ein fruchtbares Land. Sie gründeten die Stadt *Salt Lake City* als »neues Jerusalem«. Sie ist bis heute das religiöse Zentrum der Mormonen und der Sitz ihrer Leitung geblieben.

Mormonen auf dem großen Treck.

Gemälde mormonischer Herkunft, USA.

Damals gab es unter den Mormonen die *Vielehe*. Sie beriefen sich dabei auf das Alte Testament, wo berichtet wird, daß Männer wie Abraham oder David mehrere Frauen hatten. Schon Smith hatte sich mehrere Ehefrauen genommen. Er gab an, ihm sei dies in einer Offenbarung Gottes gestattet worden. Brigham Young hatte sogar 25 Ehefrauen. Viele Männer kamen damals aus Europa zu den Mormonen in die USA, weil sie dort mehrere Frauen haben durften. Aber die Mormonen kamen bald mit den staatlichen Gesetzen in Konflikt. Die Vielehe (griech.: Polygamie) wurde für verfassungswidrig erklärt. Im Jahr 1890 zeigte sich der Präsident der Mormonen bereit, dem staatlichen Gesetz zu gehorchen. Seitdem erkennen die Mormonen die Einehe an. Allerdings gab es noch bis vor kurzem immer wieder einzelne Fälle der Vielehe, meistens bei Gruppen, die sich von der Hauptrichtung der Sekte abgespalten haben.
Heute gibt es in vielen Ländern der Welt Mormonen. Sie haben ca. 6 Millionen Mitglieder. In den USA sind sie reich und einflußreich. Bei uns betreiben sie eine aktive Missionierung.

Glaube und Sitte

Die Mormonen wollen einen Beitrag zum Glück der Menschen leisten. In vielen Mormonenfamilien kann man Tatkraft und Zufriedenheit, Fleiß und Freude erleben.
Sie glauben an Gott den Vater, seinen Sohn Jesus Christus und den Heiligen Geist, an Schöpfung, Sündenfall und Erlösung. Dies klingt alles so, als sei ihr Glaube dem katholischer und evangelischer Christen sehr ähnlich. Aber hinter den gleichen Worten verbirgt sich oft ein ganz anderer Sinn. Dies können zwei Beispiele zeigen:

- Von *Gott* glauben die Mormonen: Der Vater und der Sohn haben einen Körper. Sie sind nicht unsichtbar, sondern leibliche Wesen. Darum können sie auch fühlen wie die Menschen. Nur der Heilige Geist ist körperlos.
- Von der *Endzeit* glauben die Mormonen, daß sie nahe bevorsteht. Aber einen bestimmten Termin setzen sie nicht fest. Das Reich Gottes wird bald auf dem amerikanischen Kontinent errichtet werden. Dann werden die Gerechten auferstehen (erste Auferstehung). Christus selbst wird 1000 Jahre auf der Erde regieren und sie in dieser Zeit völlig erneuern. Es wird reiche Ernten geben, die wilden Tiere werden nicht mehr gefährlich sein, Katastrophen werden nicht mehr vorkommen. Danach muß der Schlußkampf mit dem Teufel ausgetragen werden, der mit der zweiten Auferstehung und dem Jüngsten Gericht endet. Die Menschen werden im Jenseits den Lohn ihrer Taten empfangen. Die Bösen werden ausgelöscht. Eine Hölle gibt es nicht.

Die Mormonen nehmen ihre *Pflichten im Alltag* sehr ernst:

- Sie geben für ihre Gemeinschaft den Zehnten (!) ihrer Einkünfte.
- An jedem ersten Sonntag im Monat halten sie ein strenges Fasten. Was sie dabei sparen, kommt den Armen zugute. Sie trinken auch keinen Alkohol.
- Die jungen Männer opfern vor dem Studium oder nach der Berufsausbildung zwei Jahre, um für ihre Glaubensgemeinschaft zu missionieren.

---

1. Verfaßt einen kurzen Artikel über die Mormonen, in dem folgende Namen vorkommen:

- Joseph Smith
- Brigham Young
- Salt Lake City
- das Buch Mormon.

2. Vergleicht den Glauben und die Pflichten der Mormonen und der Christen.

2. Zeugen Jehovas

An Straßen und Haustüren

Die meisten von uns haben schon einmal die Frauen und Männer gesehen, die auf verkehrsreichen Straßen stehen und in den Händen die Zeitschrift »Der Wachtturm« halten, um sie an Passanten zu verschenken oder billig zu verkaufen.

Sie stehen da – still, unaufdringlich und so, als wollten sie sagen: »Schade, daß ihr an diesem für euch so wesentlichen Angebot vorbeilauft!« – Man kann sie auch erleben, wenn sie Hausbesuche machen. Plötzlich steht jemand an der Tür und fragt freundlich entschieden: »Haben Sie eine Bibel? Lesen Sie auch darin?« Ehe man sich recht besinnt, sieht man sich einer Flut von Bibelsprüchen ausgesetzt, die alle beweisen sollen, daß man in der falschen Religion lebt, daß das Weltende bevorsteht und daß man nur dann gerettet wird, wenn man auf Jehova und seine Zeugen hört. Es ist schwer, mit ihnen über ihre biblischen Argumente ein Gespräch zu führen. Die meisten Leute, die so unfreiwillig angesprochen werden, fühlen sich wehrlos, weil sie selbst nur wenig von der Bibel verstehen. Diejenigen aber, die sich in der Bibel auskennen, haben kaum eine Chance, ihr Wissen anzubringen, da die Zeugen unerschütterlich an ihrer Aussage festhalten und, ohne auf Argumente einzugehen, immer dasselbe wiederholen, was ihnen in Lehrgängen und Kursen beigebracht wurde.

Wir wissen von den Zeugen Jehovas meist nicht viel. Es ist kaum bekannt, daß sie während der Nazizeit tapfer für ihren Glauben eintraten und dafür grausam verfolgt wurden. Etwa 2000 Zeugen starben damals, Tausende saßen in Gefängnissen und Konzentrationslagern. Auch in den kommunistischen Ländern wurde ihre Tätigkeit verboten. Sie nahmen hier schwere Strafen gelassen auf sich. Die Verfolgungen hängen mit ihrer Einstellung zur Politik zusammen, die ihnen eine Teilnahme am politischen Leben verbietet. Sie wählen nicht und lassen sich nicht wählen. Sie leisten keinen Militär- und keinen Ersatzdienst, lehnen jeden Eid ab und sind in den großen Weltkonflikten neutral. Der Zeuge soll allein Gott dienen. Für ihn muß er sich ständig einsetzen: d. h. seine Botschaft verkünden, wo immer es möglich ist.

1. Wenn ihr schon einmal Zeugen Jehovas begegnet seid, erzählt davon, wie es dabei hergegangen ist.

2. Fragt eure Eltern und Freunde, was sie über die Zeugen Jehovas wissen.

Der Gründer und die Präsidenten

Der Gründer der Sekte war der Amerikaner *Charles Taze Russell* (1852–1916). Dieser meinte 1874 den »Plan Gottes mit der Menschheit« entdeckt zu haben.

Ja H We H
J H W H
Je Ho Wa (H)

Der Name Gottes im Alten Testament lautet »Jahweh« (Ex 3,13–14). Dieser Name bedeutet in der Übersetzung »Ich bin der, der für euch da ist«. Wenn man die Konsonanten des hebräischen Wortes beibehält und die Vokale ändert, erhält man den Namen »Jehowah«. Die Zeugen behaupten, dies sei der richtige Name Gottes. Sie hätten ihn nach jahrtausendelangem Vergessen wiederentdeckt. Heute läßt man meistens das »h« am Wortende weg.

Für das Jahr 1914 berechnete Russell den Beginn des Tausendjährigen Friedensreiches, von dem in der Offenbarung des Johannes erzählt wird (Offb 20). Mit großem Aufwand verbreitete er die Hoffnung, Christus werde dann wiederkommen. Viele Menschen glaubten ihm. Für sie war die Enttäuschung groß, als anstelle des Friedensreiches der Erste Weltkrieg ausbrach. Russell starb im Jahr 1916. Sein Nachfolger *Joseph Franklin Rutherford* datierte den Anfang der Gottesherrschaft auf das Jahr 1925. Er schrieb damals ein Buch mit dem Titel »Millionen jetzt lebender Menschen werden nie sterben«. Später mußte er zugeben: »Jehovas Getreue wurden in ihren Erwartungen enttäuscht.« – Trotzdem glauben Jehovas Zeugen bis auf den heutigen Tag, daß mit dem Jahr 1914 die Endzeit im Himmel angebrochen ist. Sie hat sich nur noch nicht auf Erden durchgesetzt. Aber sie wird in absehbarer Zeit kommen. Menschen, die 1914 gelebt haben, werden es noch erleben, daß die Letzten Dinge geschehen. Vorher wird die entsetzliche Schlacht bei Harmagedon stattfinden. In ihr wird Christus als »Jehovas oberster Scharfrichter« die Bösen vernichten. Vor allem die christlichen Kirchen und alle, die die Lehre der Sekte nicht befolgen, werden dann ausgelöscht werden. Eine ewige Hölle gibt es nicht. Die Zeugen werden in einem Paradies auf Erden leben und vollkommen glücklich sein.
Der Hauptsitz der Zeugen Jehovas befindet sich in Brooklyn (New York). Von hier aus wird die Sekte mit Managermethoden geführt. Die Zentrale schreibt den Mitgliedern bis ins einzelne vor, was sie zu tun haben. Hier werden auch die Millionen Schriften gedruckt, die ständig von den Mitgliedern zu verkaufen sind. Heute hat die Sekte weit mehr als 2 Millionen Mitglieder, davon allein in der Bundesrepublik über 100000.

---

1. Wie erklärt ihr euch die feste Erwartung, das Weltende sei nahe?

2. Christus ist für die Zeugen Jehovas der oberste Scharfrichter Gottes.

- Welche Wirkung soll dieser Glaube auf Menschen ausüben?
- Sprecht darüber, ob dieses »Christusbild« dem Neuen Testament entspricht (→ S. 130 ff).

3. Sekten aus Asien

Bhagwan-Sekte

Gründer: Rajneesh Chandra Mohan (geb. 1931 in Indien), genannt Bhagwan, d. h. der Erleuchtete. Er wirkte vor allem in Poona (Indien) und Antelope/Oregon (USA), das er 1985 verlassen mußte. Die Sanyassin, d. h. die Anhänger Bhagwans, bekommen einen indischen Namen. Sie tragen orangefarbene Kleider und eine Holzperlenkette mit Bhagwans Bild (MALA). Die Sekte verspricht ein freies, glückliches Leben, hat aber viele psychische Schäden verursacht. Einnahmequellen: Therapiegruppen, Diskos, vegetarische Restaurants, Schriftenverkauf. Führenden Mitgliedern wurden erhebliche finanzielle und kriminelle Delikte vorgeworfen.

Hare-Krishna-Sekte

Gründer: »Seine göttliche Gnade A. C. Bhaktivedanta Swami Prabhupada« (geb. 1895 in Indien). Die Mitglieder müssen ihre Familie und ihren Beruf aufgeben, ein Mönchsgewand tragen, sich die Haare abschneiden lassen, vegetarisch leben und ständig »Hare Krishna, Hare Krishna, Hare, Hare, Krishna, Krishna“ (Namen von zwei indischen Göttern) singen. Vor allem erbetteln sie viel Geld für ihre Gruppe.

Mun-Sekte

Gründer: San Myung Mun (oder Moon; geb. 1920 in Nordkorea). Dieser läßt sich mit seiner 4. Frau als das »wahre Elternpaar« verehren, das die Menschheit erlösen wird. Er hält sich für den Messias, der das vollbringt, woran Jesus angeblich gescheitert ist. Der heute vielfache Millionär wartet auf den dritten Weltkrieg, in dem der Kommunismus besiegt werden soll. Die Sekte hat mehr als 2 Millionen Mitglieder überall in der Welt.

4. Merkmale und Wertungen

Zu allen Zeiten gab es Sekten. Aber heute haben die Sekten einen besonders großen Zulauf. Schwärmerei, Vorbehalte gegenüber kritischem Denken, Angst, Kritik an den christlichen Kirchen und die Suche nach einer vertrauten Gemeinschaft schaffen eine Stimmung, die den Sekten zugute kommt. Gerade bei Jugendlichen finden sie viele Anhänger.
Das Wort »Sekte« (von lat. sequi = folgen) bezeichnet eine Gefolgschaft oder Gruppe, die sich von einer größeren Gruppe wegentwickelt hat. Kleine religiöse Gruppen, die an Jesus Christus glauben und die Bibel als Heilige Schrift anerkennen, soll man nicht, wie dies früher geschah, »Sekten« nennen, sondern nach dem Vorschlag des 2. Vatikanischen Konzils »kirchliche Gemeinschaften« (z. B. Quäker, Methodisten, Mennoniten). Als »Sekten« sind weiterhin die Gemeinschaften zu bezeichnen,

- die die Bibel durch andere heilige Schriften ablösen oder ergänzen,
- die nicht allein den Glauben an Jesus Christus für maßgebend halten,
- die an der ökumenischen Bewegung (→ S. 242 ff) keinen Anteil haben wollen.

Folgende Kennzeichen sind häufig bei Sekten und kleinen Religionsgemeinschaften anzutreffen:

- das Gefühl der Zusammengehörigkeit und der Auserwählung
- der Anspruch, auf alle Fragen der Zeit eine gültige Antwort zu wissen
- die Verheißung von irdischem Glück und ewigem Heil
- ausschließlicher Anspruch auf Wahrheit
- alleinige Kenntnis des Weges, der zum Heil führt
- wenig Klarheit in der Gedankenführung
- absoluter Gehorsam der Leitung gegenüber
- Erwartung des nahen Endes der Welt
- starker Missionseifer, offen gezeigte Frömmigkeit.

Manchmal wird der Begriff »Sekte« aus einer gewissen Überheblichkeit heraus, die aus der Zugehörigkeit zu einer größeren Religion kommt, negativ gebraucht. Andererseits denken viele Menschen, es sei egal, ob man einer Sekte angehört oder nicht. Eine solche Einstellung verzichtet ohne Grund auf eine geistig-religiöse Auseinandersetzung.

> Aus Erfahrung wissen wir, daß es im allgemeinen wenig oder keine Möglichkeit für einen Dialog mit den Sekten gibt und daß nicht nur sie selbst sich einem Dialog verschließen, sondern daß sie auch ein ernstes Hindernis für ökumenische Bildung und Bemühungen darstellen können, wo immer sie aktiv sind.
> Wenn wir aber unseren eigenen Glaubensauffassungen und Grundsätzen: Achtung des Menschen, Achtung der Religionsfreiheit, Vertrauen auf den Heiligen Geist, der in unermeßlicher Weise sich darum bemüht, daß Gottes Liebe die ganze Menschheit, jeden Mann, jede Frau und jedes Kind erreicht, treu sein wollen, dann können wir uns nicht damit zufriedengeben, die Sekten zu verdammen und zu bekämpfen . . . Wir müssen versuchen zu verstehen, »wo sie sind«, und ihnen, wenn es möglich ist, die Hand in christlicher Liebe entgegenstrecken.
>
> *Deutsche Bischofskonferenz*[1]

Eucharistie

1. Brot, von dem wir leben

Wir können nicht leben, ohne zu essen. Ein großer Teil der Arbeit, die Menschen verrichten, dient dazu, uns das tägliche Brot zu beschaffen. Viele Menschen müssen sich anstrengen, damit wir jeden Tag essen können. Aber Essen ist mehr als nur Nahrungsaufnahme, Brot ist mehr als nur ein beliebiges Lebensmittel.

Die folgende Kurzgeschichte »Das Brot« stammt aus der unmittelbaren Nachkriegszeit, als viele in unserem Land hungern mußten. Jede Scheibe Brot war kostbar.

Plötzlich wachte sie auf. Es war halb drei. Sie überlegte, warum sie aufgewacht war. Ach so! In der Küche hatte jemand gegen einen Stuhl gestoßen. Sie horchte nach der Küche. Es war still. Es war zu still, und als sie mit der Hand über das Bett neben sich fuhr, fand sie es leer. Das war es, was es so besonders still gemacht hatte: Sein Atem fehlte. Sie stand auf und tappte durch die dunkle Wohnung zur Küche. In der Küche trafen sie sich. Die Uhr war halb drei. Sie sah etwas Weißes am Küchenschrank stehen. Sie machte Licht. Sie standen sich im Hemd gegenüber. Nachts. Um halb drei. In der Küche. Auf dem Küchentisch stand der Brotteller. Sie sah, daß er sich Brot abgeschnitten hatte. Das Messer lag noch neben dem Teller. Und auf der Decke lagen Brotkrümel. Wenn Sie abends zu Bett gingen, machte sie immer das Tischtuch sauber. Jeden Abend. Aber nun lagen Krümel auf dem Tuch. Und das Messer lag da. Sie fühlte, wie die Kälte der Fliesen langsam an ihr hochkroch. Und sie sah von dem Teller weg.
»Ich dachte, hier wäre was«, sagte er und sah in der Küche umher. »Ich habe auch was gehört«, antwortete sie ... »Du hättest Schuhe anziehen sollen. So barfuß auf den kalten Fliesen, du erkältest dich noch.«
Sie sah ihn nicht an, weil sie nicht ertragen konnte, daß er log. Daß er log, nachdem sie neununddreißig Jahre verheiratet waren. »Ich dachte, hier wäre was«, sagte er noch einmal und sah wieder so sinnlos von einer Ecke in die andere, »ich hörte hier was. Da dachte ich, hier wäre was.« »Ich hab auch was gehört. Aber es war wohl nichts.« Sie stellte den Teller vom Tisch und schnippte die Krümel von der Decke.
»Nein, es war wohl nichts«, echote er unsicher.
Sie kam ihm zu Hilfe: »Komm man. Das war wohl draußen. Komm man zu Bett. Du erkältest dich noch. Auf den kalten Fliesen.«
Er sah zum Fenster hin. »Ja, das muß wohl draußen gewesen sein. Ich dachte, es wäre hier.«

Salvador Dali (geb. 1904): Abendmahl. 1965.
Andere Künstler, z. B. Leonardo da Vinci (→ S. 228 f) oder Otto Dix (→ S. 98) haben auf ihren Bildern vom Abendmahl die Apostel um die Gestalt Christi gruppiert. Dali setzt in das Zentrum seines Bildes die Eucharistie selbst. Der Kelch steht auf einem angedeuteten Tisch. Vom grünen Kreis, Symbol des Lebens, geht eine »Erlösungsexplosion« (A. Läpple) in Gold aus. Im Hintergrund wird die Gestalt Jesu sichtbar, der mit seinen Armen das Mysterium umfaßt.

Sie hob die Hand zum Lichtschalter. Ich muß das Licht jetzt ausmachen, sonst muß ich nach dem Teller sehen, dachte sie. Ich darf doch nicht nach dem Teller sehen.
»Komm man«, sagte sie und machte das Licht aus, »das war wohl draußen. Die Dachrinne schlägt immer bei Wind gegen die Wand. Es war sicher die Dachrinne. Bei Wind klappert sie immer.« Sie tappten sich beide über den dunklen Korridor zum Schlafzimmer. Ihre nackten Füße platschten auf den Fußboden.
»Wind ist ja«, meinte er. »Wind war schon die ganze Nacht.«
Als sie im Bett lagen, sagte sie: »Ja, Wind war schon die ganze Nacht. Es war wohl die Dachrinne.«
»Ja, ich dachte, es wäre in der Küche. Es war wohl die Dachrinne.« Er sagte das, als ob er schon halb im Schlaf wäre.
Aber sie merkte, wie unecht seine Stimme klang, wenn er log. »Es ist kalt«, sagte sie und gähnte leise, »ich krieche unter die Decke. Gute Nacht.«
»Nacht«, antwortete er und noch: »ja, kalt ist es schon ganz schön.« Dann war es still. Nach vielen Minuten hörte sie, daß er leise und vorsichtig kaute. Sie atmete absichtlich tief und gleichmäßig, damit er nicht merken sollte, daß sie noch wach war. Aber sein Kauen war so regelmäßig, daß sie davon langsam einschlief.
Als er am nächsten Abend nach Hause kam, schob sie ihm vier Scheiben Brot hin. Sonst hatte er immer nur drei essen können. »Du kannst ruhig vier essen«, sagte sie und ging von der Lampe weg. »Ich kann dieses Brot nicht so recht vertragen. Iß du man eine mehr. Ich vertrage es nicht so gut.«
Sie sah, wie er sich tief über den Teller beugte. Er sah nicht auf. In diesem Augenblick tat er ihr leid.
»Du kannst doch nicht nur zwei Scheiben essen«, sagte er auf seinen Teller.
»Doch. Abends vertrage ich das Brot nicht gut. Iß man. Iß man.« Erst nach einer Weile setzte sie sich unter die Lampe an den Tisch. *Wolfgang Borchert*[1]

Duccio di Buoninsegna (um 1255–1319): Das Letzte Abendmahl. Öl auf Holz, um 1310.

1. Zur Kurzgeschichte:
- Was bedeuten hier Brot, Wort, Nacht?
- Haltet ihr die Erzählung auch heute für aktuell?

2. Ergänzt den Satz: Wenn wir essen, . . . (Es gibt viele Möglichkeiten.)
3. Was bedeutet es, wenn wir im Vaterunser beten: »Unser tägliches Brot gib uns heute«?
4. »Es gibt genug Brot, um die ganze Menschheit satt zu machen. Warum gibt es nicht genug Brot, um die halbe Menschheit satt zu machen?« – Erläutert dieses Wort.

Ich bin
das Brot
des Lebens.
(Joh 6,35)

2. Worte, die verändern

Manchmal sagen wir: Es kommt nicht auf Worte an, sondern auf Taten. Worte erscheinen uns unwichtig und wirkungslos. Aber Worte können sehr wichtig sein. Worte verändern manchmal unser Leben. Was wir sind, sind wir nicht zuletzt durch das, was uns gesagt wurde und wird.

- Jörg mag Dieter gut leiden. Er freut sich, wenn er mit ihm zusammen sein kann. Eines Tages sagt Dieter zu ihm: »Wir wollen Freunde sein.«
- Priester: »Willst du, Karlheinz F., Monika B. zur Ehefrau nehmen?« »Ja, ich will es.« »Willst du, Monika B., Karlheinz F. zum Ehemann nehmen?« »Ja, ich will es.«
- Die kleine Helga (4) ist hingefallen und hat sich wehgetan. Die Mutter nimmt sie in die Arme und bläst auf den blauen Fleck und sagt: »Es ist schon wieder gut.«
- Herr F. (34) sitzt in Untersuchungshaft. Er ist angeklagt, Geld veruntreut zu haben. Aber er ist unschuldig. Gespannt wartet er auf das Urteil des Richters. Es lautet: »Wegen erwiesener Unschuld sind Sie frei.«

Gottes Wort ist mächtig. Die Bibel erzählt, daß Gott durch sein Wort die Welt erschaffen hat. Er hat in der Geschichte Israels oft Menschen gerufen und ihr Leben verändert, indem er sie ansprach. Jesus hat durch sein Wort getröstet und geheilt, Menschen in seinen Dienst gerufen und zum Leben erweckt.
Von besonderer Bedeutung sind die Worte, die Jesus im Abendmahlsaal über Brot und Wein gesprochen hat. Mit seinen Worten hat er diesen Speisen ein neues Sein und einen neuen Sinn gegeben.

Von der Einsetzung der Eucharistie beim Letzten Abendmahl ist im Neuen Testament viermal die Rede: Mt 26,26–29; Mk 14,22–25; Lk 22,15–20; 1 Kor 11,23–26. Ferner spricht Johannes nach der Brotvermehrung von der Eucharistie: Joh 6,32–59. – Die Texte von Markus und Matthäus sowie die von Lukas und Paulus sind miteinander verwandt. Das Wichtigste ist in allen Texten gleich. Alle berichten von einem letzten Mahl Jesu vor seinem Tod. Bei Paulus heißt es: »In der Nacht, in der er ausgeliefert wurde.« Die Evangelisten ordnen den Abendmahlsbericht in die Passionserzählung ein. Alle erzählen auch von einer Mahlhandlung Jesu mit Brot und Wein, von »Leib« und »Blut« Jesu und vom »Neuen Bund«. Der Ausdruck »das ist mein Leib« bedeutet: Das bin ich selbst. Dasselbe besagt das Wort vom Blut. In der Vorstellung der Juden galt das Blut als der Sitz des Lebens. Die Worte »seinen Leib hingeben« und »sein Blut vergießen« weisen auf den Tod hin. Die Selbsthingabe Jesu in den Tod begründet den Neuen Bund. – Die Unterschiede in den Texten betreffen die Formulierung. Sie zeigen: Die Einsetzungsberichte sind keine protokollarischen Texte. Sie beschreiben das letzte Mahl Jesu so, wie es in dem Gottesdienst der damaligen Gemeinde gefeiert wurde *(liturgischer Aspekt)*. Trotzdem ist in ihnen das, was Jesus beim Abendmahl getan und gesagt hat, kurz und verläßlich festgehalten *(historischer Aspekt)*.

---

1. Vergleicht die vier Abendmahlsberichte. Welche Gemeinsamkeiten und welche Unterschiede weisen sie aus? (→ S. 102 f)

2. Welche Anknüpfungspunkte gab es für die Eucharistie im Alten Testament? Lest dazu: Ex 12,1–20; 24,1–8; Jer 31,31.

3. Worte, die verändern – was hat das mit der Eucharistie zu tun?

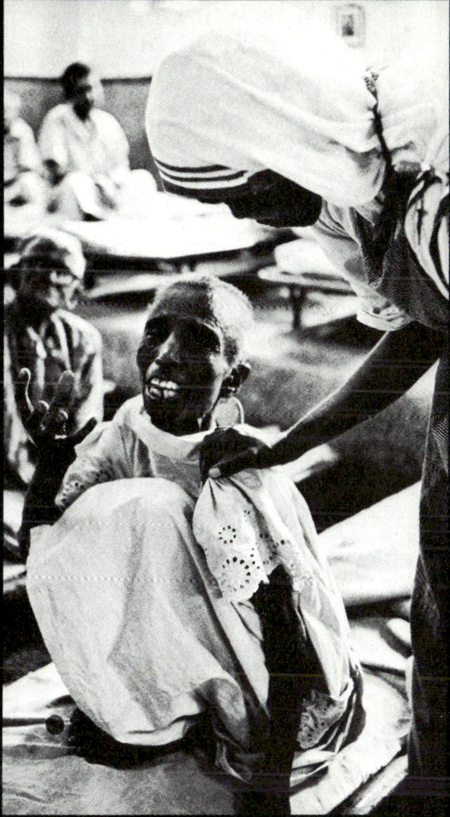

Wir sehen Christus in zweierlei Gestalt.
Wir sehen ihn auf dem Altar als Hostie,
und wir sehen ihn in den Elendsvierteln
in den zerbrochenen Körpern der Ausgestoßenen.
Ich finde einen von Würmern zerfressenen Leib.

Ich weiß: wenn ich ihn anfasse,
berühre ich den

Leib Christi

Andernfalls könnte keine Macht der Welt
mich dazu bewegen.

3. *Ein Mahl, das frei macht*

Neulich hatte ich in Jerusalem ein großes Erlebnis. Ich konnte in einer jüdischen Familie das Pesachfest miterleben, wie es fromme Juden nach uralten Bräuchen feiern. Das Fest erinnert sie daran, daß Gott ihre Vorfahren aus der Sklaverei Ägyptens befreit hat.

Schon die Tage vor dem Fest waren aufregend. Das ganze Haus wurde auf den Kopf gestellt. Die Hausfrau reinigte alle Zimmer und Schränke, vor allem die Küche und das Eßgeschirr. Nichts »Gesäuertes« durfte bleiben. Alles, was gegoren war oder mit Hefe oder Sauerteig zubereitet war, wurde entfernt. Kein Brotkrümel blieb.

»Warum ist das so?« fragte ich. »Weil wir das Fest der Ungesäuerten Brote feiern. Es erinnert uns daran, daß der Auszug aus Ägypten sehr rasch erfolgen mußte. Damals konnten unsere Vorfahren nur noch ein Brot backen, das keinen langen Gärungsprozeß braucht – eben das ungesäuerte Brot.« In der Festwoche aßen wir als Brot tatsächlich nur »Mazzen«, trockene, knackige ungesäuerte Scheiben, die so ähnlich wie Knäckebrot schmecken.

Höhepunkt der Festwoche war das Pesachmahl.

Als es dunkel war, nahm die ganze Familie an einem großen Tisch Platz. Einige Gäste waren auch noch geladen, denn es sollen wenigstens zehn Leute sein, die sich zur Feier versammeln. Die brennenden Kerzen, das blitzblanke Silberbesteck und das gute Porzellan verliehen dem Tisch festliche Pracht. Da gab es Wein und Mazzen, aber auch noch andere Speisen, deren Sinn ich mir erst erklären lassen mußte. Der Hausvater deutete alles. So erinnert z. B. ein Bitterkraut die Familie an die bittere Knechtschaft in Ägypten. Ein rotes Fruchtmus, zubereitet aus Äpfeln, Nüssen und Rotwein, ließ sie an die Ziegelsteine denken, die ihre Ahnen in harter Zwangsarbeit für den Pharao herstellen mußten. Und das Salzwasser? Es war für sie ein Symbol der Tränen, die damals vergossen wurden. So hatte alles auf dem Tisch seinen Sinn. Die wichtigste Speise der Feier aber war das Lamm. »Es erinnert uns daran, daß unsere Vorfahren in der Nacht, als sie aus Ägypten zogen, ein Lamm schlachteten, sein Blut an die Türpfosten strichen und das Fleisch in Eile verzehrten. Das Blut des Lammes hat uns vor der Macht des Todes geschützt.«

Das Festmahl begann mit einem Brauch, der zeigt, daß auch die Kinder an der ganzen Feier beteiligt sind. Als etwas Stille eingetreten war, wandte sich der jüngste Sohn der Familie an den Vater und fragte ihn: »Was bedeutet dies alles?« Da begann der Vater von den Taten Gottes in der Vergangenheit zu erzählen: »Sklaven sind wir gewesen dem Pharao in Ägypten. Da führte uns der Herr, unser Gott, mit starker Hand und ausgestrecktem Arm von dort hinaus. Und hätte der Heilige – gesegnet sei er – unsere Väter nicht aus Ägypten hinausgeführt, so wären auch wir, unsere Kinder und Kindeskinder, dem Pharao in Ägypten dienstbar geblieben. Darum ist es nicht nur für unsere Väter, sondern auch für uns selbst recht, und wenn wir auch noch so weise wären, vom Auszug aus Ägypten zu erzählen . . .«

---

1. Lest Ex 12,1–14.24–38; 14,5–31. Erzählt, was damals geschehen ist, und zeigt, ob und wie es in der Pesachfeier weiterlebt.

2. Sprecht über das jüdische Pesachmahl (die lateinische Form lautet »Pascha«):

- Welche Speisen haben tiefere Bedeutung?
- Wieso ist es ein Mahl, das frei macht?
- Was hat es mit der Vergangenheit, der Gegenwart und der Zukunft zu tun?

Über diesen Text mußte ich noch den ganzen Abend nachdenken. In ihm war etwas gesagt, was nicht so leicht einzusehen war und mich doch überzeugte: Die Juden feiern hier ein Mahl, das sie nicht nur an die Vergangenheit erinnert. Es ist für sie ein Mahl, das sie selbst frei macht. Sie hoffen, daß Gott allen Zwang von ihnen nehmen wird. Darum war auch der weitere Verlauf des Mahles froh und heiter. Alle freuten sich an den Speisen, als würden sie durch das Essen frei. Sie tranken mehrmals einen Becher Wein, aßen das Fleisch des Lammes, Mazzen und Fruchtmus, zwischendurch beteten und sangen sie die Psalmen, die heiligen Lieder ihres Volkes.

Aus einem Reisebericht von W. T.

Ihr seid um einen teuren Preis erkauft.

(1 Kor 6,20)

Ich war 18 Jahre alt, als ich 1945 in französische Kriegsgefangenschaft geriet. Mit 90 anderen Gefangenen mußte ich in einem Bergwerk täglich 12 Stunden hart arbeiten. Dabei wurden wir von unseren Bewachern ständig angetrieben, manchmal auch beschimpft und getreten. Zu essen bekamen wir mittags und abends immer nur eine Suppe aus Erbsen und Wasser, morgens einen Laib Brot für 20 Mann, sonst nichts. Ein ganzes Jahr lang erreichte uns keine Post und durften wir auch nicht schreiben. Niemand von uns wußte etwas von seiner Familie. Zu Hause hielt man uns für »vermißt«. Wir fühlten uns wie Sklaven in einer unmenschlichen Welt.

Eines Abends gelang es einem Priester, der Gefangener in einem anderen Lager war, in unsere Baracke zu kommen. Zwei von uns stifteten eine kleine Brotration, der Priester hatte einige Tropfen Wein aufgetrieben. Wir saßen zu zwanzig auf dem Boden um eine Holzkiste. Einer von uns las aus einer kleinen Bibel vor, die er gerettet hatte. Wir beteten zusammen, und der Priester sprach die Worte Jesu über das Brot und den Wein. Dann teilte er die kleinen Brotstücke, und alle aßen davon. Niemals in meinem Leben habe ich die Eucharistie andächtiger mitgefeiert. Meinen Kameraden ging es ebenso. Seit jenem Abend wußten wir, daß wir nicht verlassen waren. Jesus war in unserer Mitte. Er hatte uns frei gemacht und Hoffnung geschenkt. Wir fühlten uns nicht mehr als Sklaven, sondern als seine Freunde. *Bericht des ehemaligen Kriegsgefangenen K. B.*

Jesus hat die Eucharistie im Rahmen eines Pesachmahles eingesetzt. Das lassen viele Einzelzüge der Einsetzungsberichte noch deutlich erkennen. Ähnlich wie ein jüdischer Hausvater hat Jesus bei diesem Mahl seine Worte der Deutung gesprochen. Brot und Wein sind durch sein Wort nun sein Leib und sein Blut. Sie sind Zeichen eines neuen Opfers, das er selbst am Kreuz gebracht hat. Dieses Opfer schenkt eine andere Befreiung als das Pesachlamm. Aber auch die Eucharistie ist ein Mahl, das frei macht.

---

1. Lest Mt 26,17–29.
- Sucht die Stellen heraus, die etwas mit dem jüdischen Pesachfest zu tun haben.
- Wo liegen wichtige Unterschiede?

2. Wo kann man in der heutigen Eucharistiefeier noch Anklänge an die jüdische Pesachfeier erkennen?

3. Warum ist die Eucharistie ein »Mahl, das frei macht«?

4. Zeichen, die etwas bewirken

Wir können nicht essen, ohne Pflanzen zu zerstören oder Tiere zu töten. Nur indem wir fremdes Leben in uns aufnehmen, können wir unser eigenes Leben erhalten. Diese Tatsache macht vielen Menschen oft ganz unbewußt Angst. Manchmal fühlen wir uns sogar schuldig, daß wir nur auf Kosten fremden Lebens da sind. Wir spüren, wie hoch der Preis dafür ist, daß wir leben können. Wenn Christus uns auffordert, seinen Leib zu essen und sein Blut zu trinken, ist dies ein wirkungsvolles Zeichen. Er will uns von Angst und von Schuldgefühlen befreien. Er gibt sich uns freiwillig zur Speise. Wir dürfen leben und den Mut zu unserem Dasein haben, weil er sein Leben opfert. Darum ist die Eucharistie ein Lebens-Zeichen (→ S. 84 f). Sie ist das Ja Gottes zu unserem Leben.

Die Eucharistie ist als Sakrament ein Zeichen für:
- die ***Gegenwart Christi:*** Unter den Gestalten von Brot und Wein ist Jesus selbst unter uns zugegen;
- das ***Opfer Christi:*** Im Abendmahlssaal sprach Jesus von dem Leib, »der für euch hingegeben wird«, und von seinem Blut, das für alle vergossen wird. Hier schenkt er sich uns als das »neue Opferlamm«. So ist in der Eucharistiefeier sein Tod am Kreuz unter uns gegenwärtig;
- das ***Opfer der Kirche:*** Sie bringt dem Vater die kostbarste Gabe, die sie hat: Jesus selbst, seinen Leib und sein Blut. Indem sie das tut, zeigt sie, was der Tod Jesu bedeutet: die Hingabe an den Vater;
- das ***gemeinsame Mahl aller Christen:*** Es verbindet alle, die an dieser Feier teilnehmen und macht aus ihnen eine neue Gemeinschaft. Ohne dieses Mahl gäbe es keine christliche Gemeinde, keine Kirche Jesu Christi;
- das ***Brot für die Welt:*** Die Christen, die hier das »Brot des Lebens« essen, dürfen nicht nur an sich denken. Das Mahl Christi erinnert sie an ihre Verantwortung denen gegenüber, die nicht genug zu essen haben. So erhalten die Christen hier den Auftrag, das zu tun, was Jesus getan hat: Hunger und Not zu bekämpfen.

Die Eucharistie ist nicht nur ein Zeichen für den Wert unseres persönlichen Lebens. Das Mahl setzt uns auch in Beziehung zu anderen Menschen. Unsere Mahlgewohnheiten lassen uns das leicht erkennen. Auch fremde Bräuche zeigen uns, daß Essen und Trinken mehr ist als nur Nahrungsaufnahme. Dafür ein Beispiel:

Um die Mitte des vergangenen Jahrhunderts wehrten sich auf Neuseeland die kriegerischen Maori erbittert gegen die britischen Streitkräfte, die ihr Land erobern wollten. Als ihr Kampf schon verloren schien, führten Propheten sie in einen heiligen Krieg gegen die Weißen. Damals lief ein britischer Soldat zu den Maori über. Weil zum Feind überlaufen etwas ganz Neues für die Maori war, mußte der Flüchtling stündlich um sein Leben bangen, bis er einem Propheten begegnete. Der nahm eine Süßkartoffel, von den Maori als heilige Pflanze verehrt, brach sie in zwei Hälften, ließ die eine Hälfte den Überläufer essen und aß selber die andere. Von Stund an brauchte sich der Fremde nicht mehr zu fürchten: Es war, als sei er einer der Ihren geworden, wie ein Stammesbruder.[1]

Zu den Zeichenhandlungen: → S. 82 ff.

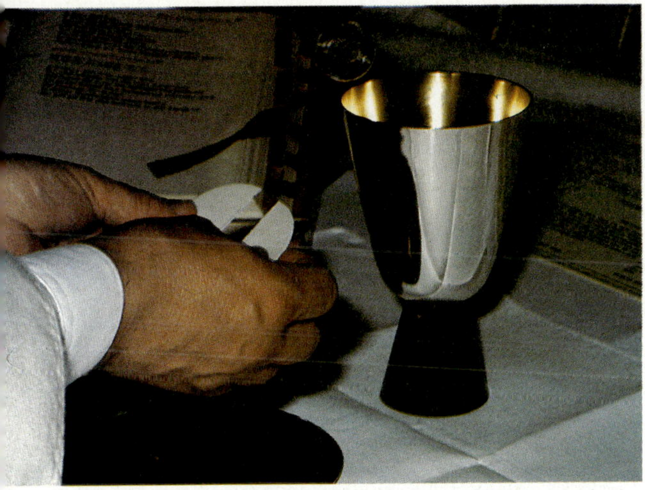

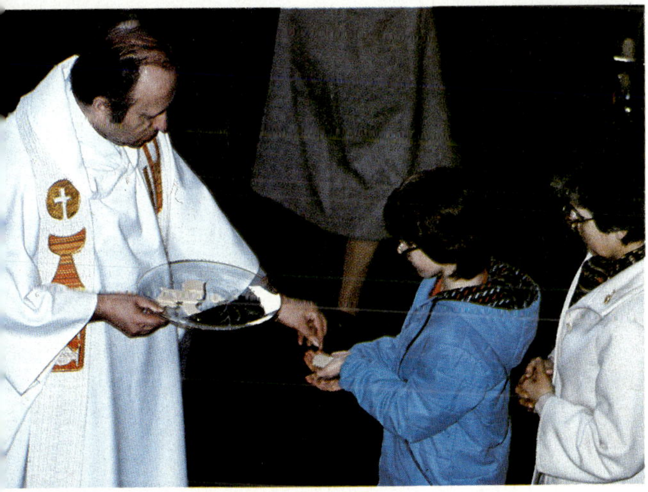

*Bei der Wandlung,
dem Höhepunkt
der Eucharistiefeier,
spricht der Priester:*
Denn am Abend, an dem er ausgeliefert wurde und sich aus freiem Willen dem Leiden unterwarf, nahm er das Brot und sagte Dank, brach es, reichte es seinen Jüngern und sprach:
(Er erhebt das Brot ein wenig)

**Nehmet und esset
alle davon:
Das ist mein Leib,
der für euch
hingegeben wird.**

*(Er zeigt der Gemeinde
die Hostie)*

Ebenso nahm er nach dem Mahl den Kelch, dankte wiederum, reichte ihn seinen Jüngern und sprach:
*(Er erhebt den Kelch
ein wenig)*

**Nehmet und trinket
alle daraus.
Das ist der Kelch
des neuen
und ewigen Bundes,
mein Blut, das
für euch und für alle
vergossen wird
zur Vergebung
der Sünden.
Tut dies
zu meinem Gedächtnis.**

*(Er zeigt der Gemeinde
den Kelch)*

5. *Menschen, die feiern und danken*

Jesus hat beim Abendmahl seinem Vater im Himmel gedankt. Wir sprechen daher von »Eucharistie« (griech.: Danksagung) und vom »eucharistischen Mahl«. Es soll nach dem Auftrag Jesu in der Kirche zu seinem Gedächtnis gefeiert werden. So ist die Eucharistie das Fest der Christen. Die Christen feiern gemeinsam voll Freude, daß sie von Gott geliebt und durch Jesus von der Macht der Sünde befreit sind. Das ist Anlaß zur Dankbarkeit.

Seitdem Jesus die Eucharistie eingesetzt hat, wird dieses Geheimnis in der Kirche gefeiert (»Tut dies zu meinem Gedächtnis.«). Die älteste Urkunde darüber verdanken wir Paulus (1 Kor 11,23–26). Die äußere Form der Feier ist nicht immer dieselbe geblieben. Bis vor wenigen Jahren war z. B. Latein überall in der Welt die Sprache der Meßfeier. Seit dem 2. Vatikanischen Konzil (1962–65) ist überall die Landessprache zugelassen.

1. Es gibt viele Anlässe zum Feiern, z. B. Geburtstag, Karneval, Weihnachten. Überlegt, warum ihr jeweils feiert.

2. Was hat die Eucharistie mit Feiern und Danken zu tun?

3. Fronleichnam, Weißer Sonntag, Tabernakel, Kommunion, Gründonnerstag, Primiz, Speisekelch, Altarsakrament, Hostie, Versehgang, Abendmahl, Monstranz, Patene, Messe. – Versucht, diese Worte zu erklären.

4. Was wißt ihr von folgenden Formen der Eucharistie:

- Bet-Sing-Messe
- Feierliches Hochamt
- Pontifikalamt
- Häusliche Eucharistiefeier
- Jugendmesse?

5. Wie unterscheidet sich eine katholische Eucharistiefeier von einem protestantischen Abendmahlsgottesdienst?

Der Aufbau der Meßfeier

Die heilige Messe hat zwei Hauptteile: den Wortgottesdienst und die Eucharistiefeier. Der Wortgottesdienst umfaßt Schriftlesung mit Auslegung, Antwortgesang und Gebet. Der eucharistische Teil besteht aus der Gabenbereitung, dem Hochgebet und der Kommunion. Das Ganze wird eingerahmt von einem eigenen Eröffnungsteil und von der Entlassung.[1]

1. Eröffnung	Einzug, Gesang Begrüßung der Gemeinde und Einführung Das allgemeine Schuldbekenntnis Kyrie eleison = Herr erbarme Dich unser Gloria = Ehre sei Gott in der Höhe Tagesgebet
2. Wortgottesdienst	Lesung Antwortpsalm (Zwischengesang) Evangelium Predigt Credo = Glaubensbekenntnis Fürbitten
3. Eucharistiefeier **Gabenbereitung**	Herbeibringen der Gaben, Opfergang Bereitung des Altars Händewaschung Gabengebet
Hochgebet	Der Priester spricht das große Dankgebet über Brot und Wein, die Gaben werden Leib und Blut Christi (Wandlung). Die Gemeinde beteiligt sich durch zustimmende Rufe: Sanctus . . . = Heilig; Deinen Tod . . . Amen.
Kommunion	Vater unser Friedensgebet, Friedensgruß Brechung des Brotes Agnus Dei = Lamm Gottes Kommunionspendung – Kommuniongesang Besinnung und Dankhymnus Schlußgebet
4. Entlassung	Ankündigungen für die Gemeinde Segen und Entlassung

---

1. Sucht aus dem angegebenen Aufbau der Meßfeier solche Teile heraus, die jeden Sonntag gleich bleiben und die sich jeweils ändern.
2. Sucht in eurem Gebetbuch »Gotteslob« die Texte, die im Gottesdienst des nächsten Sonntags vorkommen.
3. Sprecht über eure unterschiedlichen Erfahrungen mit dem Gottesdienst am Sonntag.

Zerbrochene Einheit

Leonardo da Vinci (1452–1519): Das Abendmahl. Fresko im Refektorium (Speisesaal) des Klosters S. Maria delle Grazie, 880 × 460 cm, 1495–1497.

1. Zerrissene Welt

Wir leben in einer Welt, die immer weiter auseinanderzufallen droht. Zwar machen es die Massenmedien möglich, daß die Menschen viel mehr voneinander wissen als vor 50 Jahren, aber dadurch werden auch die wachsenden Gegensätze immer deutlicher. Der Kontrast zwischen den hochentwickelten Ländern der nördlichen und den unterentwickelten der südlichen Halbkugel wird immer erschreckender. Die Reichen werden immer reicher, die Armen immer ärmer. Der Rüstungswettlauf im Ost-West-Konflikt verschlingt trotz Entspannungsversuchen unermeßlich viel Geld, Rohstoffe und Intelligenz, die für das Überleben der Menschheit dringend gebraucht würden. Eine zerrissene Welt auf dem Weg in eine endgültige Katastrophe?

Noch unverständlicher ist, daß die Spaltung auch mitten durch die Christenheit geht. Die Christen scheinen das Vermächtnis Jesu (→ S. 224 ff) vergessen zu haben. Der Abendmahlstisch ist zerrissen wie die ganze Menschheit.

Andererseits war die Sehnsucht nach Einheit bei vielen Menschen noch nie so deutlich zu spüren wie heute. Das Verlangen nach Frieden, nach Überwindung der Gegensätze, ist

gerade bei jungen Menschen überall in der Welt unüberhörbar. Kann es auf Dauer nicht doch gelingen, die Menschen wieder an e i n e n Tisch zu bringen? Sollten die Christen dabei nicht vorangehen?

Alle sollen eins sein;
wie du, Vater, in mir bist und ich in dir bin,
sollen auch sie in uns eins sein, damit die Welt glaubt,
daß du mich gesandt hast.

(Gebet Jesu für seine Jünger. Joh 17, 21)

---

1. Kennt ihr weitere Beispiele, an denen sich die Zerrissenheit in unserer Welt zeigt?

2. Überlegt, ob ihr diese Unterrichtseinheit zusammen mit den evangelischen Schülern eurer Klasse behandeln könnt.

2. Der fortwährende Skandal

Spaltungen unter den Christen hat es im Laufe der langen Kirchengeschichte immer wieder gegeben. Am meisten erschüttert worden ist die Einheit der Christen durch zwei große Spaltungen, die bis heute andauern.

Ludger (14) berichtet: Als wir während unserer Ferien auf der Insel Kreta (Griechenland) am Sonntag nach einer Kirche fragten, um eine Messe mitzufeiern, führte uns ein freundlicher älterer Mann, der deutsch verstand, zur Minás-Kathedrale in Iráklion. Vor und in der Kirche sahen wir eine Reihe von Popen (Priester). Alle trugen einen hohen schwarzen Hut ohne Rand und hatten einen Vollbart. In der schönen, reich geschmückten Kirche brannten zahllose Kerzen, und es wurde viel gesungen. Vor dem Chorraum war eine hohe Wand mit vielen Bildern und drei Türen. Während der Messe, die von den Popen hinter der Bilderwand gefeiert wurde, fanden mehrere Prozessionen statt, bei denen die Popen und der Bischof, der eine silberne Krone trug, durch die Türen aus- und einzogen. Viele Menschen gingen zur Kommunion. Einer der Popen reichte den Leuten mit einem kleinen goldenen Löffel ein Stückchen von dem verwandelten Brot, das er vorher in den Kelch eingetaucht hatte. Nachher sagte mein Vater: »Das war keine katholische, sondern eine orthodoxe Kirche.« Später erklärte er mir die Unterschiede, von denen ich vorher nichts wußte.

1054 kam es nach langen Auseinandersetzungen zum Bruch zwischen den Christen des Westens (Rom) und denen des Ostens (Konstantinopel). Diese nannten sich gegenüber der römisch-katholischen Kirche von jener Zeit an die »Orthodoxen« (Rechtgläubigen). Sie behaupteten, daß sie allein den wahren Glauben bewahrt hätten. Heute sind diese Meinungsverschiedenheiten fast ganz überwunden. Uneinig sind sich die orthodoxen und die römisch-katholischen Christen aber immer noch über eine wichtige Frage, die schon 1054 der Hauptgrund für die Spaltung war: Welche Stellung hat der Bischof von Rom (Papst)? Hat er als Nachfolger des Petrus die höchste Amtsautorität für die gesamte Kirche? Oder ist er nur Sprecher und Vorsitzender im Kollegium der Bischöfe, wie es der Patriarch von Konstantinopel für die Kirchen des Ostens ist?

Stefanie (13) lebt mit ihren Eltern und ihrem jüngeren Bruder in einer emsländischen Dorfgemeinde, in der es kaum Protestanten und auch keine evangelische Kirche gibt. Auch in ihrer Klasse im Gymnasium der 15 km entfernten Kreisstadt sind nur drei Mitschüler evangelisch. Daß ihr Vater evangelisch ist, hat sie erst vor einigen Jahren erfahren. Er geht sonntags meistens mit ihnen zur Messe, allerdings nicht zur Kommunion. Als sie ihn einmal danach fragte, sagte er: »Das kann ich nicht, weil ich nicht zu eurer Kirche gehöre und wir das Abendmahl anders feiern. Es gibt zu große Unterschiede.« Einmal im Jahr, immer am Karfreitag, fährt der Vater allein in die Kreisstadt, um am Abendmahlsgottesdienst der evangelischen Gemeinde teilzunehmen. Auf Stefanies Drängen nimmt sie der Vater in diesem Jahr mit. Sie beobachtet den Gottesdienst genau und sagt nachher: »Ich habe eigentlich keine wichtigen Unterschiede bemerkt. Die Predigt dauerte zwar viel länger als bei uns, der Pastor trug kein Meßgewand, sondern nur einen schwarzen Talar, und es waren keine Meßdiener da. Aber der Ablauf des Gottesdienstes, sogar die Worte Jesu über Brot und Wein, waren genau wie bei uns. Nur eins war anders: Bei der Kommunion empfingen alle die Hostie und tranken außerdem noch aus dem Kelch. Aber in der Gruppenmesse in unserer Pfarrkirche durften wir das auch schon einmal.« Und nach einer Weile sagt sie zum Vater: »Ich verstehe jetzt noch viel weniger, warum du nicht mit uns zur Kommunion gehst. Ich hab' gelernt: Kommunion heißt Gemeinschaft mit Jesus und miteinander. Sollen wir dabei immer noch getrennt bleiben?«

Im 16. Jahrhundert zerbrach auch die Einheit der Christen im Abendland. Diese Spaltung begann in Deutschland und breitete sich über die westliche Welt aus. Ihre Folgen zeigen sich in jeder Schulklasse und in vielen Familien. Wie es zu dieser Spaltung kam und warum sie bis heute nicht überwunden werden konnte, müßte jeder Christ wissen.

Von den 5 Milliarden Menschen, die z. Z. auf der Erde leben, sind etwa 1,470 Milliarden Christen. Damit ist das Christentum die größte unter den Weltreligionen. Wer sich diese Zahl genauer ansieht, steht vor einer erschütternden Tatsache (→ Karte III, hinten):

---

1. Stellt zusammen, was ihr über Unterschiede und Gemeinsamkeiten zwischen evangelischen und katholischen Christen wißt (→ »Zeit der Freude«, S. 102 ff).

2. Wie wirken sich die Folgen der Spaltung unter den Christen aus in Schulen / Religionsunterricht / Familien / bei den Feiertagen?

3. Die Protestanten bilden nicht eine einheitliche Kirche, sondern bestehen aus verschiedenen kirchlichen Gemeinschaften, zwischen denen es große Unterschiede gibt. Was wißt ihr über Lutheraner, Reformierte, Anglikaner und über die Gründe ihrer Abspaltung?
(Zu den Sekten: → S. 215)

4. Schlagt im Telefonbuch nach, welche verschiedenen Kirchen und christlichen Gemeinschaften es an eurem Ort oder in eurer Umgebung gibt. Vielleicht könnt ihr auch die eine oder andere Kirche einmal aufsuchen.

5. Was bedeutet die Spaltung der Christen in verschiedene Konfessionen für die 3,5 Milliarden Nichtchristen?

3. Dunkle Zeiten

Aus dem Reisetagebuch eines Franziskanermönchs (→ S. 24 f) – um 1509:[1]

. . . Wir haben jetzt schon zahlreiche Gemeinden in Nord- und Süddeutschland besucht. In den Kirchen sahen wir oft viele Menschen. Aber sie knieten vor allem vor den Heiligenbildern und Reliquienschreinen. Große Scharen beteiligten sich auch an Wallfahrten. Zur heiligen Messe kamen nur ganz wenige, fast keiner ging zur Kommunion. In einem Tabernakel entdeckten wir, daß die heiligen Hostien verschimmelt waren. Die Leute sind fromm, aber sie glauben mehr an seltsame Wundergeschichten, an den Teufel und an Hexen als an unseren Herrn Jesus Christus . . .

Viele sagen: Daran sind die Priester schuld, von denen mehr als genug herumlaufen. In Mainz gibt es z. B. 500 Priester bei 6000 Einwohnern. Die meisten von ihnen sind verheiratet. Viele haben keine regelmäßigen Einkünfte und leben von dem wenigen Geld, das ihnen die Leute für das Lesen der Messe geben. Fast alle sind schlecht ausgebildet für ihren Beruf. Ich habe einige getroffen, die weder das Vaterunser noch das Glaubensbekenntnis richtig kannten.

Anders sieht es bei den höheren Geistlichen aus, vor allem bei den Bischöfen. Sie wohnen in vornehmen Häusern und Schlössern, haben viele Knechte und Mägde und leben in Saus und Braus. Die meisten von ihnen sind zugleich Landesfürsten, denen die kleinen Leute einen großen Teil ihrer Erträge abliefern müssen. Fast ein Drittel des ganzen Landes gehört der Kirche, vor allem den Bischöfen. Um die vielen Priester und den Glauben ihrer Leute kümmern sie sich nur wenig. Sie gehen lieber auf die Jagd und machen Politik. Einige führen sogar Kriege gegeneinander, um ihr Fürstentum noch zu vergrößern.

Noch schlimmer soll es in Rom aussehen. Einer unserer Brüder war neulich dort. Er berichtete davon, daß sich der Papst und seine Kardinäle fast nur um weltliche Dinge kümmerten. Sie bauen große Paläste und prunkvolle Kirchen, halten einen Hofstaat wie Fürsten und Könige und brauchen immer mehr Geld. Darum denken sie sich immer neue Abgaben aus, die von den Gläubigen entrichtet werden müssen. Für Geld kann man in Rom alles haben, z. B. einen Bischofssitz oder den Titel eines Kardinals . . .
Was soll nur aus der Kirche Christi werden, wenn das so weitergeht? Dabei haben fromme und mutige Männer und Frauen schon seit langer Zeit dazu aufgerufen, die Kirche von Grund auf zu erneuern – aber bis jetzt geschieht davon nichts.

Hans von Kulmbach (um 1480–1522): Das sinkende Schiff der katholischen Kirche. Holzschnitt, 1508.

(Linke Seite:) Zeitgenössischer Kupferstich: Das große Turnier im Damasushof.

---

1. Stellt die einzelnen Mißstände in der damaligen Kirche in Stichworten zusammen.
2. Betrachtet die beiden Bilder aus der damaligen Zeit: Das linke zeigt den Innenhof des Vatikans mit der im Bau befindlichen Peterskirche rechts hinten; das rechte versucht den inneren Zustand der Kirche in dieser Zeit bildlich darzustellen: Das Schiff der Kirche zerschellt am Felsen (Anspielung auf das Petrus-Amt des Papstes). Die einzelnen Figuren sind an ihren Kopfbedeckungen zu erkennen, auch im hinteren Teil des Schiffes die Vertreter der weltlichen Macht. Versucht, möglichst viele weitere Einzelheiten der beiden Bilder herauszufinden.
Stellt einen Zusammenhang zwischen den beiden Bildern her.

4. »Wenn das Geld im Kasten klingt . . .«

Annaberg (Sachsen), Sommer 1517. Johann Tetzel, ein Mönch aus dem Dominikanerorden (→ S. 24 f), predigt in den Kirchen der Umgebung. Folgendes Gespräch könnte in einer Schmiede zwischen Gesellen und Meister stattgefunden haben:[1]

Ulrich: Der Tetzel hat gesagt: Alle müssen sich einen Ablaßbrief kaufen, damit ihnen ihre Sünden vergeben werden. Könnt Ihr mir das Geld dafür geben?

Meister: Wenn du gesündigt hast, dann bereue deine Schuld, geh' zu einem Priester und bekenne, was du getan hast. Dann wird Gott dir vergeben.

Ulrich: Meister, Ihr solltet auch auf den Pater Tetzel hören. Er hat die Ablaßbriefe vom Papst. Ich hab's selbst gesehen. Oben auf den Briefen steht der Name des Papstes Leo X. und auch der vom Erzbischof Albrecht aus Mainz. Sie bescheinigen jedem, der so einen Brief kauft, daß ihm alle Sünden vergeben werden, die er jemals getan hat und noch tun wird.

Meister: Junge, du redest nur das nach, was die Leute sagen, und die kennen den christlichen Glauben nicht. Sünde wird vergeben durch Reue, das Bußsakrament und durch gute Werke. Aber nicht durch Briefe, die man kaufen kann. Mit dem lieben Gott kann man keine Geschäfte machen.

Ulrich: Aber der Tetzel hat gesagt, es geht auch um die Vergebung der Sündenstrafen. Wenn man die nicht nachgelassen bekommt, muß man nach dem Tode dafür im Fegefeuer büßen. Bitte, gebt mir die Taler für den Ablaßbrief.

Meister: Keinen Groschen gebe ich dir dafür. Dann verschenke ich lieber das Geld an arme Leute. In den Kirchen haben sie Geld genug.

Ulrich: Aber der Neubau der Peterskirche in Rom ist doch so teuer!

Meister: Die Päpste und Bischöfe sollten nicht so viele Kirchen und Paläste bauen. Mein Geld bekommen sie dafür nicht. Und überhaupt: Was hast du denn Böses getan, daß du diesen komischen Ablaßbrief brauchst?

Ulrich: Der Tetzel hat gesagt: Man kann den Brief auch für Verstorbene kaufen, dann wird ihre Schuld wiedergutgemacht. Ich möchte ihn auch für meinen Vater haben, der so unvorbereitet gestorben ist, wie Ihr wißt.

Meister: Mit Geld kann man sich vor Gott nicht loskaufen, auch nicht die Toten. Bete lieber für deinen Vater.

Ulrich: Aber der Tetzel hat gesagt: Wenn das Geld im Kasten klingt, die Seele aus dem Feuer springt.

Meister: Sieh du lieber zu, daß endlich die Hufeisen ins Feuer kommen!

Zeitgenössischer Holzschnitt: Tetzel predigt. Unten eine Geldtruhe und ein Ablaßbrief, rechts oben die »Bulle Indulgentiarum« (Nachlaß, Vergebung) mit Geldbriefen in verschiedener Höhe, links das Wappen des Papstes Leo X.

Während die Ablaßprediger in Deutschland herumzogen, tauchten an vielen Orten Flugblätter mit 95 Thesen auf. Ein bis dahin unbekannter Mönch und Theologieprofessor, Martin Luther aus Wittenberg, hatte sie verfaßt. Darin stand u. a.:[1]

1. Unser Herr und Meister Jesus Christus sagt: Tut Buße! (Mt 4,17). Darum hat er gewollt, daß das ganze Leben der Gläubigen Buße sein soll.

21. Die Ablaßprediger irren, wenn sie sagen, daß der Ablaß des Papstes den Menschen von jeder Strafe erlöse.

32. Wer wegen der Ablaßbriefe seiner Seligkeit sicher zu sein glaubt, wird samt seinen Lehrern für ewig verdammt werden.

36. Jeder Christ, der wahre Reue empfindet, erhält vollkommenen Nachlaß von Strafe und Schuld auch ohne Ablaßbrief.

43. Man soll die Christen lehren, daß jeder, der den Armen hilft, besser handelt, als wenn er einen Ablaßbrief kauft.

Früher nahm man an, daß Luther seine 95 Thesen an die Tür der Wittenberger Schloßkirche angeschlagen habe. Heute erscheint das zweifelhaft, zumal Luther die Thesen in lateinischer Sprache verfaßt hatte. Seine Freunde übersetzten sie ohne sein Wissen und sorgten für schnelle Verbreitung. Luther schrieb in einem Begleitbrief an seinen Bischof, er möge die Sache prüfen und den Ablaßpredigern befehlen, nicht mehr solche Predigten zu halten.

Lucas Cranach der Ältere (1472–1553): Papst mit Ablaßbriefen. Holzschnitt, 1521.

1. Welche Absichten verfolgte Luther mit seinen Thesen? Welche nicht, wenn er sie nicht öffentlich anschlug?
2. Vergleicht den Inhalt der Thesen mit der Predigt des Tetzel (→ S. 234).
3. Was haltet ihr von Luthers Kritik an der Ablaßpraxis jener Zeit?
4. Versucht, die Einzelheiten des Holzschnittes zu erklären. Faßt zusammen, was der Maler mit diesem Bild darstellen wollte, indem ihr auch Mt 21,12 f mit der dargestellten Szene vergleicht.

5. Ein Mönch wagt den Aufstand

Weder Papst Leo X. noch die Bischöfe nahmen den Streit um den Ablaß ernst, den Luther entzündet hatte – sie hatten andere Sorgen. Erst als Luther andere Lehren der Kirche in Frage stellte, fing man an, sich mit dem »Mönch aus Wittenberg« auseinanderzusetzen. Was war das für ein Mann, der es wagte, den katholischen Glauben in neuer Weise darzustellen? Wie war er dazu gekommen?

Martin Luther wurde 1483 in Eisleben (Ostharz) geboren. Er studierte Theologie und trat 1505 als Mönch in einen strengen Orden ein. Er hatte lange mit sich gerungen, ob er diesen Schritt tun sollte. Aber er hoffte, dadurch als sündiger Mensch besser vor Gott bestehen zu können. 1507 wurde er zum Priester geweiht. Schon 1510 machte er zusammen mit einem Ordensbruder eine Reise nach Rom. Er war entsetzt über die Mißstände in der Kirche, die er dort sah (→ S. 232 f). 1512 wurde er Doktor der Theologie und im selben Jahr, erst 29jährig, Professor an der Universität Wittenberg. Dort hatte er Vorlesungen über die Bibel zu halten.

Im Kloster bemühte er sich, die Mönchsregel (→ S. 24) ganz genau zu erfüllen. Er betete mehr als alle anderen, beichtete sehr oft und quälte sich ständig damit, wie er trotz seines Versagens vor Gott bestehen könnte. Aber alle Anstrengungen nutzten nichts. Im Gegenteil: je mehr er sich bemühte, desto stärker fühlte er sich vor Gott schuldig. Schließlich machte er eine beglückende Entdeckung, als ihm der Sinn eines Satzes aus dem Römerbrief des Paulus aufging: »Der Gerechte lebt aus dem Glauben« (1,17).

Es kam also nicht auf die vielen guten Werke an, die ein Mensch aus eigener Kraft zustande bringt. Viel wichtiger war es, an Jesus Christus als seinen Herrn und Heiland zu glauben und sich ganz und gar ihm zu überlassen. Das war urchristliche Überzeugung; aber im Angesicht der veräußerlichten Frömmigkeit und der »Werkgerechtigkeit«, die viele Christen lebten, erschien dieser Gedanke revolutionär.

Lucas Cranach d. Ä. (1472–1553): Luther predigt. Teil des Altarbildes der Stadtkirche zu Wittenberg. Öl auf Holz, 1547.
Luther predigt Jesus »Christus als den Gekreuzigten . . .« (1 Kor 1,23a) – dies und nichts anderes soll nach seiner Auffassung der Mittelpunkt und die zentrale Ausrichtung des christlichen Lebens sein. In der Gemeinde erkennt man den Maler (mit langem Bart), unter ihm Luthers Frau Katharina und ihr Sohn Hans. Überlegt, inwiefern Anordnung und Thema des Bildes den Kern von Luthers Frömmigkeit und Lehre wiedergeben.

1. Luther sprach von der »Rechtfertigung durch den Glauben« und von der »Rechtfertigung durch die guten Werke«. Versucht anhand der Angaben aus seiner Lebensgeschichte, diesen Unterschied zu erklären.

2. Luthers Wiederentdeckung der »Rechtfertigung durch den Glauben« ist von seinen Gegnern oft mißverstanden worden. Sie warfen ihm vor, er verführe die Christen dazu, von sich aus nichts mehr zu tun, weil sie ja durch den Glauben vor Gott »gerecht« seien. Was haltet ihr von diesem Vorwurf?

Wenige Jahre später kam es zum offenen Streit über wichtige Glaubenssätze zwischen Luther und Vertretern der römischen Kirche.

- Der Papst und viele Bischöfe verstanden nicht, daß Luther die Kirche nicht spalten, sondern erneuern wollte. Man hatte immer noch nicht begriffen, daß die Kirche gründlich reformiert (= erneuert) werden mußte. Darum sahen viele in dem »Mönch aus Wittenberg« nur einen Unruhestifter und einen »Ketzer« (Irrlehrer). Man warf ihm vor, eine neue Lehre zu verkünden. Aber Luther wollte zu diesem Zeitpunkt nur den alten Glauben der Kirche neu beleben.
- Luther fühlte sich in seinem Anliegen von Rom mißverstanden und griff deshalb bald nicht mehr nur die Mißstände in der Kirche, sondern das Lehramt der Kirche selbst an. 1520 kam es zu einem öffentlichen Streitgespräch zwischen dem Theologieprofessor Eck und Luther. Hier ist eine Zusammenfassung der wichtigsten Streitpunkte:[1]

Luther	Eck
Die griechisch-katholischen Christen (→ S. 230) wissen kaum etwas vom Papst und finden trotzdem ihr Heil.	Die griechisch-katholischen Christen anerkennen den Papst nicht und gehören deshalb nicht zur wahren Kirche.
Gehorsam gegenüber der Kirche gilt nicht in jedem Fall. Über den kirchlichen Vorschriften steht die Autorität der Heiligen Schrift.	Gehorsam gegenüber der Kirche ist eine strenge Verpflichtung vor Gott.
Die Kirche ist auf Christus gebaut (Kol 1,18).	Die Kirche ist nach dem Willen Christi auf Petrus gebaut (Mt 16,18).
Konzilien und Päpste können irren und haben geirrt.	Die Entscheidungen des Papstes und der Konzilien sind richtig und dürfen nicht bezweifelt werden.

Das Jahr 1520 sollte zum Schicksalsjahr für die Kirche in Deutschland werden. Luther veröffentlichte drei große Schriften:

- *An den christlichen Adel deutscher Nation von des christlichen Standes Besserung:* Kritik an den Mißständen in der Kirche; Reformvorschläge; Lehre vom allgemeinen Priestertum aller Christen (vgl. 1 Petr 2,9) gegen die Sonderstellung der Geistlichen: ». . . alle sind geistlichen Standes, wahrhaftige Priester, Bischöfe und Päpste.«
- *Von der babylonischen Gefangenschaft der Kirche:* Kritik an der Lehre und Praxis der Sakramente; nach dem Zeugnis des Neuen Testamentes könne es nur drei wirkliche Sakramente geben: »die Taufe, die Buße, das Brotbrechen«.
- *Von der Freiheit eines Christenmenschen:* Der Glaube befreie den Menschen; er allein mache vor Gott »gerecht«.

Aber auch die römische Kirche wurde jetzt aktiv. Eck reiste nach Rom, um den Ketzerprozeß gegen Luther zu beschleunigen. Schon im Sommer kam er mit einem päpstlichen Dokument nach Deutschland zurück, das 41 einzelne Sätze aus Luthers Schriften als Irrlehre verurteilte, die Verbrennung seiner sämtlichen Schriften anordnete und allen unter Androhung schwerer Kirchenstrafen verbot, mit Luther und seinen Anhängern zu sprechen oder Gemeinschaft zu haben. Als daraufhin in verschiedenen Städten Luthers Schriften auf Scheiterhaufen verbrannt wurden, versammelte Luther seine Freunde um sich und verbrannte öffentlich das päpstliche Dokument. Die römische Antwort darauf kam schnell: Am 3. Januar 1521 sprach Papst Leo X. den Kirchenbann über Luther aus. Zwei Monate später wurde Luther auf dem Reichstag zu Worms aufgefordert, seine Lehre zu widerrufen. Als er sich weigerte, verhängte Kaiser Karl V. über ihn die Reichsacht. Damit war die Kirchenspaltung besiegelt.

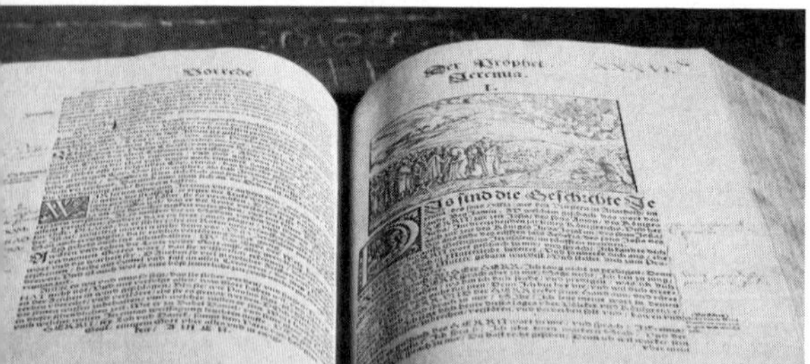

Auf dem Tisch des Lutherzimmers auf der Wartburg, wohin Luther nach Verhängung der Reichsacht floh, liegt ein Exemplar seiner Bibelübersetzung mit seinen handschriftlichen Korrekturen und Bemerkungen.

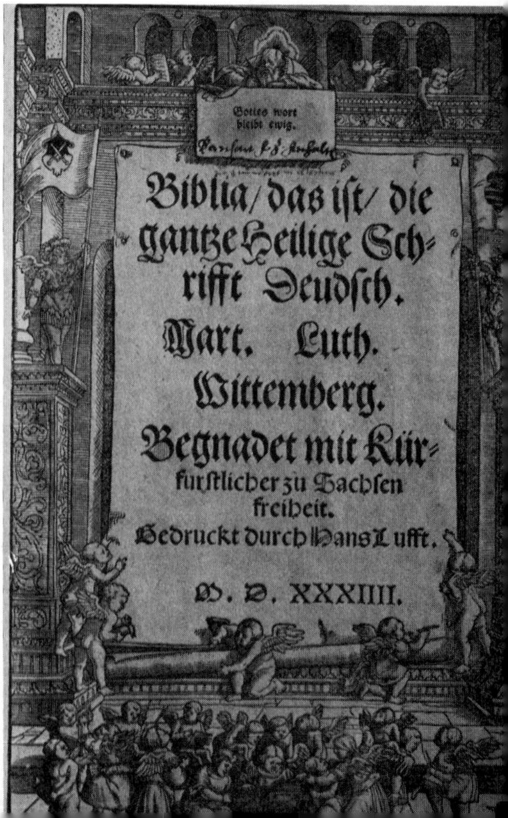

Titelblatt der ersten Ausgabe von Luthers vollständiger Bibelübersetzung, die 1534 in Wittenberg erschien.

Flugblatt von 1568. Der lateinische Text oben heißt übersetzt: Luther triumphiert. Auf der linken Seite ist Luther (D. M. L. = Herr Martin Luther) mit anderen Reformatoren wie Zwingli und Calvin dargestellt. Ihnen gegenüber sitzt Papst Leo X. Geistliche bemühen sich, mit Mistgabeln seinen wankenden Thron zu stützen. Versucht, die übrigen Einzelheiten des Bildes zu erklären, und überlegt, was dieses Flugblatt ausdrücken will.

1546 starb Martin Luther. Als letzte Aufzeichnung hat er diese Worte hinterlassen:[1]

Wir sind Bettler. Das ist wahr.

---

1. Versucht zu erklären, was der Kirchenbann bedeutete und welche Folgen die Reichsacht hatte. Informiert euch über das weitere Leben Luthers.

2. Stellt die Punkte zusammen, über die es zum Bruch zwischen Luther und der katholischen Kirche kam, und nehmt Stellung dazu.

3. Die Schuld an dieser Entwicklung wurde innerhalb der katholischen Kirche bis in unser Jahrhundert hinein einseitig auf seiten Luthers gesehen. Erst in neuester Zeit hat sich dieses Urteil gewandelt. Hier einige Äußerungen von bekannten katholischen Theologen aus den letzten 400 Jahren:
1549: »Luther ist ein Kind des Teufels . . . Er ist gewissenlos, und alle Mittel sind ihm recht.«[2]
1903: »Luther ist ein Revolutionär, der rücksichtslos zu Boden getreten, was ein Jahrtausend vor ihm verehrt hatte . . .«[3]
1948: »Luther war ein religiöses Genie. Er wollte nichts, als das eine alte . . . Christentum richtig deuten. Er wächst in ernstem Ringen vor Gott unabsichtlich aus der römisch-katholischen Kirche heraus. Damalige katholische Theologie ist daran entscheidend mitbeteiligt.«[4]
1983: Katholische und evangelische Christen entdecken Luther als einen gemeinsamen »Vater im Glauben«.[5]

4. Der hl. Klemens Maria Hofbauer (1751–1820) hat gesagt: »Die Reformation kam, weil die Deutschen das Bedürfnis hatten, fromm zu sein.«[6]
Was wollte er damit über den Zustand der Kirche in der damaligen Zeit und das Anliegen Luthers deutlich machen?

6. Ein trauriger Friede

Trotz der Verurteilung Luthers breitete sich seine Lehre, die man nun »Reformation« nannte, schnell aus. Kaiser Karl V. befand sich im Kampf mit Frankreich und den Türken. Deshalb mußte er den Reichsfürsten und Reichsstädten erlauben, in ihrem Gebiet auch die lutherische Lehre einzuführen, weil er ihre Hilfe brauchte. So wurden die meisten Reichsstädte und viele Länder, vor allem in Norddeutschland, protestantisch. Unter den Anhängern der Reformation gab es allerdings auch bald Streit, z. B. über das Verständnis des Abendmahles. Luther hielt entschieden an der wirklichen Gegenwart Christi im Abendmahl fest, während der Schweizer Reformator Zwingli diese Gegenwart nur zeichenhaft verstand. So entstanden schließlich zwei reformatorische Kirchen: die evangelisch-lutherische und die reformierte Kirche mit ihren Gründern Zwingli und Calvin.

Die Auseinandersetzung zwischen Katholiken und Protestanten ging im Reich weiter und führte sogar zu Kriegen. 1555 brachten die »verfeindeten Brüder« nach langen Verhandlungen einen Kompromiß zustande, den Augsburger Religionsfrieden.

Ein Jahr später. Auf einer Landstraße am Main treffen sich zwei Männer, der Bauer Josef und der Geselle Heinrich.

Heinrich: Was ist denn mit euch los, die ganze Familie unterwegs? Wo wollt ihr hin mit eurer Frau, den Großeltern und den Kindern? Und warum habt ihr den halben Hausrat auch noch bei euch auf den beiden Planwagen?

Josef: Wir wollen nicht, wir müssen fort. Wir haben unseren Hof, wo meine Vorfahren seit Jahrhunderten lebten und arbeiteten, verlassen.

Heinrich: Aber wieso das? Es ist doch kein Krieg mehr. Die großen Herren haben doch neulich in Augsburg Frieden geschlossen. Wer hat euch denn von eurem schönen Hof verjagt?

Josef: Red' nicht von diesem traurigen Frieden. Was die hohen Herren da ausgehandelt haben, ist ja der Grund, daß wir fortziehen müssen.

Heinrich: Aber die Lutherischen und die Katholischen sind sich doch endlich einig geworden. Beide sind jetzt gleichberechtigt. Der schreckliche Streit ist doch zu Ende.

Josef: Aber wir kleinen Leute müssen dafür bezahlen, das war schon immer so.

Heinrich: Was müßt ihr bezahlen?

Josef: Natürlich kein Geld. Aber die hohen Herren bestimmen jetzt, welcher Glaube in ihrem Land sein soll. »Wessen das Land, dessen die Religion«, haben sie festgelegt. Und weil mein Herr, der Bischof von Verden, zu den Lutherischen übergetreten ist, soll ich jetzt auch lutherisch werden.

Heinrich: Aber das tun doch alle hier in der Gegend.

Josef: Ich nehme diesen Ketzerglauben nicht an, nur weil dieser Fürstbischof das getan hat. Ich bleibe bei dem, was meine Väter geglaubt haben und was der Papst lehrt.

Heinrich: Ja, ja. Könnt ihr ja gerne tun. Ich verstehe das alles sowieso nicht, worum sich die Evangelischen und die Katholischen schon seit 20 Jahren streiten. Dieses

---

1. Tragt aus diesem erdachten Gespräch zusammen, was im Augsburger Religionsfrieden beschlossen wurde.

2. Warum konnten weder Katholiken noch Protestanten mit diesem Kompromiß zufrieden sein?

Zeitgenössisches Gemälde: Das Konzil von Trient.

Pfaffengezänk! Aber vor allem verstehe ich immer noch nicht, warum ihr hier mit eurer ganzen Familie auf der Straße herumzieht.

Josef: Wer den Glauben seines Herrn nicht annehmen will, muß auswandern. So haben die hohen Herren beschlossen. Und wir sind die Dummen.

Heinrich: Und euer Land, eure Knechte und Mägde und eure vielen Tiere?

Josef: Wir haben nur noch das, was in diesen Wagen ist. Vielleicht finde ich anderswo Arbeit, wo ein katholischer Herr ist. Dann brauchen wir wenigstens nicht zu betteln.

Seit 1555 wurden Katholiken und Protestanten einander immer fremder. Außerdem hielt der »Friedensschluß« auch nur gut 60 Jahre. Im 30jährigen Krieg (1618–1648) versuchten beide Konfessionen erneut, einander zu besiegen – vergeblich. Der grausame Krieg, in den schließlich halb Europa verwickelt war, verwüstete Deutschland und brachte unendlich viel Leid über unzählige Menschen. Mit dem Westfälischen Friedensschluß von Osnabrück und Münster im Jahre 1648 endete zwar das Zeitalter der Glaubenskämpfe, aber nicht die Spaltung der Kirche.

Erst ein Jahr vor dem Tode Luthers trat in Trient (Oberitalien) ein allgemeines Konzil zusammen, um die längst fälligen Reformen für die katholische Kirche zu beschließen. 18 Jahre lang zogen sich seine Beratungen hin, bis man endlich eine Antwort auf die neuen Lehren der Reformatoren fand. So wurden z. B. die Amtsführung der Bischöfe und die Ausbildung der Geistlichen von Grund auf neu geregelt, der Ablaßhandel verboten und die Liturgie erneuert. In manchen Fragen allerdings entschied das Konzil so einseitig auch gegen berechtigte Anliegen der Reformation, daß der Graben zwischen den Kirchen noch tiefer wurde. Das Konzil verbot z. B. den Gebrauch der Landessprache im Gottesdienst und verwarf die reformatorische Lehre vom »allgemeinen Priestertum« aller Christen. Trient wollte und konnte wohl auch zu diesem Zeitpunkt kein Einigungs-Konzil mehr sein, das Brücken zu schlagen versuchte. Dafür war die Spaltung schon zu weit fortgeschritten, und die Fronten waren zu sehr verhärtet. Deshalb kam es auch nicht mehr zu einem Glaubensgespräch mit den Protestanten. Man betonte die Unterschiede, zog scharfe Trennungslinien und schloß alle aus der katholischen Kirche aus, die andere Glaubensüberzeugungen hatten als die Konzilsväter.

Gewiß ging die katholische Kirche innerlich gestärkt aus dem Konzil hervor. Aber der Preis dafür war hoch. Das Gespräch zwischen katholischen und evangelischen Christen verstummte für Jahrhunderte. Das gemeinsame Erbe schien vergessen.

7. Ein neuer Anfang

400 Jahre vergingen, bis sich in unserem Jahrhundert die Einstellung der getrennten Christen zueinander langsam zu ändern begann. Man fing wieder an, miteinander zu sprechen, für- und miteinander zu beten und über allem Trennenden das Gemeinsame des christlichen Glaubens neu zu entdecken.

Immer mehr evangelischen und katholischen Christen wurde bewußt, daß die Trennung der Kirchen nicht dem Willen Jesu entsprach (→ S. 229). Man durfte sich damit nicht abfinden. Auch die Beurteilung Luthers und seiner reformatorischen Anliegen wandelte sich in vielen Punkten (→ Aufgabe 3, S. 239). Den entscheidenden Durchbruch, nun endlich wieder Wege zueinander zu suchen, verdankt die katholische Kirche einem Mann, der 1958 von den Kardinälen zum Papst gewählt wurde: Angelo Giuseppe Roncalli, der sich Johannes XXIII. nannte (1881–1963).

Als der 77jährige Erzbischof von Venedig das Petrus-Amt übernahm, sprachen viele von einem »Übergangspapst«. Sie meinten, er könne in dem hohen Alter nur noch weniges für die Kirche tun – er sei ein Mann für eine Übergangszeit. Das Wort sollte sich in einer ganz anderen Bedeutung bestätigen. An dem neuen Papst fielen vor allem seine Menschlichkeit und Güte auf. Dieser Mann sprach eine neue Sprache, setzte neue Zeichen. Auch Menschen, die dem christlichen Glauben fernstanden, waren beeindruckt, fanden plötzlich die Kirche wieder interessant. Viele Christen aus den von Rom getrennten Kirchen horchten auf, weil dieser Mann ihnen in einer ganz neuen Weise entgegenkam. Er sprach als erster Papst nach der Reformation nicht mehr von der Rückkehr der »verlorenen Söhne« in das Vaterhaus, sondern vom gemeinsamen Suchen aller Christen nach der verlorenen Einheit. Sein Herzenswunsch war das, was Jesus für seine Freunde erbittet: ». . . daß alle eins seien!« Schon 1959 erklärte er:[1]

Wir sind alle an der Trennung mitschuldig . . . Wir wollen keinen historischen

Papst Johannes XXIII.

Prozeß aufziehen. Wir wollen nicht aufzuzeigen versuchen, wer recht oder wer unrecht hatte. Die Verantwortung ist geteilt. Wir wollen nur sagen: Kommen wir zusammen, machen wir den Spaltungen ein Ende.

Papst Johannes wagte einen mutigen Schritt: Zur großen Überraschung der Christen in der gesamten Welt berief er ein allgemeines Konzil ein. Es sollte die Kirche erneuern und ihre Türen für die Menschen unserer Tage öffnen. Zu diesem Konzil, daß von 1962–65 tagte und wichtige Reformen beschloß, lud der Papst nicht nur alle Bischöfe der Welt, sondern auch Vertreter der orthodoxen und protestantischen Kirchen ein.

Dieses 2. Vatikanische Konzil hat nach dem Willen Johannes' XXIII. weder Verurteilungen ausgesprochen noch neue Glaubenssätze verkündet. Es versuchte vielmehr, für unsere Zeit neu zu sagen, wie Christen heute nach dem Evangelium leben können. An allen Beratungen des Konzils waren Vertreter der großen anderen christlichen Kirchen beteiligt. Das Konzil beschloß, die Einstellung der katholischen Kirche zu den getrennten Christen in vielen Punkten zu ändern. Das kann man am meisten an einer Erklärung des Konzils »über den Ökumenismus« (Ökumene = die ganze Erde betreffend, Fachausdruck für alle Bemühungen, die Einheit der Christen wiederherzustellen) erkennen. Ihre wichtigsten Aussagen kann man stichwortartig so zusammenfassen:[1]

1. Anerkennung der katholischen Mitschuld an der Kirchenspaltung; Bitte um Verzeihung gegenüber den anderen Christen; Erneuerung der eigenen Kirche in Leben und Lehre nach dem gemeinsamen Evangelium.
2. Anerkennung der anderen christlichen Gemeinschaften als Kirchen.
3. Forderung einer ökumenischen Haltung der ganzen Kirche; Gebet und Umkehr aller, gegenseitiges Kennenlernen und Gespräch miteinander; Anerkennung des Guten bei den anderen und Lernen von ihnen; Anerkennung des Glaubens, der Liebe, der Taufe der übrigen Christen.
4. Praktische Zusammenarbeit mit allen Christen in sozialen Fragen; Gebet miteinander; gemeinsame Wortgottesdienste.

Zweites Vatikanisches Konzil: Blick in die Vollversammlung im Petersdom.

---

1. Was sagt das Konzil über die Ursachen der Glaubensspaltung?
Was fordert es von der eigenen Kirche / von den einzelnen katholischen Christen?
2. Erkundigt euch danach, welche Formen ökumenischer Zusammenarbeit es in eurer Gemeinde/Stadt schon gibt. Was vermißt ihr bei euch nach diesen Weisungen des Konzils?

8. »Einheit in versöhnter Verschiedenheit?«

Die Klasse 8b eines Hamburger Gymnasiums (15 evangelische, davon 3 reformierte, 1 orthodoxer, 7 katholische Schülerinnen und Schüler) diskutieren mit ihren beiden Religionslehrern.

Nicola: Warum wird ausgerechnet im Religionsunterricht die Klasse auseinandergerissen? Evangelische für sich, Katholiken für sich, und Stefan hat 'ne Freistunde. Ist doch Unsinn – wir sind doch alle Christen!

Rüdiger: Genau! Wenn man daran denkt, daß immer mehr Leute an gar nichts glauben, dann gehören wir doch wirklich zusammen. Für die sind wir doch unglaubwürdig, wenn wir uns weiter so zersplittern.

Marc: Diese alten Spannungen müssen endlich überwunden werden. Und wir sollten damit anfangen! Die da oben, die Kirchenleitungen, die tun ja doch nichts!

Lehrer K.: So stimmt das nicht. Einige kleine, aber wichtige Schritte sind in den letzten Jahrzehnten schon getan worden. Seit 1948 gibt es z. B. den Weltkirchenrat; 200 Kirchengemeinschaften, unter ihnen auch die Orthodoxen, haben diesen »Ökumenischen Rat der Kirchen« mit Sitz in Genf gegründet. Bis auf die Katholiken, die bisher nur durch Beobachter vertreten sind, gehören inzwischen alle christlichen Bekenntnisse zu diesem Zusammenschluß auf Weltebene.

Lehrer E.: Ganz wichtig finde ich außerdem, daß wir innerhalb unserer evangelischen Kirchen seit 1973 die »Leuenberger Konkordie« haben. Das ist eine Übereinstimmungsformel, die nach einem kleinen Ort in der Schweiz benannt ist, wo sie nach langem Ringen gefunden wurde. Damit haben lutherische und reformierte Christen einen Weg gefunden, sich gegenseitig anzuerkennen. Trotz verbleibender Unterschiede in der Lehre haben wir inzwischen erreicht, daß fast alle evangelischen Kirchen Europas miteinander Kanzel- und Abendmahlsgemeinschaft haben.

Nicola: Und was ist mit den Katholiken? Die blocken wohl nur ab?

Lehrer K.: Auch bei uns hat sich nach dem 2. Vatikanischen Konzil einiges getan. Seit über 20 Jahren gibt es eine offizielle gemeinsame Studienkommission zwischen der römisch-katholischen Kirche und dem Lutherischen Weltbund. Diese Kommission hat zu den alten Streitpunkten eine Reihe von Dokumenten veröffentlicht, die vor 30 Jahren noch niemand für möglich gehalten hätte, so z. B. über das »Herrenmahl« und über »Das geistliche Amt in der Kirche«. Neulich habe ich das letzte Dokument aus dem Jahre 1984 gelesen. Es trägt eine hoffnungsvolle Überschrift: »Einheit vor uns. Katholisch-lutherische Kirchengemeinschaft: Modelle, Formen, Phasen.« Ich war sehr erstaunt, was dort festgestellt werden konnte: Die früheren gegenseitigen Verurteilungen treffen die heutige Lehre der anderen Kirche nicht mehr. Ähnliche Erklärungen gibt's inzwischen auch zwischen den Orthodoxen, Anglikanern, Reformierten und der katholischen Kirche.

Rüdiger: Aber wenn das so ist – warum sind dann die Kirchen immer noch getrennt?

Lehrer E.: Macht euch das mal klar: Über 400 Jahre lang standen sich Katholiken und Protestanten feindlich gegenüber, haben sich ständig voneinander abgegrenzt, kaum miteinander, fast nur übereinander gesprochen. Das alles kann nicht in wenigen Jahren überwunden werden. Es braucht Zeit und viel Geduld auf beiden Seiten. Natürlich sind hier zunächst die Kirchenleitungen gefordert. Die könnten mehr tun, vor allem weniger »bremsen«. Zugegeben: Sie haben einige sehr erfreuliche Dokumente herausgebracht. Aber die führen nur dann weiter, wenn auch in unseren evangelischen und katholischen Gemeinden mehr für die Einheit gearbeitet wird. Es ist z. B. dringend nötig, daß wir mehr voneinander erfahren, um uns besser verstehen zu können. Mal ehrlich: Was wußtet ihr vor unserer Unterrichtseinheit über die Anliegen Luthers und der Reformation, was über die Gründe der Spaltung? Und wo sprechen heute schon ernsthaft evangelische und katholische Christen über ihren Glauben und die verschiedenen Formen, wie sie ihn leben?

Marc: Bei uns gibt es schon seit längerer Zeit regelmäßig ökumenische Wortgottesdienste.

Ruth: Davon habe ich auch schon mal gehört. Aber gemeinsame Eucharistie- oder Abendmahlfeiern, wie das die Evangelischen nennen, die gibt's noch nicht.

Lehrer K.: Das ist richtig. Wenn das in näherer oder weiterer Zukunft möglich sein wird, dann hätten wir ja die verlorene Einheit wieder. Aber so weit sind wir noch nicht. Vieles andere aber können wir schon gemeinsam tun.

Rüdiger: Ich habe von einer Gemeinde gehört, in der es einen gemeinsamen Bibelkreis gibt. Am Ende wird dort immer gemeinsam gebetet: nicht nur das Vaterunser, sondern auch andere typische katholische und evangelische Gebete.

Marc: Wir schließen uns bei Hilfsaktionen für Menschen in Not immer mit den Evangelischen zusammen.

Ruth: Wir haben doch an unserer Schule auch schon diese »Einheitsbibel« angeschafft, die von der evangelischen und katholischen Kirche gemeinsam herausgegeben wurde.

Nicola: Na, also – was trennt uns denn noch?

Darauf entzündet sich eine längere Diskussion, weil die Meinungen über die noch verbleibenden Unterschiede zunächst ziemlich weit auseinandergehen. Auch die beiden Religionslehrer sind sich nicht in allen Punkten einig. Schließlich wird beschlossen, daß sich die beiden einen Nachmittag zusammensetzen und gemeinsam eine Übersicht erstellen. Eine Woche später legen sie – nach Beratung mit einigen Experten – folgendes Papier als weitere Diskussionsgrundlage vor:

Religionslehrer K. (katholisch) und Religionslehrer E. (evangelisch):

Was uns noch trennt

In vielen Einzelfragen, die einst zur Spaltung führten, gibt es heute kaum noch wirklich trennende Unterschiede. Dazu gehören z. B. die Fragen nach dem Ablaß, nach der Rechtfertigung durch den Glauben und dem wahren Verständnis des Evangeliums. Umstritten sind zwischen den Kirchen der Reformation und der katholischen Kirche vor allem noch folgende Punkte.

- <u>Das Amt des Papstes:</u> Viele evangelische Christen sind zwar bereit, dem Petrus-Amt einen Ehrenvorrang gegenüber den Bischöfen als Amt der Einheit für die ganze Kirche einzuräumen. Sie sehen sich aber außerstande, dem Papst die höchste Lehr- und Regierungsautorität für die gesamte Kirche zuzusprechen. Auch für die orthodoxen Kirchen (-> S. 230) ist dies der entscheidende, nach wie vor kirchentrennende Punkt. Die Frage des Bischofs- und Priesteramtes ist zwischen den evangelischen Kirchen und der römisch-katholischen Kirche in einigen Punkten noch umstritten, auch wenn es hier wichtige Annäherungen gibt.
- <u>Die Sakramente:</u> Die evangelischen Kirchen erkennen nicht alle Sakramente an, die es in der katholischen Kirche über Taufe und Eucharistie hinaus gibt (-> S. 86f). Auch über das Verständnis der Eucharistie gibt es trotz des gemeinsamen Glaubens an die wirkliche Gegenwart Christi noch Meinungsverschiedenheiten. Die evangelischen Christen vermeiden es, von einer "Verwandlung" von Brot und Wein zu sprechen. Sie glauben an eine Gegenwart Christi "in, mit und unter" Brot und Wein. Strittig ist auch die Frage, ob die Eucharistie nicht nur die Vergegenwärtigung des Kreuzopfers, sondern auch Opfer der Kirche (-> S. 224) ist; für die Evangelischen ist sie mehr das Geschenk Gottes an die Kirche. Die evangelischen Kirchen erkennen unter bestimmten Umständen eine Wiederverheiratung Geschiedener an, während die katholische Kirche aus ihrem Verständnis des Ehesakraments eine kirchliche Wiederverheiratung nicht zuläßt.
- <u>Die Verehrung der Mutter Jesu und der Heiligen:</u> Auch wenn die katholische Kirche von bestimmten Übertreibungen der Volksfrömmigkeit immer mehr Abstand nimmt, lehnen viele evangelische Christen die Marien- und Heiligenverehrung ab, weil sie den Blick auf Christus als den einzigen Mittler zwischen Gott und Mensch verdunkle (-> S. 11).

Pablo Picasso (1881–1973): Die vier Weltteile. Öl, 1952.
Mit der Anordnung der Gestalten sowie den Symbolen (→ S. 125) will das Bild vermutlich die Grundlage und das Ziel des Friedens werbend vor Augen stellen.

Wer sich zur Kirche Christi bekennt, kann sich mit den noch verbleibenden Gegensätzen nicht abfinden. Das ist schon deshalb nicht möglich, weil diese Unterschiede viel kleiner sind, als noch vor Jahrzehnten gelehrt wurde. Es ist heute durchaus vorstellbar, daß es in absehbarer Zeit in einigen dieser Punkte weitere Annäherungen gibt.
Es wird heute auch ernsthaft von Theologen und Kirchenleitungen gefragt, ob diese Gegensätze alle nach wie vor kirchentrennend bleiben müssen. Könnte es nicht auf längere Sicht möglich werden, bei fortschreitender Annäherung zu einer »Einheit in versöhnter Verschiedenheit« zu kommen, so wie es den Kirchen der Reformation in der »Leuenberger Konkordie« trotz verbleibender Lehrunterschiede gelungen ist?
Alle, die sich ernsthaft mit solchen Fragen beschäftigen, wissen inzwischen, daß die Einheit nicht durch »Rückkehr« gefunden werden kann. Wir können das, was geschehen ist, nicht rückgängig machen. Einheit kann nur werden durch viele geduldige Schritte nach »vorn«, zur »Einheit vor uns« (→ S. 244), zu der a l l e sich bekehren müssen.
Wenn der Geist Jesu die Christen bewegt, dann werden sie Wege finden, den Reichtum des christlichen Glaubens und der Überlieferung, die in den noch getrennten Kirchen in verschiedener Weise lebendig sind, in die zukünftige e i n e Kirche Christi einzubringen. Die zerbrochene Einheit ist und bleibt ein Skandal.

Die Zukunft der Kirche heißt, und das ist kein billiges Schlagwort:
Eine Kirche oder **keine** Kirche.[1]

Das Judentum – Gottes Minderheit

1. *Ein kleines Volk*

Das Judentum ist zugleich ein Volk und eine Religion. Zahlenmäßig können sich die heutigen 17 Millionen Juden mit den meisten anderen Völkern und Religionen der Welt nicht messen.
Die Juden sind in viele Länder der Welt zerstreut. In den USA leben rund 5 Millionen, im Staat Israel an die 3 Millionen, in der UdSSR 2 Millionen. Die Zahl der jüdischen Bürger in der Bundesrepublik Deutschland beträgt heute ca. 30000, in der DDR etwa 5500, 1933 waren es im Deutschen Reich an die 600000. Die anderen Juden leben vor allem in Westeuropa, in Südamerika und in einigen Ostblockstaaten.
Die Bedeutung des Judentums ist jedoch viel größer, als es die kleinen Zahlen vermuten lassen:

- Das Judentum gehört zu den ältesten Religionen der Welt. Seine Geschichte ist weit über 3000 Jahre alt. Andere Religionen, die im Altertum viele Anhänger hatten, z. B. die der Ägypter und Griechen, der Römer und Germanen, sind untergegangen. Das auch damals kleine Judentum hat alle überlebt.
- Die meisten Religionen vergangener Zeiten haben viele Götter verehrt. Das Judentum hat sich von seinen Anfängen bis heute zum Glauben an einen einzigen Gott (»Monotheismus«) bekannt. Dieser Glaube und andere wichtige Lehren der jüdischen Religion sind von anderen Religionen übernommen worden. Vor allem das Christentum und der Islam sind ohne das Judentum undenkbar. Man kann das Judentum als die Mutter der beiden größten Weltreligionen bezeichnen.

So sind von dieser Minderheit große Wirkungen ausgegangen. Robert Raphael Geis, ein deutscher Rabbiner (1906–1972), hat das Judentum trefflich als »Gottes Minorität« bezeichnet.

Benno Elkan (1877–1960): Siebenarmiger Leuchter (hebr.: Menorah). Bronze, 1947–1955. Der in Dortmund geborene jüdische Künstler, der in der Nazi-Zeit Deutschland verlassen mußte, schuf den gewaltigen Leuchter. Die Menorah ist seit Jahrtausenden ein religiöses und nationales Symbol der Juden (→ Ex 25,31–40). Das Kunstwerk befindet sich vor dem Parlament in Jerusalem. Dieses »historische Bilderbuch« zeigt Gestalten aus dem Alten Testament (z. B. Abraham, Mose, Ijob), große Rabbinen und Höhepunkte aus der jüdischen Geschichte vom Altertum bis zum Aufstand im Warschauer Getto 1943.

1. Vergleicht die Zahlen über das Judentum mit der Bevölkerung der Welt und der Bundesrepublik Deutschland. Wie viele Christen, Muslime, Hindus und Buddhisten gibt es? (→ S. 231)

2. Früher behaupteten Christen manchmal, die Zerstreuung der Juden über die ganze Welt sei eine Strafe Gottes, weil sie Jesus nicht als den Messias anerkannt hätten. Diese Behauptung ist falsch, weil die Juden schon vor Christi Geburt in vielen Ländern lebten.
- Warum ist eine solche Behauptung auch unchristlich?
- Wie erklärt ihr euch die Tatsache, daß das kleine Volk der Juden nicht nur in Israel, sondern über so viele Länder verteilt lebt?

3. Welche Juden kennt ihr (persönliche Bekanntschaft, Leute aus Politik, Kunst, Wissenschaft u. a.)?

4. Was wißt ihr über die jüdische Geschichte? Versucht mit Hilfe der Bibel, eines Geschichtsbuchs, eines Lexikons o. ä., einige Tatsachen der jüdischen Geschichte von Mose (1200 v. Chr.) bis heute zusammenzustellen.

5. Was versteht man unter »Antisemitismus«?
- Versucht, das Wort zu erklären;
- Wißt ihr, welche Folgen daraus für die Juden entstanden sind?
- Habt ihr selbst schon Formen des Antisemitismus kennengelernt?

2. *Weisungen zum Leben*

Die Juden haben – anders als die Christen – kein offizielles Glaubensbekenntnis (Credo), das uns sagen könnte, was für die jüdische Religion wichtig ist. Einen Zugang zu ihrer Religion kann man finden, wenn man das Hauptgebot des Judentums beachtet, das fromme Juden mehrmals täglich beten. Es lautet:

HÖRE ISRAEL *(hebräisch: Sch'ma Israel):*

Der Ewige, unser Gott, der Ewige ist einzig.
Darum sollst du den Herrn, Deinen Gott, lieben
mit ganzem Herzen, mit ganzer Seele und mit ganzer Kraft.
Diese Worte, auf die ich dich heute verpflichte,
sollen auf deinem Herzen geschrieben stehen.
Du sollst sie deinen Söhnen wiederholen.
Du sollst von ihnen reden,
wenn du zu Hause sitzt und wenn du auf der Straße gehst,
wenn du dich schlafen legst und wenn du aufstehst.
Du sollst sie als Zeichen um das Handgelenk binden.
Sie sollen zum Schmuck auf deiner Stirn werden.
Du sollst sie auf die Türpfosten deines Hauses
und in deine Stadttore schreiben. *(Dtn 6,4–9)*

Das wichtigste Kennzeichen jüdischer Frömmigkeit ist die Bindung an die ***Thora.*** Oft übersetzt man »Thora« mit »Gesetz« oder »Gebot«. Diese Übersetzung ist aber nicht ganz zutreffend, weil sie den Eindruck macht, als stünde das Leben der Juden unter harten gesetzlichen Forderungen. Besser übersetzt man »Thora« mit »Weisung«, weil so deutlicher zum Ausdruck kommt, daß Israel die Thora als Gottes Geschenk ansieht, das es ermöglicht, ein sinnvolles und glückliches Leben zu führen. Die Thora ist in den ersten 5 Büchern des Mose aufgezeichnet. Sie wird Mose zugeschrieben.
Einen wichtigen Teil der Thora bilden die Zehn Gebote (Ex 20; Dt 5: → S. 66 ff). Zu jedem Gebot entstanden im Laufe der Zeit nähere Ausführungen. In neuen Situationen versuchte man, den alten Sinn der Weisungen neu zu verstehen. So wuchsen um die Zehn Gebote allmählich 248 Gebote und 365 Verbote, also insgesamt 613 Bestimmungen, die alle im Alten Testament aufgeschrieben sind. Schriftgelehrte haben diese vielen Einzelbestimmungen den »Zaun der Weisung« genannt. Wie ein Zaun einen Garten oder ein Haus abschirmt, so sollen auch die vielen Einzelgesetze die wesentlichen Absichten der Gottesgebote schützen. So wurde z. B. das Sabbatgebot durch viele Anweisungen (nicht weit laufen, kein Feuer machen, keine Arbeit verrichten usw.) im einzelnen festgelegt. Für die meisten Israeliten war es schwer, alle diese Gebote zu kennen und zu befolgen. Manchmal kam es vor, daß sich einzelne Schriftgelehrte oder Pharisäer über das einfache Volk erhoben, das sich nicht so genau in der Thora auskannte. Gegen solchen Hochmut haben sich viele Juden gewandt. Sie wußten, daß die Thora ein Weg zum Leben ist.

*Der **Talmud** (neben der Bibel wichtigstes Buch der Juden, entstanden zwischen 500 v. Chr. und 500 n. Chr.) erzählt von zwei bekannten jüdischen Lehrern Schammai und Hillel (1. Jh. v. Chr.), die den Sinn der Thora unterschiedlich bestimmen:*[1]

Wiederum geschah es, daß einer von den Völkern (Nichtjuden) zu Schammai kam und zu ihm sagte: »Mache mich zum Proselyten (d. h. nimm mich in das Judentum auf), unter der Bedingung, daß du mich die Thora ganz und gar lehrst, während ich auf einem Bein stehe.« Da stieß Schammai ihn zornig mit dem Meßbrett weg, das er gerade in der Hand hatte. – Der Nichtjude kam zu Hillel. Der machte ihn zum Proselyten und sagte zu ihm: »Was dir verhaßt ist, das tue deinem Nächsten nicht an. Das ist die Weisung ganz und gar, alles andere ist ihre Auslegung. Geh und lerne!«

Ein Jude liest an der Klagemauer in Jerusalem aus einer Thorarolle. An Kopf und Arm trägt er zwei Lederkapseln an schwarzen Lederriemen (Tefillin). Auch den Gebetsmantel (Tallit: → S. 253, 259) und die Kopfbedeckung (Kippa) hat er zum Gebet angelegt.

Jüdischer Junge beim Morgengebet. Er trägt am linken Arm (Seite des Herzens) und an der Stirn die Tefillin. Sie enthalten auf Pergament geschrieben vier Bibelstellen: Ex 13,1–10; 11–16; Dtn 6,4–9; 11,13–21. So erfüllt er das Hauptgebot Dtn 6,8.

---

1. Vergleicht das Hauptgebot der Juden mit dem Hauptgebot der Christen: Mk 12,28–31 (→ S. 74). Zieht auch Lev 19,18 beim Vergleich heran.

2. Erläutert, auf welch vielfache Weise der Jude dieses Hauptgebot im Leben beachten soll. Betrachtet dazu auch die Abbildungen.

3. Achtet darauf, was und wieviel in diesem Hauptgebot über den Glauben und was über das Handeln gesagt wird. Wo liegt der Schwerpunkt?

4. Das Verhältnis Jesu zur Thora ist nicht leicht zu bestimmen. Manche Juden halten ihn für einen guten Thoralehrer. Christen sehen in ihm gelegentlich einen radikalen Kritiker, der die Thora aufheben wollte.
Versucht, euch ein Bild zu machen anhand folgender Bibelstellen:
- Mt 5,17–19
- Mk 2,23–28; Lk 13,10–17.

3. *Erwählung und Hoffnung*

Auserwähltes Volk

Die Juden halten sich für das Volk, das von seinem Ursprung her in besonderer Weise von Gott gerufen wurde. Sie konnten diese Sonderstellung unter den Völkern nie mit Leistung, politischer Macht und kulturellen Werken begründen. Israel hat seine Erwählung immer auf Gott zurückgeführt. Die Juden glauben, daß er mit den Kindern Israels einen Bund geschlossen hat.

Auserwählt zu sein bedeutet, nach Gottes Weisung (Thora) leben zu dürfen und für alle anderen Völker ein Zeichen zu sein. Darum sagen die jüdischen Lehrer, daß die Erwählung Israels nie zu Überheblichkeit verleiten darf. Wenn sie zu Überlegenheitsgefühlen führt, ist sie gründlich mißverstanden. Sie ist zwar Auszeichnung, aber auch ein Auftrag für dieses Volk, denn sie ist mit großen Verpflichtungen verbunden. Neuere jüdische Rabbiner sehen in der Erwählung Israels vor allem eine Erwählung zum Leiden.

Erwartung des Messias

In vielen Bildern haben die Propheten des Alten Testaments eine Heilsgestalt angekündigt, die von Gott am Ende der Tage gesandt wird. Der Messias (hebr. = der Gesalbte) wird manchmal als guter König oder Priester beschrieben, der Recht und Gerechtigkeit in die Welt bringt. Aber er kann auch arm sein, nur auf einem Esel reitend. Manchmal wird er als leidender Knecht Gottes dargestellt, der Sühne leistet, damit Israel umkehrt und befreit wird. In noch einem anderen Bild erscheint er als Menschensohn auf den Wolken des Himmels, der nach einer furchtbaren Weltkatastrophe Gericht über die Völker hält.

Was wird der Messias bringen? Zunächst soll er das Volk Israel aufrichten und die Verbannten wieder in ihre Heimat führen. Aber sein Wirken, so sehr es auch auf das Volk Israel bezogen ist, führt darüber hinaus. Der Messiasglaube ist eine Vision von einer besseren Menschheit am Ende der Welt. Gerechtigkeit, Frieden und die Zuwendung zu Gott sind die Kennzeichen der Herrschaft des Messias. Solange die Welt und die Menschen nicht neu geworden sind, ist er nicht gekommen.

Die jüdische Geschichte ist voll von vielen messianischen Hoffnungen und Enttäuschungen. So hielten einflußreiche Rabbiner den Führer im verzweifelten Aufstand gegen Rom (135 n. Chr.), Bar Kochba (= Sternensohn), für den Messias. Aber dieser Aufstand wurde von den Römern blutig niedergeschlagen. Immer wieder wurden auch später einzelne Gemeinden oder die ganze Judenheit von dem Gedanken erregt, der Messias sei hier oder dort erschienen. In beinahe allen Teilen der Welt hat es Menschen gegeben, die man für den Messias gehalten hat. Allein für den Zeitraum vom 11. bis 18. Jahrhundert hat man 79 verschiedene messianische Bewegungen gezählt. Auch Gestalten unserer Zeit wurden als Messias verstanden.

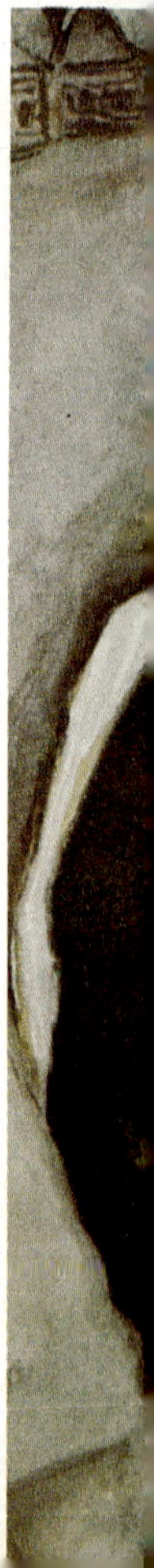

---

1. Zum Glauben an die *Erwählung* Israels findet ihr in der Bibel wichtige Angaben, z. B. Ex 19,3–8; 24,3–8; Röm 11,1–2a.28 f.

2. Tragt zusammen, was folgende Stellen über den *Messias* sagen, wie sie ihn beschreiben und was sie von ihm erwarten:

- 2 Sam 7,12–14.16
- Jes 2,1–4; 9,1–11; 11,1–11; 52,13–53,12
- Sach 9,9–10
- Dan 7,9–14.

3. Zum christlichen Messiasglauben: → S. 260.

Wohnen im Land Israel

Seitdem Gott dem Abraham die Verheißung eines eigenen Landes gab, hat das Land Israel für die Juden religiöse Bedeutung. Es ist für sie nicht nur eine geographische oder politische Größe.
Häufig mußten die Juden in ihrer Geschichte in der Fremde leben. Der größere Teil der Juden bewohnte im Mittelalter und in der Neuzeit nicht das Verheißungsland. Aber auch in den vergangenen Jahrhunderten haben immer Juden in Israel und in Jerusalem gewohnt. Manche ließen sich auf dem Ölberg bestatten, um beim Erscheinen des Messias und bei der Auferstehung der Toten gleich in der Heiligen Stadt zu sein.
Die Sehnsucht nach dem Land der Väter blieb bei den Juden immer lebendig. In Gebeten und Liedern spielen das Land Israel und die Stadt Jerusalem eine große Rolle. In der Pesachfeier (→ S. 222 f) sprechen die Juden überall in der Welt seit Jahrhunderten den Wunsch aus: »Nächstes Jahr in Jerusalem.«
Gegen Ende des 19. Jahrhunderts wurde diese uralte religiöse Sehnsucht zu einer politischen Kraft. Diskriminierung und Verfolgung trugen dazu bei, daß sich die Juden in vielen Ländern wieder auf das Land der Väter besannen. Vor allem der aus Österreich-Ungarn stammende Journalist Theodor Herzl (1860–1904) erreichte, daß die Juden wieder lernten, sich als Volk zu fühlen und ihre Heimat am Zionsberg bei Jerusalem zu suchen. So wurde er zum Vater des Zionismus, jener Bewegung, die viele Juden aus aller Welt wieder nach Israel zurückführte. Am 14. 5. 1948 konnte David Ben Gurion, der erste Ministerpräsident Israels, in Tel Aviv die Gründung des neuen Staates Israel verkünden. Dieser neue Staat, der nach einer biblischen Gestalt benannt ist (Gen 32,23–31), bot in einem seiner ersten Gesetze allen Juden der Welt die Möglichkeit an, nach Israel einzuwandern und dort eine neue Heimat zu finden. Nach den furchtbaren Verfolgungen der Nazi-Zeit (1933–1945; → S. 262 f) bedeutete das Wohnen im Land Israel für viele Juden ein neues Zeichen der Hoffnung.

Marc Chagall (1887–1985): Rabbiner mit Thorarolle. Gouache und Aquarell, 70 × 54 cm, nicht datiert.

---

1. Erläutert mit Hilfe folgender biblischer Stellen die Bedeutung, die das *Land Israel* (Erez Israel) für das Judentum hat:
Gen 12,1–9; Dtn 6,10–12; 30,4 f (→ S. 70 f).
2. Was wißt ihr über den *Zionismus* und den Staat Israel?
- Welche religiösen Wurzeln sind zu nennen?
- Wie stehen die Araber dazu?
- Welche Probleme gegenwärtiger Weltpolitik hängen damit zusammen?

4. Alltag und Feste

Die Beschneidung

An einem neugeborenen Jungen wird acht Tage nach der Geburt die Beschneidung vollzogen. Dabei wird die Vorhaut des männlichen Gliedes abgetrennt. Der Eingriff, der ungefährlich und nur wenig schmerzhaft ist, wird von einem Arzt oder Beschneider (»Mohel«) vorgenommen. Paten sind Zeuge des Geschehens. Die Juden führen diesen Brauch auf ein Gebot Gottes an ihren Stammvater Abraham zurück. Durch die Beschneidung erhält der Junge Anteil am Bund.
Für die Juden ist es eine unerläßliche Pflicht, sich beschneiden zu lassen. Unbeschnittene werden »Zerstörer des Bundes« genannt. – Einen gleichwertigen Brauch für Mädchen gibt es nicht. Sie gehören als Kinder jüdischer Eltern zum Bund.

Ein Mädchen spricht ein Segenswort bei der Bat-Mizwa-Feier.

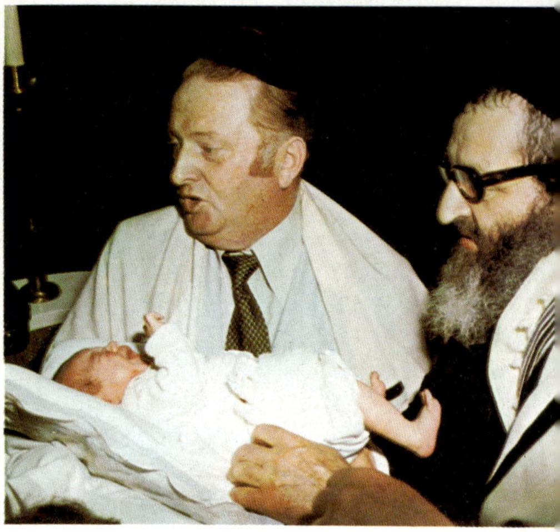

Ein Vater bringt seinen Sohn zur Beschneidung.

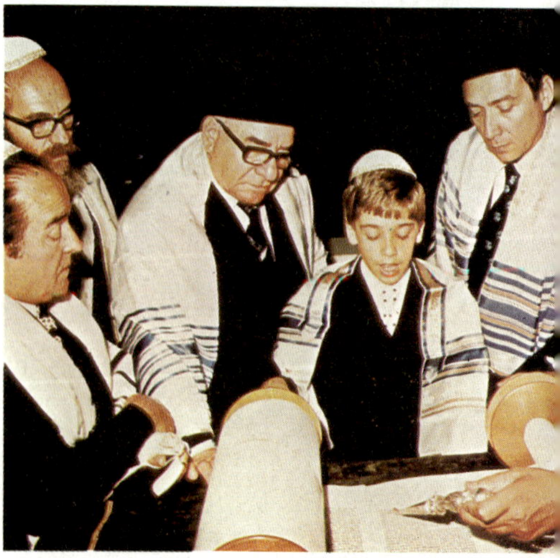

Ein Junge liest bei seiner Bar Mizwa zum erstenmal in der Synagoge öffentlich aus der Thora. Er trägt eine Kopfbedeckung und den Gebetsschal.

Bar Mizwa

Mit dreizehn Jahren wird der beschnittene Junge ein »Bar Mizwa« (»Sohn der Pflicht«). Am Sabbat nach seinem Geburtstag wird er zum erstenmal in der Synagoge aufgerufen, aus der Thora einen Segensspruch vorzulesen. Der Rabbiner belehrt ihn über seine neuen Pflichten. Nun ist er nach dem Religionsgesetz volljährig und für die Gemeinde mitverantwortlich. In manchen Gemeinden ist es Brauch, daß der Junge an diesem Tag eine Ansprache hält. Die Mädchen werden schon mit zwölf Jahren religionsgesetzlich großjährig. In einigen Gemeinden hat sich ein Fest eingebürgert, das dem für die Jungen entspricht. Das Mädchen wird dann eine »Bat Mizwa« (»Tochter der Pflicht«).

Koschere Speisen

Wie in vielen anderen Religionen gibt es auch im Judentum Speisegesetze. So ist den Juden z. B. der Genuß von Schweinefleisch verboten (Lev 11,7). Manche meinen, das sei aus gesundheitlichen Gründen geschehen (leichte Verderblichkeit in der Hitze des Orients u. a.). Das Verbot ist vielleicht religionsgeschichtlich zu deuten. Das Schwein spielte in den nichtisraelitischen Religionen Kanaans als Opfertier eine große Rolle. Die Israeliten haben diese Kulte immer sehr bekämpft. Wahrscheinlich ist das Eßverbot eine Maßnahme, sich gegen die heidnischen Eß- und Opferbräuche abzusetzen.
Auch auf viele andere Speisegesetze hat die Hausfrau bei der Zubereitung der Mahlzeiten zu achten. So dürfen Milchprodukte nicht mit Fleischgerichten zusammen zubereitet und gegessen werden. Einem Juden ist es deshalb z. B. nicht erlaubt, bei einer Mahlzeit Käse und Wurst oder Butter und Fleisch zusammen zu genießen. Eine solche Mahlzeit wäre nicht »koscher«, d. h. rein. Jeder jüdische Haushalt hat für Milch- und Fleischspeisen sogar eigene Töpfe und Bestecke.

---

1. Lest Gen 17,10–14 und erläutert die Bedeutung der Beschneidung.

2. Lest Apg 15,1–21. Welches Problem stellte sich der Urgemeinde mit der Beschneidung?

Heiligung des Sabbats

Der Sabbat (hebr.: Ruhe, Abschluß) ist der Höhepunkt der jüdischen Woche. An diesem Tag soll jede Arbeit ruhen, ausgenommen, wenn man jemandem in Gefahr helfen muß. Nicht einmal das Zubereiten der Mahlzeiten ist erlaubt. Sie werden vorbereitet und am Sabbat nur aufgewärmt. Der Sabbat beginnt mit dem Sonnenuntergang des Vorabends, nämlich dann, wenn am Freitagabend die ersten Sterne zu sehen sind. Das Sabbatgebot hat einen zweifachen Sinn. Es besagt:
Das Leben darf nicht nur aus Leistung und Arbeit bestehen. Der Mensch soll auch ruhen und feiern. In Fest und Freude wird er Gott finden. – Die Möglichkeit zu Freude und Feier soll allen, also auch den Armen und Unfreien, regelmäßig zukommen. Nicht nur die Reichen und Mächtigen sollen an diesem Tag ruhen können.
In der antiken Welt gab es nirgends eine vergleichbare Einrichtung. Die Christen haben sie übernommen, wenn sie auch den Ruhetag auf den Sonntag verlegten. Heute kennt fast die ganze Menschheit diesen Brauch. Er ist dem Judentum zu verdanken.

Gottesdienst in der Synagoge

Schon im Altertum trafen sich die Juden zum Lesen der heiligen Schriften in besonderen Gebetshäusern, den Synagogen (griech.: Versammlungsräume). Synagogen waren zunächst in der Diaspora (wörtlich: Zerstreuung; gemeint: Fremde) entstanden, weil es den Juden nicht möglich war, am Tempeldienst in Jerusalem teilzunehmen. Opfer wurden in den Synagogen nicht dargebracht; sie waren allein im Tempel von Jerusalem erlaubt. Darin hatte der zuerst von Salomo (ca. 972–932 v. Chr.) errichtete Tempel seinen einzigartigen Rang. Nach der Zerstörung des Tempels (70 n. Chr.) gewannen die Synagogen für die Juden eine große Bedeutung. Sie waren der Ort, an dem sie sich in der Fremde treffen konnten.
In vielen Synagogen beten noch heute Männer und Frauen streng getrennt. Die Frauen müssen hier meist mit der Galerie vorliebnehmen. Die Männer tragen als »Freie« in der Synagoge eine Kopfbedeckung.

Ein Vater erklärt seinem Sohn die Bibel.

1. Lest Ex 20,8–11.
- Was fällt euch auf, wenn ihr auf den Umfang des Gebotes achtet?
- Worauf führt der Text den Sabbat zurück? (→ Gen 2,2)

2. Warum feiern die Christen nicht mehr den Sabbat, sondern den Sonntag?

3. Lest Lk 4,16–22.
- Wie steht Jesus zu den Synagogen?
- Welche Form des Gottesdienstes läßt der Text erkennen?

4. Warum besuchte Paulus auf seinen Missionsreisen häufig die Synagogen in der römischen Diaspora? Wie erging es ihm da? Lest dazu Apg 14,1–10.

5. Wo befindet sich für euch die nächste Synagoge? Überlegt, ob ihr Kontakt mit dem Synagogenvorsteher aufnehmen und einen Besuch in der Synagoge, vielleicht bei einem Sabbatgottesdienst, machen könnt.

Eine jüdische Mutter spricht einen Segensspruch bei der Sabbatfeier.

Der wichtigste Teil der Synagoge ist der Thoraschrein. In ihm werden die Thorarollen, die bedeutendsten Kultgegenstände der Gemeinde, aufbewahrt.
Ein Gottesdienst kann nicht stattfinden, wenn nicht wenigstens zehn religiös mündige Männer beisammen sind, auch wenn noch so viele Frauen anwesend sind. Ein Junge kann vom Tag der Bar Mizwa an diese Zehnzahl (minjan) mit ausfüllen. Der Synagogengottesdienst besteht vor allem aus Gebeten und Lesungen. Zur Lesung der heiligen Texte werden verschiedene Gemeindemitglieder aufgerufen. Es ist eine Ehre, aus der Thorarolle vor der Gemeinde vorlesen zu dürfen. Der Höhepunkt des Gottesdienstes ist dann gekommen, wenn die Thorarolle aus dem Schrein hervorgeholt und in einer Prozession zum Vorlesepult getragen wird. Viele Synagogen dienen auch als Lehrhaus, Schule und Gemeindebibliothek. Hier studieren die Juden unter der Anleitung eines Rabbiners ihre heiligen Schriften.

Lesung aus der Thora in der Synagoge

Thorarollen mit Thorakrone, Thoramantel und Thoraschild

Sabina (13) hat folgenden Aufsatz über das Judentum geschrieben:
Am Sonntag gehen die frommen Juden zur Kirche. Dort feiert der Rabbiner die Messe und liest ihnen aus der Thora und den Evangelien vor, die von Gott, den Propheten und Jesus erzählen. Ab 14 Jahren dürfen Jungen und Mädchen, wenn sie schon zur Erstkommunion gegangen sind, predigen. Nach dem Abendmahl und dem Segen des Priesters gehen alle wieder nach Hause. Am Sabbat dürfen sie weder kochen noch andere Arbeiten verrichten. Manchmal werden aber am Nachmittag kleine Jungen getauft. Die größten Feste im jüdischen Kirchenjahr sind Weihnachten, Ostern und Jom Kippur. Juden dürfen Schinken und Butter nicht essen sowie Milch und Wein nicht trinken.
Könnt ihr Fehler entdecken? Wie müßte man sie verbessern? Zensurenvorschlag?

5. Gemeinsame Wurzeln

Christen wissen oft viel zu wenig von den Juden. Darum haben sie manchmal massive Vorurteile, z. B. wenn sie annehmen, der Gott des Alten Testaments fordere die Juden zur Rache und Haß auf, während der Gott des Neuen Testaments von den Christen Liebe und Versöhnung erwarte. Manchmal meinen Christen auch, die Juden müßten nach einem strengen Gesetz leben, während die Christen ihr Leben frei nach der Frohen Botschaft Jesu ausrichten dürften.
Solche Gegenüberstellungen sind falsch und gefährlich. Sie stehen im Gegensatz zu dem, was Jesus verkündet hat.
Zwischen Juden und Christen gibt es eine tiefergehende Verwandtschaft als zwischen Anhängern anderer Religionen. Beide haben viele gemeinsame Wurzeln, z. B.:

- die Hebräische Bibel = das Alte Testament;
- die Überzeugung, daß es nur Einen Gott gibt;
- den Glauben, daß Gott der Schöpfer der Welt ist;
- die Erfahrung, daß Gott gütig und barmherzig ist;
- das Gebot der Gottes- und Nächstenliebe;
- die Zehn Gebote;
- die Forderung nach Vergebung und Versöhnung;
- die Verpflichtung, sich für Gerechtigkeit und Frieden einzusetzen;
- viele Gebete und Feste;
- die Hoffnung auf die Erlösung der Welt am Ende der Zeit.

Am engsten ist das Christentum dem Judentum dadurch verbunden, daß ***Jesus ein Jude*** war. Er ist das Kind einer jüdischen Mutter. Alle seine Apostel und Jünger waren Juden. Die jüdische Sprache war seine Muttersprache. Wenn er betete, sprach er die Gebete seines Volkes. Den Gott Israels nannte er seinen Vater. Die hebräische Bibel, die er las und auslegte, ist das Buch, das nach seinem Tod von Christen »Altes Testament« genannt wurde. So war Jesus im Leben und Glauben seines Volkes tief verwurzelt.

Juden und Christen – ein Gottesvolk

1. Lest Lk 1,46–2,42. Welche jüdischen Bräuche beachtet Maria hier?
2. Zeigt, wie auch Jesus als frommer Jude lebte. Lest dazu Lk 4,16–22; Mk 14,12–16.
3. Manchmal setzte sich Jesus allerdings auch von einer engen Auslegung der Thora ab. Ein Beispiel dafür findet ihr bei Lk 13,10–17. Warum tat er das?
4. Stellt euch einmal für einen Augenblick vor, Jesus sei in Germanien oder in China geboren und aufgewachsen. Was wäre dann alles im Christentum anders, als es jetzt ist?

Marc Chagall (1887–1985): Die weiße Kreuzigung. Öl, 155 × 139,5 cm, 1938.
Das Bild des jüdischen Malers entstand in dem Jahr, in dem in Deutschland die Synagogen angezündet wurden (→ S. 262 f). Der Gekreuzigte ist hier nicht der Erlöser der Welt, wohl aber Sinnbild eines leidenden Juden. Darauf weisen viele Einzelheiten hin, z. B. die hebräische Inschrift »Jesus von Nazaret – König der Juden«, der Lendenschurz, der an einem jüdischen Gebetsmantel (→ S. 251, 253) erinnert, der Leuchter unter dem Kreuz, die klagenden (alttestamentlichen?) Gestalten über dem Kreuz. Rechts und links Bilder des Unglücks und Schreckens. Welche könnt ihr erkennen und deuten?

6. Christliche Judenfeindschaft

Es gibt auch wichtige Unterschiede zwischen Judentum und Christenheit. Die Trennungslinie zwischen beiden Religionen bildet der ***Glaube an Jesus Christus.***

Christen glauben, daß Jesus der verheißene Messias ist. In ihm ist Gott Mensch geworden (→ S. 142 f). Er hat den Gott Israels allen Völkern nahegebracht.

Diesen Glauben können ***Juden*** nicht teilen. Für viele von ihnen ist Jesus zwar ein bedeutender Lehrer, aber nicht der Messias, weil er der Welt nicht Frieden und Gerechtigkeit, die verheißenen Gaben des Messias, gebracht hat. Erst recht läßt ihr strenger Monotheismus den Glauben an die Menschwerdung Gottes nicht zu.

Der jüdische Lehrer Schalom Ben-Chorin hat einprägsam formuliert: Der Glaube Jesu (→ S. 258) verbindet Juden und Christen. Der Glaube an Jesus trennt sie.

Der Glaube an Jesus war der Anlaß, daß aus Juden und Christen Feinde wurden. Zuerst war es eine rein innerjüdische Feindschaft. Sie entstand zwischen Juden, die an Jesus als den Messias glaubten (Judenchristen), und anderen Juden, die ihn als Messias ablehnten. Die Juden warfen den Judenchristen vor, daß sie sich nicht mehr an das Gesetz Gottes (Thora) hielten und die Bibel anders auslegten. Die Judenchristen sahen dagegen in den Juden unbelehrbare Leute, die nicht bereit waren, den wahren Glauben anzunehmen. Vor allem warfen sie ihnen vor, für den Tod Jesu verantwortlich zu sein. Daraus wurde später die unverantwortliche Beschuldigung, die Juden seien Gottesmörder. Die Vorwürfe der Christen haben sich im Laufe der Geschichte verhängnisvoll ausgewirkt. Im Altertum und im Mittelalter kam es zu zahlreichen blutigen Verfolgungen der Juden, so etwa in der Zeit des ersten Kreuzzuges (1096–99). Die Kreuzfahrer, die die heiligen Stätten in Palästina von der islamischen Herrschaft befreien wollten, gaben vor, erst das Abendland selbst von den Nichtchristen, d. h. von den Juden, befreien zu müssen. Es fanden barbarische Gemetzel statt. Viele Juden sahen keinen anderen Ausweg, dem Tod zu entgehen, als sich taufen zu lassen.

Holzschnitt, 1175: Christen zeigen, wie Juden (mit Spitzhüten) in der Hölle brennen.

1. Warum erkennen Juden Jesus nicht als den Messias an? (→ S. 252)
2. Lest Mk 15,1–5. Überlegt, wer für den Tod Jesu verantwortlich ist (→ S. 272).
3. Lest Mt 27,25:
- Warum läßt sich mit diesem Text der Vorwurf des Gottesmordes nicht begründen?
- Warum ist dieser Text auch keine Selbstverfluchung für alle damaligen Juden und erst recht nicht für alle Juden späterer Zeiten?

Die Synagoge. Skulptur aus der Kathedrale von Straßburg, um 1230: Im Mittelalter stellten christliche Künstler die Synagoge oft als Frauengestalt mit verbundenen Augen und einem zerbrochenen Stab dar.

- Später wurden den Juden auch andere Vorwurfe gemacht, z. B. Hostienschändung, Brunnenvergiftung oder Geldwucher. Das führte immer wieder zu Ausschreitungen und Verletzungen ihrer Menschenrechte. Nicht alle Verfolgungen hatten *religiöse Gründe.* Vor allem in der Neuzeit kamen andere Motive hinzu:
- *wirtschaftliche Motive:* Man mißgönnte den Juden ihren Besitz und versuchte, sich ungerechterweise an ihnen zu bereichern;
- *politische Motive:* Man behauptete, die Juden trügen die Schuld an Unglück, Krieg oder sozialen Spannungen.

Eine alte jüdische Quelle berichtet von dem Geschehen in Worms:[1]

Es war im Jahre 1096 . . ., da trafen uns viele und schwere Leiden, die in diesem Reiche, seitdem es gegründet wurde, bis jetzt noch nicht vorgekommen waren . . . Denn es erhoben sich freche Menschen . . ., die sich vorgenommen hatten, nach der heiligen Stadt Jerusalem zu ziehen, um dort das Grab ihres Heilands aufzusuchen, die Ismaeliten (Muslime) von dort zu vertreiben und sich des Landes zu bemächtigen. Sie hefteten sich als ihr Erkennungszeichen ein Kreuz an ihre Kleider . . . Als sie auf ihrem Zug durch die Städte kamen, in denen Juden wohnten, sprachen sie in ihrem Herzen . . . hier sind die Juden, die Jesus umgebracht und gekreuzigt haben, ohne Grund. Lasset zuerst an ihnen uns Rache nehmen und sie austilgen, so daß sie kein Volk mehr bilden . . . Da erhoben sich die Feinde gegen die Juden . . . überfielen sie und brachten sie um, Männer, Frauen und Kinder, Jünglinge und Greise; sie rissen die Häuser nieder, stürzten die Treppen um, machten Beute und plünderten. Sie nahmen die heilige Thora, traten sie in den Straßenkot, zerrissen und zerfetzten sie, schändeten sie und trieben Spott und Scherz mit ihr . . . An achthundert Tote betrug die Zahl an jenen beiden Tagen (in Worms). Sie waren umgekommen, um den Namen Gottes zu heiligen.

7. Die unvorstellbare Katastrophe

Im 19. Jahrhundert gab es in Deutschland und anderen europäischen Ländern antisemitische Tendenzen. Aber die schlimmste Judenverfolgung aller Zeiten ist in unserem Jahrhundert von Deutschen ausgegangen. Hitler hatte schon lange vor der Machtergreifung offen in Wort und Schrift einen aggressiven Antisemitismus vertreten. Nach seiner Ideologie gehörten die Juden als »Nichtarier« einer minderwertigen Rasse an. In seinem Buch »Mein Kampf« schreibt er: »Den gewaltigsten Gegensatz zum Arier bildet der Jude . . . Der Jude besitzt keine irgendwie kulturbildende Kraft. Er ist und bleibt der typische Parasit, ein Schmarotzer, der wie ein schädlicher Bazillus sich immer mehr ausbreitet.« Er stellte sogar eine Verbindung zwischen seinem Antisemitismus und dem christlichen Glauben her, wenn er in derselben Schmähschrift zu sagen wagt: »So glaube ich heute im Sinne des allmächtigen Schöpfers zu handeln: Indem ich mich des Juden erwehre, kämpfe ich für das Werk des Herrn.«
Als er 1933 Reichskanzler wurde, begann für die Juden in Deutschland eine Zeit des Schreckens. Viele von ihnen verloren ihre Stellungen. Jüdische Geschäfte wurden boykottiert, Bücher jüdischer Autoren öffentlich verbrannt. In den Nürnberger Gesetzen (1935) »Zum Schutz des deutschen Blutes und der deutschen Ehre« wurden Ehen zwischen Juden und anderen Deutschen verboten. Allmählich verloren die Juden alle Rechte. Seit 1938 mußten alle Juden den Zwangsnamen Israel oder Sara tragen. In der Nacht vom 9. zum 10. November 1938 wurden im ganzen Reich die Synagogen angezündet und verwüstet. An die 30000 Juden wurden in Konzentrationslager gesperrt, viele Geschäfte und Wohnungen zerstört, an die 100 Juden ermordet.
Die damaligen Ausschreitungen waren nur der Anfang einer noch radikaleren Judenverfolgung. In den Ländern, die im Zweiten Weltkrieg (1939–1945) von deutschen Truppen besetzt wurden, ging man brutal gegen die Juden vor. Schließlich beschlossen die Nazis 1942 auf der Wannsee-Konferenz in Berlin die »Endlösung der Judenfrage«, d. h. die völlige Vernichtung des europäischen Judentums. Nun wurden unzählige Juden in Vernichtungslager wie Auschwitz, Treblinka oder Maidanek gebracht, wo die meisten von ihnen in Gaskammern einen furchtbaren Tod fanden. Ungefähr 6 Millionen Juden wurden in dieser Zeit ermordet. Für immer wird Auschwitz das Symbol dieser unvorstellbaren Katastrophe bleiben, die die Juden »Schoa« nennen.

Die christlichen Kirchen sind von Anfang an nicht so für die Juden eingetreten, wie es der christliche Glaube geboten hätte. Die deutschen Bischöfe hätten schon 1933 klarer und deutlicher den unmenschlichen Rassismus verurteilen müssen, zumal sich auch die Christen im Gegensatz zur Nazi-Ideologie sehen mußten. Sie taten es nicht, weil sie die Juden für einen »uns in kirchlicher Hinsicht nicht nahestehenden Interessentenkreis« (Kardinal Bertram, 1933) hielten. Ein Wort wie das des Berliner Domprobstes Lichtenberg im November 1938 war eine Ausnahme: »Was gestern war, wissen wir. Was morgen ist, wissen wir nicht, aber was heute geschehen ist, haben wir erlebt. Draußen brennt die Synagoge. Das ist auch ein Gotteshaus.« Weil Lichtenberg auch später für die Juden öffentlich eintrat und betete, kam er in ein Konzentrationslager, wo er so geschwächt wurde, daß er an den Folgen 1943 starb.
Zwar haben sich sowohl Papst Pius XII. (1939–1958) als auch einzelne Christen für die Juden eingesetzt, so daß eine größere Anzahl gerettet wurde. Manche Klöster versteckten unter großer Gefahr Juden. Einige Juden erhielten von Geistlichen beurkundete Taufscheine, mit denen sie sich retten konnten.

Aber insgesamt war die Hilfe der Christen und der Protest des Papstes zu schwach und zu wenig mutig. Dieses Versäumnis erklärt sich u. a. aus den vielen Vorurteilen, die auch schon vor der Nazi-Zeit in Predigt und Unterricht verbreitet wurden (→ S. 260 f). Hinzu kam die furchtbare Angst, bei einem öffentlichen Eintreten für die Juden werde alles nur noch schlimmer werden. Die Christen hatten damals nicht begriffen, daß das Wort Jesu auch für die Juden gilt: »Was ihr dem geringsten meiner Brüder tut, das habt ihr mir getan« (Mt 25,40).

Am 10. November 1938 wurden wie in Frankfurt am Main alle Synagogen in Deutschland von den Nazis in Brand gesteckt. – Bald danach mußte jeder Jude einen Stern tragen.

Anne Frank, ein jüdisches Mädchen aus Amsterdam, das von den Nazis im Konzentrationslager Bergen-Belsen umgebracht wurde, schrieb in ihr »Tagebuch« (→ S. 200 f):[1]

Wer hat uns das auferlegt? Wer hat uns Juden diese Ausnahmestellung unter den Völkern gegeben? Wer hat uns bisher so leiden lassen? Es ist Gott, der uns so gemacht hat, und es wird auch Gott sein, der uns erlöst. Wenn wir all dies Leid tragen und dann immer noch Juden übrig bleiben, könnten sie einmal von Verdammten zu Vorbildern werden. Wer weiß, vielleicht wird es noch unser Glaube sein, durch den die Welt und alle Völker das Gute lernen, und dafür, dafür allein müssen wir auch leiden. Wir können nicht allein Niederländer, Engländer oder Vertreter welchen Landes auch sein, wir sollen dabei immer Juden bleiben und wollen es auch bleiben.
Bleibt mutig! Wir wollen uns unserer Aufgabe bewußt bleiben und nicht murren, es wird ein Ausweg kommen. Gott hat unser Volk noch nie im Stich gelassen! Durch alle Jahrhunderte hin sind Juden am Leben geblieben. Durch alle Jahrhunderte hin mußten Juden leiden, aber durch alle Jahrhunderte hin sind sie auch stark gewesen.

---

1. Was wißt ihr über die Judenverfolgung während der NS-Zeit? Könnt ihr etwas über das Verhalten der Kirchen und einzelner Christen in Erfahrung bringen?

2. Sprecht über die Fragen und Antworten der Anne Frank in der Tagebuchnotiz.

8. Anfang der Versöhnung

Erst die Judenvernichtung der NS-Zeit hat den Kirchen ihre Schuld bewußtgemacht. Zwar sind bis auf den heutigen Tag noch nicht alle Vorurteile gegenüber den Juden abgebaut, aber viele Christen fangen an, das Judentum besser kennenzulernen, ihre Verwandtschaft mit dem Judentum zu verstehen, die christliche Schuld gegenüber dem Judentum zu bekennen und gemeinsame Wege für die Zukunft zu suchen. Auf dem 2. Vatikanischen Konzil (1965) hat sich die Kirche zu einer Judenerklärung durchgerungen, in der den Juden mehr Gerechtigkeit widerfährt als in früheren kirchlichen Äußerungen. Die Deutsche Synode hat 1975 ein offenes Schuldbekenntnis ausgesprochen und neue Wege zum Judentum hin aufgezeigt.

Von besonderer Bedeutung ist es, daß am 13. 4. 1986 erstmals in der Geschichte ein Papst eine Synagoge besucht hat. Die Worte, die Johannes Paul II. in der Synagoge von Rom sprach, weisen auf Wahrheiten hin, die lange vergessen wurden und auf Aufgaben, die Christen für die Zukunft wahrnehmen müssen. Der Papst sagte u. a.:[1]

Seit geraumer Zeit dachte ich schon an diesen Besuch. Der Oberrabbiner war ja so freundlich, im Februar 1981 eine Begegnung mit mir zu suchen, als ich mich zu einem Pastoralbesuch in die benachbarte Pfarrei San Carlo ai Catinari begab. Sodann sind einige von euch mehr als einmal in den Vatikan gekommen, sei es bei Gelegenheit der zahlreichen Audienzen, die ich Vertretern des Judentums in Italien und der Welt geben konnte, oder sei es noch früher zur Zeit meiner Vorgänger Paul VI., Johannes XXIII. und Pius XII. Ferner ist mir auch wohlbekannt, daß der Oberrabbiner in der Nacht vor dem Tod des Papstes Johannes spontan auf den Petersplatz gegangen ist, begleitet von einer Gruppe jüdischer Gläubigen, um dort, inmitten der Schar katholischer und anderer Christen, zu beten und zu wachen und so in stiller, aber sehr eindrucksvoller Weise Zeugnis abzulegen für die geistige Größe dieses Papstes, der so offen war für alle ohne Unterschied, vor allem für die jüdischen Brüder.
Das Erbe, das ich heute übernehmen möchte, ist gerade das von Papst Johannes, der einmal, als er hier vorbeikam, wie der Oberrabbiner soeben erwähnt hat, das Auto anhalten ließ, um die Schar der Juden, die gerade diesen Tempel verließen, zu segnen. Dieses Erbe möchte ich heute übernehmen, da ich mich nicht mehr nur draußen, sondern dank eurer hochherzigen Gastfreundschaft im Innern der Synagoge von Rom befinde . . .

Die Kirche beklagt nochmals durch mich mit den Worten des bekannten Dekretes **Nostra aetate** (des 2. Vatikanischen Konzils) »alle Haßausbrüche und Verfolgungen, alle Manifestationen des Antisemitismus, die sich zu irgendeiner Zeit und von irgend jemandem gegen die Juden gerichtet haben«; ich wiederhole: von wem auch immer.
Ein Wort tiefer Verabscheuung möchte ich noch einmal zum Ausdruck bringen für den während des letzten Krieges gegen das jüdische Volk beschlossenen Genozid (= Völkermord), der zum Holocaust von Millionen unschuldiger Opfer geführt hat. Als ich am 7. Juni 1979 das Lager von Auschwitz besucht und mich zum Gebet für so viele Opfer verschiedener Nationen gesammelt hatte, verweilte ich besonders vor der Gedenktafel mit der hebräischen Inschrift, um damit meine inneren Gefühle auszudrükken: »Sie weckt das Andenken an das Volk, dessen Söhne und Töchter zur totalen Ausrottung bestimmt waren. Dieses Volk führt seinen Ursprung auf Abraham zurück, der der ›Vater unseres Glaubens‹ ist, wie Paulus sich ausdrückte (vgl. Röm 4,12) . . .«

Papst Johannes Paul II. beim Besuch der römischen Synagoge im Gespräch mit dem Oberrabbiner.

Wir sind uns alle bewußt, daß aus dem reichen Inhalt dieser Erklärung Nostra aetate drei Punkte besonders wichtig sind. Ich möchte sie hier, vor euch und bei dieser wahrhaft einmaligen Gelegenheit, hervorheben.

Der *erste* Punkt ist der, daß die Kirche Christi ihre »Bindung« zum Judentum entdeckt, indem sie sich auf ihr eigenes Geheimnis besinnt. Die jüdische Religion ist für uns nicht etwas »Äußerliches«, sondern gehört in gewisser Weise zum »Inneren« unserer Religion. Zu ihr haben wir somit Beziehungen wie zu keiner anderen Religion. Ihr seid unsere bevorzugten Brüder und, so könnte man gewissermaßen sagen, unsere älteren Brüder.

Der *zweite* vom Konzil hervorgehobene Punkt ist der, daß den Juden als Volk keine ewigwährende oder kollektive Schuld wegen der »Ereignisse des Leidens (Jesu)« angelastet werden kann, weder den Juden jener Zeit, noch den späteren, noch den heutigen. Haltlos wird also jede angeblich theologische Rechtfertigung für Maßnahmen der Diskriminierung oder, schlimmer noch, der Verfolgung. Der Herr wird jeden »nach den eigenen Taten« richten, Juden wie Christen (vgl. Röm 2,6).

Der *dritte* Punkt, den ich in der Konzilserklärung unterstreichen möchte, folgt aus dem zweiten. Trotz des Bewußtseins, das die Kirche von ihrer eigenen Identität hat, ist es nicht erlaubt zu sagen, die Juden seien »verworfen oder verflucht«, als würde dies von der Heiligen Schrift des Alten oder Neuen Testaments gelehrt oder könnte aus ihr gefolgert werden. Im Gegenteil, das Konzil hatte zuvor . . . mit einem Zitat aus dem Römerbrief des hl. Paulus (11,28) festgestellt, daß die Juden »weiterhin von Gott geliebt werden«, der sie mit einer »unwiderruflichen Berufung« erwählt hat.

---

1. Was wißt ihr über das heutige christlich-jüdische Verhältnis?

- Erkundigt euch, ob es in eurer Stadt eine »Gesellschaft für christlich-jüdische Zusammenarbeit« gibt. Erfragt deren Ziele.
- Versucht, etwas über die »Woche der Brüderlichkeit« zu erfahren, die im März jedes Jahres stattfindet.

2. Denkt über euer eigenes Tun und Sprechen nach.

- Überlegt, ob ihr bislang über die Juden so gesprochen habt, daß sie sich von euren Worten verletzt oder mißverstanden fühlen mußten. Welche Vorurteile habt ihr unüberlegt gebraucht?
- Was könntet ihr in Zukunft tun, um das christlich-jüdische Verhältnis zu verbessern?

Alexej Jawlensky (1864–1941): Meditation auf Goldgrund.
Öl/Papier auf Karton, 14 × 11 cm, 1936.
Der große russische Maler konnte in seinen letzten Jahren wegen einer Gelenkkrankheit nur noch mühsam mit beiden Händen den Pinsel führen. In dieser Zeit schuf er unter Schmerzen viele kleine Bilder, auf denen er sich dem Geheimnis Gottes zu nähern versuchte. Dieses Bild zeigt ein dunkles Kreuz – es kann zugleich auch ein Fenster und ein Menschen- oder Christusgesicht sein. Im Hintergrund leuchtet das Gold auf – ein altes Symbol der Herrlichkeit Gottes. So kann dieses Bild zugleich auf Kreuz und Auferstehung hinweisen.

Kreuz und Auferstehung

1. Wir alle müssen sterben

• Als der Arzt feststellte, daß es Krebs war, mußte unser Großvater sofort ins Krankenhaus. Dort lag er noch über zwei Monate. Seine Kräfte nahmen von Woche zu Woche ab. Weil er ein starkes Herz hatte, blieb er länger am Leben, als die Ärzte erwarteten. Zuletzt konnte er nichts mehr essen. Er wurde künstlich ernährt. Ohne starke Medikamente konnte er die Schmerzen nicht aushalten. Als er starb, wog er kaum noch 90 Pfund. Sein Tod kam uns wie eine Erlösung vor.

Aus einem Aufsatz von Franz L., 14

• In Afrika verhungern täglich viele hundert Kinder. Sie könnten leicht satt werden, wenn sie nur das zu essen bekämen, was bei uns weggeworfen wird. *Zeitungsmeldung*

• Kurz nach 16 Uhr kam der Schüler Friedhelm K. mit seinem Mofa vom Bahnhofsplatz zur Breitestraße. Er beachtete das Stopschild nicht, sondern fuhr – ohne anzuhalten – auf die Breitestraße. Dabei wurde er von einem Pkw erfaßt und überfahren. Der Schüler war auf der Stelle tot. Der Fahrer des Pkw erlitt einen Schock. *Aus einem Polizeibericht*

• Gestern starb unsere liebe Mutter im Alter von 79 Jahren. Sie war erfüllt von ständiger Sorge und großer Liebe zu ihrer Familie. In den Freuden und Leiden ihres Lebens bewährte sich ihr christlicher Glaube. Sie starb, wie sie gelebt hat: im Vertrauen auf Gott. Wir sind dankbar für alles, was sie für uns getan hat. *Text einer Todesanzeige*

Viele fürchten sich
vor dem Tod.
Fast alle Menschen fragen: **Was wird nach dem Tod sein?**

Antworten
auf diese Frage:

Mit dem Tod ist alles aus.
Der Körper verwest, die Seele lebt weiter.
Nach diesem Leben beginnt ein anderes, besseres Leben.
Was nach dem Tod kommt, weiß keiner, weil noch niemand zurückgekommen ist.

---

1. Sammelt aus Zeitungen und Illustrierten Bilder, Nachrichten und Anzeigen, die etwas mit dem Tod zu tun haben.
Fertigt daraus eine Collage an mit dem Thema: »Bilder des Todes heute«.

2. Was würdet ihr einem Freund schreiben, der einen Menschen verloren hat, an dem er sehr gehangen hat?

»Was würde ich tun, wenn ich nur noch einen Tag zu leben hätte?«

Hier Antworten von Jugendlichen, die darüber im Religionsunterricht befragt wurden:[1]

- Ich würde mir mit der ganzen Familie noch einen schönen Tag machen, so daß ich eine gute Erinnerung an diese Erde und an die Menschen hätte.
- Ich würde meinen Freunden mitteilen, daß ich nur noch einen Tag zu leben hätte, und alle zu einer Fete einladen. Es müßte richtig laut hergehen, damit ich mich noch einmal so richtig austoben kann. Wenn die Party dann zu Ende ist, würde ich mich mit meiner Familie zusammensetzen und über all die Zeiten reden, die wir zusammen verbracht haben.
- Ich würde beichten gehen und eine Beruhigungstablette nehmen, damit ich nicht durchdrehe.
- Ich würde mein ganzes Geld verbraten und mir alles kaufen, was ich haben wollte.
- Wenn ich nur noch einen Tag zu leben hätte, würde ich mich freuen, sterben zu können. Der Grund liegt in meiner religiösen Weltanschauung. Ich bin ein echter Christ, kein Namenschrist, obwohl ich als Mensch und natürlich auch als Christ sehr an meinem Leben hänge. Aber es wäre für mich ein Gewinn zu sterben. Denn es heißt in der Schrift: Die Leiden der Jetztzeit sind nicht wert, verglichen zu werden mit der zukünftigen Herrlichkeit.
- Ich fühle mich dann allein gelassen. Keiner kann mir helfen . . . Ich glaube, ich müßte auch immer wieder daran denken: Was kommt nach dem Sterben? Ich bin alleine. Keiner geht mit mir. Das ist einfach nicht vorstellbar.

Soll man in die Kirche gehen? Jetzt, im letzten Moment? Ich gehe ja nie in die Kirche. Soll ich dann an ein neues Leben nach dem Tod glauben? Das sind dann doch Fragen, die mir niemand beantworten kann.

Wofür habe ich überhaupt gelebt? Warum muß ich plötzlich sterben? Dann verspürt man wohl Angst, allein gelassen zu werden. Man will wissen – warum. Hat man etwas falsch gemacht im Leben? Oder was soll das? Warum?

- Am liebsten würde ich in den Armen meines Freundes sterben.
- Ich sähe alles während des ganzen Tages so, wie ich es jetzt nur manchmal betrachte: Die belanglosen Worte, die man mit seinen Mitschülern tauscht. Das tägliche Ringen um Ansehen und Aussehen in der Schule. Wahrscheinlich käme mir mein Leben äußerst sinnlos vor.

Edvard Munch (1863–1944):
Tod im Krankenzimmer.
Lithographie, 1896.

Pablo Picasso (1881–1973):
Mutter mit totem Kind (Guernica, Ausschnitt).
Öl, 1937.

Könnt ihr selbst eine Antwort auf die gestellte Frage aufschreiben?

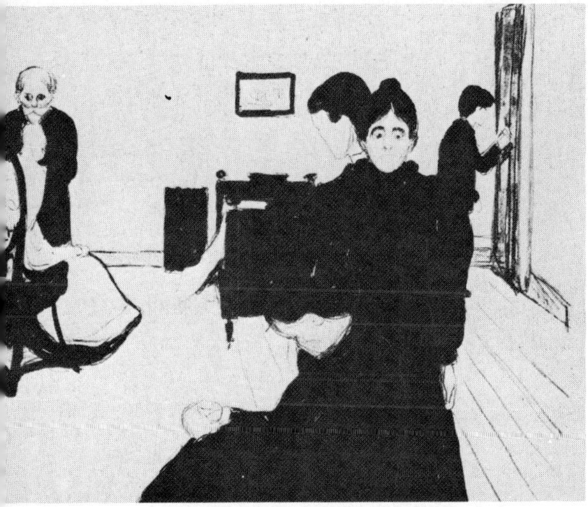

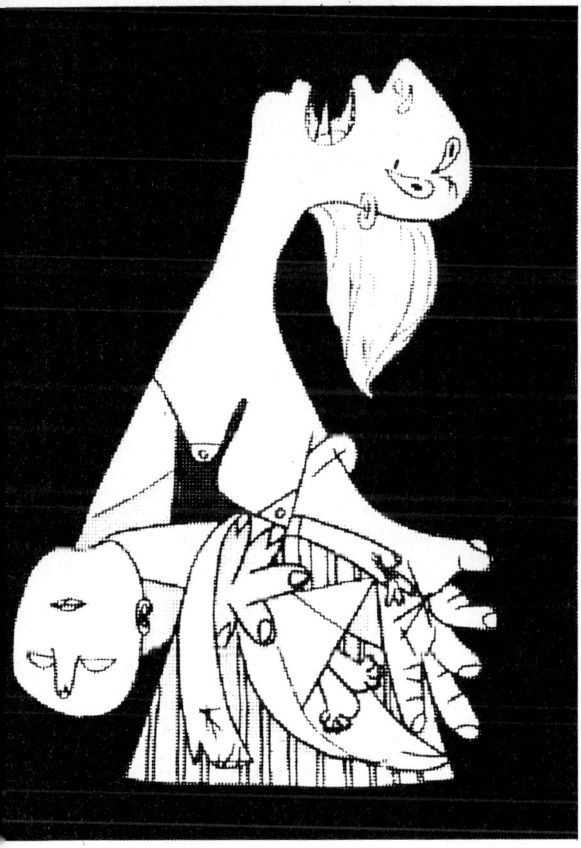

dem herrn unserem gott
hat es ganz und gar nicht gefallen
daß gustav e. lips
durch einen verkehrsunfall starb

erstens war er zu jung
zweitens seiner frau ein zärtlicher mann
drittens zwei kindern ein lustiger vater
viertens den freunden ein guter freund
fünftens erfüllt von vielen ideen

was soll jetzt ohne ihn werden?
was ist seine frau ohne ihn?
wer spielt mit den kindern?
wer ersetzt einen freund?
wer hat die neuen ideen?

dem herrn unserem gott
hat es ganz und gar nicht gefallen
daß einige von euch dachten
es habe ihm solches gefallen

im namen dessen der tote erweckte
im namen des toten der auferstand:
wir protestieren
gegen den tod von gustav e. lips.
Kurt Marti[1]

**Ach, wie flüchtig, ach wie nichtig
ist des Menschen Leben.
Wie ein Nebel bald entstehet
und bald wiederum vergehet,
so ist unser Leben, sehet!**

Michael Franck, 1652[2]

**Wir sind nur Gast auf Erden
und wandern ohne Ruh
mit mancherlei Beschwerden
der ewigen Heimat zu.**

Georg Thurmair, 1935[3]

---

1. Welches Gedicht drückt am ehesten aus,
- was ihr selbst gegenüber dem Tod empfindet;
- was die christliche Lehre vom Tod sagt?

2. Welche anderen Gedichte und Lieder kennt ihr, die vom Tod sprechen, z. B. aus euren Lesebüchern oder aus dem »Gotteslob«?

2. Der Tod Jesu

Jesus verbrachte die letzten Tage seines Lebens in Jerusalem. Wie andere fromme Juden war er von Galiläa aus in die Hauptstadt gepilgert, um dort das Pesachfest (→ S. 222 f) zu feiern. Aber noch aus einem anderen Grund zog er in die Heilige Stadt. Er wollte auch hier seine Botschaft vom Reich Gottes verkünden. Allerdings mußte er damit rechnen, daß es zu einer tödlichen Auseinandersetzung mit seinen Feinden kommen würde. Trotzdem ist er nach Jerusalem gegangen.

Stationen auf dem Leidensweg Jesu

Verrat und Gefangennahme
GOLGOTA
DORNENKRÖNUNG
Verleugnung des Petrus
Verhör vor dem Hohen Rat
Verurteilung
GETSEMANI
Verhör vor Pilatus
GRABLEGUNG

Menschen in der Passionsgeschichte (Passion = Leiden)

Zeugen vor dem Hohen Rat
PETRUS
Maria, die Mutter des Jakobus
JUDAS
BARABBAS
Simon von Zyrene
römische Soldaten und Knechte
Maria von Magdala
HERODES
Josef aus Arimathäa
Kajafas, Hannas
DER LIEBLINGSJÜNGER
die übrigen Jünger
Maria, die Mutter Jesu
zwei Verbrecher
PILATUS

Die Kreuzigung

Die Kreuzigung war eine entwürdigende und grausame Todesstrafe. Sie wurde erstmals im Altertum von den *Persern* angewandt. Das Kreuz sollte verhindern, daß der Leichnam eines Hingerichteten die Erde verunreinigte, die einem Gott geweiht war. Man ließ den Gekreuzigten am Kreuz hängen, bis die Vögel den Leichnam verzehrt hatten oder bis er verwest war. Wer so geächtet war, wurde nicht beerdigt.
Die *Römer* kreuzigten nur Sklaven und Barbaren. Ein zum Tod Verurteilter, der das römische Bürgerrecht besaß, hatte das Recht auf eine »ehrenvolle« Hinrichtung, z. B. durch Enthaupten oder Gift.
Die Kreuzigung sollte den Verurteilten körperlich und zugleich seelisch vernichten. Meist trafen den Gekreuzigten auch noch der Spott und die Verachtung der Umstehenden. Ihm war seine ganze Menschenwürde genommen.
Wahrscheinlich hat man Jesus mit beiden Armen an den Querbalken genagelt. Dieser Balken wurde dann an dem senkrecht stehenden Pfahl befestigt. Die Füße wurden entweder angebunden oder angenagelt. Die Wunden, der Durst und die Hitze verursachten furchtbare Qualen.

---

1. Versucht, die Stationen auf dem Leidensweg Jesu in die richtige Reihenfolge zu bringen.
2. Was sagt die Bibel über die Menschen, die in der Passionsgeschichte vorkommen?
3. Schreibt die vierzehn Kreuzwegstationen auf. Ihr könnt dazu einen Blick in eure Pfarrkirche oder in das »Gotteslob« tun. – Könnt ihr selbst in der Klasse einen Kreuzweg malen, zeichnen oder herstellen (Holz, Styropor o. ä.)?

Bilder der Passion
Verhör
Gefangenschaft
Hinrichtung
Grablegung

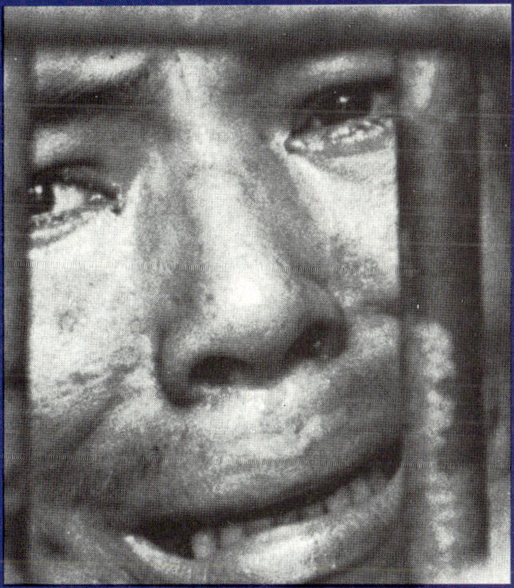

Die letzten Worte Jesu am Kreuz

Und in der neunten Stunde rief Jesus mit lauter Stimme: Eloï, Eloï, lema sabachtani?, das heißt übersetzt: Mein Gott, mein Gott, warum hast du mich verlassen (Ps 22,2)? ... Jesus aber schrie laut auf. Dann hauchte er den Geist aus.
(Mk 15, 34. 37)

(Dann sagte einer der beiden Verbrecher, die mit ihm gekreuzigt wurden:) Jesus, denk an mich, wenn du in dein Reich kommst. Jesus antwortete ihm: Amen, ich sage dir: Heute noch wirst du mit mir im Paradies sein ... Jesus rief laut: Vater, in deine Hände lege ich meinen Geist (Ps 31,6). Nach diesen Worten hauchte er den Geist aus.
(Lk 23, 42 f. 46)

Als Jesus seine Mutter sah und bei ihr den Jünger, den er liebte, sagte er zu seiner Mutter: Frau, siehe, dein Sohn! Dann sagte er zu dem Jünger: Siehe, deine Mutter! ... Als Jesus von dem Essig genommen hatte, sprach er: Es ist vollbracht. Und er neigte das Haupt und gab seinen Geist auf.
(Joh 19, 26 f. 30)

Wer trägt die Schuld am Tod Jesu?

- Der ***Hohe Rat*** und die ***Sadduzäer*** (aber nicht so sehr die Pharisäer) waren am Tod Jesu interessiert. Die Bewegung, die Jesus unter dem Volk verursacht hatte, sein hartes Auftreten im Tempel (Mt 21,12–17) und vor allem sein Anspruch, der Messias zu sein, mußten ihnen gefährlich erscheinen. Darum betrieben sie seine Verurteilung und lieferten ihn den Römern zur Vollstreckung des Urteils aus.
- ***Judas*** hat dazu beigetragen, daß Jesus verurteilt wurde. Er war sehr wahrscheinlich enttäuscht darüber, daß Jesus nicht bereit war, das »Reich Gottes« mit Gewalt herbeizuführen.
- Das ***Volk der Juden*** war weder am Prozeß gegen Jesus noch an seiner Verurteilung beteiligt. Die wenigen Menschen, die damals Zeugen der Vorgänge in Jerusalem wurden, konnten das Geschehen nicht maßgeblich beeinflussen.
- Dagegen trägt der römische Statthalter ***Pontius Pilatus*** eine große Verantwortung. Aus politischen Gründen erfüllte er die Wünsche des Hohen Rates. Mit dem Todesurteil konnte er einem Konflikt mit den Juden aus dem Wege gehen und zugleich eine gefährliche Bewegung im Keime stoppen.

Der *christliche Glaube* ist nicht so sehr an der Frage interessiert, ob damalige Juden oder ein römischer Statthalter am Tod Jesu schuldig waren. Jesus ist freiwillig und im Gehorsam gegenüber seinem Vater in den Tod gegangen. Er gab sein Leben für die Sünden ***aller Menschen*** hin (→ 1 Kor 15,3).

1. Die Evangelisten beschreiben den Tod Jesu unterschiedlich. Vergleicht die letzten Worte miteinander und versucht zu beschreiben, wie Jesus jeweils im Tod erscheint.

2. Lest Mk 14,53–65; 15,1–15.26; Joh 18,29–38 und beantwortet folgende Fragen:
- Welche Anklagen werden erhoben?
- Wer richtet über Jesus?
- Welche Gründe haben die Gegner Jesu für ihr Vorgehen?

Lovis Corinth (1858–1925): Der rote Christus. Öl auf Holz, 129 × 108 cm, 1922. Das Bild zeigt Christus als geschundene Kreatur. Wer genauer hinsieht, kann das Gesicht Christi auf zweifache Weise erkennen: einmal dem Betrachter, einmal der Sonne zugewandt.

Das Turiner Grabtuch

Seit langem wird im Turiner Dom ein Tuch verehrt, das das Grablinnen Jesu sein soll. Als man es 1898 photographierte, entdeckte man auf dem Negativ die Gestalt eines Menschen, die auf dem Tuch nur viel undeutlicher zu erkennen war. Das Bild kann sich durch die chemischen Prozesse, die von den Grabbeigaben (Aloe, Balsam) ausgelöst wurden, in das Tuch eingeformt haben. So entstand eine ähnliche Wirkung, wie wir sie vom heutigen Photographieren allgemein kennen.

Niemand wird bestreiten, daß dieses Bild voll Würde ist und Ehrfurcht verdient. Es entspricht in hohem Maß dem inneren Bild, das wir uns von Christus machen. So können wir ihn sehen, wenn wir in den Evangelien lesen, so schauen wir ihn, wenn wir ihn in Liturgie oder Meditation verehren. Es gibt viele Bilder der großen Kunst, die ihn uns ähnlich zeigen.
Aber ist dieses Bild, das ein Negativ auf dem berühmten Leinenstoff von Turin ist, wirklich das Grabtuch Christi, oder ist es ein mittelalterliches Kunst- bzw. Machwerk? Diese Frage ist berechtigt, weil sich das Tuch erst seit 1578 in Turin befindet und nur etwa 200 Jahre weiter historisch sicher zurückverfolgen läßt. 1453 kam es in den Besitz des Herzogs von Savoyen. 1389 wird es erstmals erwähnt, kaum mehr ist dokumentarisch greifbar. Darum sind manche Historiker dem Tuch gegenüber skeptisch, zumal es so viele Berührungsreliquien und Fälschungen aus dem Mittelalter gibt. Und trotzdem gibt es viele Anzeichen dafür, daß das Tuch »echt« sein kann. Es ist erstaunlich, welche Entdeckungen besonders die Naturwissenschaftler in den letzten Jahren bei der Untersuchung des Stoffes und des Bildes gemacht haben.

So ist es heute kaum mehr bestreitbar, daß das Tuch aus der Zeit Christi stammt und im Nahen Osten angefertigt wurde. Besonders überraschend sind die Pollenfunde, die der Kriminalist Max Frei auf dem Tuch entdeckt hat. In minutiöser Kleinarbeit ist er der Herkunft aller Pollen auf dem Tuch nachgegangen und hat dabei nachgewiesen, daß viele dieser Pflanzenarten ausschließlich in Jerusalem wachsen, andere nur in Edessa, heute Urfa (Türkei), dem legendären Aufenthaltsort des Tuches in der Antike. Hinzu kommt, daß die Mediziner in der Körperhaltung der in das Tuch gehüllten Gestalt Eigentümlichkeiten entdeckten, die sicher keinem mittelalterlichen Künstler oder Arzt bekannt waren. Die Wundmale der Hand sind z. B. nicht in der Handfläche, sondern in der Handwurzel. Wären die Nägel in die Handfläche getrieben worden, hätten sie die Körperlast eines Gekreuzigten nicht tragen können. Auch die Stellung des Daumens weist auf dem Tuch anatomische Besonderheiten auf, die es auf mittelalterlichen Darstellungen nicht gibt, die wir uns erst heute anatomisch eindeutig erklären können.

Alles in allem dürfte heute sicher sein, daß das Grabtuch nicht ein Kunstwerk ist, sondern ein Leichentuch, in dem ein Gekreuzigter vor ca. 2000 Jahren höchstens zwei Tage gelegen hat. Bei einer längeren Dauer hätte das Bild nicht seinen Charakter von Positiv/Negativ behalten.
Heute sind viele Forscher begründet der Meinung: Hier haben wir das Tuch vor uns, in das Josef von Arimathäa und Nikodemus Jesus nach seinem Tod am Kreuz gelegt haben (Joh 19,38–43) und das Petrus und Johannes im leeren Grab fanden (Joh 20,6–7). Wir dürfen annehmen, daß die ersten Christen dieses Tuch aufbewahrt und verehrt haben. Warum sollten die späteren Generationen ihnen nicht darin gefolgt sein? Wenn diese Annahmen stimmen, haben wir hier das authentische Bild Jesu Christi vor uns.

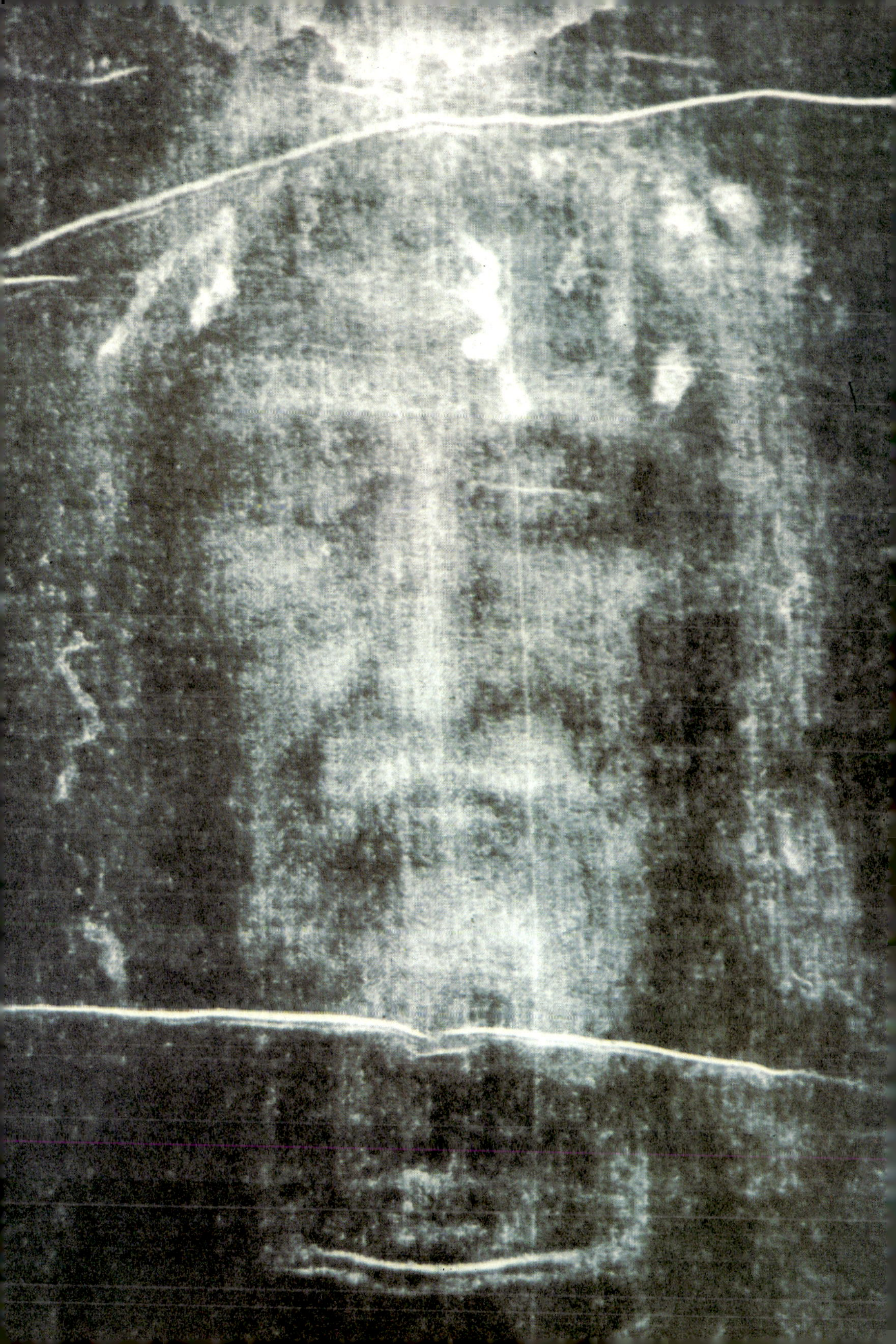

3. Die Auferstehung Jesu

Für die Anhänger Jesu bedeutete sein Tod die totale Erschütterung ihrer Hoffnungen. Schrecklicher und unsinniger konnte das Leben Jesu, an das sie so große Erwartungen geknüpft hatten, nicht enden. Es mußte so scheinen, daß Jesu Verkündigung des Reiches Gottes, sein Ruf zu einer neuen Freiheit und seine Forderung nach unbegrenzter Liebe endgültig gescheitert waren. Mit dieser Katastrophe hätte die Sache Jesu wohl auch ein Ende gehabt, wenn nicht bald nach seinem Tod ein Ereignis eingetreten wäre, das den Tod Jesu in einem neuen Licht sehen ließ: die Auferstehung.

»Jesus ist auferstanden« – so lautet die Botschaft, von der das ganze Neue Testament ausgeht. Ohne die Auferstehung gäbe es kein Neues Testament und keine Kirche Jesu Christi.

Aber immer hat es in der Kirche auch Fragen um die Auferstehung gegeben. Der älteste Streit, von dem wir wissen, entstand – noch ehe es unsere vier Evangelien gab – in der Gemeinde von Korinth, die von Paulus gegründet worden war. Dort hatten nach seinem Weggang einige Leute behauptet, eine Auferstehung von den Toten könne es überhaupt nicht geben. Das konnte Paulus nicht hinnehmen. In seinem ersten Brief, den er an die Korinther im Jahr 56/57 schrieb, ging er auf deren Einwände ein. In diesem Brief zitiert er das älteste Auferstehungszeugnis, das wir haben. Es stammt wahrscheinlich schon aus den Jahren 35–40 n. Chr.

Denn vor allem habe ich euch überliefert, was auch ich empfangen habe:

Christus ist für unsere Sünden gestorben,
gemäß der Schrift,
und ist begraben worden.
Er ist am dritten Tag auferweckt worden,
gemäß der Schrift,
und erschien dem Kephas, dann den Zwölf.

Danach erschien er mehr als fünfhundert Brüdern zugleich;
die meisten von ihnen sind noch am Leben, einige sind entschlafen.
Danach erschien er dem Jakobus, dann allen Aposteln.
Als letztem von allen erschien er auch mir, dem Unerwarteten, der »Mißgeburt«.
Denn ich bin der geringste von den Aposteln; ich bin nicht wert, Apostel genannt zu werden, weil ich die Kirche Gottes verfolgt habe.

(1 Kor 15,3–9)

Zum *ältesten Zeugnis* von der Auferstehung:

- Welche Einzelheiten werden von Christus ausgesagt? Schreibt die vier Tätigkeitsworte heraus.
- Notiert auch die Namen derer, denen Christus »erschien«, und tragt zusammen, was ihr über diese Personen wißt.
- Wie redet Paulus von sich selbst?
- Worin liegt die Bedeutung des Textes?

Paulus hatte den Christen in Korinth in wenigen Worten von der Auferstehung Jesu geschrieben. Er hielt sich dabei an die ältesten Formulierungen, die es in der Kirche gab. Später wollten die Christen über die Auferstehung mehr wissen. So entstanden allmählich die Erzählungen, die uns in den vier Evangelien vorliegen. Sie halten das fest, was die Apostel und Jünger nach dem Tod Jesu erlebt hatten, z. B. ihre Angst und Verzweiflung, ihre Freude und Hoffnung.
Was die Evangelien von der Auferstehung Jesu und von seinen Erscheinungen verkünden, darf man nicht als Reportage im heutigen Sinne ansehen. Keine Berichterstattung kann festhalten, was damals geschah. Alle Berichte, wie wir sie aus der Zeitung oder aus dem Fernsehen kennen, beschreiben nur Vorgänge, die in den Grenzen unserer Welt geschehen. Die Auferstehung aber ist der Übergang von unserer Welt in eine ganz andere Welt – in die Welt Gottes. Darüber läßt sich letztlich nur in Symbolen (→ S. 76 ff) reden. Schon das Wort »Auferstehung« ist ein Symbol. Es weist anschaulich auf ein Geschehen hin, das unser Begreifen und unser Vorstellungsvermögen übersteigt. Wer mit dem Herzen sieht (→ S. 78, 88 f), versteht die Auferstehungsbotschaft der Evangelien: Jesus ist nicht im Tod geblieben. Jesus lebt.

Alfred Manessier (geb. 1911): Auferstehung. Farblithographie, 1949.

1. Die Osterevangelien weisen erhebliche Unterschiede auf. Sucht diese heraus und versucht sie zu erklären. Eine Zusammenstellung der Texte findet ihr S. 103.
2. In den Auferstehungstexten gibt es viele Züge, die symbolhaften Charakter haben und damit auf eine höhere Wirklichkeit hinweisen. Macht dies an einem Beispiel klar.
3. Wie ist der Vorgang der Auferstehung selbst in den Evangelien beschrieben? Sucht eine Erklärung für die Antwort, die ihr findet.
4. Betrachtet die Abbildungen über die Auferstehung in diesem Kapitel und sucht auch andere Bilder zum gleichen Thema. – Welche Abbildung gefällt euch am besten, welche entspricht den Bibeltexten am ehesten?
5. Macht selber einen Versuch, die Auferstehung zu malen oder zu zeichnen. Überlegt dabei, wie ihr das Thema darstellt (beispielsweise wie Jesus seinen Jüngern erscheint oder sich aus dem Grabe erhebt). Alternative: ein aufgebrochenes Grab oder ein Mensch, der sich von Fesseln befreit. Welches Symbol scheint euch am ehesten zu passen?

Ist JESUS wirklich auferstanden?

Die Jünger Jesu waren davon überzeugt, daß Jesus nicht im Tod geblieben ist. Auf diesen Glauben haben sie ihre ganze Zukunft gebaut. Für diesen Glauben sind sie gestorben. Diesen Glauben kann man allerdings nicht so beweisen, wie man andere geschichtliche Tatsachen beweisen kann, z. B. daß die Bundesrepublik Deutschland im Jahr 1949 gegründet wurde. Denn die Auferstehung wurde allein von Gott bewirkt. Daher unterliegt sie nicht den Gesetzen der Welt und der Wissenschaft.

Einwände gegen die Auferstehung Jesu:

- Das leere Grab ist kein Beweis für die Auferstehung. Der Leichnam Jesu könnte gestohlen worden sein.
- Die Berichte von den Erscheinungen Jesu sind nicht zuverlässig. Die Jünger haben sich entweder etwas eingebildet, sie haben sich geirrt oder vielleicht sogar gelogen.

Vernünftige Gründe

die den Jüngern Gewißheit über die Auferstehung gaben:

- das leere Grab,
- die vielen Erscheinungen Jesu.

Die Christen späterer Zeiten haben sich auf den Glauben der Apostel verlassen. Auch wer heute als Christ an die Auferstehung Jesu glaubt, vertraut auf das älteste Zeugnis der Jünger. Er darf unbesorgt glauben: Jesus ist wirklich auferstanden.

---

1. Was spricht gegen einen Diebstahl des Leichnams Jesu
- durch die Juden bzw. Römer?
- durch die Jünger?

Schon die alten Gemeinden haben sich mit dieser Frage beschäftigt. Davon zeugen Mt 27,62–66; 28,11–15; Joh 20,1–10.

2. Tragt zu den Erscheinungen alle wesentlichen Texte zusammen: 1 Kor 15,3b–7, 8–9; Mk 16,9–20; Mt 28,9–10, 16–20; Lk 24,13–50; Joh 20,11–21,23.
- Schreibt auf, wem Jesus erschienen ist.
- Was wißt ihr von diesen Menschen?
- Was haltet ihr von deren Glaubwürdigkeit?

3. Warum kann man die Auferstehung die Mitte des christlichen Glaubens nennen?

4. Was wißt ihr über die Liturgie der Osternacht, über Osterbräuche, Osterlieder u. ä.?

Emil Nolde (1867–1956):
Der ungläubige Thomas. Öl, 1912.

4. *Wir alle werden leben*

Im Mittelpunkt des christlichen Glaubens steht das Bekenntnis:

Der Herr ist wirklich auferstanden

Von der Auferstehung her werden die wichtigsten Fragen des christlichen Glaubens verständlich.

Viele Menschen meinen:

GOTT ist weit weg. Er lebt im Jenseits und kümmert sich nicht um die Welt und die Menschen. Unser Leben wird nicht von ihm bestimmt, sondern von dem unerbittlichen Gesetz der Natur, nach dem am Ende des Lebens der Tod steht.

JESUS war eine der großen Gestalten unserer Geschichte. Er wollte, daß die Menschen besser miteinander in unserer Welt leben können. Aber er ist, wie viele andere vor ihm und nach ihm, an der Ungerechtigkeit dieser Welt gescheitert. Nur im Gedächtnis der Menschen lebt er weiter.

Der Zufall beherrscht das Leben des **MENSCHEN.** Die guten und schlimmen Dinge des Lebens sind ungerecht verteilt. Manche Menschen haben Erfolg und Glück, anderen bleibt nur Mühe, Not und Elend. Wer im Leben wenig Freude gefunden hat, hat Pech gehabt. Darum ist es richtig, wenn jeder nur für sich sorgt und versucht, möglichst viel für sich zu bekommen.

Christen glauben:

GOTT ist den Menschen nahe. Er kümmert sich um die Welt und um die Menschen. Als er Jesus auferweckte, hat er das Gesetz des Todes durchbrochen. Er ist ein »Gott des Lebens«, der nicht will, daß am Ende Tod und Vernichtung stehen.

JESU Tod war nicht sein Ende. Gott hat ihn zum Leben erweckt. Damit wurden zugleich seine Worte und seine Taten von Gott bestätigt. Darum ist Jesus mehr als nur eine große Gestalt der Geschichte. Er ist der lebendige Herr, der immer für die Menschen da ist.

Die Auferstehung Jesu ist ein neuer Anfang. Gott wird alle **MENSCHEN** am Ende auferwecken. Darum ist die Auferstehung ein Zeichen der Hoffnung für diese Welt, die der Lieblosigkeit, dem Elend und der Vernichtung ausgeliefert zu sein scheint. Die Auferstehung Jesu gibt dem menschlichen Leben einen Sinn, der über den Tod hinausreicht. Selbst das Leben der Menschen, die nur Not und Ungerechtigkeit erfahren haben, ist nicht umsonst gewesen. Die Auferstehung Jesu verpflichtet aber auch die Christen, überall da einen gewaltlosen »Aufstand« zu machen, wo Not, Ungerechtigkeit und Unfrieden herrschen.

Die
Auferstehung
geht
weiter

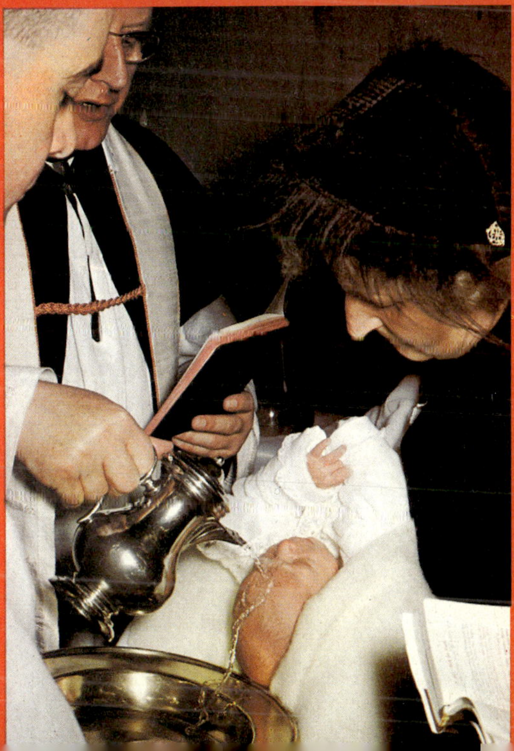

›Auferstanden von den Toten‹

Schüler sagen dazu:

• Ich habe diesen Satz oft gelesen, ohne mir eigentlich intensiv Gedanken darüber zu machen. Insofern kann ich eigentlich behaupten, daß er mir nicht viel bedeutet. Ich glaube schon, daß ich einmal auferstehen werde, aber ich kann es mir nicht vorstellen. Es geht über meine Vorstellungskraft hinaus, es ist irgendwie unfaßbar.

• Äußerlich bedeutet der Satz für mich, daß jemand auferstanden, wiederaufgewacht ist, der tot war. Etwas, was ich nicht glauben kann.
Wenn ich aber den Satz länger betrachte, so bedeutet er für mich auch im übertragenen Sinn etwas. Nämlich ein Mensch, der innerlich, seelisch »aufwacht«. Jemand, der von Gott nichts wissen wollte oder nichts von ihm wußte oder der jetzt an Gott glaubt. Ein Mensch, dessen Glaube »tot« war und jetzt voll aufgeht.

• Dieser Satz bedeutet mir, daß mein Leben nicht mit dem Tod enden wird, daß nicht plötzlich alles ausgelöscht ist, sondern daß es nach dem Tod auch noch etwas gibt. Ich weiß aber heute noch nicht, was das genau sein wird. Dieser Satz ist für mich eigentlich Hoffnung, denn er sagt mir, daß mein Leben nach dem Tod nicht beendet ist.[1]

Ein Lehrer:

Ja, ich sagte diesen satz in einer berufsschulklasse
»wenn jesus nicht aufersteht
wenn jesus nicht in uns aufersteht
wenn jesus nicht von uns lebendig gemacht wird
wenn jesus nicht bald zu leben beginnt
im denken unserer politiker
im handeln von vielen vielen millionen auf der erde
dann werden wir alle miteinander krepieren«
und dann habe ich gefragt ob das stimme was ich da sage
oder ob das in ihren ohren leeres kirchengerede sei
da wurde es etwas still und einer nach dem anderen
dieser jungen leute im alter zwischen 17 und 23 sagte

ja, da haben sie recht!

Wilhelm Willms[2]

Grünewald (um 1470–1528): Die Auferstehung Christi (Isenheimer Altar, Ausschnitt). Öl, um 1515.

---

1. Überlegt, wie der christliche Auferstehungsglaube zu folgenden Vorstellungen steht (→ S. 267):
• Die menschliche Seele ist unsterblich.
• Nach dem Tod kommt der Mensch in den Himmel/in die Hölle.
• Der Tod ist ewiger Schlaf/ewige Ruhe.
• Im Tod kehrt der Mensch in den Kreislauf der Natur zurück, mit der Natur steht er wieder auf.
• Mit dem Tod ist alles aus.

2. Auferstehung und Aufstand – was haben sie miteinander zu tun?

Wie Schüler mit Büchern umgehen . . .

Diese beiden Seiten möchten euch noch einen anderen Weg zeigen, mit diesem Buch umzugehen: Ihr könnt euch anhand dieser Zahlen ein interessantes Programm zusammenstellen, z. B. zum Thema »Christsein«, »Gott« oder »Sakramente«. Die **fett** gedruckten Zahlen zeigen euch, welche Kapitel ausführlich das ausgesuchte Thema behandeln; die normalen Zahlen verweisen auf einzelne Seiten, auf denen ihr Informationen zur Sache findet (auch wenn das Stichwort selbst manchmal nicht genannt wird). Ihr könnt euch anhand von Bildern Themen zusammenstellen, z. B. »Jesus Christus«. Die *kursiv* gesetzten Zahlen zeigen sie an (f bedeutet: folgende Seite, ff: die folgenden Seiten). Mit welchem Stichwort wollt ihr anfangen?

---

1. Versucht, mit eurem Lehrer anhand dieser Stichworte ein kleines Glaubensheft zusammenzustellen. Ihr könntet es z. B. gliedern
- nach den Sätzen des Glaubensbekenntnisses (→ »Gotteslob« S. 20);
- nach den Zehn Geboten (→ S. 67; »Gotteslob« S. 118 ff);
- nach den sieben Sakramenten (→ S. 86 f; »Gotteslob« S. 80).

(Wenn ihr zu einzelnen Punkten in diesem Buch nichts findet, müßtet ihr auch in dem Buch für die 5./6. Klasse »Zeit und Freude« oder in dem folgenden Band für die 9./10. Klasse »Zeichen der Hoffnung« nachschlagen.)

2. Wenn ihr ein Kapitel dieses Buches durchgearbeitet habt, könnt ihr nachschlagen, an welchen weiteren Stellen interessante Informationen zu diesem Thema zu finden sind.

Quellennachweis und Abbildungsverzeichnis

16[1] Zit. u. sprachlich vereinfacht nach: G. Haendler, Bonifatius, in: Gestalten der Kirchengeschichte, hrsg. v. M. Greschat, Bd. 3, Mittelalter I, W. Kohlhammer Verlag, Stuttgart 1983, S. 82 f (Brief 56).
17[1] Zit. u. sprachlich vereinfacht nach: Willibald, Vita Bonifatii, in: Das Frankenreich nach zeitgenössischen Quellen, hrsg. v. J. Bühler, Leipzig 1923, S. 420 ff i. A.
18[1] Zit. nach: Emil Spath, Porträts engagierter Christen, Serie 2: Maximilian Kolbe, Informationszentrum Berufe der Kirche, Freiburg.
19[1] Zit. nach: F. X. Lesch, Der selige Maximilian Kolbe. Held von Auschwitz, Würzburg 1974, S. 21 f i. A.
20[1] Zit. nach: H. Theyßen, Francis, die Ordensfrauen in der Fischfabrik, in: M. Peitz u. a. (Hrsg.), Abenteurer Gottes – Menschen wie Mutter Teresa, Spee-Verlag, Trier 1976, S. 20.
21[1] In Anlehnung an: Ebd., S. 18 ff.
25[1] Zahlenangaben nach: Päpstliches Jahrbuch/KNA-ID Nr. 16, 21. 4. 1988, S. 9.
26[1] In Anlehnung an: Informationsblatt MISSIO, Internationales Katholisches Missionswerk, Aachen o. J.
34[1] Joachim Lehmann, Jona, in: U. Steffen (Hrsg.), Jona. Sinnbild gegenwärtiger Existenz, Breklumer Verlag, Breklum 1975, S. 17.
[2] Wilhelm Willms, der geerdete himmel. wiederbelebungsversuche, Verlag Butzon & Bercker, Kevelaer ^{7}1986, 1. 8. i. A.
35[1] Zit. nach: Klaus Stangier, Jona – Ein Puppenspiel, in: Der evangelische Erzieher 1 (1975) 57 ff.
43[1] Mahatma Gandhi, Experimente mit der Wahrheit, Verlag Karl Alber, Freiburg/München 1960, S. 42 f (sprachlich leicht überarbeitet).
53[1] Tertullian, Apologeticum 40 (eigene Übersetzung).
[2] Tacitus, Annalen XV, 44 (eigene Übersetzung).
55[1] Eigene Nacherzählung in Anlehnung an: Sermo sancti Leonis Papae, in: Natali S. Laurentii, Breviarium Romanum, Pars Aestiva, Verlag Friedrich Pustet, Regensburg 1950, 716 f.
[2] Zit. nach: Christian Feldmann, Rheinischer Merkur/Christ und Welt v. 2. 2. 1985.
57[1] Erlaß des Kaisers Theodosius I. von 392; zit. nach: erinnern und urteilen 1, Klett Verlag, Stuttgart 1977, S. 5–9.
[2] Zit. nach: Ernst Ludwig Ehrlich, Geschichte der Juden in Deutschland (Geschichtliche Quellenschriften), Düsseldorf 1957, S. 8.
[3] Justinian, Corpus iuris civilis, Vol. III Novellae (eigene Übersetzung).
58[1] Zit. nach: Hugo Rahner, Kirche und Staat im frühen Christentum. Dokumente aus acht Jahrhunderten und ihre Deutung, Kösel-Verlag, München 1961, S. 133–139 i. A.
61[1] Zit. nach: B. M. Biermann, Art.: Sklaverei (sozialgeschichtlich), in: Lexikon für Theologie und Kirche, Bd. 9, Freiburg ^{2}1964, Sp. 819–822, hier: Sp. 821.
62[1] Freie Nacherzählung in Anlehnung an: Das große Buch der Heiligen. Geschichte und Legende im Jahreslauf, hrsg. v. E. u. H. Melchers, bearb. v. C. Melchers, Südwest-Verlag, München 1978, S. 445.
[2] Zit. nach: A. Oligschläger, Art.: Vinzenz von Paul, in: Lexikon für Theologie und Kirche, Bd. 10, Freiburg ^{2}1965, Sp. 801 f, hier: Sp. 802.
63[1] Zit. nach: Michael Albus, Paulo Evaristo Arns. Ich trage keinen Purpur, Lebens-Wege, Bd. 3, Patmos Verlag, Düsseldorf ^{2}1986, S. 32.
[2] Zit. nach: Für wen aber haltet ihr mich? Jesuszeugnisse, hrsg. v. Informationszentrum Berufe der Kirche, Freiburg o. J., Heft 10, S. 12.
64[1] In Anlehnung an: Vorbereitungsheft der Vollversammlung des Ökumenischen Rates der Kirchen in Neu-Delhi 1961, S. 62.
65[1] Zit. nach: Wir beten, hrsg. v. M. Seitz/F. Thiele, Schriftenmissionsverlag, Gladbeck 1967, S. 245.
68[1] Aus: Martin Buber, Die Erzählungen der Chassidim, Manesse Verlag, Zürich 1949, S. 761.
69[1] Unter Benutzung und Weiterführung der »Zehn Gebote für die Jugend« von E. Polewsky, in: Fundgrube zu »Zeit der Freude«, »Wege des Glaubens«, »Zeichen der Hoffnung«, hrsg. v. E. Polewsky, K. Breuning, R. Mensing, W. Trutwin, Patmos Verlag, Düsseldorf ^{3}1987, S. 186.
78[1] Antoine de Saint-Exupéry, Der Kleine Prinz, Karl Rauch Verlag, Düsseldorf 1956, S. 70–72.
84[1] Leonardo Boff, Kleine Sakramentenlehre, Patmos Verlag, Düsseldorf ^{8}1985, S. 35–37.
105[1] © Impulse-Musikverlag, Drensteinfurt, erschienen auf LP »Alle Knospen springen auf«.
107[1] Aus: Jella Lepmann, Kinder sehen unsere Welt, Ullstein Verlag, Berlin 1971.
109[1] S. Anm. 78[1], S. 64 ff i. A.
112[1] Bertolt Brecht, Gesammelte Werke in 20 Bänden, Bd. 9 (Gedichte 2), Suhrkamp Verlag, Frankfurt a. M. 1967, S. 586.
[2] Hans Manz, in: Kopfstehen macht stark, Beltz Verlag, Weinheim 1978, S. 97.
114[1] Gekürzter Auszug aus: Walter Trobisch, Ich liebte ein Mädchen, Verlag Vandenhoeck & Ruprecht, Göttingen ^{9}1968, S. 9 f.
122[1] S. Anm. 34[2], 13.1 i. A.
[2] © Impulse-Musikverlag, Drensteinfurt, erschienen auf LP »Weitersag
123[1] Michael Ende, Momo, K. Thienemanns-Verlag, Stuttgart 1973, S. 36
127[1] Marie Luise Kaschnitz, Kein Zauberspruch, Insel Verlag, Frankfurt a. 1972, S. 212 f.
130[1] Otto und Felicitas Betz, Tastende Gebete, J. Pfeiffer/Manz Ver München 1971, S. 5.
135[1] Rudolf Otto Wiemer, Jesus wohnt in uns'rer Straße, in: Biblische Spie der zum äthiopischen Misereor-Hungertuch, © Impulse-Musikver Drensteinfurt.
[2] Josef Dirnbeck/Martin Gutl, Ich begann zu beten, Styria Verlag, G Wien/Köln 1973.
136[1] Hans Dieter Osenberg, Das Leben ist schön – Das Leben ist schreckl Was unsere Kinder denken, Furche Verlag, Hamburg 1974, S. 127.
[2] Ebd., 44.
138[1] S. Anm. 136[1], S. 128.
[2] Heinz Zahrnt, Warum ich glaube. Meine Sache mit Gott, Piper Ver München 1977, S. 121.
141[1] S. Anm. 136[1], S. 108 f.
144[1] Zit. nach: Helmut von Glasenapp, Indische Geisteswelt, Emil Voll Verlag, Wiesbaden 1969, S. 280, © Helmut von Glasenapp-Stift Wiesbaden.
[2] Erste Ausgabe des Schülermagazins »Underground«.
145[1] S. Anm. 34[2], 2.6 i. A.
[2] Dorothee Sölle, Meditationen und Gebrauchstexte, Wolfgang Fiet Verlag, Berlin 1969, S. 13. Didaktische Anregung aus: H. Gutscher Thierfelder, Brennpunkte der Kirchengeschichte, Paderborn 1976, S.
[3] Lothar Zenetti, Texte der Zuversicht, J. Pfeiffer/Manz Verlag, Münc 1972, S. 259.
151[1] Angaben aus: Deutsche Hauptstelle gegen die Suchtgefahren e. Hamm, infodienst 1/1986, S. 6. (Angabe für 1987: General-Anzei Bonn, v. 23./24. 4. 1988, S. 18.)
[2] Angabe aus: DIE ZEIT v. 19. 9. 1986, S. 17 ff.
[3] Angaben aus: F. Schmidt, Jung sein und rauchen, Hamm 1969, S. 11
[4] S. Anm. 151[1].
[5] Angabe aus: FAZ v. 16. 10. 1987, S. 8.
[6] S. Anm. 151[1].
[7] Ebd.
[8] »15 Sekunden zum Nachdenken«, hrsg. v. der Bundeszentrale für gesu heitliche Aufklärung, Köln, in Zusammenarbeit mit der Bundesärztek mer, Köln, Konzeption und Text: Co-med Service, Dr. D. Kup Hamburg o. J., S. 4.
[9] S. Anm. 151[1].
152[1] Angaben aus: Deutsche Hauptstelle gegen die Suchtgefahren e. Hamm, infodienst 1/1986, S. 1, 5.
[2] Angaben aus: Bundeszentrale für gesundheitliche Aufklärung, Alkol Bonn 1984, S. XVII.
[3] Angaben aus: Der Bundesminister für Verkehr, Alkohol und Straßen kehr – neue Fronten bei einem alten Problem?, Bonn o. J.
[4] S. Anm. 78[1], S. 42 f.
154[1] »Sie sollten wissen, was sie tun«, Unterrichtseinheit »Rauschdrogen Drogenmißbrauch«, Sekundarstufe I, hrsg. v. der Arbeitsgemeinsch Haltungs- und Gesundheitserziehung im Lande Nordrhein-Westfal Düren o. J.
155[1] Angaben aus: Deutsche Hauptstelle gegen die Suchtgefahren e. Hamm, infodienst 3/1986, S. 8.
[2] General-Anzeiger, Bonn, v. 18. 11. 1987.
[3] S. Anm. 155[1], ebd.
[4] Ebd., S. 12, 14.
[5] Angaben aus: FAZ v. 25. 1. 1988, S. 7.
[6] Angaben aus: FAZ v. 19. 6. 1987, S. 7.
157[1] Aus: Zeitschrift ELTERN 12 (1970) 76 f.
[2] Bielefelder Jugendkulturring (Hrsg.), blätter des bielefelder jugendkult ringes, Bielefeld o. J., S. 210.
158[1] S. Anm. 136[1], S. 12, 20, 18.
159[1] Aus: Barbara Streisand, Greatest Hits; Schallplatte CBS 63921 (er Fassung); Rechtsinhaber unbekannt.
163[1] Sören Kierkegaard, zit. nach: Harvey Cox, Stadt ohne Gott, Kreuz Verl Stuttgart ^{5}1969, S. 265.
166[1] © Impulse-Musikverlag, Drensteinfurt, erschienen auf LP »Unterweg
179[1] Aus: »Haare«. Vollständiges Textbuch, dt. Fassung: U. v. Mechow/K. Freynik, Verlag DIE FÜNF, München 1969, S. 9.
182[1] Aus: DER SPIEGEL v. 12. 10. 1987, S. 76.
183[1] Aus: S. Anm. 182[1], S. 74.
[2] Zit. nach: Hans Übler, Beschwörung der Angst. Erfahrungen ei Religionslehrers mit okkulten Neigungen von Schülern, in: rhs 30 (19 289–293, hier: S. 291.
[3] Aus: S. Anm. 182[1], S. 74.

Dietrich Bonhoeffer, Widerstand und Ergebung, Christian Kaiser Verlag, München [3]1987 (um zwei Strophen gekürzt).
Aus: R. Herzog, Die Wunderheilungen von Epidauros, Leipzig 1931, S. 8.
S. Anm. 34[2], 5.5 i. A.
Kurt Marti, Leichenreden, Hermann Luchterhand Verlag, Darmstadt/Neuwied [2]1977, S. 7.
Alfred Nitschke, Angst und Vertrauen, aus: Lesebuch für den Religionsunterricht für 14–16jährige, Calwer Verlag, Stuttgart 1969, S. 30 i. A.
Marie Luise Kaschnitz, Neue Gedichte, Claasen Verlag, Hamburg 1957.
Das Tagebuch der Anne Frank, übers. v. Anneliese Schütz, Schneider Verlag, Heidelberg 1950.
Jacques Lusseyran, Das wiedergefundene Licht, übers. v. U. Schmalzriedt, Klett Verlag, Stuttgart [4]1971.
In freier Anlehnung an rp-modelle Nr. 4, Gehorsam und Mündigkeit in der Familie, Arbeitsmaterial, Verlag M. Diesterweg/Kösel-Verlag, Frankfurt a. M./München 1971, S. 5 f.
Die Szene wurde von katholischen Schülerinnen und Schülern einer Klasse 9 F3 des Graf-Stauffenberg-Gymnasiums in Osnabrück erarbeitet und niedergeschrieben.
Verfasser unbekannt. Aus: Else Schubert-Christaller, In deinen Toren Jerusalem, Heilbronn 1964.
Eigene Übersetzung aus dem amerikanischen Original: Kahlil Gibran, The Prophet, Verlag A. Knopf, New York 1972, S. 16 f.
Joseph Smith erzählt seine Erlebnisse, hrsg. v. der Kirche Jesu Christi der Heiligen der letzten Tage, Berlin o. J., S. 7–15 i. A. (Original in: Joseph Smith, Die Köstliche Perle, 2. Abschnitt, 30–67).
H. A. Van der Valk, zit. nach: Wilhelm Bartz, Sekten heute, Herder Verlag, Freiburg 1970, S. 62.
Sekten und neue religiöse Bewegungen. Eine Herausforderung für die Seelsorge. Zwischenbericht erstellt auf der Grundlage der bis Oktober 1985 eingegangenen Antworten und Dokumente der regionalen und nationalen Bischofskonferenzen: Pressedienst der Deutschen Bischofskonferenz (P4/86), zit. nach: Glaube zum Leben. Die christliche Botschaft, hrsg. v. Günter Biemer, Freiburg 1980.
Wolfgang Borchert, Das Brot, aus: Ders., Das Gesamtwerk, © 1949 by Rowohlt Verlag, Hamburg (leicht gekürzt).
Mitgeteilt von Adolf Exeler.
H. J. Greschat, Warem essen Menschen Menschenfleisch?, in: Abendmahl, hrsg. v. Institut für Kirchenbau und kirchliche Kunst der Gegenwart, Marburg 1982, S. 27.
Nach: »Gotteslob«, Katholisches Gebet- und Gesangbuch, Ausgabe für das Erzbistum Köln, Verlag J. P. Bachem, Köln 1975, S. 366 f.
Frei gestalteter Text, der historisch sicher überlieferte Einzelheiten der vorreformatischen Zeit verarbeitet.
Die sachlichen Angaben über Tetzels Predigt und Auftreten in Annaberg sind frei gestaltet nach: Friedrich Mykonius, Chronik, in: G. Freytag, Bilder aus der deutschen Vergangenheit, 2. Bd., Berlin o. J., S. 262–267.

235[1] Zit. nach: A. Läpple, Kirchengeschichte in Dokumenten, Patmos Verlag, Düsseldorf 1958, S. 208 ff (sprachlich überarbeitet).
237[1] Eigene Zusammenfassung nach den Original-Dokumenten.
239[1] Zit. nach: A. Läpple, Report der Kirchengeschichte, München 1969, S. 228.
[2] Johannes Cochläus, zit. nach: H. Kurz, Warum katholisch und evangelisch?, Teil 1: Die Reformation, Unterrichtsmodell für das 8./9. Schuljahr (= dkv, UM 14), S. 25.
[3] Heinrich Denifle, zit. nach: K. Rahner/M. v. Galli/O. Baumhauer, Reformation aus Rom. Die katholische Kirche nach dem Konzil, Tübingen 1967, S. 145.
[4] Joseph Lortz, zit. nach: s. Anm. 239[2], S. 40.
[5] Peter Manns, in: Ders./H. Meyer, Ökumenische Erschließung Martin Luthers, Paderborn/Frankfurt a. M. 1983, S. 37.
[6] Zit. nach: H. Gutschera/J. Thierfelder, Brennpunkte der Kirchengeschichte, Paderborn 1976, S. 122.
242[1] Zit. nach: Johannes XXIII. Leben und Werke. Eine Dokumentation in Text und Bild, hrsg. v. der »Herder Korrespondenz«, Herder Verlag, Freiburg 1963, S. 24.
243[1] Eigene Zusammenfassung in Anlehnung an: Hans Küng, Über die ökumenische Bewegung, in: Epoca, Eine Europäische Zeitschrift, Süddeutscher Verlag, München 1 (1966) 13.
247[1] Heinrich Fries, zit. nach: Karl Wagner, Denkanstöße zum Evangelium. Texte zu den Evangelien im Lesejahr A, Bernward Verlag, Hildesheim 1977, S. 84.
251[1] Aus dem Talmud, Schabbat 30b/31a, zit. im Anschluß an: Der Babylonische Talmud, hrsg. v. Reinhold Mayer, Goldmann Verlag, München 1963, S. 202.
261[1] Aus: H. J. Schoeps, Jüdische Geisteswelt, Darmstadt/Genf o. J., S. 142 f.
263[1] S. Anm. 201[1].
264[1] Ansprache von Papst Johannes Paul II. beim Besuch der Synagoge von Rom, 13. 4. 1985. Zit. nach: Arbeitshilfe 44. Hinweise für eine richtige Darstellung von Juden und Judentum in der Predigt und in der Katechese der katholischen Kirche. Vatikanische Kommission für die religiösen Beziehungen zum Judentum im Sekretariat für die Einheit der Christen, hrsg. v. Sekretariat der Deutschen Bischofskonferenz, Bonn o. J., S. 54 ff.
268[1] Punkte 1–4: Schülerinnen einer 8. Klasse aus Attendorn; Günther Klempnauer, Wenn ich nur noch einen Tag zu leben hätte. Aussagen von Jugendlichen, Kreuz Verlag, Stuttgart/Berlin 1977, S. 161.
269[1] S. Anm. 197[1].
[2] Michael Franck, aus: Kirchenlied, Christopherus-Verlag, Freiburg 1948, S. 146.
[3] Georg Thurmair, aus: Ebd., S. 137.
282[1] Aus: ru, Zeitschrift für die Praxis des Religionsunterrichts, Calwer Verlag/Kösel-Verlag, Stuttgart/München 1 (1978) 14 f.
[2] S. Anm. 34[2], 10.1 i. A.

---

hael Albus, Heidesheim: 63 (r.) • alphapress, Garching: 108 (l.) • Antho-Verlag, Starnberg: (Thieme) 83 (o. r.), (Kienitz) 174, (Schäfer) • AOK-Plakat: 151 • Foto: Archiv für Kunst und Geschichte, Berlin: , 228/229, 235 • ars liturgica, Maria Laach: 98 (u. r.) • Artus Verlag, nchen (Foto: H. Körnig): 87 (7) • av-edition, München: 230 • Bavaria-lag Bildagentur, Gauting: (Bias/Orel) 80 (u. l.), (Binder) 81 (M. r.), llenbach) 86(3), 119, (IPCE) 201 (u.), 219 (o. l.), (Brinzer) 219 (M. • Alemayehu Bizuneh, Addis Abeba/Äthiopien: 168 (l.) • Casper Busse, in: 32 (o.) • Calwer Verlag, Stuttgart: 201 (o.) • Henning Christoph/ɔmas Mayer Fotoarchiv, Essen: 5, 21, 226, (Hendricks) 176 (l.), 181 (l.) • © 6 Verlage Chistophorus/Burckhardthaus/Kaufmann: (Bildwerk zur Kirchenchichte: Der Kampf gegen die Sklaverei. Fotos: Helmut Nils Loose) 61) • Wilhelmine Corinth-Klopfer, New York/USA (Joachim Blauel/Arto-, Gauting): 273 • © 1988, Copyright by COSMOPRESS, Genf: 139, • dpa Bildarchiv, Düsseldorf u. Frankfurt: 12 (l.), 13 (o. l., o. r.), 41, 80), 80/81 (u.), 168/169, 172, 177 (o. l.), 196 (o.) • © Achim Duwentaster/ :ÖNINGER, Hamburg, in: DER SPIEGEL Nr. 42/87: 176 (r.), 181 • epd-Bild/Neetz, Frankfurt: 145 • Evangelische Zentralbildkammer, lefeld: 251 (2×), 254 (3×), 255, 256, 257 (3×) • Herbert Falken, Stolberg-evenhütte: 126, 146, 156 • Foto Marburg, Marburg: 30 • foto-present: 7, (u.), 221 (2×), 281 (u. l.), (Melters) 4, (Kunst) 13 (u.), 149, (Klijn) 59, 63 , 219 (u.), (Hildenhagen) 86 (1), 87 (5), (Voss) 121 (2×), 225 (3×), (Stein) (r.), (Stark) 148, (Fessler) 173 (l.), (Gelpke) 214 (M.) • Galerie ak, nkfurt: 99 (o. l.) • Graphic team, Köln: 153 (r.) • Peter Hammer Verlag, nen: 111 (unten) • © Verlag Herder, Freiburg: (Helmuth Nils Loose, Vinzenz von Paul) 10 (o. l.), (Walter Nigg, Maximilian Kolbe) 10 (u. r.), (Ravenna – Steine reden. Fotografie Erich Lessing) 160, (Peter Manns/Helmuth Nils Loose, Martin Luther) 234, 238 (2×) • Frank L. Höhle, Wuppertal-Barmen 111 (o.) • Institut St. Bonifatius, Heidenoldendorf: 27 • Katholisches Bibelwerk, Stuttgart: 128 (o. l.), 129 (o. r.) • Keystone Pressedienst, Hamburg: 81 (o. r.), 214 (o.) • KNA-Bild, Frankfurt: 12 (o. r.), 24, 46, 49, 55, 65, 82, 83 (o. l.), 214 (u.), 239, 263 (o. l.), 265, 271 (3×), 281 (o. l.) • Pressefoto Lachmann, Monheim: 87 (6) • laenderpress, Düsseldorf: 108 (r.) • Leonard von Matt, Buochs/Schweiz: 99 (u.), 128/129, 190 (r.) • Hans Menzel-Severing, Bonn: 12 (u. r.), 92, 142, 162, 203, 284 • Antje Meyer-Beerhorn, Bonn: 33 • missio Bildarchiv, Aachen: 26, 281 (u. r.) • Pressefoto Horst Müller: 81 (u.) • Ann Münchow, Aachen: 15 • Guido Muer, Münster: 50, 137 • Eugenie Neugebauer, Münster: 166 • Oslo Kommunes Kunstsamlinger, Oslo/Norwegen: 269 (o.) • Presse-Bild-Poss, Siegsdorf/Obb.: 150, 153 (l.) • Presse-Illustrations-Bureau, Kopenhagen/Dänemark: 110, 158 • Johannes Puff, Bonn: 86 (2) • Rechtsinhaber unbekannt: 40, 98 (l.), 134 • Rechtsnachfolge Roland Peter Litzenburger, Markdorf/Leimbach: 129 (u. r.) • Chr. Schindler/Petra Bergmann, Bonn: 32 (u.) • H. Schmid, Freiburg: 87 (4) • Johannes Schreiter, Langen: 76 • Alfons Senfter, Gschnitz/Österreich: 71, 248 • Ivan Steiger, München: 107, 114 • steyl-medien, München: 173 (r.) • © Stiftung Seebüll Ada und Emil Nolde, Neukirchen: 279 • Stiftung Willy Fries, Wattwil/Schweiz: 167 • Hanns Studer, Basel/Schweiz: 96/97 • © VG Bild-Kunst, Bonn, 1988: 28/29, 66, 75, 85, 106, 116, 125, 133, 140, 170, 186, 216, 247, 253, 259, 269 (u.), 277 • Paul Wohlrab, Bonn: 164 • ZEFA, Düsseldorf: 212

gelassen durch die Lehrbuchkommission der Deutschen Bischofskonferenz
d auf dem Umschlag: Vincent van Gogh, Der gute Samariter (1890)

Umschlag/Layout: Paul Wohlrab, Bonn
Gesamtherstellung: Parzeller, Fulda
ıflage 5 4 3 2 1 / 92 91 90 89 88
ISBN 3-491-75171-3

Karte III

DIE CHRISTLICHEN KONFESSIONEN IN DER WELT

- Katholiken
- Protestanten
- Orthodoxe und andere Ostkirchen